Fallbuch Suizid und Suizi

Ladislav Valach · Annette Reissfelder

Fallbuch Suizid und Suizidprävention

Zwölf Suizidversuche handlungstheoretisch analysiert

Unter Mitarbeit von Kornelia Helfmann und Jaromira Kirstein

Ladislav Valach
Bremgarten bei Bern, Bern, Schweiz

Annette Reissfelder
Hamburg, Deutschland

ISBN 978-3-662-63867-5   ISBN 978-3-662-63868-2 (eBook)
https://doi.org/10.1007/978-3-662-63868-2

Die Deutsche Nationalbibliothek verzeichnet diese Publikation in der DeutschenNationalbibliografie; detaillierte bibliografische Daten sind im Internet über http://dnb.d-nb.de abrufbar.

© Der/die Herausgeber bzw. der/die Autor(en), exklusiv lizenziert durch Springer-Verlag GmbH, DE, ein Teil von Springer Nature 2021
Das Werk einschließlich aller seiner Teile ist urheberrechtlich geschützt. Jede Verwertung, die nicht ausdrücklich vom Urheberrechtsgesetz zugelassen ist, bedarf der vorherigen Zustimmung des Verlags. Das gilt insbesondere für Vervielfältigungen, Bearbeitungen, Übersetzungen, Mikroverfilmungen und die Einspeicherung und Verarbeitung in elektronischen Systemen.
Die Wiedergabe von allgemein beschreibenden Bezeichnungen, Marken, Unternehmensnamen etc. in diesem Werk bedeutet nicht, dass diese frei durch jedermann benutzt werden dürfen. Die Berechtigung zur Benutzung unterliegt, auch ohne gesonderten Hinweis hierzu, den Regeln des Markenrechts. Die Rechte des jeweiligen Zeicheninhabers sind zu beachten.
Der Verlag, die Autoren und die Herausgeber gehen davon aus, dass die Angaben und Informationen in diesem Werk zum Zeitpunkt der Veröffentlichung vollständig und korrekt sind. Weder der Verlag noch die Autoren oder die Herausgeber übernehmen, ausdrücklich oder implizit, Gewähr für den Inhalt des Werkes, etwaige Fehler oder Äußerungen. Der Verlag bleibt im Hinblick auf geografische Zuordnungen und Gebietsbezeichnungen in veröffentlichten Karten und Institutionsadressen neutral.

Planung/Lektorat: Heiko Sawczuk
Springer ist ein Imprint der eingetragenen Gesellschaft Springer-Verlag GmbH, DE und ist ein Teil von Springer Nature.
Die Anschrift der Gesellschaft ist: Heidelberger Platz 3, 14197 Berlin, Germany

Einführung

Ziel dieses Buches ist es der Leserin, dem Leser eine Einsicht in das Suizidgeschehen aus mehreren Perspektiven anhand von Erzählungen der Suizidanten zu ermöglichen. Eine Schriftstellerin und Systemtherapeutin und zwei Psychologinnen mit journalistischen, beraterischen und therapeutischen Erfahrungen erzählen die Geschichte der suizidalen Menschen frei anhand der Gespräche dieser Menschen mit einem Arzt oder einer Ärztin. Ein Psychotherapeut und Forscher vermittelt ein Verständnis dieser Gespräche und des Suizidversuchs als eines Handlungsprozesses. Was erzählen die Patienten und Patientinnen, was erlebten sie in ihren Suizidversuchen und was geschieht in den Gesprächen mit Ärzten und Psychiatern? Wie kann man diese Suizidversuche verstehen und aus diesem Verständnis ein wirksames Suizidpräventionsverfahren entwickeln?

Diese Gespräche stammen aus einer Universitätsklinik in der Schweiz. Sie wurden im Rahmen eines vom Schweizerischen Nationalfonds unterstützten Projekts „Suizid als zielgerichtetes Handeln" geführt (Nr.: 32- 49313.96). Die Patientinnen und Patienten gaben ihre ausdrückliche Einwilligung zur Teilnahme am Projekt und zu einer anonymisierten Veröffentlichung ihrer Berichte (alle Namen, Orts- und Zeitangaben sind verfremdet). Sie wurden in einem Universitätsspital zur Teilnahme gewonnen und konnten daher einige Tage nach ihrem Suizidversuch über ihre Erfahrungen und ihre Krisen mit einem Psychiater sprechen. Diese Gespräche wurden filmisch dokumentiert. Die wissenschaftliche Auswertung wurde in mehreren Publikationen veröffentlicht, mit vielen Suizidexperten aus der ganzen Welt diskutiert und auf, aus dieser Untersuchung hervorgegangenen Aeschitagungen (Aeschi working group, http://www.aeschiconference.unibe.ch/), weitergeführt. Sie ermöglichte schließlich die Entwicklung eines Suizidpräventionsprograms (Gysin-Maillart & Michel, 2013), in dem die Wahrscheinlichkeit, dass die Leute wieder einen (oder mehrere) Suizidversuch(e) begingen um 83 bzw. 80 % reduziert wurde (Michel et al., 2017; https://www.assip.ch/). Dies ist in der Suizidprävention eine einmalige Leistung!

In diesem Buch stellen wir das Suizidgeschehen der einzelnen Patientinnen und Patienten auf eine zweifache Art dar. Mit einer kurzen Geschichte, die sich zwar eng an den tatsächlichen Handlungsverlauf hält, sich aber in der Darstellung der Details durchaus der „poetischen Lizenz" bedient wird jeweils eine suizidale Person eingeführt. Dieser Geschichte folgt dann eine geordnete Präsentation der Erzählung des Suizidgeschehens in langfristigen und mittelfristigen Anliegen und kurzfristigen Handlungen. Anschließend wird die Suizidhandlung der Patientinnen und Patienten im Hinblick auf eine Reihe von wichtigen Problemen, die wir als relevant für das Suizidhandeln betrachten, untersucht. Wir beschäftigen uns mit den Problemen der Handlungsorganisation, diskutieren, ob der Suizid bewusst vorbereitet oder spontan vorgenommen wurde, analysieren etwaige Probleme der Handlungsüberwachungsprozesse, beschreiben die Probleme der Handlungsenergetisierung, unterstreichen die Rolle des gemeinsamen Handelns im Suizid, listen die einzelnen Handlungen des Gesprächs der Patientinnen und Patienten mit einem Arzt oder einer Ärztin auf und informieren über die Abschnitte des Selbstkonfrontations-Interviews.

In dem abschließenden Teil diskutieren wir die Konsequenzen, die wir aus diesen Untersuchungen zogen und beschreiben dann das Vorgehen in der Suizidprävention nach einem Suizidversuch.

▶ **Zusammenfassung**
1. Mit der Fragestellung „Ist Suizid ein zielgerichtetes Handeln?" wurden Gespräche mit Patienten kurz nach ihrem Suizidversuch geführt, diese wurden dann weiter monitoriert und analysiert. Hier werden die Erzählungen einmal in einer Geschichte vorgestellt und dann in einer Handlungsanalyse untersucht.
2. Die Analysen wurden über mehrere Jahre mit einer internationalen Gruppe von Suizidpräventionsexperten aus Medizin und Psychologie diskutiert und vertieft.
3. Es wurde ein Suizidpräventionsprogramm entwickelt.
4. Es wurde dann eine zweijährige Suizidprävention-Intervention-Untersuchung mit einer Kontrollgruppe durchgeführt, die zu ausgezeichneten Resultaten führte.

Inhaltsverzeichnis

Teil I Suizid: konzeptuelle Überlegungen

1 Suizid und Suizidversuch 3
   1.1   Was ist Suizid oder Suizidversuch? 4
   1.2   Suizid als Handlung 5
   1.3   Suizid ist eine Handlung in einem Projekt und einer langfristigen Laufbahn 6
   1.4   Suizid ist sozial eingebettet 7
   1.5   Suizid kann bewusst vorbereitet oder spontan vorgenommen werden 8
   1.6   Suizid ist eine „beschädigte", fehlerhafte Handlung 8
   1.7   Wozu dient es, Suizid als Handlung zu sehen? 9
   1.8   Das Gespräch mit einem Patienten nach einem Suizidversuch 10
   1.9   Das innere Erleben in einer Handlung 11
   1.10 Die Suizidprävention als ein gemeinsames Projekt 12

Teil II Suizidfälle

2 Einführung in die Suizidfälle 17

3 Fall 1 19
   3.1   Suizidgeschichte: Frau Huber, die es allen recht machen will 19
   3.2   Suizidanalyse: Britta Huber „Ich kann nicht mehr…" 22
        3.2.1   Langfristige und mittelfristige Anliegen und kurzfristige Handlungen 22
            3.2.1.1   Langfristige Anliegen und mittelfristige („Projekte") 22
            3.2.1.2   Kurzfristige Handlungen in mittelfristigen Anliegen 24
        3.2.2   Probleme der Handlungsorganisation 27
        3.2.3   Bewusst vorbereitet oder spontan vorgenommen? 28

		3.2.4	Probleme der Handlungsüberwachungsprozesse............	29
		3.2.5	Probleme der Handlungsenergetisierung.................	30
		3.2.6	Suizid und das interaktive und gemeinsame Handeln.......	31
		3.2.7	Das Gespräch der jungen Frau mit einem Psychiater.......	32
		3.2.8	Das Selbstkonfrontation Interview.....................	34
4	Fall 2..			37
	4.1	Suizidgeschichte: Frau Meier im Teufelskreis...................		37
	4.2	Suizidanalyse: Frau Meier „Ein Leben ohne ihn kann ich mir nicht vorstellen…"..		41
		4.2.1	Langfristige und mittelfristige Anliegen und kurzfristige Handlungen...........................	41
			4.2.1.1 Mittelfristige („Projekte") und langfristige Anliegen..................................	41
			4.2.1.2 Handlungen im Suizidprojekt Patientin (P).......	44
		4.2.2	Probleme der Handlungsorganisation...................	51
		4.2.3	Bewusst vorbereitet oder spontan vorgenommen?..........	52
		4.2.4	Probleme der Handlungsüberwachungsprozesse............	53
		4.2.5	Probleme der Handlungsenergetisierung.................	54
		4.2.6	Suizid und das interaktive und gemeinsame Handeln.......	54
		4.2.7	Das Gespräch von Frau Meier mit einem Psychiater........	55
		4.2.8	Das Selbstkonfrontations-Interview....................	57
5	Fall 3..			61
	5.1	Suizidgeschichte: Frau Widmer, der niemand zuhört..............		61
	5.2	Suizidanalyse: Frau Widmer: Ich fragte mich einfach nach dem Sinn meines Lebens..		64
		5.2.1	Langfristige und mittelfristige Anliegen und kurzfristige Handlungen...........................	65
			5.2.1.1 Mittelfristige („Projekte") und langfristige Anliegen..................................	65
			5.2.1.2 Langfristige Anliegen.......................	65
			5.2.1.3 Kurzfristige Handlungen im Konfliktprojekt......	67
		5.2.2	Probleme der Handlungsorganisation...................	76
		5.2.3	Bewusst vorbereitet oder spontan vorgenommen?..........	78
		5.2.4	Probleme der Handlungsüberwachungsprozesse (Monitoring).....................................	78
		5.2.5	Probleme der Handlungsenergetisierung.................	79
		5.2.6	Suizid und das interaktive und gemeinsame Handeln.......	80
		5.2.7	Das Gespräch von Frau Widmer mit einem Psychiater.......	81
		5.2.8	Das Selbstkonfrontations-Interview....................	83

6	**Fall 4**			87
	6.1	Suizidgeschichte: Anna		87
	6.2	Suizidanalyse: Es war vor allem Ekel vor sich selber		90
		6.2.1	Langfristige und mittelfristige Anliegen und kurzfristige Handlungen	90
			6.2.1.1 Mittelfristige („Projekte") und langfristige Anliegen	90
			6.2.1.2 Kurzfristige Handlungen im Suizidprojekt	92
		6.2.2	Probleme der Handlungsorganisation	99
		6.2.3	Bewusst vorbereitet oder spontan vorgenommen?	100
		6.2.4	Probleme der Handlungsüberwachungsprozesse	100
		6.2.5	Probleme der Handlungsenergetisierung	101
		6.2.6	Suizid und das interaktive und gemeinsame Handeln	102
		6.2.7	Das Gespräch der jungen Frau mit einem Psychiater	103
		6.2.8	Das Selbstkonfrontations-interview	104
7	**Fall 5**			107
	7.1	Suizidgeschichte: Margrit		107
	7.2	Suizidanalyse: Ich kann mir nicht vorstellen ohne ihn zu leben		110
		7.2.1	Langfristige und mittelfristige Anliegen und kurzfristige Handlungen	110
			7.2.1.1 Mittelfristige und langfristige Anliegen der Patientin	110
			7.2.1.2 Kurzfristige Handlungen in mittelfristigen Projekten: Arbeit; das gemeinsame Leben; Patientin (P)	113
		7.2.2	Probleme der Handlungsorganisation	119
		7.2.3	Bewusst vorbereitet oder spontan vorgenommen?	121
		7.2.4	Probleme der Handlungsüberwachungsprozesse	121
		7.2.5	Probleme der Handlungsenergetisierung	122
		7.2.6	Suizid und das interaktive und gemeinsame Handeln	123
		7.2.7	Das Gespräch der Frau mit einem Psychologen	124
		7.2.8	Das Selbstkonfrontations-Interview	125
8	**Fall 6**			129
	8.1	Suizidgeschichte: ein junger Mann		129
	8.2	Suizidanalyse: Da ist für mich dann alles zusammengebrochen		132
		8.2.1	Langfristige und mittelfristige Anliegen und kurzfristige Handlungen	132
			8.2.1.1 Mittelfristige und langfristige Anliegen des Patienten	132
			8.2.1.2 Kurzfristige Handlungen in Projekten	134

		8.2.2	Probleme der Handlungsorganisation	152
		8.2.3	Bewusst vorbereitet oder spontan vorgenommen?	156
		8.2.4	Probleme der Handlungsüberwachungsprozesse	156
		8.2.5	Probleme der Handlungsenergetisierung	158
		8.2.6	Suizid und das interaktive und gemeinsame Handeln	159
		8.2.7	Das Gespräch des jungen Mannes mit dem Psychiater	160
		8.2.8	Selbstkonfrontations-Interview	163
9	Fall 7			165
	9.1	Suizidgeschichte: Nicole		165
	9.2	Suizidanalyse: Ich sah hinter all dem einfach keinen Grund mehr		169
		9.2.1	Langfristige und mittelfristige Anliegen und kurzfristige Handlungen	170
			9.2.1.1 Mittelfristige („Projekte") und langfristige Anliegen	170
			9.2.1.2 Suizidhandlungen im Suizid- und anderen Projekten	173
		9.2.2	Probleme der Handlungsorganisation	190
		9.2.3	Suizidhandlung: Bewusst vorbereitet oder spontan vorgenommen?	192
		9.2.4	Probleme der Handlungsüberwachungsprozesse	194
		9.2.5	Probleme der Handlungsenergetisierung	195
		9.2.6	Suizid und das interaktive und gemeinsame Handeln	195
		9.2.7	Das Gespräch der Frau mit einer Psychiaterin	197
		9.2.8	Selbstkonfrontations-Interview	199
10	Fall 8			203
	10.1	Suizidgeschichte: René		203
	10.2	Suizidanalyse: Es brauche mich auf dieser Welt nicht mehr		206
		10.2.1	Langfristige und mittelfristige Anliegen und kurzfristige Handlungen	206
			10.2.1.1 Mittelfristige („Projekte") und langfristige Anliegen	206
			10.2.1.2 Langfristige Anliegen	206
			10.2.1.3 Mittelfristige Anliegen – „Projekte"	208
		10.2.2	Kurzfristige Handlungen	209
		10.2.3	Probleme der Handlungsorganisation	218
		10.2.4	Bewusst vorbereitet oder spontan vorgenommen?	220
		10.2.5	Probleme der Handlungsüberwachungsprozesse	220
		10.2.6	Probleme der Handlungsenergetisierung	222
		10.2.7	Suizid und das interaktive und gemeinsame Handeln	224
		10.2.8	Das Gespräch des jungen Mannes mit einem Psychiater	225
		10.2.9	Das Selbstkonfrontation-Interview	227

11 Fall 9 ... 229
11.1 Suizidgeschichte: Marie ... 229
11.1.1 Die Mutter ... 229
11.1.2 Regula ... 230
11.1.3 Vreni ... 230
11.1.4 Ilonka ... 231
11.1.5 Petra ... 231
11.1.6 Der Vater ... 232
11.1.7 Der Chef ... 232
11.1.8 Der Freund ... 233
11.2 Suizidanalyse: Ich habe das eigentlich absichtlich gemacht ... 233
11.2.1 Langfristige und mittelfristige Anliegen und kurzfristige Handlungen ... 233
11.2.1.1 Mittelfristige („Projekte") und langfristige Anliegen ... 233
11.2.1.2 Langfristige Anliegen ... 233
11.2.1.3 Mittelfristige Anliegen – „Projekte" ... 234
11.2.2 Kurzfristige Handlungen im Selbstbestrafungsprojekt ... 235
11.2.2.1 Kurzfristige Handlungen im Suizidprojekt ... 235
11.2.3 Probleme der Handlungsorganisation ... 244
11.2.4 Bewusst vorbereitet oder spontan vorgenommen? ... 247
11.2.5 Probleme der Handlungsüberwachungsprozesse ... 247
11.2.6 Probleme der Handlungsenergetisierung ... 249
11.2.7 Suizid und das interaktive und gemeinsame Handeln ... 249
11.2.8 Das Gespräch der jungen Frau mit einem Psychiater ... 250
11.2.9 Das Video-Selbstkonfrontationsinterview ... 252

12 Fall 10 ... 257
12.1 Suizidgeschichte: Frau Aebi: Wenn die Seele um Hilfe schreit ... 257
12.2 Suizidanalyse: eine junge Frau: ich war wie in einer Trance ... 261
12.2.1 Langfristige und mittelfristige Anliegen und kurzfristige Handlungen ... 261
12.2.1.1 Mittelfristige („Projekte") und langfristige Anliegen ... 261
12.2.1.2 Langfristige Anliegen ... 262
12.2.1.3 Mittelfristige Anliegen „Projekte" ... 263
12.2.2 Handlungen im Suizidprojekt ... 264
12.2.3 Probleme der Handlungsorganisation ... 273
12.2.4 Bewusst vorbereitet oder spontan vorgenommen? ... 275
12.2.5 Probleme der Handlungsüberwachungsprozesse ... 276
12.2.6 Probleme der Handlungsenergetisierung ... 278
12.2.7 Suizid und das interaktive und gemeinsame Handeln ... 279

	12.2.8	Das Gespräch der jungen Frau mit einem Psychiater	280
	12.2.9	Das Selbstkonfrontations-Interview	282
13	**Fall 11**		285
13.1	Suizidgeschichte: Herr Bindermann: Es hat mir niemand geglaubt, sonst wäre es nicht so weit gekommen		285
13.2	Suizidanalyse: Junger Mann "Ich sah da keinen Sinn mehr, in diesem Zustand weiterzuleben."	289
	13.2.1	Langfristige und mittelfristige Anliegen und kurzfristige Handlungen	289
		13.2.1.1 Mittelfristige und langfristige Anliegen des Patienten	289
		13.2.1.2 Kurzfristige Handlungen	291
	13.2.2	Probleme der Handlungsorganisation	300
	13.2.3	Bewusst vorbereitet oder spontan vorgenommen?	302
	13.2.4	Probleme der Handlungsüberwachungsprozesse	303
	13.2.5	Probleme der Handlungsenergetisierung	304
	13.2.6	Suizid und das interaktive und gemeinsame Handeln	304
	13.2.7	Das Gespräch des jungen Mannes mit einem Psychiater	305
	13.2.8	Das Selbstkonfrontations-Interview	308
14	**Fall 12**		315
14.1	Suizidgeschichte: Yvonne – die den Druck nicht aushalten kann	315
14.2	Suizidanalyse: Junge Frau: „Ich konnte einfach nicht mehr. Für mich war einfach alles fertig in diesem Moment."	318
	14.2.1	Langfristige und mittelfristige Anliegen und kurzfristige Handlungen	319
		14.2.1.1 Suizidrelevante langfristige Anliegen	319
		14.2.1.2 Suizidrelevante mittelfristige Anliegen und „Projekte"	321
		14.2.1.3 Suizidrelevante Handlungen	321
	14.2.2	Probleme der Handlungsorganisation	331
	14.2.3	Bewusst vorbereitet oder spontan vorgenommen?	332
	14.2.4	Probleme der Handlungsüberwachungsprozesse	333
	14.2.5	Probleme der Handlungsenergetisierung	334
	14.2.6	Suizid und das interaktive und gemeinsame Handeln	334
	14.2.7	Das Gespräch der jungen Frau mit der Psychiaterin	335
	14.2.8	Das Selbstkonfrontations-Interview	337

Teil III   Abschluss

15   Suizidprävention 343

Literatur 349

Teil I
Suizid: konzeptuelle Überlegungen

Suizid und Suizidversuch

Nach einem Anstieg in den 1970er-Jahren ist die Suizidrate (in der Schweiz) ab 1980 wieder gesunken. Seit 2010 hat sie sich bei durchschnittlich 11 Todesfällen pro 100.000 Einwohnerinnen und Einwohnern stabilisiert. Die Suizidrate der Männer ist rund dreimal so hoch wie die der Frauen. 2015 lag die Suizidrate bei 16,6 Todesfällen pro 100.000 Männern und bei 5,7 Todesfällen pro 100.000 Frauen. Zum Vergleich: In den Ländern der Europäischen Union betrug sie 2015 durchschnittlich 17,9 bei den Männern und 4,9 bei den Frauen. (Bundesamt für Statistik). Die Zahl der Suizidversuche ist etwa 15- bis 20-Mal höher. Die Lebensprävalenz der Suizidversuche ist bei Frauen um etwa 30 % höher als bei Männern (Peter & Tuch, 2019). Ein Suizidversuch sollte allerdings nicht als Grund zur Erleichterung (es ist diesmal glimpflich gelaufen), sondern als eine ernste Warnung verstanden werden, denn ein vorangegangener Suizidversuch ist ein Faktor, aus dem man einen Suizid mit der höchsten Wahrscheinlichkeit voraussagen kann.

Etwas anderes als die Suizidraten sind die direkten Begegnungen mit den suizidalen Patientinnen und Patienten oder die Suiziderfahrungen von Personen aus dem Familien- oder Bekanntenkreis. Solche Erfahrungen sind nicht nur für die Suizidanten selbst, sondern auch für die Angehörigen und Freunde Grenzerfahrungen, die uns sehr tief bewegen und erschüttern. Wir fragen uns immer wieder „wieso und warum", was auch die Wissenschaft nicht eindeutig zu beantworten vermag. Die wissenschaftlichen Erklärungsmodelle enthalten viele einzelne psychische, körperliche, biografische und soziale Aspekte und führen nur zu groben Einschätzungen des möglichen Suizids. Der Hauptbefund einer umfangreichen Analyse von bestehenden empirischen Studien war, dass die untersuchten Risikofaktoren nur schwache und ungenaue Voraussagen von suizidalen Gedanken und suizidalem Handeln ermöglichen (Franklin et al., 2017). Was wir aber wissen, ist, dass ein vorangegangener Suizidversuch eine wichtige Rolle im zukünftigen Suizid oder Suizidversuch spielt. Es ist daher von größter Bedeutung, dass wir Personen nach einem Suizdversuch unsere uneingeschränkte Aufmerksamkeit widmen, sei es als Laien oder Berufsleute (Michel et al., 2002).

Auch unsere Auseinandersetzung mit den Gesprächen und Berichten solcher Personen ist von dieser Erkenntnis motiviert. Sie führte zu dem erwähnten erfolgreichen Präventionsprogramm. Hier möchten wir die suizidalen Personen und ihre Geschichten den Leserinnen und Lesern näherbringen und unsere theoretisch-wissenschaftlichen Überlegungen an diesen Beispielen erläutern.

▶ **Zusammenfassung**
1. Trotz des zeitweiligen Rückgangs der Suizidraten in der Schweiz bleibt ein Suizid nicht nur ein gesellschaftliches, sondern und vor allem ein persönliches Problem für alle Beteiligten.
2. Das Verstehen und Erklären des Suizids, wie das die Risikoforschung aus den Wahrscheinlichkeitszusammenhängen macht, führte zu nur sehr limitierten und wenig überzeugenden Resultaten.
3. Es ist daher eine andere Sichtweise, nämlich die des zielgerichtet handelnden Menschen, wie sie von den suizidalen Patienten in Gesprächen vermittelt wird, in der Suizidforschung einzunehmen.

1.1   Was ist Suizid oder Suizidversuch?

Es gibt unzählige Bücher und wissenschaftliche und populär-wissenschaftliche Zeitschriftenartikel, die sich dieser Frage widmen und wir wollen diese Darstellungen hier nicht wiederholen. Für unser Verständnis der weiteren Ausführungen ist es wichtig, dass wir uns den geschichtlichen Weg der gesellschaftlichen Vorstellung von Suizid in Erinnerung rufen. Wir müssen allerdings nicht sehr weit in die Vergangenheit gehen, um uns den Wandel von religiös motivierter Ächtung, strafrechtlicher Verfolgung, sozialer Tabuisierung zum Verständnis von Suizid als Krankheit vor Augen zu führen. In der jahrelangen Auseinandersetzung mit der Suizidproblematik sind wir allerdings zu der Erkenntnis gelangt, dass es für die Suizidprävention hilfreich ist, Suizid als Handlung zu verstehen (Michel & Valach, 2002). Selbstverständlich ist es keine rationale oder optimale Handlung, aber die Suizidpatienten sind in ihrer Intentionalität und Verantwortlichkeit zu unterstützen. Nur so kann dann ein selbstbestimmtes, zielgerichtetes und verantwortungsvolles Leben nach einem Suizidversuch aufgebaut werden (Valach et al., 2011).

▶ **Zusammenfassung**
1. Die gesellschaftliche Auffassung vom Suizid wandelte stark im Verlauf der Geschichte.
2. Wenn auch die suizidalen Personen von der Schuld und Ächtung entlastet werden müssen, ist die Auffassung vom Suizid als ein Naturgeschehen

oder als Krankheit nur bedingt hilfreich, da die Handlungsfähigkeit des Menschen in der therapeutischen Suizidprävention erforderlich ist.

1.2 Suizid als Handlung

Was bedeutet es, wenn Suizid und Suizidversuch als zielgerichtetes Handeln gesehen werden? Wir wollen uns vergegenwärtigen, dass wir den ganzen Tag in Handlungen verbringen. Nicht alles, was wir erleben ist beabsichtigt – wir können auch ausrutschen oder stolpern –, aber bereits die Bemühung, das Gleichgewicht wieder zu erlangen, ist eine Handlung, wenn auch viele Bewegungen unbewusst und automatisch ablaufen. Die Entscheidung allerdings „Jetzt spiele ich in einem Slapstick-Stück und falle auf eine lustige Art und Weise, ohne mich jedoch zu verletzen", kann getroffen werden und wird auch umgesetzt.

Eine Handlung dauert einige Minuten und kann aus dem laufenden Verhaltensstrom durch die Zuschreibung oder Unterstellung eines Zieles ausgegliedert werden (hier fängt das Zähneputzen an und hier hört es auf). Die Morgentoilette, das Frühstück, zur Arbeit, zur Schule zu gehen oder zu reisen, Schul-, Studien- oder Berufsaufgaben zu erledigen, stellen Handlungen dar. Eine solche Handlung kann wie auf einem Notenpapier beschrieben werden. Ganz oben steht die Bezeichnung für das Ziel, das mit der Handlung angestrebt wird. Darunter werden die einzelnen Schritte beschrieben, wie dieses Ziel erreicht wird (Ziel: Frühstücken. Schritte: Orangen auspressen, Gedanken, wie wird das Wetter heute, Geschirr aus dem Küchenschrank holen, Blaubeeren und Joghurt aus dem Kühlschrank nehmen, Gedanken, muss wieder Joghurt kaufen, Blaubeeren waschen, Joghurtbecher öffnen und Joghurt portionieren, Nüsse und Trockenfrüchte aus dem Vorratsschrank nehmen und eine Portion servieren etc.). Auf der untersten Notenzeile können die einzelnen Bewegungen, die wir bei der Durchführung der Handlungsschritte ausführen, beschrieben werden. Für wissenschaftliche Zwecke könnte dies sehr detailliert und umfassend sein (z. B. Zuwendung in °, Verschiebung in cm, Stimmlautstärke in dB, usw.). Es ist auch erforderlich, denn die Präzision der Durchführung von bestimmten Vorgängen wird hier festgehalten (Kalbermatten & Valach, 2020). Im Fall vom Suizidversuch wird der Arzt fragen „Wollten sie sterben?" (Frage nach einem Ziel), „erzählen sie mir, wie sie vorgegangen sind, Schritt für Schritt" (Frage nach den Handlungsschritten), „wie lange dauerte es?", „wie viele Pillen haben Sie genommen?" (Frage nach den Handlungselementen, nach den physikalisch definierten Merkmalen der Handlung). Diese drei Ebenen der Handlung werden auch mit den einzelnen Handlungsprozessen in Verbindung gebracht. Ein Ziel steuert die Handlung, in den Handlungsschritten wird die Handlung kontrolliert (führen diese Schritte zum erwünschten Ziel) und in den Handlungselementen erfolgt die automatische Handlungsregulation. Wir erinnern uns, beim Ausrutschen suchen wir automatisch das Gleichgewicht zu erlangen, wir regulieren die Handlung, denn wir wollen ohne Zwischenfälle und Verletzungen ankommen.

Neben dieser Handlungsorganisation in diesem dargestellten Handlungssystem finden noch eine Reihe von Handlungsprozessen statt, wie Monitoring bzw. Selbst- oder Handlungsüberwachung durch Bewusstsein, Emotionen und Schmerzempfindungen, wie Energetisierung, und andere (Valach et al., 2002.) Weiter ist es von Bedeutung zu wissen, dass eine Handlung aus beobachtbaren Anteilen, aus subjektiven Komponenten und aus den allgemein geteilten sozialen Bedeutungen besteht (Young et al., 2005). D. h. nicht nur der Wissenschaftler, der aufmerksam systematisch beobachtet oder der Suizidant, der über das innere Erleben spricht, tragen zur Beschreibung des Geschehens bei, sondern auch der Mitbürger, der das Geschehen sieht und sich darauf einen Reim machen kann.

Wir analysierten die Erzählungen der Suizidanten und zeigten, dass die Personen das Suizidgeschehen in Handlungen beschreiben und dabei die einzelnen Handlungsprozesse darstellen. Es wäre daher wichtig, dass die Gesprächspartner der Suizidanten sich auf diese Betrachtungsweise einlassen und sich auch dieser Begrifflichkeit bedienen, um mit den Patienten ein gemeinsames Verstehen zu erreichen (Michel & Valach, 2011). In diesem Buch wollen wir die einzelnen Handlungen der jeweiligen Suizidanten-Erzählungen herausarbeiten, um die Handlungsabläufe der einzelnen Suizidversuche darzustellen.

▶ **Zusammenfassung**
1. Suizid als Handlung zu verstehen bedeutet nicht einfach, dass es ein Suizidziel gab, sondern dass das ganze Geschehen mit den detailliert ausformulierten Konzepten einer Handlungstheorie untersucht werden muss.
2. Suizidales Geschehen hat einen sichtbaren Teil, besteht aus inneren Prozessen der Suizidanten und findet in einer sozialen Umgebung statt, aus deren Verständnis wir alle unsere Vorstellungen schöpfen.
3. Eine Suizidhandlung besitzt ein Ziel, wird in einer Reihe von Handlungsschritten ausgeführt und in vielen unbewussten Bewegungen und Handlungselementen vollbracht.
4. Eine Suizidhandlung wird gesteuert, kontrolliert und reguliert. Sie wird monitoriert in Aufmerksamkeit, Emotionen und Schmerz, und energetisiert.

1.3 Suizid ist eine Handlung in einem Projekt und einer langfristigen Laufbahn

Jede Handlung, auch eine Suizidhandlung, kommt nicht aus dem Nichts, sondern ist ein Teil eines Projektes oder eines mittelfristigen Anliegens. Ein Projekt ist eine mittelfristige Handlungseinheit, die sich meistens nicht über Minuten wie eine Handlung, sondern über Tage, Wochen und Monate erstreckt. Ein Projekt darf nicht als z. B. von einem Architekten in einem rationalen Kontext geplant und durchgeführt, verstanden werden. Wir wissen aber, dass wir aus der Handlungserfahrung Fertigkeiten entwickeln, mit deren Hilfe wir unsere mittelfristigen Anliegen organisieren. Im Falle von Suizid erzählten uns die Patienten, wie sie sich mit dem Suizidgedanken längere Zeit beschäftigten, oder sich mit Problemen herumschlugen, die schließlich zum Suizidversuch führten. Viele Suizidversucher berichten zudem, dass ihre Suizidhandlung mit dem Erleben in der Kindheit, in der Schule, am Arbeitsplatz, in der Beziehung zusammenhängen und dass diese jahrelangen Prozesse erwähnt werden müssen, um die Suizidhandlung zu verstehen (Valach et al., 2002). In diesem Buch versuchen wir die mittelfristigen und langfristigen, der Suizidhandlung übergeordneten Prozesse der einzelnen Suizidanten, zu beschreiben.

▶ **Zusammenfassung**
1. Eine suizidale Handlung dauert einige Minuten.
2. Sie ist allerdings ein Teil eines „Suizidprojektes", das mehrere Stunden, Tage und Wochen dauern kann.
3. Suizidale Handlungen und Projekte finden in einem längerfristigen Rahmen oder Anliegen statt, zu dem alle suizidrelevante, bewusste oder auch nicht bewusste Erlebnisse des Suizidanten gehören. Es handelt sich dabei um Jahre oder sogar Jahrzehnte.

1.4 Suizid ist sozial eingebettet

Die Vorstellung einer Handlung, in einem Projekt und einer Laufbahn wäre nicht vollständig, wenn nicht auch die gemeinsamen Handlungen oder Gruppenhandlungen beschrieben wären. Eine Gruppenhandlung kann wie eine individuelle Handlung dargestellt werden, nur müssen dabei zwei Ebenen berücksichtigt werden: die individuelle Handlung der einzelnen Personen und die Gruppenhandlung einer Gruppe von Menschen, die gemeinsame Ziele anstreben (Valach et al., 2002). Wenn sich eine Familie anschickt, ihre Wohnung, ihr Haus im Frühling an einem freien Tag auf Hochglanz zu bringen, ist dies mehr als eine Summe der Tätigkeiten der einzelnen Personen. Ihre Arbeit will koordiniert sein und die Arbeitsteilung zweckmäßig. So kann die Suizidhandlung auch unter dieser Sichtweise betrachtet werden. Die Tatsache, dass die Suizidhandlung als sozial eingebettet verstanden werden muss, was wir mit einer Analyse belegten (Valach et al., 2006a), kann auf unterschiedliche Art und Weise illustriert werden. Zuerst berichteten die Suizidanten, dass ihre Krise, z. B., in einer Beziehung zu einer anderen Person verstanden werden kann. Sei es der ablehnende Partner, die Eltern, von denen man sich nicht verstanden fühlte, der Arbeitgeber, der zu streng entschied, andere Bezugspersonen, vor deren Ablehnung man sich fürchtete usw. Im Weiteren wird die Suizidhandlung oft auch als ein Handlungsschritt in der Beziehungsgestaltung dargestellt. Schließlich fühlte man sich zu einem Suizid berufen, weil es als eine Aufgabe des Suizidanten in einer gemeinsamen Handlung oder einem gemeinsamen Projekt verstanden wurde. „Es wird besser gehen ohne mich" oder Ähnliches (Valach et al., 2007).

▶ **Zusammenfassung**
1. Obwohl die letzten Handlungsschritte eines Suizids zwingend als eine Individualhandlung geschehen müssen, erzählen die Patientinnen und Patienten nach einem Suizidversuch, dass ihre Kontakte zu anderen Menschen für das Verstehen ihrer Tat herangezogen werden müssen.
2. Die gemeinsamen Projekte, in denen eine Suizidhandlung stattfand, müssen dann als gemeinsames Handeln untersucht werden, indem die individuellen Handlungen und ihre Teile als gemeinsame Handlungen eine andere Bedeutung erhalten.

1.5 Suizid kann bewusst vorbereitet oder spontan vorgenommen werden

Es ist sehr einleuchtend zu argumentieren, dass eine Handlung vorbereitet oder spontan zustande kommen kann. Allerdings ist zu berücksichtigen, dass auch eine spontane Handlung in ihrem Verlauf von einem Ziel gesteuert und auch auf ein Ziel gerichtet wird. Die externe Anregung einer Handlung stellt sich als ein Hervorrufen eines anderen Projektes dar, als dasjenige, in dem man zu der Zeit mit einer Handlung engagiert ist. Im Falle von Suizid kann man in einem lebensbejahenden Projekt involviert sein (z. B. ein Gespräch mit dem Partner führen), dann wird man einer existenziell bedrohlichen emotionellen Verletzung ausgesetzt, sieht eine Waffe oder eine Packung Schlafmittel, was ein Suizidprojekt hervorruft, aus dem anschließend eine Suizidhandlung erfolgt. Diese Handlung, obwohl spontan eingeleitet, ist wieder eine zielgerichtete Handlung (Valach et al., 2006b). In einer Analyse zeigten wir, dass es auch gemischte Typen von Suizidhandlungen gibt, zum Teil vorbereitet, in gewissen Teilen spontan.

▶ **Zusammenfassung**
1. Obwohl alle Suizidprozesse Handlungen sind, kann die Umstellung von einem lebensorientierten zu einem todesorientierten Projekt, um eine Suizidhandlung herbeizuführen, auf eine überlegte und vorbereitete Art (top-down) oder auf eine plötzliche, von außen ausgelösten Weise (bottom-up) geschehen.
2. Auch im Falle eines „bottom-up" gesteuerten Suizidprozesses handelt es sich aber um eine Handlung, denn wenn auch ein Impuls übernommen werden kann, wird eine solche Reaktion in einer Handlung ausgeführt.

1.6 Suizid ist eine „beschädigte", fehlerhafte Handlung

Möge die in einem Projekt vorausgeplante Handlung gut durchdacht sein, ist eine solche, wie oben beschrieben, die in einem alles überbordenden Gefühl der Bedrohung und des Verlustes durch einen externen Hinweis – nämlich das Vorhandensein eines

Suizidmittels, sei es eine Waffe oder eine Packung Medikamente – eingeleitet wird, sicher weniger oder überhaupt nicht überlegt. Dennoch ist es eine zielgerichtete Handlung. Dies führt uns zu dem nächsten Argument in unserer Suizidforschung, dass Suizid als eine beschädigte oder fehlerhafte Handlung zu sehen ist. Beschädigt in dem Sinne, dass gewisse Prozesse in der Suizidhandlung unvollständig, beschädigt oder überhaupt nicht ablaufen, was den Tod zur Folge haben kann. Dies wird auch in einer Reihe von Untersuchungen bestätigt, die Gehirnfunktionen im Zusammenhang mit Suizidgedanken verfolgten (Reisch et al., 2010). Wir konnten eine Anzahl von fehlerhaften Handlungsprozessen herausarbeiten, die in einer Suizidhandlung, nicht aber in einer optimal verlaufenden Handlung zu finden sind (distorted act) (Valach et al., 2016). Wir werden diese Probleme in der Diskussion der einzelnen Berichte der Suizidpatienten erläutern. Da wir uns mit der Sichtweise „Suizid ist als eine Handlung zu sehen" an die Theorie des zielgerichteten Handelns anlehnen, können wir prüfen, ob die Prozesse, welche in dieser Theorie definiert werden, in einer Suizidhandlung optimal oder fehlerhaft verlaufen.

Beim Suizid versagen z. B. die Selbstmonitorings- oder Selbstüberwachungssysteme wie Schmerz, Emotionen, Gedanken oder Aufmerksamkeit (Valach & Young, 2018). So spielen im Suizid Erinnerungen (Ventrice et al., 2010) und vor allem Gefühlserinnerungen eine entscheidende Rolle. Z. B. die Angst, verlassen zu werden, erleben wir im erwachsenen Alter als existenziell bedrohlich, weil die Erinnerung an die Angst, verlassen zu werden, in der Kindheit wirklich eine Erinnerung an eine lebensbedrohliche Situation darstellt. Mit drei Jahren wissen wir nicht um die Fürsorgeeinrichtungen, die im Verlustfall der Mutter unsere Betreuung übernehmen würden.

▶ **Zusammenfassung**
1. Suizid ist zwar eine Handlung, aber eine beschädigte oder eine fehlerhafte Handlung.
2. Die Probleme der Suizidhandlung können in der Handlungsorganisation, Handlungssteuerung, Handlungsmonitoring, Handlungsenergetisierung und vielen anderen Handlungsprozessen gefunden werden.

1.7 Wozu dient es, Suizid als Handlung zu sehen?

Der Wert der Erkenntnisgewinnung kann dadurch bestimmt werden, inwieweit die Erkenntnisse mit der Realität übereinstimmen. Zudem ist eine Erkenntnis aber auch dann bedeutungsvoll, wenn sie uns das Überleben ermöglicht. Nicht das Überleben der Einzelnen auf Kosten der anderen, sondern der Einzelnen und der Anderen und zwar nicht nur kurzfristig, sondern auch langfristig (Valach & Young, 2015). So können wir uns fragen, ob wir mit dieser Sichtweise auch den Einzelnen das Leben retten können, in unserem Falle den Personen nach einem Suizidversuch.

> **Zusammenfassung**
> 1. Es ist sinnvoll Suizid als Handlung zu sehen, da diese Sichtweise eine wirksame Suizidprävention ermöglicht.

1.8 Das Gespräch mit einem Patienten nach einem Suizidversuch

Die Begegnung von Menschen wird durch ein Gespräch verkörpert. Eine Person nach einem Suizidversuch wird evtl. ein Gespräch mit anderen suchen. Wir sind jedoch in einem eigenen Anliegen unterwegs und das ist gut so, solange wir die anderen nicht einschränken. Mit großer Wahrscheinlichkeit werden wir uns in einem Gespräch mit einem Suizidanten versichern wollen, dass wir daran unschuldig sind. Dann wird uns evtl. interessieren, wo die Gefahren liegen, um sie zu vermeiden. Schließlich werden wir etwas für unser soziales und ethisches Ansehen tun wollen und dem Suizidanten unser Verständnis, Beistand und Hilfe anbieten. Ähnliches erfährt der Suizidant in vielen Fällen bei den professionellen Gesprächspartnern. Der Hausarzt oder Psychiater wird nach Symptomen der psychischen Erkrankung suchen, um eine Diagnose zu stellen, evtl. Depression, die man medikamentös behandeln könnte. Der Arzt wird sich vor allem bemühen, richtig und korrekt vorzugehen. Die Ärzte in einer Klinik werden zudem noch den Suizidanten ausfragen, um die spitaleigene Administration zufrieden zu stellen, denn sie sind verpflichtet, entsprechende Datenunterlagen zusammen zu tragen. Dies bedeutet, dass oft auch die professionellen Helfer zuerst die eigenen Ziele bzw. die Ziele der Organisation erreichen möchten.

Wenn wir jedoch wissen, oder annehmen, dass Suizid eine Handlung ist, die in dem Vollzug und der Ausführung zustande kommt und nicht nach einem festgegebenen Rezept oder einer Anleitung erfolgt, dann müssen wir zuerst dem suizidalen Menschen erlauben, das Geschehene zu versprachlichen und damit auch erfassen, wir sagen manchmal: be-greifen. Dies geschieht, indem wir der Person beistehen, ihre eigene Geschichte zu erzählen (Michel & Valach, 2011). Wie wir wissen, wird eine Erzählung von Begebenheiten als ein Handlungsablauf dargestellt. Es ist wichtig, die Suizidpatientinnen nicht nach konkreten Details des Suizidvorgangs auszufragen, sondern ihnen zu erlauben und evtl. ihnen dabei zu helfen, selbstständig ihre eigene Geschichte des Suizidgeschehens aufzubauen oder zu rekonstruieren. Der Suizidant wird das Erlebte nicht nur fassen können, sondern sie oder er wird sich auch als der Handelnde, der im Zentrum des Geschehens stand – wenn auch nicht alle die Verantwortung übernehmen können oder wollen – begreifen. Wenn wir dies mit der klassischen Vorstellung des erkrankten Patienten vergleichen, der von allen Seiten zu Passivität, Unbeweglichkeit, Gehorsam gedrängt und angehalten wird, die Verantwortung für die Gesundung den anderen zu überlassen, dann wird uns klar, dass diese Einstellung einer suizidalen Person nicht helfen kann. Der Leser kann dies sehr gut in der Erinnerung an Situationen nachvollziehen, in denen seine eigenen Ziele von anderen Beteiligten akzeptiert worden sind und dennoch kündigten die anderen ihre Zusammenarbeit nicht auf. Dies ist eine Situation, in der wir fühlen, dass die anderen uns helfen wollen und können, und dass ein gemeinsames Anliegen auch Erfolgsaussichten besitzt (Michel et al., 2004).

▶ **Zusammenfassung**
1. Ein Gespräch, bzw. eine angehörte Erzählung darüber, was geschah, ist der erste Schritt der Patienten nach einem Suizidversuch, diese Ereignisse mit ihrem intentionalen Handeln abzugleichen und diese in ihre lebensbejahenden Projekte und Handlungen zu integrieren.
2. Es baut sich daher zweierlei auf. Zum einen wird das Geschehen mit der Zielgerichtetheit der Patienten gesehen und zum anderen wird eine Zielgerichtetheit im Handeln der Patienten aufgebaut, die es für weitere suizidpräventive Projekte braucht.

1.9 Das innere Erleben in einer Handlung

Wir wissen alle, Laien und professionelle Betreuer, dass Menschen ein inneres Leben besitzen. Diejenigen, die darüber schreiben, unterscheiden sich jedoch voneinander in ihren Vorstellungen, wie diese inneren Vorgänge funktionieren und ablaufen und wie man sie für andere zugänglich machen kann. Die einen meinen, die einzelnen Teile der Gedanken- und Gefühlsprozesse seien dem Handelnden zugänglich und man könne sie jederzeit abfragen. Andere wiederum sind überzeugt, dass der Mensch nicht in die Prozesse der wahren Abläufe seines inneren Handelns einsehen und uns daher darüber auch nicht informieren kann. Wir wissen jedoch, oder nehmen dies von der Handlungstheorie und den entsprechenden Untersuchungen an, dass die inneren Prozesse, die mit unterschiedlichen Graden des Bewusstwerdens ablaufen, zu einem Teil versprachlicht und zugänglich gemacht werden können. Dafür ist jedoch ein bestimmtes Vorgehen erforderlich, das dem Erzählenden hilft, sich diese Inhalte zu vergegenwärtigen. Wir verwenden dafür die Technik des „Selbstkonfrontations-Interviews" (Valach et al., 2002; Young & Valach, 2002).

Diese Technik besteht in einer filmischen Aufnahme einer Handlung oder eines Gesprächs. Anschließend wird diese Aufnahme in kurzen, dreißig Sekunden bis drei Minuten dauernden Sequenzen vorgespielt mit der Bitte, Gedanken, Gefühle und Empfindungen zu berichten, die in der gezeigten Sequenz erlebt wurden. Dies stellt nicht nur für den Forscher einen Gewinn an Information dar, sondern dieses Verfahren besitzt auch für den Suizidanten und den Psychotherapeuten eine Bedeutung (Popadiuk et al., 2008), die in seiner mehrfachen Wirkung liegt (Valach et al., 2018). Zuerst werden dem Suizidanten viele innere Prozesse durch ihre Versprachlichung stärker bewusst und vervollständigen dadurch die erzählte Handlung. Indem sich der Erzähler die Filmaufnahmen des Gesprächs in einer ganz anderen inneren Verfassung ansieht (der Druck des Erzählens ist nicht mehr da, die Aufregung durch die Erinnerung der berichteten Ereignisse ist ein wenig verflacht, die Unsicherheit „wie nimmt dies der Zuhörer auf" ist verschwunden), kann er oder sie anfangen mit einer gewissen Distanz die Suizidhandlung zu revidieren. Dabei ist die Erfahrung der bildlichen Darstellung sehr wichtig, denn auch das, was sprachlich nicht erfasst wurde, ist informativ und wirkt sich korrigierend aus (Valach, 2018). Auch diese Technik und die Würdigung ihres Einflusses auf den Suizidanten sind eng mit der Vorstellung des Suizids als Handlung und mit der entsprechenden Handlungstheorie verknüpft. Wir werden uns den einzelnen Anmerkungen der Suizidanten zum Einfluss des Selbstkonfrontations-Interviews in der Besprechung der individuellen Geschichten widmen, denn zu jedem Gespräch wurde auch ein Selbstkonfrontations-Interview durchgeführt. Es ist also wichtig, die Patienten ihre eigene Suizidgeschichte in aller Ruhe erfahren zu lassen, indem sie die Filmaufnahme ihres Gesprächs anschauen und alle paar Minuten ihre Gedanken, Gefühle und Regungen dazu formulieren.

▶ **Zusammenfassung**
1. Die inneren Prozesse einer Handlung oder einer Erzählung werden mit der Methode des Video-unterstützten Selbstkonfrontations-Interviews erfasst.
2. Das „Sich sehen" und „Sich der inneren Prozesse erinnern" übt eine mehrfache therapeutische und daher auch suizidpräventive Wirkung aus.
3. Es ist nicht nur das Vergegenwärtigen von gewissen Prozessen, sondern auch das unterschwellige Erleben eigenen Handelns, das dann in vieler Hinsicht bewusst oder unbewusst korrigiert wird.

1.10 Die Suizidprävention als ein gemeinsames Projekt

Die Vorstellung des Suizids als Handlung führt auch dazu, dass wir nicht nur die Suizidalität der einzelnen Person in Handlungen, Projekten und längerfristigen Anliegen wie Laufbahnen oder Karrieren sehen, sondern auch die lebenserhaltende Tätigkeit nach einem Suizidversuch dementsprechend gestalten können. Die erste Begegnung mit dem Suizidanten, die Unterstützung beim Erarbeiten der Geschichte, in der die Suizidanten sich wieder als zielgerichtet und sinnvoll handelnde Personen erleben können, das Ermöglichen „der Möblierung oder Ausstattung" der Handlung durch die Versprachlichung der inneren Prozesse stellen bereits den Anfang eines gemeinsamen Projektes dar, dessen Ziel es ist, am Leben teilzunehmen und sich fürs eigene Leben einzusetzen. Sich in einem solchen Projekt zusammen mit den Suizidanten zu engagieren ist die Aufgabe der professionellen Helfer, denn sie können weder mit dem Zauberstab alles wieder in Ordnung bringen, noch die Disposition, welche sie oft als Ursache des Suizids zuschreiben, abschaffen. Um ein gemeinsames Projekt zu erarbeiten und aufrechtzuerhalten braucht es jedoch noch weitere Schritte. Erstens muss der Suizidant Strategien erarbeiten, wie er oder sie Krisensituationen lösen könnte und entsprechende Absichten

1.10 Die Suizidprävention als ein gemeinsames Projekt

oder Intention innerlich „vorbereiten". Zweitens muss man dieses gemeinsame Anliegen dem Suizidanten immer wieder in Erinnerung rufen und sich das Vertrauen erarbeiten, denn, wie wir aus den Ausführungen über die soziale Einbettung des Suizids wissen, wurden viele Suizidanten oft enttäuscht. Es ist also wichtig, die Suizidpatienten in ein gemeinsames Projekt des Lebens einzubinden (Valach, 2020).

▶ **Zusammenfassung**
1. Suizidversuch stammt meistens aus einem sozialen Zusammenhang, und die Suizidprävention muss daher in einer sozialen Zusammenarbeit erarbeitet werden.
2. Die offene Erzählung über das Geschehen ist ein erster Schritt.
3. Die Erzählung nach inneren Prozessen mit den Patienten in einer Video-unterstützten Selbstkonfrontation zu ergänzen stellt den zweiten Schritt dar.
4. Die vorhandenen Handlungsressourcen des Patienten zu eruieren und sie konkret in die Krisenabläufe zu integrieren (wann, an welcher Stelle der Erzählung, würden sie was machen) gilt es als nächster Schritt.
5. Die Patienten über die Zeit des gemeinsamen Suizidpräventionsprojektes an diese Zusammenarbeit, die vereinbarten Ziele und erarbeiteten Problemlösestrategien zu erinnern, hilft schließlich den Patienten, die volle Verantwortung zu übernehmen.

Teil II
Suizidfälle

Einführung in die Suizidfälle

Die nachfolgenden Ausführungen über die einzelnen Suizidversuche enthalten eine kurze Geschichte des jeweiligen Suizidversuches und anschließend eine Analyse des Suizidprozesses anhand der in der Einführung dargestellten konzeptuellen Überlegungen. Als erstes werden die langfristigen und mittelfristigen Anliegen ausformuliert, in denen die Suizidhandlung eingebettet ist. Anschließend werden die einzelnen Handlungen, Teilhandlungen und Handlungsschritte wie auch einzelne Gedanken (Kognitionen) usw., welche die Patienten und Patientinnen im Zusammenhang mit ihrem Suizidgeschehen beschreiben, mit einer vereinfachten Bezeichnung als Handlungen oder Kognitionen aufgelistet. Danach werden einzelne konzeptuell begründeten problematischen Aspekte der jeweiligen Suizidhandlung diskutiert. Dazu gehören die Probleme der Handlungsorganisation des Suizidprozesses, die Frage, ob die Suizidhandlung bewusst vorbereitet oder spontan vorgenommen war, Probleme der Handlungsüberwachungsprozesse, Probleme der Handlungsenergetisierung und die soziale Einbettung des Suizidhandelns. Im Anschluss danach wird das Gespräch der suizidalen Person mit den Psychotherapeuten und Psychotherapeutinnen in einzelnen gemeinsamen Handlungen wiedergegeben, gefolgt von einer kurzen Zusammenfassung der einzelnen Abschnitte des Selbstkonfrontationsinterviews.

Fall 1

3.1 Suizidgeschichte: Frau Huber, die es allen recht machen will

Kornelia Helfmann

Frau Huber, eine junge Frau Mitte 20, Studentin, hat an einem Sonntagabend einen außergewöhnlich heftigen Streit mit ihrer Mutter. Sie wirft ihr Sachen an den Kopf, die sich bei ihr angestaut haben und die eigentlich schon längst einmal hätten gesagt werden müssen. Das Fass zum Überlaufen gebracht hat an diesem Tag, dass ihre Mutter schon mehrmals anrief und dann unangemeldet bei ihr auftauchte. Frau Huber fühlt sich von ihrer Mutter überwacht und kontrolliert.

Vor einigen Monaten wurde Frau Huber von ihrem Freund verlassen, seither plagt sie heftiger Liebeskummer. Ihre Mutter sorgt sich sehr um sie. Mehrere Freundinnen haben sich von ihr abgewandt, sie konnten ihr Gejammer und ihre ständige Heulerei nicht mehr ertragen. Auch ein langjähriger Freund, der wie ein Bruder für sie ist, konnte ihr nicht helfen.

Die Mutter verlässt nach dem Streit wortlos die Wohnung. Als die Tür ins Schloss fällt, weicht bei der Tochter die Erleichterung darüber, endlich einmal Dampf abgelassen zu haben, einem furchtbar schlechten Gewissen. Die Mutter ist ihre wichtigste Bezugsperson und sehr verletzlich, Frau Huber hat sich angewöhnt, schonend mit ihr umzugehen und Rücksicht zu nehmen, sonst kann die Mutter auch mal ein paar Tage nicht mit ihr reden. Wie konnte sie sie jetzt so verletzen? Ihre Mutter hat doch nur sie. Als junge Frau kam sie aus dem nahen Ausland zur Arbeit in die Schweiz, arbeitete als Bedienung in einem Restaurant, lernte den Vater Frau Hubers kennen und wurde von ihm verlassen, als sie schwanger war. Über den Vater darf nicht gesprochen werden, dabei hätte Frau Huber doch gerne etwas mehr über ihren Erzeuger erfahren. Wie war er? Wie hat er ausgesehen? Woher kam er? In der Schule, damals noch auf dem Land, wurde sie gehänselt, weil sie keinen Vater vorweisen konnte.

Es war schon schwer genug für die Mutter, als die Tochter vor zwei Jahren in eine eigene Wohnung zog, sie konnte es nicht verstehen, sie hatten doch eine schöne Wohnung und genügend Platz, wieso musste Frau Huber in dieses Loch ziehen? In eine schäbige 1-Zimmer-Wohnung neben den Bahngleisen, wo die Züge durchdonnern und es nur für wenige Stunden nachts einigermaßen ruhig ist? Und dann hatte sie, kaum war sie ausgezogen, einen Freund, den sie an der Universität kennengelernt hatte und an dem die Mutter kein gutes Haar ließ. Seine Kleider seien nicht sauber, er habe schlechte Essmanieren, kommandiere die Tochter herum, behandle die Mutter nicht mit genügend Respekt und brauche die Tochter nur für Sex, weil er kein Geld für Prostituierte habe.

Es war Frau Huber tatsächlich immer ein Rätsel, wieso sich ihr gut aussehender Freund überhaupt für sie interessierte. Ihr hübsches Gesicht gefällt ihr, aber sie wagt es nicht, sich etwas flotter zu frisieren und zu kleiden, sie sieht immer ein wenig altbacken aus und ihren Körper findet sie nicht gut proportioniert, die Brüste zu klein, das Becken zu breit. Aber sie ist intelligent, und sie weiß, dass ihm das gefallen hat. Auch, dass sie sich für Kunst interessiert, sie gingen ab und zu in Ausstellungen und Konzerte, am meisten jedoch verband sie die Natur, die Ausflüge in die nahen Berge, das Wandern. Es konnte doch nicht nur der Sex gewesen sein, der ihn an ihr interessierte.

Ihre Mutter war eifersüchtig. Auch, wenn sie wusste, dass ihr Freund bei ihr übernachtete, konnte sie mehrmals an einem Abend anrufen, was sie und vor allem ihren Freund extrem störte und sauer machte. Er warf ihr vor, ihrer Mutter keine Grenzen zu setzen und sich in ihrer Gegenwart wie ein kleines Mädchen zu verhalten.

Die Sonntage hatten Mutter und Tochter sonst immer zusammen verbracht, doch als sie ihren Freund hatte, war sie lieber mit ihm zusammen, sie hatten doch nur die Sonntage, samstags arbeitete sie in der Cafeteria des Hallenbads, die Miete und die sonstigen Ausgaben mussten ja schließlich reinkommen. Doch ihre Mutter hat außer zu ihr und bei der Arbeit im Restaurant kaum soziale Kontakte. Sie ist ein misstrauischer Mensch, und dass sie bei der Arbeit immer lächeln soll, fällt ihr schwer. Ihr Freund meinte einmal, sie sehe verhärmt aus, eine graue Maus, die sich am liebsten mit ihrer Tochter in einem Mauseloch verkriechen würde. Das fand sie dann doch ein starkes Stück. Sie hat es ihm aber nicht gesagt, denn sie wollte keinen Streit mit ihm.

Und dann dieser Sonntagabend. Da steht die Mutter einfach vor der Tür, obwohl sie ihr gesagt hat, sie wolle alleine sein. Die Mutter fängt an, das Geschirr abzuwaschen, das Frau Huber seit Tagen in der Spüle stapelt, sie sagt ihr, sie solle damit aufhören, aber die Mutter macht einfach weiter, sie wolle ihr doch nur helfen, sagt sie, in so einer verdreckten Wohnung könne sie sich doch unmöglich wohl fühlen. Die Tochter steht machtlos daneben, als die Mutter dann auch noch den abgenutzten Teppich saugt, sie fühlt sich hilflos, ja, ohnmächtig, doch als die Mutter das Bett abziehen will, packt Frau Huber die Wut und die Mutter unsanft am Arm und schubst sie an die Wand. Die Mutter schwankt und reißt vor Schreck die Augen auf. Frau Huber schreit die Mutter an, sie solle sofort ihre Wohnung verlassen und die Mutter schreit zurück, dass sie immer mehr

3.1 Suizidgeschichte: Frau Huber, die es allen recht machen will

ihrem Vater gleiche. Dieser Satz ist zu viel. Außer sich vor Wut wirft sie ihrer Mutter an den Kopf, sie wie ein kleines Kind zu behandeln, sie zu kontrollieren, zu dominieren, sie auszunutzen, zu missbrauchen, und überhaupt sei sie daran schuld, dass ihr Freund sie verlassen habe und wahrscheinlich habe sie mit ihren ständigen Anrufen dafür sorgen wollen, dass genau das passiert. Und jetzt soll sie gehen und sie in Ruhe lassen, sie habe genug von ihr.

Im ersten Moment ist sie erleichtert, dass sie ihr endlich gesagt hat, was sie schon so lange an ihr stört. Die Mutter weint, nimmt ihre Handtasche und geht. Die Tochter steht in der winzigen Wohnung und zittert. Ihr Blick fällt auf die Matratze, die auf dem Boden liegt. Die Bettwäsche hat sie nicht mehr gewechselt, seit er sie verlassen hat, sie riecht noch leicht nach dem Parfüm, das sie ihm an Weihnachten geschenkt hat. Wow! Joop! Er hatte sich doch so darüber gefreut.

Sie kann sich noch ganz genau an den Augenblick erinnern, als sie ihn kennengelernt hat. Sie saßen sich zufällig beim Mittagessen in der Mensa gegenüber, er war ihr schon vorher aufgefallen, sie hatten aber noch kein Wort miteinander gewechselt und auch jetzt, beim Essen, sprachen sie nicht miteinander. Bis sie ihr Glas umstieß und ihm ihre Cola über die hellen Hosen lief. Er war einfach sitzen geblieben und hatte sie gefragt, ob das ein Annäherungsversuch sein soll, und sie sagte, ich glaube schon. Woher sie damals den Mut nahm, weiß sie bis heute nicht. Auf jeden Fall kam er mit ihr nach Hause, sie wusch die Flecken aus seiner Hose und er saß so lange in den Unterhosen auf dem Teppich. Er war cool und sie flatterte wie ein nervöses Huhn um ihn herum, worüber er sich amüsierte.

Anderthalb Jahre waren sie dann zusammen. Er wohnte in einer WG und schon deshalb waren sie am Wochenende meistens bei ihr. Es störte ihn nicht, dass die Wohnung etwas abgewohnt war, außer einem Bücherregal, einem Tisch mit ein paar Stühlen und einer Matratze auf dem Boden, auf der sie sowohl schläft als auch isst und lernt, hat sie keine Möbel. Die Matratze war der Mittelpunkt ihrer Wohnung, als sie noch mit ihm zusammen war, auf ihr hatten sie sich geliebt. Es war doch ihre Matratze, und ihre Mutter hatte nicht die Berechtigung, sich daran zu vergreifen.

Nach anderthalb Jahren hatte er sie dann aus heiterem Himmel und ohne Begründung verlassen. Und das war das Schlimmste für sie. Dass er nicht einmal den Anstand hatte, ihr zu sagen, wieso. Wenn sie es gewusst hätte, wäre es leichter für sie gewesen, aber so grübelte sie Tag und Nacht und konnte doch keine Antwort darauf finden. Hatte er eine andere Frau kennen gelernt? Hatte sie etwas falsch gemacht und wenn ja, was? Etwas zu ihm gesagt, das ihn verletzte? War es für ihn zu früh, dass sie gesagt hat, sie wolle auch einmal eine Familie, Kinder? War es ihre Mutter, die ihn so genervt hat? Oder hatte etwa ihre Mutter doch recht gehabt, als sie sagte, er wolle nur das Geld für eine Prostituierte sparen? Je länger sie nach der Trennung grübelte und weinte, und sie weinte sehr viel, desto klarer war es für sie. Ja, sie war von ihm sogar übler als eine Prostituierte behandelt worden, denn die bekamen wenigstens Geld für ihre Dienste.

Sie zittert noch immer. Sie hat ihrer Mutter Unrecht getan. Sie ist schuld, wenn es ihr schlecht geht. Was ist, wenn sie jetzt auch noch die Mutter verloren hat? Ihren letzten

Anker? Die einzige Person auf dieser Welt, die sie immer geliebt und für sie gesorgt hat? Wie soll sie mit dieser Schuld weiterleben? Hat sie überhaupt noch ein Recht, weiter zu leben?

Wie ein Tiger im Käfig läuft sie in der Wohnung hin und her. Sie bekommt Magenschmerzen, ihr wird übel vor Scham und sie hat das Gefühl, gleich erbrechen zu müssen. Im Badezimmer sieht sie ihr kreidebleiches Gesicht im Spiegel. Sie lässt kaltes Wasser in das Waschbecken laufen und schaufelt es sich mit beiden Händen ins Gesicht.

Als sie ihr Gesicht abtrocknet, fällt ihr Blick auf den Rasierer, der auf der Ablage unter dem Spiegel liegt und den ihr Freund bei ihr liegen gelassen hat. Daneben ein Päckchen mit Rasierklingen, er hat sich immer nass rasiert. Lange hatte sie gehofft, er käme zurück, er habe die Sachen absichtlich liegen gelassen, sie gaben ihr Trost, aber in diesem Moment spürt sie, dass sie vergeblich gehofft hat. Er wird nie mehr zurückkommen.

Es ist endgültig aus. Sie wird nie eine eigene Familie haben. Die Beziehung zu ihrer Mutter hat sie kaputt gemacht.

Sie sieht keine Perspektive mehr. Das Recht auf Leben hat sie verwirkt.

Sie hat das Gefühl, neben sich zu stehen, als sie langsam eine Rasierklinge aus dem Päckchen nimmt. Den ersten Schnitt in den Unterarm spürt sie überhaupt nicht, es ist, als würde sie einer anderen Person dabei zusehen, es blutet auch nicht. Sie schneidet sich noch einmal und noch einmal, wieder spürt sie nichts, als die Rasierklinge in ihr Fleisch dringt, als wäre es aus Butter. Sie legt den Arm in das Wasser im Waschbecken, langsam fließt das Blut aus den Schnitten ins Wasser, es sieht ganz hübsch aus. Dann dreht sie den Arm und schneidet sich ins Handgelenk, sie schneidet ziemlich tief, und es blutet jetzt heftig und sieht nicht mehr schön aus. Das Gefühl, neben sich zu stehen, ist schlagartig weg.

Sie will nicht sterben. In Panik rennt sie zum Telefon.

3.2 Suizidanalyse: Britta Huber „Ich kann nicht mehr…"

Ladislav Valach

Gefragt nach ihrem Suizidversuch, berichtet Frau Huber in ihrem Gespräch mit einem Psychiater über kurzfristige Handlungen, mittelfristige und langfristige Anliegen in ihrem Leben, die sie in einem Zusammenhang mit ihrem Suizidversuch sieht.

3.2.1 Langfristige und mittelfristige Anliegen und kurzfristige Handlungen

3.2.1.1 Langfristige Anliegen und mittelfristige („Projekte")

Es gab eine „Liebesbeziehung", die der Partner von Frau Huber ohne Grundangabe beendete. Anschließend erlebte sie eine Zeit von mehreren Monaten des

„Verlassenwerdens", in denen sie sich sehr verletzt und unglücklich fühlte, verzweifelt war und viel weinte. Am meisten zur Verzweiflung gebracht habe sie, wie ein Wegwerfartikel ohne Angabe eines Grundes entsorgt worden zu sein. Sogar eine Prostituierte werde besser behandelt, da diese zumindest Geld für ihre Dienste bekomme. Nicht einmal das Verlassenwerden habe zur größten Krise geführt, sondern dass sie realisieren musste, dass ihr „Wertesystem, ihre Glaubensüberzeugungen" über die Menschen und über sich selbst nicht gültig seien.

In dieser Zeit wurde Frau Huber nach ihren Angaben von ihrer Mutter etwa vier Mal täglich angerufen mit der Absicht, sie zu trösten („Mutter tröstet"). Frau Huber erlebte dies jedoch als eine Bevormundung, fühlte sich „überwacht". Lange Zeit hielt sie dies aus, weil sie die Mutter nicht verletzen wollte, da ihr diese Beziehung sehr wichtig sei. Sie habe ja nur die Mutter als Familie, sonst niemanden („Beziehung zu Mutter"). Zudem erwähnte Frau Huber ihre jahrelange „Beziehung zum Freund B.", der zwar sehr hilfsbereit sei, aber für ihre Verzweiflung kein Verständnis habe und ihr nicht helfen könne.

Diese mittel- und langfristen Anliegen sind eingebettet in die „beruflichen Ziele" der Patientin, die sie gelassen sieht, da sie ihren Fähigkeiten vertraut. Ihr Wunsch ist auch, eine eigene „Familie" zu haben und es kann angenommen werden, dass vieles, was sie unternimmt, auf das Erreichen dieses Zieles ausgerichtet ist, z. B. ihre Liebesbeziehungen. Schlussendlich und „lebenswichtig" ist das umfassende Anliegen, zu leben, eigenes Leben zu schützen etc., das Frau Huber mehrmals anspricht als „ich kann nicht mehr", „ich habe Angst zu sterben", „ich will nicht sterben".

Langfristige Anliegen
Einige dieser langfristigen Anliegen sind übergeordnet, andere werden eher als gleichwertig, nebeneinander bedient erlebt. Allerdings kann sich diese Ordnung ändern. So ist das selbstverständlich wichtigste Anliegen „zu leben" in einem Moment der Bedrohung der „Glaubensüberzeugungen und der Werte" (Selbstwert) eher zweitrangig. Diese wurden bedroht in der missglückten „Liebesbeziehung", als Frau Huber ohne Grundangabe verlassen wurde. Genauso geschah dies in dem Moment, als die „Beziehung zu Mutter" erschüttert wurde. Es waren diese Situationen, in denen sich die Patientin nicht mehr im Stande fühlte, weiter zu leben und sterben wollte. Als sie dann später die Sicherheit hatte, dass die Beziehung zu Mutter wieder in Ordnung war, konnte sie sich auch zuversichtlich zeigen und wollte wieder leben. Die Bedeutung ihres Anliegens „zu leben", wurde ihr auch plötzlich bewusst, als sie während der Suizidhandlung gedanklich und emotionell im „Hier und Jetzt", bei ihrer Handlung war.

Mittelfristige Anliegen und „Projekte"
Im Rahmen dieser übergeordneten längerfristigen Anliegen schilderte Frau Huber einige wichtige Projekte, die sie für ihren Suizidversuch als relevant ansah. Es war zunächst die „Beendigung der Liebesbeziehung" ohne Grundangabe, die sie zur „Verzweiflung" brachte, da dies ihrem Glauben an die Wertigkeit der Menschen nicht entsprach. Die Zeit der Verzweiflung, des beständigen Weinens und die Unmöglichkeit mit dem Erlebten

fertig zu werden, mobilisierte die Mutter der Patientin, die sich dann in einem „Projekt" des „Tröstens, des Beistehens, der Unterstützung", engagierte, das jedoch der Tochter als andauernde „Überwachung" vorkam.

> **Zusammenfassung**
> 1. In Verbindung mit ihrem Suizidversuch schildert die Patientin langfristige Anliegen, die ihr wichtig sind, oder die sie als eine Option in Erwägung zog: Es sind ihr Leben, ihre Glaubensüberzeugungen und Werte, ihre Liebesbeziehung und ihre Beziehung zu Mutter.
> 2. Zu ihren mittelfristigen Anliegen gehört ihre Auseinandersetzung mit der Beendigung der Liebesbeziehung, mit ihrer Verzweiflung, mit dem Trösten, dem Beistehen bzw. der Überwachung durch ihre Mutter.

3.2.1.2 Kurzfristige Handlungen in mittelfristigen Anliegen

Diese mittelfristigen Projekte wurden weiter in einigen gemeinsamen und individuellen Handlungen spezifiziert, die für das Verständnis der Suizidhandlung der Patientin, nach ihrer Meinung, wichtig sind.

Gemeinsame Handlungen (Mutter und Tochter) in dem gemeinsamen mittelfristigen Anliegen „Unterstützung, Trost, Überwachung durch die Mutter", in dem es zum Konflikt kam, der diese Begegnungen bestimmte.

Gemeinsame Handlungen (Mutter und Tochter) im Konfliktprojekt

Das „Konfliktprojekt" schildert Frau Huber in drei gemeinsamen Handlungen „Die Mutter besucht die Tochter", sie „streiten", und die Patientin meint sich sehr unkontrolliert und direkt zu verhalten, was sie normalerweise nicht tue und dies sehr bedauerte. Daraufhin „verließ die Mutter die Wohnung" der Tochter und diese blieb alleine.

Kurzfristige Handlungen im Konfliktprojekt
1. Besuch von Mutter (M) bei der Tochter (Patientin (P))
   1.1 Handlung M: Mutter besuchte unvorbereitet die Patientin.
   1.2 Handlungskognition P: Es ist eine 24-Std.-Überwachung.
   1.3 Handlung verbal M: Es ist eine große Belastung für mich.
   1.4 Handlungskognition P: Es ist klar.
1. **Handlung: Mutter (M) und Tochter (Patientin (P)) streiten. Gegenstand: Liebeskummer, sich überwacht fühlen**
   1.1 Handlung P: sagte vieles unkontrolliert
   1.2 Handlungskognition P: (streiten ist) unüblich in der Beziehung
   1.3 Handlungskognition M: ist erstaunt ob negativen Gedanken
2. **Handlung: Mutter (M) und Tochter (Patientin (P)) trennen sich**
   2.1 Handlung M verlässt die Wohnung der Tochter: ist gegangen
   2.2 Handlungskognition P: schlechtes Gewissen (meine Handlung entspricht nicht der Norm)
   2.3 Handlungskognition P: meine Mutter ist verletzt, sie leidet

3.2 Suizidanalyse: Britta Huber „Ich kann nicht mehr..."

Kurzfristige Handlungen im Suizidprojekt

Anschließend leitete Frau Huber ein „Suizidprojekt" ein. Sie meinte, sie kann nicht mehr. Nach der „Suizid(versuch)-Handlung rief die Patientin ihre Mutter an" und die „Patientin wurde ins Spital gebracht". Nach dem Spitalbesuch verbrachte die Patientin das „Wochenende bei ihrer Mutter". Sie konnten gute und „klärende Gespräche" führen.

Gemeinsame Handlungen Mutter (M) und Tochter (Patientin (P))
1. Suizidhandlung der Tochter (Patientin (P))

1.1 Handlungskognition: Ziel P: will es stoppen, ich kann nicht mehr
1.2 Handlungskognition P: (Konflikt: sie (Mutter)) meint es gut
1.3 Handlungskognition P: aber ich kann es nicht ertragen. (Spannung mit der Mutter)
1.4 Handlung P: ist ins Badezimmer gegangen
1.5 Handlungskognition P: Rasierklinge anschauen
1.6 Handlungskognition P: Frage: tut es weh, wenn man sich schneidet?
1.7 Handlung P: Breche die Klinge auf
1.8 Handlung P: Schneide mich am Oberarm, Unterarm
1.9 Handlungskognition P: es tut nicht weh
1.10 Handlungskognition P: sieht unappetitlich aus
1.11 Handlungskognition P: (es) geht gut
1.12 Handlung P: schaue (mir) zu
1.13 Handlungskognition P: es blutet nicht
1.14 Handlung P: schneide an „strategischen" Stellen (Handgelenk?)
1.15 Handlung P.: halte den Arm unter Wasser
1.16 Handlungskognition P: es gibt Ringe im Wasser
1.17 Handlungskognition P: sind hübsch
1.18 Handlungskognition P: schaue (mir) zu (Dissoziation)
1.19 Handlungskognition P: Erinnerung: habe mir in den Monaten vorher zugeschaut
1.20 Handlung P: schneide noch einmal
1.21 Handlungskognition P: es sieht nicht mehr schön aus
1.22 Handlungskognition P: es ist tief genug
1.23 Emotion P: Angst
1.24 Handlungskognition P: bin nicht mehr außerhalb von mir
1.25 Handlungskognition P: wenn ich nichts tue, dann sterbe ich
1.26 Handlung P: lege Druckverband an

2. Gemeinsame Handlung Patientin (P) und Mutter (M): Hilfe nach dem Suizidversuch

2.1 Handlung P: gehe zum Telefon
2.2 Handlung P: rufe Mutter an
2.3 Handlung P: bitte Mutter um Verzeihung
2.4 Handlung P: (bitte Mutter) um Hilfe

2.5   Handlung P: sage, dass (ich) Angst (habe) zu sterben
2.6   Handlungskognition P: Mutter ist nicht überrascht
2.7   Handlungskognition M: „hör auf zu sprechen"
2.8   Handlung M: Kognition (Ziel) will anrufen
2.9   Handlung P: hängt auf
2.10 Handlung M: ruft Polizei an
2.11 Handlung P: laufe im Kreis herum
2.12 Handlungskognition (Ziel) P: will nicht sterben
2.13 Handlung M: ruft (P) an
2.14 Handlung M: „solle mir keine Sorgen machen"
2.15 Handlung M: jemand komme

3. Gemeinsame Handlung (P; Polizei; Ärzte)

3.1   Handlungskognition P: es blutet nicht mehr
3.2   Handlung Polizei: Polizei kommt
3.3   Handlung Polizei: Polizei drückt etwas auf die Wunde
3.4   Handlung Polizei, P: komme ins Spital
3.5   Handlung Ärzte: Wunde wurde genäht
3.6   Handlungskognition P: alles ist zum Schluss positiv

4. Gemeinsame Handlung Mutter (M) und Patientin (P): Verbringen Zeit zusammen

4.1   Handlung M: Mutter holt mich im Spital ab
4.2   Handlungen P: verbringe So und Mo bei der Mutter

5. Gemeinsame Handlung: Patientin (P) und Mutter (M): Zeit bei der Mutter: Gespräch

5.1   Handlung P: sage habe Schuldgefühle (wegen Gesagtem und Gemachtem)
5.2   Handlung P: sagte: wisse nicht wie sich zu entschuldigen
5.3   Handlung P: (sage) es tut mir sehr leid
5.4   Handlungskognition P: sie verstehe das
5.5   Handlung M: (Berichtet von Handlung M): sie unternahm einmal im Leben auch einen Suizidversuch (schneiden mit 30; Grund: wurde von Mann verlassen)
5.6   Handlungskognition P: das wusste ich nicht
5.7   Handlung P: zur Mutter: sage es nicht meinem Ex-Freund
5.8   Handlungskognition P: es hat positive Auswirkungen
5.9   Handlungskognition P: Liebeskummer bleibt

> **Zusammenfassung**
> 1. Die kurzfristigen Handlungen, welche die Patientin schildert sind Teil eines Konfliktprojektes der Patientin und ihrer Mutter und des Suizidprojektes von Frau Huber.
> 2. Ihr Konfliktprojekt beinhaltet Handlungen wie: Besuch von Mutter bei der Tochter, Streit der Mutter und Tochter, Trennung der Mutter und Tochter. Diese werden dann einer Reihe von Handlungsschritten, Teilhandlungen und Handlungen (hier alles als Handlungen angeschrieben) und Handlungskognitionen bzw. anderen Prozessen geschildert.
> 3. Ihr Suizidprojekt enthält folgende Handlungen: Suizidhandlung, Hilfe durch Mutter nach dem Suizidversuch, Hilfe durch Polizei, Ärzte, Patientin und Mutter verbringen Zeit zusammen, Gespräch von Mutter und Tochter.

3.2.2 Probleme der Handlungsorganisation

Frau Huber beschreibt ihre Suizidhandlung detailliert in vielen Handlungsschritten, wie auch andere, dazugehörende Handlungen. Solche, die der Suizidhandlung vorausgingen (der Streit mit der Mutter), die Zeit danach, wie die Patientin Hilfe erhielt und wie sie anschließend einiges mit ihrer Mutter in guten Gesprächen klären konnte. Zudem stellt sie ihre Handlungsschritte und Handlungen im Rahmen von übergeordneten, umfassenderen mittelfristigen Anliegen dar, wie die Zeit der Verzweiflung nach der Beendigung der Liebesbeziehung, regelmäßige Kontakte mit ihrer Mutter, in denen sie sich entmündigt und überwacht fühlte, und schließlich auch das Geschehen um ihren Suizid herum. Diese Erlebnisse schildert die Patientin als zu langfristigen Anliegen gehörend, wie Partnerschaftsbeziehung, Beziehung zur Mutter, ihre Glaubensüberzeugungen, ihre beruflichen Vorstellungen und dann auch die Sorge um ihr Leben.

Die kurzfristigen Handlungen, mittelfristigen Anliegen und langfristigen Ziele und Prozesse können in einem Systemzusammenhang gesehen werden. In den Handlungen werden die übergeordneten Prozesse ausgelebt und materialisiert, in den übergeordneten wird die Bedeutung der Handlungen verankert. Die Handlungen werden im Dienst dieser übergeordneten Prozesse durchgeführt. Dementsprechend ist auch die Suizidhandlung in einem systemischen Zusammenhang zu sehen. Daher ist eine Reihe von Prozessen auf unterschiedlichen Hierarchie-Ebenen an der Suizidhandlung beteiligt. Es sind sicher das „Verlassenwerden", die „Bedrohung der Beziehung zu Mutter", das „Vorhandensein der Rasierklinge im Badezimmer", die „Fähigkeit der Patientin zu dissoziieren" und viele andere mehr dazu zu zählen. Nicht zuletzt ist auch die erlebte „Missachtung der Werte und der Glaubensüberzeugungen" der Patientin an ihrem Suizid beteiligt. Wir beschreiben suizidale Handlungen als fehlerhafte Handlungen. Auch hier sehen wir, dass übergeordnete wichtige Projekte und Anliegen für eine Zeit vergessen oder unberücksichtigt bleiben. Es ist vor allem das Ziel, am Leben zu bleiben, das in den Hintergrund gerät. Zudem könnte man sich fragen, warum die Bedrohung, die Beziehung zur Mutter zu belasten, zu einer existenziellen Krise ausartet. Die begangenen Fehler in der Interaktion können in einer anschließenden Besprechung geklärt werden, was die Patientin mit ihrer Mutter später auch machte. Es wäre durchaus vorstellbar, dass die Mutter, aus einem anderen Land stammend, sich sehr eng an die Patientin anlehnte und diese sie nicht zu enttäuschen wagte. Ähnliches müsste man sich auch hinsichtlich dessen fragen, was im Anschluss an die abgebrochene Liebesbeziehung geschah. Man könnte sich fragen, ob die Patientin das „Verlassenwerden" einer primären Bezugsperson bereits erlebte, und zwar in einem Alter, in dem dies als existenziell bedrohlich erlebt wurde, oder ob ihr eine solche Episode von der Mutter erzählt wurde. Die Tatsache, dass der Vater der Patientin in ihrer Erzählung nicht vorkam, könnte dies nahelegen. Solche Ereignisse, so schmerzhaft sie auch sein mögen, sollten im erwachsenen Alter nicht zu einer existenziellen Krise geraten. D. h., das adäquate Handeln, die optimalen Handlungsschritte in einer solchen Situation sehen anders aus. Ferner die Tatsache, dass man „nicht mehr kann" muss nicht zwingend zum Suizid führen und sich von Rasierklingen zum Schneiden inspirieren lassen. Eine Auszeit würde sicher helfen, um wieder zur Motivation und Kräften zu kommen. Es sind alles Probleme in der Handlungsordnung, in der – unter Berücksichtigung der übergeordneten Interessen und unter der Beteiligung der adäquaten inneren Prozesse – die zielführenden Handlungsschritte gewählt werden sollten.

Allerdings ist die sequenziell-hierarchische Ordnung der zielgerichteten Prozesse dieser Patientin und der beteiligten Person nach der Handlungstheorie nicht das einzig Entscheidende, das bei der Analyse von Suizidprozessen zu untersuchen ist.

Im Handeln sind auch die Handlungsteuerungsprozesse zu berücksichtigen.

▶ **Zusammenfassung**
1. Das Anliegen, mit dem „Verlassenwerden", der „Bedrohung der Beziehung zu Mutter" und der „Missachtung der Werte und der Glaubensüberzeugungen" fertig zu werden, führte die Patientin zum Aufgeben ihres Lebens. D. h., dass das Anliegen „zu leben" diesen anderen Anliegen als untergeordnet und nicht als übergeordnet gesehen wurde. Dies ist ein Beispiel für die Probleme der Handlungsorganisation der Patientin.
2. Ein anderes Problem in der Handlungsorganisation stellt die Verbindung des Gedankens „ich sehe keinen Ausweg" mit der Wahrnehmung von Rasierklingen dar, die der Patientin ein Mittel zur Verwirklichung ihres Zieles nahelegen.

3.2.3 Bewusst vorbereitet oder spontan vorgenommen?

Die Suizidhandlung ist in einem systemischen Zusammenhang zu sehen. Es stellt sich die Frage, wie die Patientin von ihren lebensbejahenden Projekten zum Suizidprojekt wechselte, in dem dann die Suizidhandlung stattfand. Ihr Projekt der „Partnerschaft" wurde von ihrem Partner abgebrochen und er verließ sie. Frau Huber befand sich zur Zeit des Suizidversuchs in einer Phase des „Verlassenwerdens", in der sie viel weinte und sich verletzt und gekränkt fühlte. Sie glaubte, nicht nur ihre Ziele, eine „Familie zu haben", aufgeben zu müssen, sondern fühlte sich auch in ihren wichtigsten „Glaubensüberzeugungen über die Wertschätzung eines Menschen" enttäuscht. Zusätzlich, und dies kam später dazu, war sie der Meinung, dass sie ihre „Beziehung zur Mutter" in ihrem unkontrollierten Dampfablassen unverbesserlich schädigte. Wir müssen vermuten, dass die junge Frau ihr Leben mit der guten Beziehung zur Mutter, mit dem Einhalten der Wertschätzung eines Menschen in Beziehungen und Partnerschaft und ihrem Wunsch nach einer Familie identifizierte. Ihr Anliegen „zu leben" an sich ohne diese Umstände und Bedingungen schien für sie nicht als selbstständiges Projekt vorhanden zu sein. Die Patientin berichtet von Stufen und zunehmender Spezifizität ihres Wechsels zum Suizidprojekt und Suizidhandlung. Zuerst kam das „Fallen-lassen des Lebensprojekts" („ich sah keinen Ausweg") und dann bot das „Vorhanden-Sein der Rasierklinge" im Badezimmer eine selbstschädigende Handlung an, die sie wie einen Ausweg empfand. Allerdings bedeutet der Gang ins Badezimmer bereits einen Abschluss zu einer Reihe von zielgerichteten Prozessen, wie den Tagesabschluss einzuleiten (Abendtoilette), den Schlafprozess abzuschließen (die Morgentoilette), die Nahrungsaufnahme und -verdauung mit einer Entleerung abzuschließen, mit Händewaschen eine Tätigkeit abzuschließen etc. Daher kann dieser Gang als ein Prozess des Wechsels von den Lebensprojekten, den Abschluss von Lebensprojekten bedeuten. Zuletzt erlaubte ihr ihre „trainierte" „Fähigkeit zu dissoziieren", sich zu beobachten und keine Schmerzen zu empfinden den kritischen Schritt, die Suizidhandlung auszuführen. Die gestörte Ordnung der Steuerungsprozesse kann auch in der fehlenden Prüfung der Handlung, die durch eine Wahrnehmung der Rasierklinge eingeleitet wurde, gesehen werden, da die Ziele auf die Kompatibilität mit anderen wichtigen Zielen nicht geprüft wurden.

▶ **Zusammenfassung**
1. Die Entscheidung, ob eine Suizidhandlung vorbereitet oder spontan, top-down, oder bottom-up gesteuert wurde, kann oft, wie bei Frau Huber, mit sowohl als auch beantwortet werden.
2. Die Patientin entschied sich, das Leben aufzugeben, da sie keinen Ausweg sah (von oben ab).
3. Zum Schneiden am Arm wurde sie jedoch erst im Badezimmer animiert, als sie Rasierklingen sah (bottom-up).

3.2.4 Probleme der Handlungsüberwachungsprozesse

Zu den Selbst- und Handlungsüberwachungssystemen gehören Aufmerksamkeit oder Bewusstsein, Emotionen und Schmerz. Bei der Analyse der Gespräche mit Patienten, die einen Suizidversuch überlebten, fanden wir, dass diese Selbst- und Handlungsüberwachungssysteme oder -monitoringsysteme unvollständig oder fehlerhaft funktionieren. Auch Frau Huber beschreibt einige Handlungsprozesse, die Selbstmonitoringprozesse enthalten und die als fehlerhaft bezeichnet werden könnten. Es sind zunächst die Beziehungskrisen, welche die Patientin als existenziell bedrohlich monitort. Wir argumentieren, dass in solchen Momenten, in denen diese Schlüssel gezogen werden, unsere Emotionen nicht aus der Spiegelung der unmittelbaren Situation stammen, wofür sie bestens geeignet sind, sondern ein Gefühl aus der Erinnerung hervorgeholt wird, mit dem dann ein falsches Bild der Situation entsteht. In der Suizidhandlung selbst beschreibt die Patientin ihre Selbstüberwachungsprozesse als „sich zu beobachten", „außer sich zu stehen" und daher nicht Schmerzen und Bedrohung zu signalisieren. Erst wenn die Patientin wieder im „Hier und Jetzt" mit ihren Gedanken und Gefühlen war, konnte sie die Konsequenzen ihres Handelns realisieren und die selbstschädigende Handlung, die zum Tod führen könnte, abbrechen. Die Patientin berichtet zudem, dass sie in ihrer Verzweiflung von ihren Bekannten und Freunden gemieden wurde. Dies könnte man auch so verstehen, dass sich die Patientin in solchen Begegnungen mit ihren Bekannten nicht situations- und regeladäquat verhält, denn eine allgemeine Mitgefühlsunfähigkeit der anderen kann nicht angenommen werden. Auch dies ist ein Handlungsmonitoringproblem.

> **Zusammenfassung**
> 1. Das Handlungsmonitoring von Frau Huber zeigte sich im Zusammenhang mit ihrer Suizidhandlung als mehrfach gestört.
> 2. Sie fühlte keine Schmerzen, als sie sich am Unterarm mit der Rasierklinge schnitt.
> 3. Sie hielt ihre emotionale Erinnerung für die gegenwärtigen Emotionen, die ihr ihre momentane Situation spiegeln sollten.
> 4. Beim Schneiden beobachtete sie sich von außen, anstatt das Geschehene direkt und unmittelbar, teilnehmend "zu erleben".

3.2.5 Probleme der Handlungsenergetisierung

Die Funktion des Energetisierens wird in einer kurzfristigen Handlung durch Emotionen gewährleistet. Frau Huber berichtet über Energetisierungsprozesse in ihrer Beschreibung der Suizidhandlung. In ihrer Auseinandersetzung mit der Mutter meint sie: „... ich sagte ihr viele Sachen, von denen ich dachte, man dürfe sie nicht sagen, aber es kam einfach so heraus, so dampfkochtopfartig." Sie lässt uns verstehen, dass in diesem Moment ihre Gefühle, ihre Energie, ihre interaktive Handlung entscheidend gestalteten und überhandnahmen. Sie konnte sich nicht mehr höflich und kontrolliert angemessen verhalten, wie sie es üblicherweise tat: „Ich weiß normalerweise, wie ich bei meiner Mutter Kritik anbringen kann. Sorry, meine Mutter ist eine Person, die nicht sehr gut Kritik aufnimmt, aber wenn man es nett verpackt, kann man es anbringen hin und wieder." Als die Mutter die Patientin unmittelbar danach verließ, erlebte die junge Frau starke Gefühle: „Ich wusste, dass ich ihr jetzt noch mehr Leid zugefügt hatte. Es tat einfach so weh, und ich wollte einfach wissen, ob es eine Möglichkeit gab, das Weh-Tun zu stoppen. Und ich hatte keine Lust mehr; seit Monaten war ich am Heulen und jetzt das auch noch; sie meinte es ja nur gut. Ich hatte einfach keinen Ausweg. Ich konnte einfach nicht mehr." Mit diesen Gefühlen Aggression nach außen und psychischen Schmerzen als Energie, jedoch keine Energie und Lust zum Leben, begab sich Frau Huber ins Badezimmer, wo sie Rasierklingen sah. Sie begann sich zu schneiden, und als die Wunde stark zu bluten begann, überfiel Frau Huber große Angst, ein Gefühl mit viel Energie, und sie begann zu handeln, um ihr Leben zu retten: „Nachher hat mich die Angst gepackt." Als sie dann ihrer Mutter anrief, erlebte sie Todesängste. Diese energetisierten sie dermaßen, dass sie ziellos im Kreis herumlief, um diese Energie loszuwerden: „Ich bin wie wild im Kreis gelaufen, in meinem Zimmer, im Arbeitszimmer, immer im Kreis herum, wie ein Pferd, das Blähungen hat. Ich wollte einfach nicht sterben." Die Energetisierungsprozesse können auch in mittelfristigen und längerfristigen Anliegen beobachtet werden. Frau Huber berichtete von ihrer Verzweiflung, die sie zum monatelangen Weinen brachte, nachdem sie verlassen wurde. Zudem wurde sie zur Gestaltung von Begegnungen mit ihren Bekannten und Freunden auf eine Art angetrieben, die sie einige Freundschaften gekostet haben, da man das Thema und sogar die Patientin selber zu meiden versuchte.

▶ **Zusammenfassung**
1. Die Patientin beschreibt ihre Handlungsenergetisierung vor allem bei destruktiven Handlungen.
2. Im Streit mit der Mutter fühlte sie sich „dampftopfartig" explodierend.
3. Nachdem sie von ihrem Freund verlassen wurde, verbrachte sie Monate im Zustand der Verzweiflung. Eine Energetisierung, die sie in keine konstruktiven Handlungen umsetzen konnte.
4. Als sie nach dem Suizidversuch panische Angst bekam, musste sie ihre plötzliche Energetisierung in stereotypen Handlungen ausleben und lief im Kreis herum.
5. Sie wurde dann zu einer konstruktiven Handlung energetisiert, als sie nach dem Schneiden ihr Blut sah, Angst bekam, aufhörte zu schneiden und ihre Mutter um Hilfe bat.

3.2.6 Suizid und das interaktive und gemeinsame Handeln

Suizid ist eine persönliche Entscheidung, in der allerdings die anderen, die Umgebung auch mitentscheiden können. So wird in den meisten Fällen einer suizidalen Person Hilfe erteilt, und zwar auch gegen ihren Wunsch (mit gewissen Ausnahmen). Dennoch wiesen wir darauf hin, dass Suizid meistens in Beziehungen zu anderen eingebettet ist und daher die sozialen Aspekte, das gemeinsame Handeln der Suizidanten mit anderen, verstanden werden müssten. Dies ist auch bei dieser jungen Frau der Fall. Sie berichtet von ihrer beendeten Liebesbeziehung im Zusammenhang mit ihrer Suizidhandlung. Sie beschreibt ihre Auseinandersetzung mit ihrer Mutter, die für sie unglücklich verlief und wie sie die Erschütterung in der Beziehung zur Mutter als existenziell bedrohlich empfand. Nach der abgebrochenen Suizidhandlung nimmt die Patientin wieder den Kontakt zu ihrer Mutter auf, die ihr weiterhilft. Die Patientin wird von der Polizei betreut und im Spital behandelt. Anschließend verbringt sie das Wochenende bei der Mutter, mit der sie auch viele klärende Gespräche führt, die sie sehr positiv erlebt. Zu ihrem Suizidgeschehen rechnet die Patientin auch ihre Begegnungen mit ihren Kollegen und Freundinnen, als sie verzweifelt war. Frau Huber erlebte sie als entweder das Thema Verlassenwerden meidend, das die Patientin sehr beschäftigte, oder als der Patientin ausweichend. Sie erzählt zudem von ihrem besten Freund, mit dem sie zwar gut sprechen konnte, sich aber nicht verstanden fühlte, da er die Tiefe ihrer Verletzung nicht richtig einschätzen konnte. Wir wiesen darauf hin, dass die wichtigsten Beziehungen im Suizidgeschehen für die Suizidprävention nutzbar gemacht werden sollen.

In diesem Zusammenhang, dass die Suizidprozesse in ihrem Ursprung, ihrem Verlauf, in ihren Konsequenzen soziale Prozesse sind, sind auch unsere Präventionsbemühungen zu sehen. Die Begegnung der Berufsleute mit suizidalen Menschen ist sehr wichtig, und es muss daher auch der Gestaltung dieser Begegnung viel Aufmerksamkeit geschenkt werden. Wie gestaltete sich die Begegnung von Frau Huber mit dem Psychiater?

▶ **Zusammenfassung**
1. Die Patientin war zwar im Moment des Suizidversuchs alleine, zählt aber ihre Beziehungen zu anderen als zu ihrem Suizid gehörend.
2. Sie hat eine intensive Beziehung zu ihrer Mutter, mit der sie sich unmittelbar vor dem Suizidversuch stritt, weil sie sich von ihr überwacht fühlte.
3. Der Freund der Patientin beendete ihre Beziehung, ohne dies zu begründen und verletzte die Patientin damit sehr. Sie fühlte sich in ihren ethischen Prinzipien sehr enttäuscht.
4. Die junge Frau fühlte sich von ihrem besten Freund in ihrer Trauer unverstanden und alleine gelassen.
5. Unmittelbar nach dem Suizidversuch rief Frau Huber ihre Mutter an, die dann Hilfe holte. Die anschließenden Gespräche mit der Mutter fand die Patientin sehr hilfreich.

3.2.7 Das Gespräch der jungen Frau mit einem Psychiater

Die Geschichte von Frau Huber ist nicht eine unbeteiligte, neutrale Aufnahme des Geschehens, sondern stammt aus einem Gespräch mit einem Psychiater über ihre

Suizidhandlung. Diese Geschichte ist daher geprägt durch die Beziehungsgestaltung und auch durch den Gesprächspartner, durch die Fragen und Nachfragen, die er stellte.

Das Gespräch, gemeinsam gestaltet durch Frau Huber und den Psychiater, beinhaltet mehrere Teile, mehrere gemeinsame Handlungen.

1. Den **1. Teil** leitet der Psychiater mit der offenen Frage ein, zu beschreiben, was geschah und wie es dazu kam ein. Frau Huber nimmt diese Aufgabe an, und so wird die Beschreibung zum gemeinsamen Ziel.
2. Gemeinsame Handlung: Nach dem letzten von Frau Huber beschriebenen Handlungsschritt der Suizidepisode erzählt sie noch kurz von dem Suizidversuch ihrer Mutter. Der Psychiater zeigt sich am Thema interessiert, und so wird dieser Austausch zu einer weiteren gemeinsamen Handlung.
3. Gemeinsame Handlung: Der Psychiater prüft seine Hypothese, ob die abgebrochene Liebesbeziehung oder eher die Beziehung zur Mutter den Ausschlag zum Suizid gab. Frau Huber gibt Informationen zu den entsprechenden Themen und bestätigt auch die Schlussfolgerung des Psychiaters.
   a) Psychiater fragt nach der Mutterbeziehung
   b) Psychiater fragt nach Liebesbeziehung
   c) Psychiater: Konzeptuelle Zusammenfassung der Beziehungen
4. Gemeinsame Handlung: Psychiater will Zukunftspläne sondieren. Frau Huber nimmt sich jedoch des Themas nur insofern an, als sie wieder von ihren Beziehungen und Beziehungsproblemen spricht.
5. Gemeinsame Handlung: Da Frau Huber wieder bei ihrer Beziehungsgestaltung ankommt, wird die Suizidproblematik diskutiert. Der Psychiater sondiert nach dem Entstehungsmoment des Suizidgedankens und nach anderen Optionen. Zudem will er wissen, ob nicht nur Suizid, sondern auch der Tod als Ziel vorhanden war. Die junge Frau nimmt diese Aufgabe an.
6. Gemeinsame Handlung: Abschluss

Diese gemeinsamen Handlungen können dann in einer hierarchischen Ordnung von übergeordneten und untergeordneten Einheiten gesehen werden. In einer Interviewsituation sind es vor allem die Fragen des Psychiaters und Antworten von Frau Huber, die für die einzelnen individuellen Handlungsschritte ausschlaggebend sind. Um eine geordnete Handlungsbeschreibung zu gewährleisten sind offene Fragen geeignet, die sich nach den Regeln der Alltagsbeschreibungen orientieren. Die Nachfragen sind auch entsprechend so zu stellen, dass sie den Beschreibungsfluss nicht stören. Wenn sich Frau Huber nach dem Zeitablauf orientiert, sind Nachfragen nach dem nächsten Schritt im Sinne der Geschichte der Patientin angebracht, wenn sie sich nach einer Gefühlskontinuität richtet, sind Fragen zu der Schattierung dieser Gefühle hilfreich. Dementsprechend verhielt sich auch der Psychiater in dem Gespräch mit Frau Huber.

▶ **Zusammenfassung**
1. Das Gespräch über ein Suizidversuch setzt sich aus mehreren gemeinsamen Handlungen des Psychiaters und der Patientin zusammen.
2. Der Psychiater will ein offenes Gespräch führen, in dem sich das Narrative der Patientin entfalten kann. Er definiert die Aufgabe: das Suizidgeschehen und wie es dazu kam, zu beschreiben, was die Patientin annimmt. Im Gespräch wird dann ein zusätzliches Ziel formuliert: wie die Zukunftsvorstellungen der Patientin sind, eine Aufgabe, welche die Patientin jedoch nicht aufnimmt.
3. Die Nachfragen des Psychiaters werden durch seine impliziten Vorstellungen über Suizid geleitet: war es die Beziehung zur Mutter oder die Beziehung zum Freund, die entscheidend für ihre Suizidhandlung war? (Er fragt nicht nach der Mondstellung in der fraglichen Nacht oder nach dem Horoskop-Zeichen der Betroffenen).

3.2.8 Das Selbstkonfrontation Interview

Eine Erzählung der erlebten Geschichte in einem Gespräch (einige Tage nach einer schwierigen Situation, wie einem Suizidversuch) mit einer Autoritätsperson wie einem Psychiater, den man zudem nicht kennt, ist nicht nur eine schwierige, sondern auch eine komplexe Aufgabe. Es ist daher nicht verwunderlich, dass nicht alles, was an inneren Prozessen zu der Geschichte gehört und auch nicht das, was man in der Gesprächssituation an Gefühlen und Gedanken erlebt, zur Sprache kommen kann. Wir nahmen daher das Gespräch auf Video auf und zeigten diese Aufnahmen in kurzen Abschnitten den Patienten. Sie wurden gebeten, alles, was sie an Gedanken und Gefühlen in den gezeigten 2–3 min der Aufnahmen erlebten, zu erzählen.

Frau Huber meint zum **1. Abschnitt**, dass sie zwar alles, was sie um die beschriebene Handlung in diesem Abschnitt dachte oder fühlte, bereits gesagt habe. Sie hatte jedoch Zweifel, ob sie die Erlebnisse mit ihrer Mutter in dem Gespräch preisgeben sollte. Sie kämpfte mit dem Gefühl, dass sie damit der Mutter eine gewisse Schuld an ihrer existenziellen Krise zuschreibt, was sie nicht möchte („Wie kann ich es sagen, ohne dass es dann negativ ist"). Denn sie wisse, dass ihre Mutter nur das Beste wolle.

Im **2. Abschnitt** geht Frau Huber auf ihre Beziehung zu ihrer Mutter ein und meint, dass sie sie nicht verletzen wolle, nicht, weil es unhöflich sei, sondern, weil sie sie sehr liebe. Während sie im Interview erwähnt, dass ihre Mutter die ganze Familie der Patientin sei, stellt sie dies in der Video-Selbstkonfrontation anders dar. Sie erwähnt, dass die Mutter aus dem Ausland komme, keine Verwandte in der Schweiz habe und Frau Huber daher die ganze Familie ihrer Mutter darstelle. Die junge Frau meint zudem nach der Sichtung dieses Abschnitts: „Es ist ja eigentlich irrelevant, wie ich erzogen wurde und die Ideale, die meine Mutter hatte bei meiner Erziehung. Das spielt ja letztlich hier nicht rein und wenn schon, dann ganz am Rande." Wir wissen jedoch, dass dies eine wichtige Rolle in der Suizidalität von Frau Huber spielte, da sie mit der Verletzung ihrer Wert- und Glaubensüberzeugungen und ihres Selbstwerts nicht zurechtkam.

Im **3. Abschnitt,** in dem die Patientin ihre Suizidhandlungsschritte schilderte, erlebte sie dies als schwierig. Denn sie wusste, dass das Erlebte als eine psychische Störung beschrieben wird: „ich hatte vielleicht wegen dem ganzen Kummer begonnen, mich außerhalb von meinem Körper zu stellen.", was sie wahrheitstreu mitteilen wollte.

Den **4. Abschnitt** erlebte Frau Huber als anstrengend: „Es war insofern anstrengend, weil ich irgendwie die richtigen Worte suchte und zum anderen, weil ich weiß, dass es irgendwie verrückt klingt. Es tönt einfach komisch, wenn jemand sagt, dass er außerhalb sich stehe und sich zusehe. Das ist schon nicht der „Norm-fall" ".

Zudem beschreibt sie die Schwierigkeit, glaubhaft darzustellen, dass sie zuerst keine Angst vor dem Tod hatte, was ihr nicht normal erschien, und dann, wie sie plötzlich Angst bekam, zu sterben.

Im **5. Abschnitt** erzählt die Patientin vom Erleben der Gefühle während des Gesprächs. Sie meint, rot zu werden, weil: „da kam das wieder hoch. Da war wirklich noch etwas von der Angst da."

Frau Huber meint zum **6. Abschnitt**, sich erleichtert zu fühlen. Sie sei erleichtert gewesen, als die Polizei kam, und sie spürte diese Erleichterung auch während des Gesprächs mit dem Psychiater.

Im **7. Abschnitt** überlegte Frau Huber: „ob ich es überhaupt erzählen kann, weil eigentlich ist es die Privatsache meiner Mutter" (Suizidversuch der Mutter als sie dreißig war).

Zum **8. Abschnitt** meint Frau Huber: „Ja. Da hatte ich das Gefühl, dass der Psychiater nicht verstanden hatte. Ich hatte irgendwie, wie soll ich sagen, fast wie das Gefühl Jetzt ist dann meine Mutter schuld." Sie wollte es dann richtigstellen.

Frau Huber meint zum **9. Abschnitt**, an die Thematik des Menschenbildes und Weltbildes gedacht zu haben. Sie konnte ihre Überlegungen nicht ausführen, weil dies sehr viel Zeit in Anspruch genommen hätte („Ich habe mich da wirklich gebremst…"). Ihr sei dies aber sehr wichtig, und es war auch für das Verständnis ihrer Krise wichtig.

Im **10. Abschnitt** geht Frau Huber auf das Verhalten des Psychiaters ein („Ich habe gemerkt, dass er aufzählt, und da habe ich mich dann auch bemüht, alles schön aufzählbar zu erklären").

Im **11. Abschnitt** fühlte sich Frau Huber verstanden. Sie erlebte eine: „Erleichterung eigentlich. Es ist doch nachvollziehbar für jemanden. Denn es ist mir schon noch wichtig, dass, wenn schon jemand mit mir spricht, wenigstens noch das Richtige erfährt."

Die junge Frau gibt an, sich im **12. Abschnitt** irritiert zu fühlen, da der Psychiater den Begriff „Beziehungsprojekt" verwendete. Sie fand das unpassend.

Zum **13. Abschnitt** meint die Patientin, dass sie zwar über berufliche Ziele sprach, aber gleichzeitig wusste, dass ihr anderes, wie sich den Mitmenschen menschlich zu zeigen, wichtiger ist („Ich glaube wirklich, dass man versuchen muss, sich menschlich zu verhalten und sich seinen Mitmenschen gegenüber gut zu verhalten. Und da ist es dann egal, ob man ein Universitätsdiplom hat oder unter der Brücke lebt. Ich glaube, das ist wichtiger.").

Im **14. Abschnitt** glaubte die Patientin, ihre Mutter verteidigen müssen („Ich habe wieder das Gefühl, er (der Psychiater) greife meine Mutter an." „…sie hat wirklich keine Kritik verdient."). Sie erinnert sich auch, dass sie realisierte, rot geworden zu sein.

Zum **15. Abschnitt** meint Frau Huber, sich geärgert zu haben, dass sie ihren langjährigen guten Freund ins Spiel brachte, obwohl er mit der ganzen Angelegenheit nichts zu tun habe.

▶ **Zusammenfassung**
1. Das Selbstkonfrontations-Interview ermöglicht der Patientin eine präzisere Darstellung ihres Gesprächs mit dem Psychiater (nicht: Meine Mutter ist meine ganze Familie, sondern: ich bin die ganze Familie meiner Mutter).
2. Die Patientin spricht von Gefühlen, die sie im Gespräch erlebte und die sie dort nicht verbalisierte: ihre Zweifel, wie schwierig sie gewisse Passagen der Erzählung fand, wie anstrengend dies war, wie sie ihre Angst und auch Erleichterung erlebte und wie sie sich ärgerte, gewisse Themen angeschnitten zu haben.
3. Die Patientin erzählt auch von ihren Gedanken während des Gesprächs: sie überlegt, ob sie etwas erzählen kann, sie denkt an die Problematik des Menschenbildes, findet aber, dass es nicht reicht, das darzustellen, und dass es wichtiger sei, sich menschlich zu zeigen, als eine berufliche Karriere zu verfolgen.
4. Die Patientin erzählt auch von ihren Wahrnehmungen ihres Gegenübers: „Er habe es nicht richtig verstanden", „Er zählt auf, und so will ich es auch aufzählbar erzählen", „Er versteht das jetzt", „Es irritiert mich, wenn er von einer Beziehung als Beziehungsprojekt spricht".

Fall 2

4.1 Suizidgeschichte: Frau Meier im Teufelskreis

Kornelia Helfmann

Als sie an diesem Samstagmorgen erwacht, ist das Bett neben ihr leer. Ihr Mann ist nicht nach Hause gekommen. Am Freitagabend musste er noch ins Büro, es könne spät werden, hat er gesagt. Als sie gegen 23 Uhr ins Bett ging, war er noch nicht da.

Ihr erster Gedanke ist: er hat einen Unfall mit dem Auto gehabt. Es war sehr glatt gestern Abend. Eisregen. In Panik rennt sie nach draußen, sein Auto ist nicht da. Wieso sie jetzt den Briefkasten öffnet, weiß sie auch nicht. Vielleicht, weil sie etwas ahnt, und es liegt tatsächlich ein Zettel darin. Von ihrem Mann. Liebe Susanne, ich komme morgen, dann erfährst du mehr. Sie steht vor dem Briefkasten, ihre Hände zittern. Ein Gefühl, als würde ihr der Boden unter den Füssen weggezogen. Jetzt ist es passiert, denkt sie, jetzt hat er mich verlassen. Es hat sich ja schon länger abgezeichnet, dass er die Situation nicht mehr aushält.

Was hat er mit morgen gemeint? Hat er den Zettel gestern Abend noch eingeworfen und wird demnach heute kommen, oder hat er ihn erst heute eingeworfen und wird erst am Sonntag kommen? Die Ungewissheit hält sie nicht aus, die Ungewissheit bringt sie zur Verzweiflung. Zurück in der Wohnung ruft sie ihn an, doch er nimmt nicht ab. Sie versucht es nochmals und nochmals, spricht ihm auf die Mailbox, er soll sie bitte zurückrufen. Dass sich ihre Stimme in Panik fast überschlägt, kann sie nicht verhindern.

Im Wohnzimmer lässt sie sich in einen Sessel fallen. Ihr Blick fällt auf die zwei einzigen Fotos, die über dem Sofa hängen. Ihr Hochzeitsbild. Ein glückliches Brautpaar. Ihr Mann hat einen Arm um ihre Taille gelegt und sie an sich gezogen, sie schauen sich verliebt in die Augen. Daneben ein Foto von ihrem Urlaub in Italien. Sie sitzen in einem Restaurant am Strand und prosten sich zu, Rotwein in den Gläsern, Pizza auf den Tellern. Da war die Welt noch in Ordnung. Ihr Mann hatte sich in eine fröhliche, lebendige Frau verliebt, die so unternehmungslustig war, dass er sie neckte, sie sei ein kleiner Vulkan.

Weit, weit weg. Nichts mehr übrig davon. Wann hat es angefangen? Als er so viel arbeitete? Sie so häufig alleine ließ, dass sie Angst haben musste, ihn zu verlieren? Nicht darüber reden wollte, abwehrte, wenn sie ihre Unsicherheit thematisierte?

Das Telefon klingelt. Er brauche diesen Tag noch, er sei in einem Hotel, sagt ihr Mann, er komme dann am Sonntagabend. Seine Stimme klingt monoton, so, als lese er von einem Zettel ab. Spätestens jetzt ist sie sicher, dass alles aus ist. Er wird morgen kommen, um ihr mitzuteilen, dass er auszieht, dass er dieses Leben nicht mehr aushält. Wie soll sie ohne ihn weiterleben? Was ist ein Leben ohne ihn? Was bleibt ihr dann noch?

Sie weiß, wie sehr sie ihm zur Last fällt, seit Jahren schon, seit sie diese Krankheit hat. Auch ihren Eltern ist sie eine Belastung, sie sorgen sich so sehr um sie. Sie hat sie schon lange nicht mehr gesehen, sie erträgt keinen Besuch und sie besucht auch niemand mehr. Es ist einfach nicht möglich. Ihr Tag ist minutiös eingeteilt, alles dreht sich nur um Essen, Finger in den Hals, Essen, Finger in den Hals. Bis zu drei Mal täglich. Wenn ihr Mann abends erst später nach Hause kommt, dann noch einmal. Ein Teufelskreis, aus dem sie nicht mehr herauskommt.

Ihre Kraft reicht nur, um den Haushalt mehr schlecht als recht zu bewältigen. Arbeiten kann sie schon einige Jahre nicht mehr, dabei hat ihr der Beruf, sie ist Kindergärtnerin, immer viel Spaß gemacht. Essen, erbrechen, essen, erbrechen, das Gewicht kontrollieren, ihre ganze Energie geht dafür drauf. Hundert Gramm mehr, und ihre Welt stürzt in sich zusammen. Das Treppensteigen bereitet ihr Mühe, so schwere Beine, sie ist nur noch müde. Schlapp. Riesengrosse braune Augen in einem blassen, ausgezehrten Gesicht. Ihre ehemals schönen braunen Haare: dünn wie Bindfäden. Ein strenger Zug um den Mund. Wie lange ist es her, dass sie gelacht hat? Sie kann sich nicht daran erinnern. Was soll ein Mann mit so einer Frau anfangen? Ist sie überhaupt noch eine Frau? Ihre Menstruation ist schon lange ausgeblieben. Ihr Interesse an Sex sowieso. Sie will nur noch ihre Ruhe haben. Sie schämt sich für das, was sie ihrem Mann antut.

In der Küche jammert der Papagei. Es hört sich an wie das Weinen eines Kindes. Er hat immer noch das Tuch über dem Käfig, und sie hat ihm noch nicht sein Essen gegeben. Dieses Jammern reizt sie. Sie geht in die Küche, zerrt das Tuch auf den Boden und schreit ihn an, er soll Ruhe geben, verdammt noch mal. Der Papagei schaut sie mit seinen gelben Augen hilflos an. Verständnislos. Sofort tut es ihr leid. Sie schämt sich. Das hat er nicht verdient. Dass sie ihn so häufig anschreit. Richtig böse geworden ist sie, hat keine Geduld mehr. Sie spielt auch schon lange nicht mehr mit ihm, das Tier ist völlig vernachlässigt.

Sie nimmt ihre Einkaufstasche und geht in den Supermarkt zum Einkaufen. Vorher hat sie sich versichert, dass genügend Tabletten da sind und dass sie nicht noch in die Apotheke muss. Der Kulturbeutel, getarnt als Kosmetikvorrat, ist noch da und gut gefüllt. Schlaftabletten, Schmerztabletten und noch weitere Medikamente. Sie hat das schon vor einem halben Jahr vorbereitet. Falls eine Situation wie heute eintreffen sollte. Sie hat auch schon mal mit ihrem Mann darüber gesprochen, wie sie sich ihre Beerdigung vorstellt, das ist schon eine Weile her. Zwei, drei Jahre vielleicht, da haben sie noch nicht hier gewohnt und sie hat gehofft, dass ihr Körper eines Tages streiken und sie eines natürlichen Todes sterben würde, dass ihr Herz versagt oder ihre Nieren. Leider ist das aber nicht eingetroffen. Er weiß also auf jeden Fall, dass sie nicht hier im Dorf beerdigt werden möchte, sondern zu Hause, also da, wo sie geboren und aufgewachsen ist und wo ihre Eltern heute noch leben. Sie kann sich noch gut daran erinnern, dass sie den Friedhof ganz genau vor sich sah und ein extrem schlechtes Gewissen hatte, als sie damals mit ihrem Mann darüber sprach. Was sollten ihre Eltern denn den Leuten sagen? Das Herz unserer Tochter hat einfach aufgehört zu schlagen? Oder die Wahrheit: sie hat sich zu Tode gehungert? Wohl kaum.

Im Flur begegnet sie der Nachbarin, die grüßt freundlich, sie grüßt kurz zurück und schaut dabei auf den Boden. Bitte keine Kontakte, zu niemand. Sie weiß nicht einmal die Namen der Leute, die in diesem Haus wohnen, dabei leben sie schon anderthalb Jahre hier. Im Supermarkt huscht sie von Regal zu Regal, lieber nicht gesehen und eventuell angesprochen werden. Wieder zu Hause, packt sie die Einkäufe aus und in den Kühlschrank, mechanisch wie ein Roboter. Keine Gedanken, keine Gefühle zulassen. Sie bringt die Tabletten ins Schlafzimmer, legt sie auf ihren Nachttisch. Diesmal wird sie den Mut aufbringen. Ganz sicher. Dann frühstückt sie. Wie immer etwas Obst und Joghurt. Anschließend putzt sie den Käfig des Papageis. Mehr liegt an diesem Tag nicht drin. Außer essen, erbrechen, essen, erbrechen. Und dann wie immer heulend vor dem WC stehen und sich fragen, warum mache ich das, warum?

Am Nachmittag ruft ihre Mutter an, aber sie nimmt das Telefon nicht ab. Ihre Mutter kann ja nicht wissen, dass sie alleine ist, sie wird glauben, sie mache mit ihrem Mann einen Spaziergang. Sie haben nämlich ein Abkommen. Wenn ihr Mann für längere Zeit weg ist, auf einer Dienstreise oder im Militärdienst, ruft ihre Mutter jeweils morgens an, lässt das Telefon zwei Mal klingeln, legt auf. Und dann ruft sie ihre Mutter zurück, lässt das Telefon zwei Mal klingeln, legt auf. Die Gewissheit, dass sie zum Beispiel kein Herzversagen hatte und jemand zum Papagei schauen müsse.

Dass sie schon lange keine Spaziergänge mehr unternimmt, hat sie ihrer Mutter nicht auf die Nase gebunden. Sie würde sich nur noch mehr Sorgen machen um ihre Tochter. Sie ist die einzige in der ganzen Familie, die einen psychischen Knacks hat, es muss schlimm sein für ihre Eltern, sie leben doch auf einem Dorf, wo jeder jeden kennt, da tuscheln die Leute. Es tut ihr leid, was sie ihren Eltern mit ihrer Krankheit angetan hat, auch dafür hat sie sich immer sehr geschämt.

Irgendwie geht der Samstag vorbei. Als es Abend wird, bekommt sie Panik. Was ist, wenn ihr Mann morgen doch nicht kommt? Wenn er es nur gesagt hat, um sie zu beruhigen? Sie muss sich etwas einfallen lassen, wegen des Papageis. Das arme unschuldige Tier darf doch nicht verhungern, weil es nicht mehr gefüttert wird. Sie weiß auch gleich, wie sie ihren Mann ins Haus locken kann. Er wollte unbedingt, dass sie eine Therapie macht und hat auch zwei Mal einen Termin für sie vereinbart, den sie dann nicht wahrnahm. Aber sie kann sich einfach nicht vorstellen, ins Krankenhaus einzutreten und eine Therapie zu machen. Sie hat sogar panische Angst davor, nach einem festen Plan essen zu müssen und anschließend keine Möglichkeit zum Erbrechen zu haben. Diese Absagen und dass sie sich einfach nicht helfen lassen wollte, waren wahrscheinlich der Auslöser für ihren Mann, sich von ihr zu trennen. Da war der letzte Funke Hoffnung erloschen.

Sie ruft ihren Mann an und spricht ihm auf die Mailbox, dass sie sich für eine Therapie entschlossen habe und schon morgen früh ins Krankenhaus eintreten könne. Er möge doch am Nachmittag vorbei kommen und dem Papagei das Futter geben. Es ist eine Lüge, und obwohl sie ihr leicht über die Lippen kommt, schämt sie sich dafür, aber so kann sie wenigstens sicher sein, dass er kommt.

Sie stellt dem Papagei noch sein Fressen in den Käfig und deckt ihn mit einem Tuch ab. So wird er am nächsten Morgen sein Frühstück finden. Sie räumt das Geschirr in die Spülmaschine, putzt das Spülbecken, gibt der Grünlilie auf der Fensterbank Wasser. Es ist die einzige Pflanze, die überlebt hat. Früher hatten sie viele Pflanzen in der Wohnung, das gehörte für sie einfach dazu, es war ihr wichtig, ein einladendes, gemütliches Zuhause zu haben. Als sie das letzte Mal umgezogen sind, reichte ihre Energie dafür schon nicht mehr, ihre schönen Möbel wurden einfach in die Wohnung gestellt, eine Pflanze nach der anderen ging ein, die Bilder wurden nicht aufgehängt, die Vorhänge liegen immer noch in einer Kiste im Keller. Nur die zwei Fotos, ihr Hochzeitsfoto und das von ihrem Urlaub, fanden den Weg an die sonst kahlen Wände. Es war der einzige Beitrag ihres Mannes zur Verschönerung der Wohnung. Eigentlich hätte er mehr machen können. Aber die freie Zeit am Wochenende verbrachte er lieber nicht zu Hause.

In ihrer Hosentasche klingelt ihr Handy. Es ist ihr Mann. Er möchte sich vergewissern, dass sie morgen früh wirklich ins Krankenhaus eintritt und eine Therapie beginnt. Seine Stimme klingt skeptisch. Es fällt ihr einfach, ihn anzulügen. Ja, sie wolle eine Therapie beginnen, es sei kurzfristig ein Platz frei geworden im Krankenhaus. Er verspricht, nachmittags zu kommen und den Papagei zu füttern.

Sie setzt Wasser auf, füllt zwei Bettflaschen, nimmt ein großes Wasserglas aus dem Schrank und löscht das Licht in der Küche. Geht ins Schlafzimmer, legt die Bettflaschen ins Bett und geht ins Bad. Füllt das Glas mit Wasser, putzt sich die Zähne, geht zurück ins Schlafzimmer und stellt das Glas neben die Tabletten. Zieht ihre Kleider aus, faltet sie zusammen und legt sie auf einen Stuhl. Zieht ihren Pyjama an. Setzt sich auf den Bettrand. Drückt eine Schlaftablette – sie sind blau – nach der anderen aus der Alufolie und schluckt sie, nimmt eine Schmerztablette nach der anderen, bis die ganze Packung leer ist, und noch weitere aus einem Röhrchen, nimmt immer wieder einen Schluck Wasser. Es geht recht einfach. Sie ist ganz ruhig. Nur einmal, nachdem alle Schlaftabletten geschluckt sind, hat sie sich gefragt, was sie da eigentlich macht, und dass sie jetzt eigentlich aufstehen und den Notarzt anrufen müsse, damit ihr der Magen ausgepumpt wird, aber es war nur ein kurzer Gedanke, ein Geistesblitz, der so schnell weg ging, wie er gekommen war. Dann hat sie einfach weiter gemacht. Insgesamt hat sie zwanzig Schlaftabletten und ungefähr dreißig Schmerztabletten genommen. Das sollte eigentlich reichen, aber zur Sicherheit nimmt sie auch noch alle anderen vorhandenen Tabletten, ein Antibiotikum, das Mittel gegen ihre Sonnenallergie und weitere, von denen sie nicht weiß, wofür sie sind, aber das ist ihr egal. Sie will einfach sicher sein, dass sie nicht mehr aufwacht, dass sie nie ein Leben ohne ihren Mann führen muss und sie endgültig ihre Ruhe haben und der Teufelskreis aufhören wird.

Sie schaltet das Handy aus, legt sich hin und schaltet die Nachttischlampe aus. Im Bett ist es warm. Sie ist immer gerne ins Bett gegangen, es war der schönste Moment des Tages. Eine Bettflasche an ihrem Rücken, die andere auf ihrem Bauch, die Decke hochziehen bis zum Kinn, einkuscheln. Dann die Augen schließen und schlafen. Heute gelingt es ihr nicht, einzuschlafen, trotz der vielen Tabletten. Ihr Herz rast, sie hört das Pochen in den Ohren. Dann reißt der Film.

4.2 Suizidanalyse: Frau Meier „Ein Leben ohne ihn kann ich mir nicht vorstellen…"

Ladislav Valach

Frau Meier, sichtbar untergewichtig, schildert in einem Gespräch mit einem Psychiater, wie sie erfolglos mit ihrer Essstörung kämpfte und sich seit längerer Zeit zu sterben wünschte. Sie hoffte, dass ihr Herz das Hungern nicht aushält und aufgibt, was nicht eintraf. Ihre Ehe wurde, nicht zuletzt durch ihre Verhaltensänderung, ihre Reizbarkeit, schwer belastet. Als ihr Mann sie informierte, dass er dies nicht länger aushalte und aus der gemeinsamen Wohnung ausziehe, nahm Frau Meier die seit langem vorbereitete Überdosis Medikamente ein und wachte erst im Spital auf.

4.2.1 Langfristige und mittelfristige Anliegen und kurzfristige Handlungen

4.2.1.1 Mittelfristige („Projekte") und langfristige Anliegen

Die Patientin beschreibt detailliert die Vorbereitungen für ihren Suizid an dem kritischen Wochenende. Schon seit ungefähr zwei Jahren habe sie den Wunsch, zu sterben. Neben dem mittelfristigen Anliegen, ihr Herz durch Hungern so zu schwächen, dass dieses aufgibt, verbindet sie ihre Suizidhandlung mit weiteren, längerfristigen Anliegen. Es ist zunächst ihre Ehe, oder ihre Beziehung zum Ehemann. Sie meint zwar auf der einen Seite, ohne ihn nicht leben zu können, auf der anderen Seite jedoch macht sie ihn für ihren hoffnungslosen Zustand mitverantwortlich, obwohl sie anerkennt, dass er unter ihrer „Essstörung" stark leidet. Daneben ist ihr auch die Beziehung zu den Eltern sehr wichtig. Sie schämt sich für ihre Tat vor ihren Eltern, bedauert, dass sie sie nicht mehr sehen konnte, weil sie durch die komplizierten Tagesabläufe des Essens und Erbrechens keine Besuche mehr machen konnte. Es ist vor allem ihre „Beziehung zur Mutter", die sie sehr beschäftigt. Die Mutter habe sich machtlos gefühlt und unter dem mangelnden Verständnis im Dorf für ihre Tochter gelitten.

Frau Meier berichtet in unterschiedlichen Zusammenhängen von ihren „Todeswünschen". Ein Gegenpol zu den Qualen des Tages (das Essen und Erbrechen) stellte ihr Ritual „sich ins Bett zu legen" dar, den Moment, den sie als den schönsten des Tages bezeichnet. Da sie diesen Moment mit ihrem Suizidversuch zusammenlegte, konnte sie ihm mit weniger Angst entgegen schauen, auch wenn sich der Schlaf nach der Überdosis nicht wie erwartet sofort einstellte. Ihre Beziehung zum Leben und ihr Wunsch bzw. ihr langfristiges Anliegen „am Leben zu bleiben" kommt vor allem dann zur Geltung, als sie sich im Spital vorfindet und ihr Mann sie besucht. Sie identifiziert ihr „am Leben bleiben" mit der „Beziehung zu ihrem Mann". Ohne ihn könne sie nicht leben und als er sie verlassen wollte, nahm sie die seit langer Zeit vorbereitete Überdosis ein. Sie meint, der Suizidversuch stelle einen Abschnitt in ihrem Leben dar, den sie gerne ungeschehen machen würde, er dürfe nie wieder vorkommen. Von Bedeutung ist auch die „Beziehung der Patientin zu ihrem Vogel". Als sie Vorbereitungen für ihren Selbstmord traf, war ihr Hauptanliegen, dass der Vogel nicht verhungerte. Dafür log sie sogar ihren Mann an.

Eine Beziehung zu Bekannten und Nachbarn gab es praktisch nicht. Die Patientin konnte keine Besuche machen, außerdem seien sie erst seit anderthalb Jahren an ihrem jetzigen Wohnort. Solche nicht vorhandene Beziehungen sind aber ein Teil oder ein Resultat des längerfristigen Anliegens „Vermeiden von sozialen Kontakten.". Zu der Essstörung der Patientin gehört auch ein mindestens mittelfristiges Anliegen „Behandlung der Störung". Dies ist ein gemeinsames Anliegen, wie oben mit großer Wahrscheinlichkeit viele andere auch, wie die Ehe, die Freizeitgestaltung, das Wohnen bis zur Planung ihrer Beerdigung. Der Ehemann meldet die Patientin zur Behandlung an, diese nimmt die Termine nicht wahr, stellt gewisse Bedingungen, z. B., wie der Eintritt in die Klinik gestaltet werden müsse, damit sie auch eintrete und schließlich belügt sie ihren Ehemann, dass sie in eine stationäre Behandlung eintrete. Nach ihrem Suizidversuch sei Scham ihr dominierendes Gefühl gewesen. Man könnte vermuten, dass dieses aus ihrem langfristigen Bemühen „alles richtig zu machen" und „ein guter Mensch zu sein" stammt, das sie aber in ihren Augen nicht einlösen konnte.

Langfristige Anliegen
Wie sind die langfristigen Anliegen der Patientin geordnet? Das höchste Ziel, „am Leben zu bleiben" wird von der Patientin seit längerer Zeit anderen Anliegen unterstellt. Ihr Essstörung bedingtes „Hungern und Erbrechen", das sie mit dem „Wunsch zu sterben" verfolgt, ist ihr wichtiger als „am Leben zu bleiben". Die Patientin lässt uns auch verstehen, dass sie das langfristige Anliegen „am Leben zu bleiben" mit der später entstandenen „Beziehung zu ihrem Mann" identifizierte und diese Beziehung dem „eigenen Leben" überstellte. Zudem kann sie ihre Essstörung, ihr „Hungern und Erbrechen" nicht abbrechen oder der „Beziehung zum Ehemann" unterordnen. Sie ist sich bewusst, dass

sie damit das Zusammenleben mit ihrem Ehemann sehr belastet und versteht, dass dies ihrem Ehemann nicht zumutbar ist. Allerdings kann sie dem Anliegen „zu gesunden" nicht die nötige Bedeutung verleihen und lässt die entsprechenden Behandlungsabmachungen unberücksichtigt. Wie schwach die Patientin das langfristige Anliegen „am Leben zu bleiben" verfolgen konnte zeigte sich während des Suizidversuchs. Beim Einnehmen der einzelnen Tabletten, kam ihr nur kurz der Gedanke in den Sinn, den sie als Geistesblitz beschreibt, dass sie eventuell einen Notarzt anrufen sollte, der ihr den Magen auspumpen würde. Es war aber nur ein Blitz, der nicht handlungsrelevant wurde. Sie beschreibt, wie die Anliegen „Hungern und Erbrechen" durch Alltagsroutinen aufrechterhalten wurden, hinter der sie ihre Ziele nicht wahrzunehmen und zu formulieren vermag. Sie spricht von „panischen Ängsten", die sie aushalten müsste, wenn sie ihre „Ess- und Erbrechenroutine" nicht einhalten könnte. Sie trifft es im Kern, als sie meint, sie befand sich in einem „Teufelskreis", dem sie nicht entrinnen konnte. Das Anliegen „Vermeidung der panischen Ängste" scheint daher die höchste Priorität unter ihren langfristigen Anliegen zu gewinnen.

Mittelfristige Anliegen und „Projekte"
Innerhalb der langfristigen Anliegen, wie die Beziehung zum Ehemann, die Beschäftigung mit dem Tod, Beziehung zur Mutter und der Ursprungsfamilie in der Heimatgemeinde, aber auch der langdauernden Essstörung unternahm die Patientin einige kurzfristige Projekte, die eng mit ihrem Suizidversuch verbunden sind. Ihr „Kampf gegen die Klinikbehandlung", der sich zu einem wichtigen Element der Beziehung zum Ehemann entwickelte, spielte bis zum letzten Moment vor dem Suizidversuch eine wichtige Rolle, denn die Patientin wusste, dass sie mit ihrem Versprechen, in die Klinik zu einzutreten, den Ehemann nach Hause locken kann. Ebenfalls die „Vorbereitungen zum Suizid" stellen ein mittelfristiges Anliegen dar, in dem die Patientin seit einem halben Jahr auf ihren Reisen Medikamente sammelte, um sie zum Suizid zu verwenden. Im Zentrum der Erzählung der Patientin steht jedoch ihr „Suizidprojekt".

▶ **Zusammenfassung**
1. Die Patientin drückt in ihrer Schilderung des Suizidgeschehens eine Hierarchie ihrer langfristigen Anliegen aus. Am wichtigsten ist ihr „Vermeidung der panischen Ängste", dann kommt „Hungern und Erbrechen", gefolgt von „Beziehung zum Ehemann" und erst dann kommt das Ziel „am Leben zu bleiben", das angesichts der anderen unerreichten Ziele aufgegeben wird.
2. Die Suizidhandlung selbst ist eingebettet in ihrem mittelfristigen Projekt „Kampf gegen die Klinikbehandlung" und ihrem „Suizidprojekt" und der „Vorbereitungen zum Suizid", da sie bereits seit mehreren Monaten Medikamente zur Überdosierung sammelt.

4.2.1.2 Handlungen im Suizidprojekt Patientin (P)

Implementation der Suizidintention

Kognition P: Ich habe es (Wunsch zu sterben, Suizidgedanken) schon lange mit mir herumgetragen.
Kognition P: Es hat nur noch der Tropfen gefehlt, der das Fass zum Überlaufen brachte.
Kognition P: Ich habe viel daran gedacht, hatte aber nie den Mut.
Kognition P: Durch meine Krankheit konnte mein Mann eines Tages nicht mehr.
Kognition P: Er steckte auch auf seine Art in diesem Teufelskreis und wollte daher eines Tages ausziehen.
Kognition P: Das war für mich ausschlaggebend gewesen.
Kognition P: Ein Leben ohne ihn kann ich mir nicht vorstellen. ◄

Suizidhandlung Patientin (P); Ehemann (E)

Gemeinsame Handlung (Patientin (P), Ehemann (E)): Ehemann zieht sich zurück

Kognition P: Am Freitag hat es so angefangen…
Kognition P (Handlungsschritt E-P): Da hat es so angefangen, dass er noch ins Büro musste und sagte, dass es spät würde.
Kognition P (Handlungsschritt E-P): Er müsse noch etwas fertig machen.
Handlungsschritt P: Ich habe gewartet bis etwa um 11 Uhr.
Handlungsschritt P: Dann bin ich ins Bett gegangen.
Handlungsschritt P: Am Samstagmorgen, als ich erwachte, war er nicht da.
Kognition/Emotion P: Da erschrak ich sehr (wahnsinnig).
Kognition P: Es war glatt gewesen und daher dachte ich, er habe einen Unfall gehabt.
Handlungsschritt P: Ich bin dann trotzdem nachschauen gegangen, ob das Auto da war.
Kognition P: Doch es war nichts da.
Handlungsschritt P: Ich öffnete dann per Zufall den Briefkasten, in dem ich einen Zettel fand.
Kognition P: Darauf stand, dass er morgen kommen werde, und ich dann mehr erfahren werde.
Kognition P: Das brachte mich sehr zum Denken.
Kognition P: Hat er nun mit „morgen" was gemeint?
Kognition P: Warf er den Brief heute ein und meint er den Sonntag, oder warf er ihn schon am Freitag ein und meinte er den Samstag?

Gemeinsame Handlung Patientin (P), Ehemann (E): Ehemann teilt mit, dass er ausziehen werde

Handlungsschritt P-E: Er hat ein Handy mit einer Combox und ich sprach ihm eine Nachricht darauf.
Handlungsschritt P-E: Er solle mir doch einfach zurückläuten um mich genauer ins Bild zu setzen.
Handlungsschritt E-P: Dann rief er mich dann auch an (Vormittag bevor ich ins Dorf ging) und sagte, er brauche nun diesen Tag.
Handlungsschritt E-P: Er habe mir einen Brief geschrieben.
Kognition P (Handlungsschritt E): (er teilte mir dort mit), dass er es einfach nicht mehr aushalte und dass er darum jetzt geht.
Kognition P (Handlungsschritt E): Er habe in einem Hotel übernachtet, versprach mir aber am Sonntagabend vorbeizukommen.

Handlungen P: Patientin besorgt den Haushalt wie üblich
Handlung P: Ich besorgte dann den Haushalt wie jeden Samstag auch.
Handlung P: Dann bin ich Einkaufen gegangen,
Handlung P: habe dem Vogel noch den Käfig geputzt.

Handlungen (P): Vorbereiten, Prüfen der Überdosis
Handlungsschritt P: Ich habe einfach kontrolliert, ob man genug hat.
Kognition P: Ich habe eigentlich schon zu dieser Zeit… vielleicht vor einem halben Jahr. (zum ersten Mal bereitgemacht)
Handlungsschritt P: Ich bin auch vorher noch schauen gegangen, ob ich das Material, das ich schon lange zurecht gelegt habe, noch alles da war, oder ob ich noch vorher in die Apotheke gehen muss.
Kognition P: Ich sah dann, dass noch alles so vorhanden war, wie ich es einmal bereitgelegt hatte.
Kognition P: das war also mein erster Suizidversuch am Samstag

(Gemeinsame) Handlung Patientin (P), Ehemann (E): Den Vogel vor dem Verhungern nach dem Suizid der Patientin absichern
Handlungsschritt P: Ich habe es schon vermutet, fand sie (Notiz) dann am Samstagabend etwa um 9 Uhr.
Kognition/Emotion P: Und danach kam die Angst, dass er am Sonntagabend nicht kommen werde.
Kognition P: Dann musste ich mir etwas überlegen, damit er sicher kommen wird wegen dem Vogel.
Kognition P: Sonst wäre der Vogel verhungert, wenn er eine Woche lang nicht kommen würde.
Kognition P: Dann sah ich die einzige Möglichkeit darin,
Handlungsschritt P-E: dass ich ihm erneut auf die Combox sprach und ihn anlog.
Handlungsschritt P-E: Ich sagte, dass ich im Spital angerufen hätte, und ich nun am Sonntagmorgen in eine Therapie eintreten könne.

Handlungsschritt P-E: Er solle daher im Verlauf des Nachmittages kommen, um dem Vogel das Futter zu geben.

Kognition P: Dann war ich mir sicher, dass er kommen würde, und dass der Vogel dann versorgt sei.

Kognition P: Denn wenn er dann eine Woche lang nicht kommen würde…

Handlungen Patientin (P): Vorbereitung für den nächsten Morgen

Handlungsschritt P: Ich habe dann am Abend noch das Fressen vom nächsten Morgen in den Käfig gestellt.

Handlungsschritt P: Ja. Wir decken den Käfig jeden Abend mit einem Tuch zu.

Handlungsschritt P: Habe dann dies auch gemacht.

Kognition P: Denn wenn er am Morgen im Dunkeln sitzt, hält er sich auch still.

Kognition P: Darum konnte ich ihm auch schon das Fressen in den Käfig stellen.

Kognition P: Ich habe dann das Licht gelöscht damit es dunkel ist.

Kognition P: Am nächsten Morgen, wenn es wieder hell würde, sähe er dann das Fressen.

Kognition P: Ich wollte dann eigentlich hinunter gehen.

Handlungsschritt P: Ich habe zwei Bettflaschen ins Bett gelegt.

Gemeinsame Handlung Patientin (P), Ehemann (E): das letzte Gespräch vor der Suizidhandlung

Gemeinsame Handlung E-P: Dann rief er mir um 11 Uhr noch einmal an und fragte nach,

Gemeinsame Handlung E-P: ob ich nun wirklich morgen in die Therapie gehen könne.

Handlungsschritt E-P: Er versprach, dass er dann am frühen Nachmittag für das Futter käme.

Suizidhandlung Patientin (P)

Handlungsschritt P: Dann bin ich hinunter gegangen. Ich habe noch ein Glas mitgenommen.

Handlungsschritt P: Kurz nach 11 Uhr. Ich habe dann der Reihe nach diese Tablettenröllchen gelöst.

Handlungsschritt P: Ich habe auch… Ich habe mit den Schlaftabletten angefangen.

Kognition P: Das war noch ein ganzes Päckchen.

Kognition P: Als wir ins Ausland gingen habe ich mir für im Flugzeug schlafen zu können Tabletten gekauft.

Kognition P: Aber ich habe keine Ahnung mehr, wie sie heißen.

Kognition P: Und dann ein Röhrchen A.

Kognition P: K. habe ich auch gelöst.

Kognition P: Dann habe ich noch ein Päckchen Schmerzmittel von der Reise her gehabt, das ich dort wegen einer Mittelohrentzündung gekauft hatte.

Handlungsschritt P: Diese habe ich auch eingenommen.
Handlungsschritt P: Und dann habe ich noch meine Allergietabletten eingenommen.
Kognition P: Einfach alles, was ich hatte.
Kognition P: Ich hatte einfach das Gefühl, weil es etwa 20 Schlaftabletten waren und noch etwa 30 Tabletten Schmerzmittel.
Kognition P: Ich hatte einfach das Gefühl, dass mit 50....
Kognition P: Ich weiß nur noch, dass ich nach den Schlaftabletten einen Geistesblitz hatte und mich nach dem Sinn meines Handelns fragte.
Kognition P: Ich dachte, dass ich nun hochgehen müsse, um den Notarzt anzurufen, damit er mir den Magen auspumpt.
Kognition P: Aber dies war nur wie ein Blitz und dann war es vorbei.
Handlungsschritt P: Dann fuhr ich fort wie anhin.
Kognition P: Ich weiß noch bei diesem letzten Päckchen, dass ich mich noch gefragt hatte, ob ich dieses noch nehmen muss.
Kognition P: Dann hatte ich doch das Gefühl, dass es diese auch noch braucht, sonst würde es vielleicht doch nicht ausreichen.
Kognition P: Bis einfach alles dann dort war.
Kognition P: (Ich habe) Keine Gedanken dabei gehabt
Handlungsschritt P: Bin dann nachher ...
Kognition P: Ja. Und dann war für mich eigentlich schon lange dieses Moment am Abend, einfach ins warme Bett zu steigen und die Augen zu schließen.
Kognition P: Das war für mich eigentlich immer das schönste Moment des Tages.
Handlungsschritt P: Das war auch diesmal so.
Handlungsschritt P: Aber ich konnte dann nicht einschlafen.
Kognition P: Ja. Und da fand ich, dass es länger gegangen ist.
Kognition P: Einmal merkte ich, dass ich ein Herzrasen bekam.
Kognition P: Und einmal habe ich das Herzklopfen in den Ohren gehört.
Kognition P: Von da an weiß ich eigentlich nichts mehr.
Kognition P: Sonntag. Ich weiß noch, dass ich einmal zu Hause aufgewacht bin und ich gemerkt habe, dass ich erbrochen hatte.
Kognition P: Ich dachte einfach, oh Schreck, du erbrichst auf das Deckbett, also auf die Decke.
Kognition P: Von da an kann ich mich eigentlich an nichts mehr erinnern, ◄

Gemeinsame Handlung Patientin (P), Ehemann (E), Ärzte (A): Nach der Suizidhandlung

Handlungsschritt E-P: Ja, mein Mann fand mich.
Handlungsschritt E-P: Er ist auch früher gekommen, als wir abgemacht hatten.
Handlungsschritt A-P: ... sie wollten mir die Magensonde einführen.
Kognition P: Ich hörte Sie sagen, dass sie nun schon drei Mal probiert hätten, und dass es nun wirklich gehen sollte.

Kognition P: Dass dies einfach sehr unangenehm war.
Kognition P: Das Schlimmste war einfach der Gedanke, dass ich noch meinen Eltern, die ohnehin schon genug gelitten hatten, nun auch noch dies erzählen musste.
Kognition P: Ich habe mich so geschämt.
Kognition P: Ich fühlte mich schuldig
Kognition P: Ich habe mich einfach geschämt.

Gemeinsame Handlung Patientin (P), Ehemann (E), Ärzte (A): Begegnung der Patientin mit Ehemann nach der Suizidhandlung

Kognition P: das erste positive Gefühl. Als am Montag… Mein Mann wollte ja am Sonntag zu mir kommen, am Abend.
Handlungsschritt A-E P: Aber dann hatte der Doktor auf der Intensivstation gesagt, dass er jetzt nicht kommen solle.
Handlungsschritt A-E-P: Es sei jetzt nicht der richtige Zeitpunkt.
Handlungsschritt E-P: Dann kam er dann am Montagabend.
Handlungsschritt E-P: Und in der Art und Weise wie er gekommen ist…
Handlungsschritt E-P: Und wie er mir gezeigt hatte, dass dennoch noch etwas an Gefühlen für mich vorhanden waren.
Kognition P: Das tat mir sehr wohl.
Kognition P: Dies blieb bis zum heutigen Zeitpunkt und motiviert mich immer noch.

Handlung Patientin (P): Neue Sicht und Blick zurück

Kognition P: Ich sehe das nun mit anderen Augen.
Kognition P: Ich denke mein Mann hat auch seinen Beitrag geleistet an meiner Krankheit.
Kognition P: Aber er hat es auch schwierig gehabt, sogar sehr.
Kognition P: Dies sehe ich erst jetzt, habe ich das Gefühl.
Kognition P: Wie es für ihn auch gewesen war.
Kognition P: Das habe ich früher nicht gesehen.
Kognition P: Vorher hatte ich mehr Wut auf ihn.
Kognition P: Ich dachte, dass er mich nun in das ganze Schlamassel hineingebracht hätte, und dass er mich auch nun aus der ganzen Sache herausziehen solle.
Kognition P: Heute sehe ich aber, dass er es auch sehr schwer gehabt hatte und meine Eltern auch.
Kognition P: Sie haben sehr gelitten dadurch, dass ich mir einfach nicht helfen ließ, dass ich sie einfach abblockte.
Handlung P: So habe ich mich sehr zurückgezogen, habe das Telefon nicht mehr abgenommen.
Handlung P-E: Ich hatte eigentlich nur noch Kontakt mit meinem Mann, sonst mit niemandem mehr.

Kognition P: Da (am Wohnort) habe ich niemanden gekannt.
Kognition P: Ich kenne eigentlich (nach) eineinhalb Jahren niemanden aus A.
Kognition P: Meine Mutter, denke ich, hat am meisten gelitten.
Kognition P: Sie hatten einfach eine gewisse Machtlosigkeit gespürt.
Kognition P: Und ich bin bis zum Schluss den Weg gegangen, den ich einschlagen wollte, den ich mir wünschte.
Kognition P: Da habe ich eigentlich schon das Gefühl, dass sie dort nichts machen konnten.
Kognition P: Ich konnte immer noch das machen, was ich für richtig hielt.
Kognition P: Mutter hatte am meisten darunter gelitten, unter dem Gefühl der Machtlosigkeit, nicht helfen zu können und es mitansehen zu müssen
Kognition P: In einem Dorf, in dem kein Verständnis ist für eine Tochter mit einem Knacks.
Kognition. P: Und zu all dem wollte sich die Tochter auch noch das Leben nehmen.
Kognition P: Auch noch heute können sie es nicht allen sagen.

Handlung Patientin (P): Zukunftsvorhaben
Kognition P: Und für mich ist es einfach so, dass es nun halt nicht gegangen ist, und dass ich nun dazu stehen muss.
Kognition P: Sonst habe ich das Gefühl, dass ich nie gesund werden kann.
Kognition P: Ich muss zu beiden stehen, zu der Krankheit und zu dem Selbstmordversuch
Kognition P: Es ist immer mit Tränen verbunden, aber dann schon.
Kognition P: „Man muss einfach" habe ich das Gefühl.
Kognition P: Gelogen und Verstecken gespielt habe ich nun genug denke ich.
Kognition P: Ich muss jetzt einfach dringend damit aufhören.
Kognition P: die Zeit, das Ereignis meines Selbstmordes, ist ein Abschnitt, den ich gerne (aus meinem Leben) herausschneiden möchte.
Kognition P: Einfach ein Abschnitt, der nie mehr kommen darf.

Handlung Patientin (P): Beziehungsgestaltung zum Ehemann. Die positive Wirkung des Suizidversuchs
Kognition P: Das Positive ist, dass sich mein Mann doch ein bisschen Gedanken machen musste, vielleicht ein bisschen intensiver, als wenn er nur ausgezogen wäre.
Kognition P: Was noch für Gefühle für mich vorhanden sind und ob es sich noch lohnt mit uns.
Kognition P: Das war vielleicht... Er hat einfach in einer anderen Art und Weise über uns nachgedacht, und er denkt noch immer so.
Kognition P: Im Gegensatz dazu, wenn er einfach ausgezogen wäre.

Gemeinsame Handlung Patientin (P), Pflegepersonal (PP): Behandlung der Patientin durch das Pflegepersonal im Spital

Kognition P: Beim Pflegepersonal habe ich das Gefühl, dass sie mich nicht mögen wegen meiner Art.

Handlungsschritt P-PP: Wenn es mich friert, verlange ich nach einer Bettflasche.

Kognition P: Gerade so kleine Sachen, die ihnen das Leben erschweren.

Kognition P: Da habe ich einfach das Gefühl, dass mich deswegen einige von ihnen verurteilen.

Kognition P: Das kann auch sein…

Kognition P: In den ersten Tagen, als ich noch keine Medikamente bekam, hatte ich das Gefühl, dass alle gegen mich waren.

Kognition P: Als ich dann Medikamente bekam, sah all dies ganz anders aus.

Kognition P: Das kann auch eine bloße Einbildung meinerseits sein. ◄

Handlung Patientin (P): Reaktion der Familie

Kognition P: Familie? Sie sind einfach alle enorm erleichtert, dass ich nun hier bin.

Kognition P: Sie unterstützen mich auch.

Kognition P: Es bin wahrscheinlich schon ich, die gesund werden muss, dass dies wieder alles in Ordnung kommt.

Kognition P: Einfach das ganze Familienleben, das nicht mehr stattgefunden hat.

Handlungen Patientin (P), Eltern (El): Familienvorbelastungen

Handlungsschritt P-El: Ich habe dann auch die Eltern gefragt, damit sie ein bisschen Nachforschungen anstellen in unserer Familiengeschichte.

Kognition P: Aber es hat in beiden Familien keine Fälle von Schwermütigkeit gegeben, von denen sie gewusst hätten.

Kognition P: Sei das nun Urgroßmutter oder Urgroßvater. Es hat es einfach bis zum heutigen Zeitpunkt noch nicht gegeben. ◄

▶ **Zusammenfassung**
1. Frau Meier beschreibt mehrere Handlungen in ihrem Suizidprojekt. Es ist zunächst die Suizidhandlung und die Zeit danach, als sie im Krankenhaus behandelt wurde. Das Suizidvorgehen detailliert sie im Implementieren der Suizidintention und der Suizidhandlung. Diese fängt damit an, dass sich der Ehemann zurückzieht, teilt mit, dass er ausziehen werde. Die Patientin besorgt den Haushalt wie üblich, bereitet und prüft die Medikamentenüberdosis, dann will sie den Vogel vor dem Verhungern nach dem Suizid der Patientin absichern, trifft Vorbereitungen für den nächsten Morgen, führt das letzte Gespräch vor der Suizidhandlung mit dem Ehemann und nimmt die Überdosis.

2. Nach der Suizidhandlung schildert sie ihre Begegnung mit dem Ehemann, beschreibt ihre neue Sicht und wirft einen Blick zurück, spricht über Zukunftsvorhaben, über die Beziehungsgestaltung zum Ehemann und über eine positive Wirkung des Suizidversuchs für ihre Beziehung. Zudem erzählt sie über ihre Behandlung durch das Pflegepersonal im Krankenhaus, über die Reaktion ihre Familie und darüber, ob es in der Familie bereits solche Probleme hatte.

4.2.2 Probleme der Handlungsorganisation

Es gibt eine Reihe von Schwierigkeiten und Dysfunktionen in den Handlungen und Projekten von suizidalen Personen. Die Probleme der Handlungsorganisation betreffen zunächst die Beziehung der Handlungsorganisationsebenen untereinander in Handlungen und Projekten, wie auch die Beziehungen von Handlungen und Projekten und langfristigen Anliegen. Nicht zuletzt treffen wir Probleme in den Beziehungen der Projekte zueinander wie auch der langfristigen Anliegen zueinander. Auch diese Patientin unterstellte ihr wichtigstes Anliegen, am Leben zu bleiben, anderen Projekten und Langzeitbestrebungen. Sie meinte ohne ihren Mann nicht leben können. Diesem machte sie jedoch das Zusammenleben durch ihre Essstörung, ihr Essen, Erbrechen und Hungern, unerträglich, sodass er sich von ihr trennen wollte. Eine Möglichkeit, die Ehe und die Beziehung aufrechtzuerhalten, wäre, sich auf eine Behandlung einzulassen. Dies lehnte die Patientin jedoch ab, weil sie meinte, die panischen Ängste, die sie erleiden würde, wenn sie auf ihre auf die Minute festgelegte Routine von Essen und Erbrechen verzichten müsste, nicht aushalten zu können. So steuerte ihr Bestreben „panische Ängste zu vermeiden", ihr „Vermeiden der Behandlung von Essstörungen", das wiederum ihre „Beziehung zum Ehemann" zerstörte, wovon sie dann ihr „am Leben zu bleiben" abhängig machte. Es wurde aber nicht nur die Beziehung der Patientin zum Ehemann zerstört, sondern die Patienten „vermied auch Kontakte zu anderen im Dorf" und meinte, wegen ihrer Ess- und Erbrechensroutine auch keine Besuche bei ihrer Ursprungsfamilie machen können. Dies mag zwar nicht für die Suizidhandlung in der Erzählung der Patientin zentral erscheinen, aber Gespräche und Kontakte zu Bekannten und Verwandten könnten sich in solchen Fällen als hilfreich erweisen. Auch in der Beziehung zum Ehemann selber, die der Patientin so wichtig war, zeigte sich die Patientin nicht nur durch ihre Vermeidung der Essstörungsbehandlung widerspenstig, sondern bezeichnete die Beziehung auch durchaus als destruktiv. Sie meint, ihr Mann trug an ihren Problemen seinen Anteil und sie sei auf ihn oft wütend gewesen. Es scheint, als ob ihr dieser Leidensweg von großer Bedeutung war und sie auf ihn nicht verzichten konnte. Mit der Vermutung, dass die Patientin dieses Anliegen, ihre „Beziehungen auf diese Art zu gestalten" früher erlernte oder aufbaute, aber über ihre Zeit vor und außerhalb der Ehe spricht die Patientin sehr wenig. Sie erwähnt nur, dass sie ihre Ursprungsfamilie wegen ihrer Ess- und Erbrechensroutine nicht besuchen konnte und dass sie sich für ihren Suizidversuch vor ihrer Mutter sehr schäme. So können über ihre Beziehungsgestaltung in der Ursprungsfamilie nur Vermutungen angestellt werden, die sich auf die Erfahrungen mit und Untersuchungen von Essstörungen stützen, jedoch nicht auf die Berichte dieser Patientin. Eine andere Problematik in der Desorganisation der langfristigen Anliegen der Patientin ist aus ihrer Fürsorge für ihren Vogel, einerseits, und ihrer Gleichgültigkeit andererseits den dramatischen Gefühlen ihres Ehemannes gegenüber, die er sicher nach ihrem Suizid erleben würde ersichtlich. Das Anliegen „gefühlsmäßiges Wohlergehen des Ehemannes" scheint viel weniger in ihrem Handeln gespiegelt zu sein, als das Anliegen „sich um den Vogel zu kümmern". Von tragischer Reichweite war das Durcheinander in der Zielhierarchie während der Suizidhandlung. Der Gedanke, den Notarzt anzurufen kam auf, d. h. das übergreifende Anliegen „am Leben zu bleiben" wurde in die Aufmerksamkeit geholt, jedoch konnte die Patientin dieser Verbindung keine handlungsleitende Stärke abgewinnen und dies als eine wichtige Handlungsalternative gestalten. Sie meinte, es war nur ein Gedankenblitz, der schnell verging.

> **Zusammenfassung**
> 1. Die Probleme der Handlungsordnung von Frau Meier können aus mehreren Zusammenhängen erschlossen werden. Am deutlichsten zeigen sich diese in der Zielhierarchie, in der das Überleben zu einer Nebensächlichkeit wird, während ihre Ängste, ihre Routine von Essen und Erbrechen nicht einhalten zu können, über alles andere die Oberhand gewinnen.
> 2. Ein weiteres Handlungsordnungsproblem offenbart sie in ihrer Beziehungsgestaltung zu ihrem Ehemann, die sie trotz ihrer Wertschätzung ihm gegenüber und der Bedeutung, die sie dieser Beziehung zumisst, destruktiv gestaltet.
> 3. Zum Schluss ist ein Handlungsordnungsproblem auch in der eigentlichen Suizidhandlung, in der sie die Option, den Notfallarzt anzurufen, nicht mehr handlungsleitend einsetzen kann. So wird eine überlebenswichtige Handlungsalternative zu einem Gedanken von vielen.

4.2.3 Bewusst vorbereitet oder spontan vorgenommen?

Da Frau Meier über ihre Suizidvorbereitungen ausführlich und glaubwürdig erzählt, kann ihre Suizidhandlung durchaus als eine nicht nur top-down gesteuerte, wie die Mehrheit der Suizidhandlungen, gesehen werden, sondern auch als ein von langer Hand geplante, in einem Suizidprojekt entwickelte Handlung verstanden werden. Es sind nicht nur die paar Tage unmittelbar vor der Suizidhandlung, sondern auch ihr Medikamentenhorten und ihre Beschäftigung mit dem Tod, die dazu gehören. Ihre Ängste vor dem Verzicht auf ihr Ess,- Hungern,- und Erbrechritual engten ihr mehr und mehr ihre Lebensoptionen ein, sodass sie den Tod als einzigen Ausweg sah.

▶ **Zusammenfassung**
1. Die Patientin bereitete ihre Suizidhandlung lange und sorgfältig vor, obwohl der Entschluss ihres Ehemannes, sie zu verlassen, den Zeitpunkt bestimmte, an dem sie dann die Überdosis einnahm.

4.2.4 Probleme der Handlungsüberwachungsprozesse

Bewusste Aufmerksamkeit, Emotionen und Schmerz sind die wichtigsten Handlungs- und Selbstüberwachungsprozesse im Handeln. Bei dieser Patientin sticht die Diskrepanz ins Auge, wie lebensbestimmend ihre panische Angst vor einem Verzicht auf ihre Ess- und Erbrechensroutine war und mit welcher Gelassenheit und Ordentlichkeit sie sich auf ihr Suizidhandeln einließ. Sie erzählte zwar, dass sie nach der Überdosis Herzrasen verspürte, wobei wir nicht wissen, ob dies emotional oder medikamentös herbeigeführt wurde und dass sie nicht einschlafen konnte. Allerdings wurde ihr gleichzeitig eine innere Ruhe gespiegelt, was auf ihr widersprüchliches Selbsterleben hinweisen könnte. Dies bestätigt auch ihre Erkenntnis, die sie in der Selbstkonfrontation macht, indem sie merkt, dass sie sich nicht als die an Essstörung leidende Person sah, sondern nur die leere Wohnung vor Augen hatte. In ihrer Suizidhandlung schaltete sie aber ihre Emotionalität auf der einen Seite nicht aus, denn sie freute sich ins Bett zu gehen (ihr liebster Moment am Tag) und als sie sah, dass sie durch ihr Erbrechen den Bettüberwurf beschmutzte, war sie durchaus bestürzt. Auf der anderen Seite erzählt sie im Selbstkonfrontationsinterview, wie sie im Moment der Überdosierung von ihrer Entschlossenheit beseelt war und keine Emotionen verspürte. Auch um ihren Vogel sorgte sie sich herzgreifend und man könnte annehmen, dass das durchaus auch emotional gut gefühlt war. Um die rechtzeitige Fütterung des Vogels zu gewährleisten, dachte sie sich eine relativ komplexe Handlungsorganisation aus. Damit ihr Mann früher nach Hause kommt, belog sie ihn mit der Geschichte, dass sie in eine Behandlung eintrete. Zudem deckte sie den Vogelkäfig ab, damit der Vogel nicht anfängt nach Futter zu suchen. Auch die Details um ihre Überdosis spiegelte die Patientin sehr genau, was auf eine ordentliche momentane Aufmerksamkeitsfunktion hinweist. Was allerdings nicht gelang, war das Monitoring der Zielhierarchie und die Revision der vorgenommenen Handlungsalternativen im Lichte der wichtigen Anliegen.

▶ **Zusammenfassung**
1. Während der Suizidhandlung und den Vorbereitungen dazu beobachtete die Patientin ihre Umgebung und sich selbst sehr aufmerksam. Sie war auch mit ihren Gefühlen dabei, als sie Freude empfing beim ins Bett zu gehen, sich um ihren Vogel kümmerte oder besorgt war, dass die Bett-

decke nicht Schaden nimmt. Auch körperlich spürte sie sich und merkte ihr Herzrasen, wobei sie aber von einer inneren Ruhe spricht.
2. Was sie aber völlig ausblendet, war die Unangemessenheit ihrer Tat zur Lösung ihrer Gesundheitsprobleme. Die Bedeutung ihres Lebens und das Anliegen „am Leben zu bleiben" verschwand völlig aus ihrer Aufmerksamkeit.

4.2.5 Probleme der Handlungsenergetisierung

Emotion als Handlungsenergetisierung dominierte zunächst das Handeln der Patientin auf eine negative Art, als Vermeidung. Die Patientin berichtet von panischen Ängsten, die sie vor dem Aufgeben ihrer Ess- und Erbrechensroutine hatte. Welche Handlungen sie mit ihrer Wut auf ihren Ehemann energetisierte können wir nur vermuten. Von den positiven Emotionen, die handlungswirksam waren, erzählt sie, wenn sie von ihrer Fürsorge für ihren Vogel spricht, vielleicht auch von ihrer Haushaltsführung, aber vor allem von ihrem ins Bett gehen, dem schönsten Moment des Tages. Nicht das bewusste Erleben und Gestalten des Tages, sondern dieses Bewusstsein durch den Schlaf auszuschalten war für sie jeden Tag das, worauf sie sich am meisten freute. Als die Patientin im Spital nach ihrem Suizidversuch aufwachte, schämte sie sich bei der Vorstellung sehr, sie müsse ihrer Mutter nach dieser Tat in die Augen schauen. Wir können uns vorstellen, dass Scham ein Gefühl war, das ihr Handeln über lange Zeit energetisierte. Während die panische Angst vor dem Verzicht auf ihre Ess- und Erbrechensroutine handlungsdominant war und ihr ihre lebenswichtige Beziehung zerstörte und dadurch, wenn auch indirekt, die Suizidhandlung energetisierte, zeigten sich ev. Ängste vor dem Sterben – Patientin berichtet mehrmals, dass sie zu wenig Mut hatte, um ihren Tod früher herbeizuführen, als der gewünschte Tod durch Herzversagen ausblieb – als nicht handlungswirksam und ev. nur in körperlichen Symptomen spürbar, wie Herzrasen und Einschlafprobleme.

▶ **Zusammenfassung**
1. Frau Meier lässt uns verstehen, wie sie vor allem Vermeidungshandlungen energetisiere. Die Angst vor dem Aufgeben der Ess- Hungern- und Erbrechensroutine lässt sie „Berge versetzen", ihren geliebten Mann belügen und vor allem sterben zu wollen.

4.2.6 Suizid und das interaktive und gemeinsame Handeln

Die Patientin schildert ohne Umschweife, dass sie eine klare Vorstellung hatte, dass sie sterben, bzw. sich suizidieren wolle und unter welchen Bedingungen sie diese Intention umsetzt. Aus dem „ich kann ohne meinen Mann nicht leben" kann man die interaktive Bedeutung dieses gemeinsamen Handelns des Suizids, auch wenn der Ehemann davon nicht wusste, verstehen. In der Erzählung der Patientin finden sich jedoch weitere Hinweise, wie diese Partner ihre gemeinsamen Projekte und Handlungen und die Kommunikation in diesem gemeinsamen Handeln, das Denken des Paares, gestalteten. Den Ehemann zu belügen, dass die Patientin in die Klinik eintrete, damit er den Vogel nach ihrem Ableben füttere bereitete ihr keine Mühe. Der Ehemann, auf der anderen Seite, log ihr vor, dass er noch ins Büro müsse, während er seinen Abgang aus der gemeinsamen Wohnung vorbereitete. Er traute sich nicht, ihr das zu sagen, sondern musste auch schriftlich diese Mitteilung in Stücken kommunizieren, weil er sich ev. nicht traute die ganze Wahrheit zu schreiben. Die Patientin schließlich äußert Genugtuung, als sie nach ihrem Suizidversuch aufwacht, dass ihr Mann jetzt einsehen müsse, sich ihren Problemen zu stellen, anstatt davon zu laufen. Alle diese Kommunikationsakte deuten auf eine massive Problematik in der Gestaltung und Organisation des gemeinsamen Handelns der Partner wie auch der Patientin hin.

Der Charakter der gemeinsamen Handlungen im Suizidprojekt der Patientin wird nicht nur durch die Tatsache offensichtlich, dass die Patientin sich nach dem Verlassen des Ehemannes zu töten versucht, sondern auch, dass ihr Ehemann auch die erste Person ist, die ihr, neben dem Behandlungspersonal im Spital, wieder begegnet. Von Bedeutung ist weiter, wie penibel die Patientin alle anderen Personen aus ihren gemeinsamen Projekten und dem Suizidanliegen herauszuhalten vermag. Sie knüpfte keine Bekanntschaften an ihrem neuen Wohnort, als wolle sie sich nicht von ihrem Hauptanliegen ablenken lassen. Es liegt auf der Hand, dass jegliche psychotherapeutische Behandlung dieser Patientin auch ihr soziales Handeln berücksichtigen würde.

> **Zusammenfassung**
> 1. Obwohl sich Frau Meier als sehr verschlossen darstellt und keine Bekanntschaften am Wohnort pflegt, macht sie ihren Suizidversuch von dem Abbruch der Beziehung durch ihren Ehemann abhängig. Der Ehemann ist auch die letzte Person vor und die erste Person nach dem Suizidversuch, der sie begegnet.
> 2. Wenn auch diese Beziehung so suizidrelevant ist, wird sie dennoch auf eine komplizierte und destruktive Art gepflegt. Sie können vieles nicht offen ansprechen, greifen beide zu Lügen und schließlich begrüßt die Patientin ihren Suizidversuch als ein Mittel, ihren Mann dazu zu bewegen, sich ihren Problemen zu stellen.

4.2.7 Das Gespräch von Frau Meier mit einem Psychiater

In der **1. gemeinsamen Handlung** formuliert der Arzt den Auftrag, den er als Frage vorträgt, die Patientin möge erzählen, wie es zu diesem Ereignis kam. Sie beschreibt es kurz und prägnant. Sie trug den Wunsch schon lange mit sich herum:, „es brauchte aber einen Tropfen, der das Fass zum Überlaufen brachte." "Durch meine Krankheit konnte mein Mann eines Tages nicht mehr. Er steckte auch auf seine Art in diesem Teufelskreis und wollte daher eines Tages ausziehen. Das war für mich ausschlaggebend gewesen. Ein Leben ohne Ihn kann ich mir nicht vorstellen." In der **2. gemeinsamen Handlung,** die dem fraglichen Wochenende gewidmet war, schildert die Patientin das Geschehen, das der eigentlichen suizidalen Handlung vorausging. Der Psychiater fragt immer wieder nach Klärungen und Bestätigungen, wie er das Gesagte verstand und wollte jeweils den Zeitpunkt wissen, in dem die geschilderte Handlungsschritte geschahen.

In der **3. gemeinsamen Handlung** berichtet die Patientin von dem Moment, als sie sich ins Bett legte und die Medikamentenüberdosis einnahm. Sie konnte in dieser Handlung klären, woher die Medikamente kamen, wie die Beziehungsdynamik des Paares ablief, die die Patientin als einen Teufelskreis bezeichnete. Sie konnte sich das Leben ohne ihren Mann nicht vorstellen, aber konnte sich nie dazu aufraffen, mit einem Klinikaufenthalt dazu beizutragen, dass die Beziehung besser wäre.

Wie die Patientin aufwachte, zuerst zu Hause und dann in der Klinik, als man ihr eine Magensonde einführen wollte, beschreibt sie in der **4. gemeinsamen Handlung** des Gesprächs. Der Arzt fragte sie nach ihren Gefühlen und die Patientin beschäftigte sich mit dieser Problematik. Sie nennt Schamgefühle und kümmert sich vor allem um die Empfindungen der anderen, ihrer Mutter und ihres Ehemannes. Sie kann aber auch mit anderen Augen zurückschauen. Die **5. gemeinsame Handlung** leitet der Arzt mit einer Frage ein, damit sich die Patientin auch mit sich selber und wie sie litt beschäftigen möchte. Die Patientin fasst diese Rückschau als Aufforderung zu sich zu stehen, zu ihren Problemen und aufzuhören zu lügen und Versteck zu spielen. Sie kann jedoch ihre angeregte Sichtwende nicht als ein Positivum, zu dem ihr Suizid führte auffassen, sondern denkt, dass vor allem ihr Mann sich jetzt mehr Gedanken machen müsse. In der **6., abschließenden gemeinsamen Handlung** meint die Patientin vom Spitalpersonal wegen ihrer Art nicht gemocht zu sein, sei das einzige, was sie an negativen Erlebnissen zu berichten habe. Als der Arzt wieder auf ihre Familie zu sprechen kommt und auch wissen möchte, ob die Patientin von ihrer Familie her vorbelastet sei, meint die Patientin, dass ihre Nachforschungen darüber negativ verliefen. Sie verabschieden sich.

Der Arzt strukturiert das Gespräch weitgehend, wenn auch er die Patientin frei erzählen lässt. Bei der Beschreibung der Suizidhandlung ist er bemüht, den genauen Ablauf und vor allem die Zeitpunkte der einzelnen Schritte festzuhalten. Nachdem die Patientin den letzten Suizidschritt beschrieb, wollte er wissen, was für Gedanken sie hatte. Als die Patientin ihre Geschichten mit der Klinikbehandlung erzählte, klärte der Arzt durch Nachfragen die einzelnen Umstände und Einzelheiten der Ereignisse (wo, wer, wann etc.). Aus der Erzählung der Patientin nimmt der Arzt ein Konzept „Teufelskreis", das die Patientin verwendete auf und ersucht sie dies zu klären. Bei der Suizidintention wollte der Arzt zwischen „einfach mal Ruhe zu haben" und „der Existenz ein Ende setzen" unterscheiden. Auch das nächste Thema „durch Hungern sterben wollen" präzisiert der Arzt durch Nachfragen (wer, wo, was, wann, warum etc.). Als die Patientin über ihre emotionale Befindlichkeit berichtet, schlägt er einige Gefühle und Verhaltensweisen vor, die für die Patientin hätten zutreffen können. Sich erkundigend nach ihrem

Gefühl beim Aufwachen, doppelt der Arzt nach, ob die Patientin sich immer noch schäme, was die Patientin bejahte und aus diesem Gefühl sie dann ihre Sichtweise ihrer Beziehung und der nächsten Lebensaufgabe schildert. Dem Arzt eröffnet sich dann die schwierige Beziehungsgestaltung der Patientin, die er dann klären möchte. Durch die gleiche Beziehungsstrategie geprägt sieht die Patientin auch ihren gegenwärtigen Aufenthalt im Spital.

▶ **Zusammenfassung**
1. In der ersten Handlung wird die Aufgabe des Gesprächs definiert und die Patientin erklärt ihre Suizidhandlung, zu der sie dann in der zweiten gemeinsamen Handlung das vorausgehende Wochenende schildert. Den Moment der Überdosiseinnahme beschreibt sie in der dritten gemeinsamen Handlung.
2. Die vierte gemeinsame Handlung widmet sich der Zeit des Aufwachens im Spital und den Gedanken und Gefühlen der Patientin in diesem Moment. Da diese jedoch nur den anderen gelten, regt sie der Psychiater in der fünften gemeinsamen Handlung dazu an, über sich selbst nachzudenken. Frau Meier leitet jedoch aus diesem Geschehen eine Verpflichtung für ihren Mann ab, sein Verhalten ihr gegenüber zu ändern.
3. In der letzten Handlung erzählt die Patientin von ihrem Empfinden vom Pflegepersonal des Krankenhauses nicht gemocht zu werden.

4.2.8 Das Selbstkonfrontations-Interview

Im **1. Abschnitt** der Selbstkonfrontation meint die Patientin, dass es im Gespräch mit dem Arzt so war als „…ob einfach dieser Tag wieder wie ein Film vor meinen Augen ablaufen würde." Sie sei konzentriert gewesen und fand den Arzt aufmerksam zuhörend.

Im **2. Abschnitt** berichtet die Patientin die Verzweiflung, über die sie im Gespräch erzählte, als sie die Nachricht ihres Mannes las. Zudem spürte sie nochmals die fast unerträgliche Ungewissheit, weil sie nicht wusste, wann ihr Ehemann wiederkomme.

Im **3. Abschnitt** der Selbstkonfrontation, mit dem Gespräch, in dem sie über die Zeit berichtete, als sie sich Gedanken machte, wie der Vogel nach ihrem Tod gefüttert würde, vermittelt die Patientin einen weiteren Einblick in ihre Gedanken. Sie meint, es war ihr wichtig, „…, dass ich eine Sicherheit hatte, dass nicht schlussendlich dieses arme unschuldige Tier zu leiden hätte." Dies lässt vermuten, wie schuldig sie andere Leute aus ihrer Umgebung findet, weil diese durchaus nach dem Tode der Patientin angemessen leiden sollen, denn diesbezüglich traf sie keine Vorkehrungen. Dies war nicht ein spontaner Gedanke, sondern es war ein langfristiges Anliegen, weil sie auch berichtete, wie sie zu einem anderen Zeitpunkt weitere Vorkehrungen traf „…wenn mein Mann im Militärdienst war, (hatte ich) mit meiner Mutter ein Abkommen gehabt, dass sie mir am Morgen einfach zweimal läuten ließ und ich dasselbe tat. Einfach dass ich eine Sicherheit hatte, dass wenn etwas mit meiner Krankheit passieren würde, dass wenn ich einen Herzstillstand gehabt hätte, jemand es bemerken würde und zum Tier schauen würde."

Den Moment, als die Patientin mit dem aufgefüllten Wasserglas und vielen Schlaftabletten ins Schlafzimmer die Treppe herunterstieg beschreibt die Patientin in der Selbstkonfrontation (**4. Abschnitt**) als einen Moment der Entschlossenheit. Sie meinte, nachdem sie das Hauptproblem, die Versorgung des Vogels löste, gab es nur noch diese Entschlossenheit und keine Gefühle mehr. Im Gespräch fühlte sie positive Gefühle dem Arzt gegenüber, denn sie bezeichnete ihn als sehr einfühlsam und sehr daran interessiert „…, dass ich den Knopf lösen kann." Im **5. Abschnitt** der Selbstkonfrontation, als sie den Teil des Gesprächs anschaute, wo sie darüber berichtete, wie sie im Bett lag und auf den Tod wartete, beschreibt die Patientin die innere Ruhe, die sie damals empfand. Allerdings berichtete sie, dass sie das Herzrasen, das sie damals verspürte, auch im Gespräch hatte und auch zu Hause, jeweils auf den Samstagen (es sind 14 Tage vergangen seit ihrem Suizidversuch) alles noch einmal nacherleben musste. Im **6. Abschnitt** stellt sie nochmals klar und deutlicher als im Gespräch dar, dass sie wirklich damals keine Zukunft mehr sah und entschlossen war, ihre Existenz zu beenden und nicht einfach ein wenig Ruhe zu erleben. Ihre Entschlossenheit bei der Suizidhandlung bezeichnet sie als „…eine Art von kaltblütig." Die große Wirkung der Selbstkonfrontation zeigte sich im **7. Abschnitt,** als die Patientin sich den Teil des Gesprächs ansah, in dem sie über die abgesagten Kliniktermine sprach, die ihr Mann für sie vereinbarte. „…ich sehe erst jetzt, dass er gegen den Schluss auch kein Zuhause mehr hatte, dass es für ihn auch fast unerträglich gewesen war." „Es quält mich einfach auch. Weil ich davor zu Hause nur mich gesehen hatte." Den Teil des Gesprächs, in dem sie über ihren Wunsch, in der Ursprungsgemeinde beerdigt zu werden, sprach, diskutiert die Patientin im **8. Abschnitt** der Selbstkonfrontation. Sie meint, über ihr Begräbnis zu sprechen bewege sie sehr, während wenn es um ihre Suizidhandlung gehe, bleibe sie gefühlslos oder gelassen. Sie führt dies darauf zurück, dass beim Begräbnis auch ihre Eltern betroffen seien, was sie bewege. Wir können jedoch vermuten, dass die Trauer am Begräbnis eine gemeinsam geteilte Trauer ist, während die Gefühle des Einzelnen, wenn sich dieser suizidiere eine persönliche Erfahrung ist. Da wir wissen, dass die Patientin beim Erleben der Gefühle, die sie selbst betreffen Probleme habe, jedoch gemeinsame geteilte Gefühle durchaus mittragen kann, ist uns diese Diskrepanz verständlich. Die Patientin erzählt im **9. Abschnitt** von starken Gefühlen im Gespräch, als sie von ihrer Müdigkeit sprach, da sie durch die Essstörung sehr geschwächt wurde und kaum ihre Haushaltsaufgaben erledigen konnte. Im **10. Abschnitt** der Selbstkonfrontation spricht die Patientin von einem Erlebnis, das sie während der Selbstkonfrontation bemerkte. Als sie im Gespräch über ihre Ess- und Erbrechensroutine sprach sah sie sich nicht, sondern nur die leere Wohnung, was ihr jetzt beim Betrachten der Szenen auffällt. „Ich sah erstaunlicherweise an diesem Punkt nicht mich beim Essen und beim Erbrechen, sondern einen Teil unserer Wohnung; einfach das eine Fenster, das auf den Balkon herausführt. Ich sah immer dieses vor mir." „Eigentlich gar nie die Situation, in der ich vor der Toilette stehe und weine wie ein Schlosshund und mich immer wieder frage warum ich dies immer wieder mache. Aber ich habe es immer wieder gemacht. Diese Szene habe ich damals nicht gesehen. Ich sehe dies erst jetzt wieder." Auch diese Aussage weist auf die Selbstmonitoringsprobleme von Frau Meier hin und auch auf die potenzielle konstruktive Wirkung der Selbstkonfrontationserfahrung.

Im **11. Abschnitt** der Selbstkonfrontation berichtet die Patientin von ihrem schlechten Gewissen, weil sie sich ihrem Vogel gegenüber zu harsch und unfreundlich verhielt und seine Enttäuschung in seinen Augen sah. Sie meint, dass sie dies damals und auch jetzt im Moment der Selbstkonfrontation stark emotional beschäftige. Den Teil des Gesprächs, als die Patientin auf der Intensivstation aufwachte, schaute sich die Patientin im **12. Abschnitt** an. Sie sah einfach ihre Umgebung auf der Station und hätte am liebsten ihre Augen wieder geschlossen. Im **13. Abschnitt** erzählt die Patientin ebenfalls von einer Veränderung, die sie erst jetzt in diesem Selbstkonfrontationsinterview erlebe „Ich spürte damals nicht, dass es auch für meinen Mann schwer war, dass er auch einfach kein zu Hause mehr hatte, dass es für ihn fast unerträglich sein musste. Das sehe ich erst heute." Im **14. Abschnitt** der Selbstkonfrontation schildert die Patientin eine gewisse Enttäuschung, dass sie aufgewacht sei und lebe. Sie dachte "..., dass ich dies einfach nicht wollte, und dass nun alles noch schwieriger würde. Im Gegenteil, ich wollte einfach erreichen, dass dies alles aufhört, dass alles einfach einmal einen Endpunkt hat." Sie spricht noch vom Besuch ihres Vaters im Spital und erwartete diese Begegnung mit Angst. Sie wünschte ihn zu sehen, wusste aber nicht, wie er reagieren würde, aber „Es war eigentlich in diesem Moment so, wie ich erwartet hatte, denn er kann seine Gefühle schlecht zeigen." Im **15. Abschnitt** erzählt die Patientin von einer gewissen Müdigkeit und meint, dass sie den Faden verliere. Sie betont jedoch, dass „Gestern… Seit ich sagen kann, dass ich nun diese zweite Chance anpacken will und gesund werden will geht es mir besser." Als die Patientin im **16. Abschnitt** über den Teil des Gesprächs spricht, in dem sie die Situation im Spital schilderte, zeigt sich, wie wenig belastbar sie noch ist. Als es auf der Station wegen Notfällen nicht nach Plan ging, wollte die Patientin entweichen, was nur dadurch nicht zustande kam, weil sie keine Schuhe und Kleider im Schrank hatte. Zudem wurde der Patientin nahegelegt, dass sie zu bestimmten Zeiten essen und trinken müsse und sie immer das Pflegepersonal mahnen solle, sollten sie dies nicht vorbereiten. Die Patientin spricht von massiven Problemen, sich beim Pflegepersonal durchzusetzen. Von der Begegnung mit ihrer Mutter erzählt sie über die beobachtete Erleichterung der Mutter, denn endlich ist ihre Tochter im Spital, wo man sich ihrer Probleme annimmt. Im **17. Abschnitt** äußert die Patientin einige Schlussgedanken. Sie meint, dass sie mit ihrer körperlichen Erholung auch anfängt alles zu hinterfragen „Warum ist es so weit gekommen?" Die Herausforderung des Selbstkonfrontationsinterviews kommentiert die Patientin "Ich habe ein gewisses Erstaunen, dass ich es packe. Auch zum Beispiel mit Ihnen jetzt über all dies zu sprechen, obwohl ich sie ja gar nicht kenne." „Ich habe einfach das Gefühl, dass dies auch ein Zeichen der Besserung ist, dass alles schon etwas positiver aussieht. Ich habe das Gefühl, dass, wenn ich nicht darüber sprechen könnte, die Chancen für ein Heilung kleiner wären, als sie jetzt sind."

▶ **Zusammenfassung**

1. Das Selbstkonfrontations-Interview eröffnet nicht nur den Zugang zu den Gedanken und Gefühlen der Patientin während des Gesprächs und während der geschilderten Handlungen, sondern schafft uns, wie in diesem Falle, einen Zugang in ihre Gedankenwelt. Als sie meint, dass das unschuldige Tier durch ihren Suizid nicht leiden solle, können wir uns vorstellen, wie die anderen, ihr Ehemann, ihre Eltern, in ihren Augen schuldig sind, denn sie sollen wohl leiden.
2. Es werden auch einige Informationen zu ihrer inneren Befindlichkeit im Moment des Suizidversuchs ergänzt, die sie im Gespräch mit dem Psychiater nicht ansprach. Von besonderem Interesse ist auch ihre gespaltene Selbstwahrnehmung, denn sie beschrieb eine innere Ruhe mit gleichzeitigem Herzrasen. Dieses Herzrasen stellt sich seither immer am Wochentag des Suizidversuchs ein.
3. Es zeigen sich auch bereits einige Wirkungen der Selbstkonfrontation, denn die Patientin merkt, nach ihren Angaben, erst jetzt, wie schwierig ihr Zusammenleben für ihren Mann war.
4. Im achten Abschnitt erklärt die Patientin, wie sie ihr Selbstmord kaltblütig lässt, aber ihre Beerdigung, an der ihre Eltern teilnehmen, sie sehr bewege.
5. Das Selbstkonfrontations-Interview brachte die Patientin auch zu der Erkenntnis, dass sie sich nie als die Person, die unter ihrer Essstörung leidet sah, sondern nur die leere Wohnung vor Augen hatte. Sie meint auch, dass wenn sie während des Gesprächs und des Selbstkonfrontations-Interviews über alles sprechen konnte, was sie früher nicht schaffte, dass dies ein Zeichen der Besserung sei.

Fall 3

5.1 Suizidgeschichte: Frau Widmer, der niemand zuhört

Kornelia Helfmann

Frau Widmer sitzt auf dem Bett im Schlafzimmer und telefoniert mit ihrer Schwester. Es geht um die Einrichtung ihres Schlafzimmers, das sie als steril empfindet und schon lange gemütlicher machen möchte, aber sie weiß nicht, wie, sie hat einfach kein Flair dafür. Das große Bett, darüber eine altmodische Lampe aus dem Secondhand-Laden, Nachttischchen links und rechts, der Kleiderschrank. Das ist alles. Matthias, ihrem Partner, ist das nicht so wichtig, sie würde sogar sagen, ihm ist es egal, und sie haben sowieso nicht so viel Geld für Neuanschaffungen. Sie arbeitet als Verkäuferin in der Lebensmittelabteilung eines größeren Kaufhauses in der Stadt, zentrale Lage, Matthias als Automechaniker.

Matthias, mit dem sie seit knapp zwei Jahren zusammenwohnt, hält sich in der Küche auf, heute ist er dran mit dem Kochen. Sie hört die Türklingel und kurz darauf die fröhliche Stimme von Susanne, einer gemeinsamen Bekannten und Freundin ihres Cousins Rolf. Bei Frau Widmer läuten die Alarmglocken. Sie vermutet schon länger, dass sich Susanne an Matthias ranmacht.

Ihre Schwester sagt, sie soll ein paar Bilder aufhängen und endlich Vorhänge anschaffen, hätte sie ja schon längst mal machen können. Frau Widmer empfindet das als Vorwurf. Sie wollte ihrer Schwester eigentlich sagen, dass es ihr heute schon den ganzen Tag nicht gut ging, dass sie erschöpft von der Arbeit nach Hause gekommen und traurig ist. Aber sie weiß, dass ihre Schwester dafür nicht empfänglich ist.

Sie müsse auch die Wände neu streichen, meint ihre Schwester, vielleicht ein warmes Gelb. Gelb mag sie nicht, ihre Schwester sollte das eigentlich wissen.

Frau Widmer bedankt sich bei ihrer Schwester für die guten Tipps und legt das Telefon auf. Die beiden in der Küche unterhalten sich laut, sie lachen schallend. Ihre Hände fangen an zu zittern. Sie fühlt sich so fehl am Platz. Und völlig wertlos. Eigentlich müsste sie doch jetzt aufstehen und Susanne sagen, sie soll Matthias in Ruhe lassen, aber das bringt sie nicht fertig. Sie würden ihr sowieso nicht zuhören, ihr hat noch nie jemand zugehört. Als sie jetzt das laute Lachen in der Küche hört, läuft bei ihr ein Film ab:

Sie ist in der 9. Klasse und versucht ihren Freundinnen in der großen Pause zu erzählen, dass sie darunter leidet, dass ihr kleiner Bruder von den Eltern bevorzugt wird. Seit er da ist, nach drei Töchtern endlich ein Sohn, ein Nachzügler, ist sie noch weniger wert als vorher. Die Mutter vergöttert ihren kleinen Prinzen, der Vater gibt sich überhaupt nicht mehr mit ihr ab. Ihre Freundinnen hören ihr nicht zu, sie haben andere Sorgen, erste Verliebtheit und so, Eifersucht, Verhütung und so, die Sorgen wegen eines kleinen Bruders interessieren sie nicht. Sie lachen sie aus. Geschenkt. Das Gefühl, von einem anderen Stern zu kommen, nicht dazu zu gehören. Sie überlegt sich, wie es wäre, von einem Hochhaus zu springen. Einfach weg zu sein. Aber das kann sie ihren Freundinnen nicht sagen. Jetzt reden sie über Make-up und Mode. Sie wird ihnen nie mehr erzählen, was sie beschäftigt.

Wieder dieses laute Lachen in der Küche. Matthias scheint es zu geniessen. Und Susanne ist in der letzten Zeit auffällig oft zu Besuch und meistens, wenn sie sicher sein kann, dass Frau Widmer bei der Arbeit ist, das macht sie sicher extra. Mit ihr hat Matthias schon lange nicht mehr so gelacht.

Was hat Susanne, was sie nicht hat? Sie muss jetzt hier raus, bevor sie durchdreht.

Frau Widmer steht auf und geht durch das Treppenhaus runter in die Waschküche. Räumt die Waschmaschine aus, hängt die Wäsche auf. Einfach ablenken. Aber da geht schon der nächste Film los:

Sie sitzt mit ihren Eltern, ihrem kleinen Bruder und der älteren Schwester, die schon längere Zeit ausgezogen und jetzt, am Sonntag, zum Mittagessen gekommen ist, am Küchentisch. Der Vater lobt voller Stolz die schulischen Leistungen seines Sohnes, sie hat er nie gelobt, obwohl sie immer sehr gute Noten hat. Die Mutter zeigt allen das letzte Zeugnis ihres Prinzen. Mathe gut, Englisch gut, Biologie gut… Dass sie in diesen Fächern immer sehr gut war, scheint nicht erwähnenswert. Heftige Eifersucht macht sich breit, ihr bleibt das Essen im Hals stecken, sie schiebt den Teller weg. Keiner bemerkt es. Keiner fragt, ob sie keinen Appetit hat, ob ihr nicht gut ist. Sie wollte ihnen heute erzählen, dass es ihr in der Ausbildung nicht gut geht, die Chefin auf ihr herumhackt und die Kolleginnen absolut keinen Teamgeist haben, aber sobald sie den Mund aufmacht, quatschen die anderen einfach weiter. So schluckt sie alles hinunter. Sie würden ihr sowieso sagen, sie sei zu empfindlich, würde alles persönlich nehmen. Geschenkt. Sie wird sich krankschreiben lassen, weil sie es nicht mehr aushält, dann wird der Vater mit Unverständnis reagieren, ihr Vorwürfe machen. Stell dich nicht so an. Wenigstens wird er reagieren, wenn auch nicht so, wie sie sich das erhofft hat.

5.1 Suizidgeschichte: Frau Widmer, der niemand zuhört

Frau Widmer hängt die letzten Wäschestücke auf und geht wieder nach oben in die Wohnung. Auch ihr Cousin, Susannes Freund, ist jetzt da. Also eigentlich ist es mal ihr Freund, dann wieder nicht. Die beiden streiten eigentlich immer, wenn sie da sind. Dann fliegen böse Worte hin und her, sie schreien sich an. So ist es auch jetzt wieder. Wieso kommen die beiden in ihre Wohnung, um zu streiten? Streit konnte sie noch nie aushalten. Es ist unerträglich. Sie steht in der Küchentür, keiner nimmt Notiz von ihr. Ob sie da ist oder nicht, egal. Ihr Freund ignoriert sie. So verhält er sich immer, wenn ihr Cousin da ist. Hält große Reden, hängt den Macho raus. Sie hat ihn schon darauf angesprochen, aber er fand, sie übertreibe maßlos und wollte nicht darüber reden. Überhaupt, es ist schwierig, mit ihm über das zu reden, was sie beschäftigt. Er weiß, dass sie schon an Selbstmord gedacht hat, aber sie hat nicht den Eindruck, dass er sie wirklich ernst genommen hat. Eigentlich reden sie nur noch über Nebensächliches, wer geht heute einkaufen, wer kocht, wer macht die Wäsche, schon längere Zeit geht das so. Sieht so aus, als hätten sie sich langsam aber sicher auseinandergelebt, wie ein altes Ehepaar, dabei sind sie doch noch so jung. Sie 22, er drei Jahre älter. Soll das alles gewesen sein? Welchen Sinn hat ihr Leben noch? Sie ist überflüssig und war es schon immer. Hatte nie den Platz im Leben, den sie sich wünschte. Hatte nie die Freundinnen, die sie wollte. Sie ist uninteressant. Es geht auch ohne sie.

Frau Widmer geht ins Bad und betrachtet sich im Spiegel. Ein schmales Gesicht, ziemlich blass. Schöne große, dunkle Augen. Lange blonde Haare, wie immer zu einem altmodischen Knoten am Hinterkopf zusammen gebunden. Volle Lippen. Trauriger Zug um den Mund. Hübsch sei sie, hat ihr Freund gesagt, als sie sich kennengelernt hatten. Wann hat er das das letzte Mal gesagt? Sie kann sich nicht daran erinnern. Wenn Susanne doch endlich aufhören würde mit diesem Lachen. Wenn ihr Freund doch endlich aufhören würde, mit ihr zu schäkern. Susanne ist nur halb so hübsch wie sie, aber sie ist so lebendig, anscheinend gefällt das Matthias. Und sie ist so oft traurig. Bedrückt. Damit kann er nichts anfangen, es nervt ihn. Und wenn er jetzt auf Susanne abfährt? Oder läuft da etwa schon etwas zwischen den beiden, und sie hat nichts davon bemerkt? Sie wurde schon einmal von einem Freund betrogen, da war sie nahe daran, den Sprung von einem Hochhaus zu wagen. Aber damals, kurz nach der Ausbildung, hatte sie eine befristete Stelle in einem anderen Kaufhaus, ein gutes Team und eine Chefin, die ihr guttat, weil sie ihr zuhörte. Nicht, dass sie ihr von ihren Gedanken an Selbstmord erzählt hätte, aber sie vertraute ihr den Betrug ihres damaligen Freundes an, sie wurde getröstet, sie wurde für voll genommen. Konnte sogar zwei Wochen bei der Chefin wohnen, bis sie in ihre erste eigene Wohnung ziehen konnte. Da ging es ihr ganz gut, weil sie mit den Eltern nur Streit hatte. Leider wurde dann ihr Vertrag nicht mehr verlängert, als er abgelaufen war. An ihrer jetzigen Stelle hat sie wieder eine Chefin, die sich für ihre Mitarbeitenden nicht interessiert, die ihre Arbeit machen und ihre Ruhe haben will, und ihre Arbeitskollegen sind alles Egoistinnen, kein Teamgeist. Und die Kunden stressen auch nur in den Laden, kaufen ein, rennen nach Hause. Kein gutes Wort für sie. Wenn sie morgens zur Arbeit gehen muss, geht es ihr schon schlecht. Sie müsste sich endlich nach einer anderen Stelle umsehen.

In der Küche scheint sie noch immer niemand zu vermissen. Es geht auch ohne sie. Sie fühlt sich ausgeschlossen, ein Gefühl, das sie sehr gut kennt. Die anderen amüsieren sich, und sie steht außerhalb und gehört nicht dazu. Das tut weh.

Frau Widmer öffnet den Spiegelschrank, wo sie ihre Medikamente aufbewahren, und fängt an, darin aufzuräumen, einfach etwas tun. Irgendwann wird der Besuch endlich gehen, sie wird mit Matthias zu Abend essen, sie wird ihm sagen, wie sie das Schlafzimmer verschönern will, Bilder und Vorhänge anschaffen, die Wände streichen. Rosa vielleicht? Wahrscheinlich werden sie sich allerdings anschweigen, wie so oft in der letzten Zeit.

Die Salben nach rechts, Pflaster nach links, Medikamente gegen Erkältung in die Mitte. Wohin mit den Schmerzmitteln? Sie hört ihr lautes Atmen. Und Susannes Lachen. Da ist das Schmerzmittel, das sie immer gegen ihre Rückenschmerzen nimmt, sie hat oft Rückenschmerzen. Den ganzen Tag stehen, bücken, Lebensmittel einräumen, das geht in den Rücken. Sie war schon öfters krank deswegen. Ihre Chefin hat ihr auch schon gesagt, so könne das nicht weitergehen, sie könne nicht jedes Mal zu Hause bleiben wegen dem bisschen Rückenweh, wenn das alle machen würden, könnten sie den Laden dicht machen.

Das Medikament liegt leicht in ihrer Hand. Sie zieht den Waschzettel aus der Packung. Die Dosis von höchstens 2400 mg täglich sollte nicht überschritten werden. Das entspricht drei bis vier Tabletten pro Tag. In der Packung befinden sich zwanzig Tabletten. Es sind drei Packungen da. Sie rechnet nach. In Mathe war sie ja schon immer gut. Nein, sehr gut. Auch wenn der Vater das immer ignoriert hat.

Bei Überdosis droht zum Beispiel Herzversagen. Das wäre es doch. Sie löst die erste Tablette aus der Alufolie und schluckt sie, dann die zweite, die dritte, die vierte… Zwischendurch muss sie Wasser trinken, damit ihr die Tabletten nicht im Hals stecken bleiben.

In ihrem Eifer hört sie nicht, dass ihr Freund ins Badezimmer kommt. Er reißt ihr die mittlerweile fast leere dritte Packung aus der Hand und schreit sie wütend an. Was machst du da? Bist du verrückt geworden? Er packt sie grob am Arm, schleift sie aus dem Badezimmer, sagt ihr ganz furchtbare Sachen. Wieso hast du die Tür nicht abgeschlossen? Wieso hast du kein Messer genommen?

Sie hätte mehr Verständnis von ihm erwartet. Auf der Fahrt ins nächste Krankenhaus, in seinem Auto, denkt sie, das nächste Mal mache ich es so, dass er es nicht merkt.

5.2 Suizidanalyse: Frau Widmer: Ich fragte mich einfach nach dem Sinn meines Lebens

Ladislav Valach

Die junge Frau, die vor einer Woche eine Überdosis an Tabletten nahm, beantwortet die Frage des Psychiaters „Wie kam es dazu?" und erzählt über ihre Suizidhandlung. Sie beschreibt aber auch sehr eindrücklich das Gefühl, aus dem sie handelte, nämlich sich fehl am Platze und überflüssig zu fühlen, als sie merkte, dass ihr Partner sich mit der Freundin des Cousins erheitert unterhielt, während sich die Patientin bereits den ganzen Tag traurig fühlte. Sie führt später aus, dass das Gefühl des „Nicht-dazu-gehörens" immer wieder seit ihrer Kindheit aufkam und sehr bedrückend wirkte, sodass die Patientin bereits mehrmals den Sinn ihres Lebens anzweifelte.

Sie verbindet also die Suizidepisode eng mit einigen mittel- und langfristigen Anliegen aus ihrer Kindheit und ihrer Schul- und Berufszeit. Sie meint „Da gibt es noch eine sehr lange Vorgeschichte" zu ihrer Suizidhandlung.

5.2.1 Langfristige und mittelfristige Anliegen und kurzfristige Handlungen

5.2.1.1 Mittelfristige („Projekte") und langfristige Anliegen

„Sich dazu gehörend fühlen" ist ein wichtiges langfristiges Anliegen der jungen Frau, das immer wieder verletzt wurde. Ähnliches berichtet sie über das Anliegen „sich verstanden fühlen", „durch besondere Leistungen Aufmerksamkeit bekommen", „Gehör bei anderen zu finden", „sich als gleichwertig behandelt zu fühlen", „wahrgenommen zu werden", „Anerkennung zu erhalten". Zudem suchte sie bei ihren Freunden und Bekannten „Beistand auch in schlechten Zeiten" und „Treue in der Beziehung". Sie strebte eine „Harmonie in den Beziehungen und Begegnungen" an und zeigte sich sehr unglücklich bei Streitigkeiten von anderen. Sie wollte vermutlich auch bei ihren Eltern als „zufrieden und kompetent erscheinen", da sie Gespräche mit ihnen über eigene Schwierigkeiten scheute, auch, um „sich nicht zu beklagen".

5.2.1.2 Langfristige Anliegen

Aus dem Gespräch über ihre Suizidhandlung geht hervor, dass sie ein sehr wichtiges langfristiges Anliegen „einen Sinn im Leben zu sehen", immer wieder nicht verwirklichen konnte, was zu ihrer Lebenskrise führte. Den Sinn des Lebens empfand die Patientin im Gefühl „dazu zu gehören" und sich als „richtig am Platz" zu fühlen, bzw. sich nicht als „fehl am Platz" zu fühlen. Sie erlebte dies unmittelbar vor der Suizidhandlung („Am Abend kam dann eine Bekannte mit dem Cousin auf Besuch. Diese beiden haben immer riesigen Streit. Das ertrage ich fast nicht… Ich fühlte mich in diesem Moment einfach fehl am Platz-"). Dieses Gefühl erlebte sie wiederholt bereits früher. Sie erzählte von ihren Problemen mit ihrem Vater, der sie nicht beachtete: „Er ist einfach ein Mensch, dem alles so gleichgültig ist. Wenn man ihm etwas erzählt, dann hat man einfach das Gefühl, dass man es auch gerade so gut nicht hätte erzählen können… mit mir sprach er einfach nie." Auch ihre Mutter widmete ihre Aufmerksamkeit vor allem ihrem Bruder: „Mein Bruder…wurde einfach immer von meiner Mutter vergöttert. Ich war schon in meiner ganzen Kindheit auf ihn eifersüchtig…Die Eifersucht auf ihn verzehrte mich beinahe…Ich hatte einfach immer das Gefühl, dass er bevorzugt würde." Auch ihre Freundschaften fand sie zu wenig tragfähig und fühlte sich oft alleine gelassen: „Ich hatte schon

Freunde gehabt. Aber diese sind immer so weit weg. Sie lachen gerne mit mir. Aber wenn es einem Menschen nicht gut geht, dann sind diese plötzlich weg." Zudem waren es nicht immer die Freunde, die sie haben wollte, was zu dem Gefühl des Ausgeschlossen-Seins, des Nirgends-dazu-gehörens beitrug: „…Ich gehörte nicht zu denen, zu welchen ich gehören wollte…Ich hatte schon einige Freunde in der Schule. Aber diese mochte ich nicht so besonders. Aber diejenigen, die ich besonders mochte, wollten nichts von mir wissen." Dieses Gefühl „habe ich schon seit immer". Aufgrund dieser Erfahrungen sei „jemanden zu haben, der ihr zuhört" das wichtigste Anliegen ihres Lebens.

Auch später erlebte sie ihre Partnerschaftsbeziehungen als zu wenig verbindlich: „Von einem Freund wurde ich zum Beispiel mit einer anderen Frau betrogen." Zu Hause besserte sich die Situation nicht und ihre Beziehung zu den Eltern wurde nicht einfacher: „…Zu dieser Zeit hatte ich mit meinen Eltern einen großen Disput. Das kann ich gar nicht ausstehen. Das ist einfach etwas, was mich sehr kränkt. Ich werde dann einfach sehr traurig und fühle mich wertlos."

In der Lehre und im Berufsleben erlebte Frau Widmer dieses Gefühl „nicht dazu zu gehören" immer wieder und war sehr unzufrieden: „Ich habe auch zwei Jahre lang eine Lehre gemacht. Ich habe dort sicherlich zwei Jahre lang gelitten, weil es mir dermaßen nicht gefallen hat." Zur Zeit der Suizidhandlung hatte sie eine Stelle, in der sie genauso unglücklich war: „Diese Stelle gefällt mir einfach nicht. Ich bin unglücklich, wenn ich am Morgen arbeiten gehen muss…Ich komme mit den Menschen und auch mit den Vorgesetzten nicht gut aus."

Alle diese Probleme und Gefühle beschäftigten Frau Widmer sehr und sie hätte sie gerne besprochen, aber das ging nicht, denn: „ich hatte einfach immer Hemmungen mit meinen Eltern darüber zu sprechen, was mir Angst macht, was mich beschäftigt. Ich hätte schon jemanden gebraucht". Da diese Gespräche nicht stattfanden, überlegte sich die Patientin oft die ultimative Lösung – Suizid – und griff zuletzt auch dazu: „Aber ich habe mir schon oft überlegt, wie ich es (Suizid) machen würde… Ich überlegte mir immer wieder, an irgendeiner Stelle hinunterzuspringen… Das war vor allem in der neunten Klasse und in der Lehre der Fall. Ich saß damals oft am Abend hin und überlegte, wie es wäre, einfach mit allem einmal Schluss zu machen. Diese Probleme und das „Sich nicht verstanden fühlen" zu Hause war einfach zu viel für mich."

Mittelfristige Anliegen „Projekte"
Dieses Grundanliegen der Frau Widmer wurde immer wieder in mittelfristigen Projekten herausgefordert und bemüht. Seien es Freundschaften in der Schule, erste Partnerschaftsbeziehungen, in der Lehre oder am Arbeitsplatz. Zur Zeit des Suizidversuchs habe sie sich in mehreren kurzfristigen Anliegen oder Projekten befunden. Es war zunächst die „Partnerschaftsbeziehung zu ihrem Freund". Diese Beziehung fand sie bedroht, da die Freundin des Cousins zu viel Interesse an ihrem Partner zeigte. Sie wollte „die Frau von ihrem Partner fern halten". Ein Teil des langfristigen Anliegens, sich beruflich in einer adäquaten Stelle zu finden, wird von Frau Widmer in ihrer „gegenwärtigen Stelle" angestrebt, allerdings mit wenig Erfolg. Sie fühle sich dort, aus unterschiedlichen

Gründen, unglücklich. Sie begründet ihre Gefühle mit einigen Werten des Berufsethos und der zwischenmenschlichen Beziehungen, die dort nicht eingehalten werden: „Diese Menschen, die dort einkaufen, sind immer im Stress. Sie wollen immer die ersten an der Kasse sein. Die anderen Menschen sind ihnen gleichgültig. Auch unter den Angestellten ist es nicht anders. Der beste ist der, der am Abend am ehesten aus dem Geschäft kann. Damit habe ich einfach Mühe".

▶ **Zusammenfassung**
1. Frau Widmer verbindet ihren Suizidversuch mit einigen langfristigen und mittelfristigen Anliegen. Zu den langfristigen Anliegen gehören vor allem „einen Sinn im Leben zu sehen", „sich richtig am Platz zu fühlen", „sich dazu gehörend zu fühlen", „sich verstanden zu fühlen", „jemanden zu haben, der ihr zuhört", „durch besondere Leistungen Aufmerksamkeit zu bekommen", „Gehör bei anderen zu finden", „sich als gleichwertig behandelt zu fühlen", „von Leuten, die mir wichtig sind, wahrgenommen zu werden", „Anerkennung zu erhalten", „Beistand auch in schlechten Zeiten zu erhalten", „Treue in der Beziehung", „Harmonie in den Beziehungen und Begegnungen", „sich nicht zu beklagen".
2. Zu den mittelfristigen Anliegen sind vor allem ihre „Partnerschaftsbeziehung zu ihrem Freund", „die Frau (eine Bekannte) von ihrem Freund fern zu halten", „gegenwärtige Stelle" zu zählen.

5.2.1.3 Kurzfristige Handlungen im Konfliktprojekt

Kurzfristige Handlungen im Suizidprojekt; Patientin (P)

Suizidhandlung

Gefühl P: ...dass ich mich schon den ganzen Tag lang nicht gut fühlte. Ich war traurig ohne einen Grund dafür zu kennen.
Kognition P: Ich hätte einfach keinen Grund nennen können.
Handlung Bekannte: Am Abend kam dann eine Bekannte mit dem Cousin zu Besuch
Kognition P: Diese beiden haben immer riesigen Streit.
Gefühl P: Das ertrage ich fast nicht.
Kognition P: Es ist einfach permanent eine Spannung in der Luft. Das ist einfach wahnsinnig.
Kognition P: Sie kommen jeweils in diese Wohnung, streiten dauernd miteinander und benutzen dazu die schlimmsten Wörter.
Gefühl P: Ich fühlte mich in diesem Moment einfach fehl am Platze.
Kognition P: Ich kann meine Gefühle auch nicht begründen...
Kognition P: Aber ich hatte auch noch immer das Gefühl, dass die Bekannte noch etwas von meinem Freund wollte.

Handlung P: Ich telefonierte auf meinem Zimmer mit meiner Schwester.

Kognition P: Da hörte ich einfach ein immenses Gelächter. In diesem Moment war der Cousin noch nicht da (nur der Partner und die Bekannte).

Handlung P: Ich zog mich daher einfach ein bisschen zurück. Ich ging in die Waschküche, um mich dort noch um die Arbeit zu kümmern.

Kognition P: Ich hatte dann das Gefühl, dass nun alles besser sei.

Kognition P: Aber es war immer noch alles beim Alten als ich wieder hochkam.

Gefühl P: Ich fühlte mich in diesem Moment einfach fehl am Platze. Ich fühlte mich übergangen.

Kognition P: Man hatte gar nicht realisiert, dass ich hereinkam.

Kognition P: Ich fragte mich einfach nach dem Sinn meines Lebens, meines Daseins. Ich bin einfach eine Figur in einem Spiel. Aber man kann das Spiel auch spielen ohne diese Figur. Es war einfach alles in dieser Art.

Handlung P: Dann folgte einfach diese Kurzschlussreaktion.

Kognition P: Ich hätte wahrscheinlich schon fünf Minuten später all dies nicht mehr gemacht. Das denke ich nun einfach...

Handlung P: Aber ich nahm in diesem Moment einfach diese Tabletten ein.

Handlung Freund: Aber bevor ich noch mehr einnehmen konnte, hat mich mein Freund gefunden. ◄

Nach der Suizidhandlung, Freund, Patientin (P)

Handlung Freund, P: Mein Freund fuhr mich dann ins Krankenhaus.

Handlung P: Zuerst wollte ich nicht mitgehen, weil ich mir sagte, dass ich – zu Ende führen müsse, was ich angefangen hatte.

Kognition P: Aber ich dachte dann, dass das Leben auch seine schönen Seiten haben kann. Ich sehe diese einfach oft gar nicht.

Kognition P: Ich habe mich einfach an vergangene Sachen zurückerinnert.

Kognition P: Ich erwartete in diesem Moment einfach Hilfe. Ich hatte einfach jemanden nötig, der mir zuhört. Es musste jemand sein, der sich für meine Probleme interessierte.

Gefühl P: Ich hatte einfach ein ziemlich wertloses Gefühl.

Kognition P: Der Gedanke war der folgende... Ich sah einfach keinen Sinn mehr in meinem Leben. Ich sah einfach meinen Platz nicht mehr. Ich fragte mich, warum ich überhaupt noch lebe. Ich habe hier nun einfach nicht mehr den Platz, den ich gerne hätte.

Kognition P: Ich finde, dass es ein sehr schlimmer Gedanke ist, wenn man nicht mehr weiß, was man auf dieser Erde zu tun hat. Ich denke, dass es dann ein kurzer Griff ist zu Tabletten oder zu einem Messer oder was auch immer es im konkreten Fall ist.

Kognition P: (ich nahm die Tabletten). Alles andere war einfach nicht gerade in Reichweite.

Handlungen zu Suizidkarriere; Patientin (P)
Kognition P: Ich habe es noch nie gemacht. Aber ich habe mir schon oft überlegt, wie ich es machen würde.
Kognition P: Ich überlegte mir immer wieder, an irgendeiner Stelle hinunterzuspringen.
Kognition P: Ich würde wohl eher springen.
Kognition P: Das waren Schmerztabletten.
Handlung P: Ich habe nicht selber aufgehört, Tabletten einzunehmen. Ich nahm einfach zwei bis drei Bögen Tabletten ein.

Gemeinsame Handlung Patientin (P), Freund (F): Unterbrechen der Suizidhandlung
Handlung F: Aber dann kam mein Freund.
Handlung F: Er hatte mich gerufen gehabt.
Kognition P: Ich hörte einfach nichts mehr. Ich war voll fixiert auf das Sterben. Ich war einfach meines Entschlusses, sterben zu wollen, sicher… Ich hatte nur noch dies im Kopf.
Handlung F: Er kam dann ins Badezimmer.
Kognition F: Dann sah er auch, was ich gerade getan hatte.
Kognition P: Das (meinem Leben ein Ende zu setzen) war einfach mein fester Entschluss.
Kognition P: Er (Freund) hat da nicht gerade sehr gut reagiert.
Handlung F: Er wurde in diesem Moment jähzornig. Er packte mich an der einen Hand und zog mich daran.
Kognition P: Ich hatte noch lange Zeit blaue Flecken am Handgelenk.
Handlung F: Er zog mich einfach aus dem Badezimmer heraus und schrie mich an.
Handlung F: Er wollte wissen, warum ich all dies gemacht hätte.
Kognition P: Aber er kannte den Grund ganz genau. Er kannte von mir, dass ich viel über Suizid nachdachte.
Gefühl P: Daher machte mich diese Reaktion fast traurig.
Kognition P: Ich hätte von ihm einfach ein bisschen Verständnis erwartet.
Handlung P: Ich erzählte ihm so viel von mir.
Kognition F: Er wusste, wie es in mir aussah.
Kognition P: Ich denke von Selbstmord, dass das nicht etwas Frevelhaftes ist. Es ist einfach eine Lösung für jemanden, der keinen Ausweg mehr findet.
Kognition F: Er verstand das einfach nicht.
Handlung F: Aber er sagt einfach, dass das nun einmal meine Meinung sei.
Handlung F: Aber in diesem Moment kam er einfach zu mir und warf mir schlimme Sachen an den Kopf. Er machte mir den Vorwurf, dass ich die Türe nicht

abgeschlossen hätte. Er warf mir nur solche Sachen an den Kopf... Warum ich nicht die Türe abgeschlossen hätte.

Handlung F: Er fragte mich, warum ich nicht mehr Tabletten eingenommen hatte, warum ich mich nicht geschnitten hatte.

Kognition P: Weil ich es nicht zustande gebracht hatte.

Gemeinsame Handlung; Patientin (P), Freund (F): Ins Krankenhaus gehen

Handlung F/P: Er beschloss, ins Krankenhaus zu gehen.

Kognition P: Ich habe das Gefühl, dass er all dies aus Wut gesagt hat. Es war ihm nicht ernst, was er sagte.

Handlung F: Aber diese Reaktion... Auf dem Weg ins Krankenhaus machte mich diese Reaktion einfach total fertig.

Kognition P: Ich dachte einfach, dass, wenn ich im Krankenhaus die Möglichkeit gehabt hätte, es noch einmal zu machen, dass ich es machen würde und zwar so, dass es klappt. Ich hätte das einfach auf der Stelle gemacht.

Gegenwart

Kognition P: Im Moment geht es mir eigentlich gut.

Handlung P: Ich habe auch mit meiner Mutter Kontakt aufgenommen.

Kognition P: Mit ihr habe ich ein gutes Verhältnis. Mit ihr geht es mir besser.

Kognition P: Ich hätte nicht gedacht, dass sie das verstehen könnte.

Handlung Mutter: Aber sie versucht mir zu helfen, sie versucht es wirklich zu verstehen.

Beziehung zum Vater

Kognition P: Also ich will sagen mit den Eltern ... hatte ich Probleme. Aber ich hatte vor allem Probleme mit dem Vater. Er ist einfach ein Mensch, dem alles so gleichgültig ist.

Kognition P: Wenn man ihm etwas erzählt, dann hat man einfach das Gefühl, dass man es auch gerade so gut nicht hätte erzählen können. Er bleibt einfach immer gleich.

Kognition P: Da gibt es noch eine sehr lange Vorgeschichte (zur Suizidhandlung).

Vorgeschichte zur Suizidhandlung

Kognition P: Mein Bruder, er ist das jüngste von uns vier Kindern und dazu auch noch der einzige Junge, wurde einfach immer von meiner Mutter vergöttert.

Kognition P: Ich war schon in meiner ganzen Kindheit auf ihn eifersüchtig.

Kognition P: Die Eifersucht auf ihn verzehrte mich einfach beinahe.

Kognition P: Ich war dann einfach nur noch alleine mit meinem Bruder zu Hause.

Kognition P: Ich hatte einfach immer das Gefühl, dass er bevorzugt würde. Ich hatte einfach dieses Gefühl.

Kognition P/Handlung Vater: Mein Vater hat nur mit ihm richtig gesprochen. Ab und zu hat er auch noch mit meiner Mutter gesprochen. Aber mit mir sprach er einfach nie.

Kognition P: Die Mutter hatte einfach große Freude, wenn der Sohn die gleichen Interessen hatte wie sie. Er war dann jeweils einfach der beste. Auch in der Schule... Bei ihm war eine Note fünf (gut) einfach mehr wert als bei mir eine Note sechs (sehr gut).

Kognition P: Auf ihn war ich einfach sehr eifersüchtig.

Kognition P: Es kam vor allem vom Vater aus. Bei der Mutter war es nicht so abartig. Sie war einfach so, wie Mütter nun einmal mit Söhnen sind. Ich habe das schon einige Male gehört.

Kognition P: Ich hatte einfach immer Hemmungen, mit meinen Eltern darüber zu sprechen, was mir Angst macht, was mich beschäftigt.

Kognition P: Ich hätte schon jemanden gebraucht.

Kognition P: Aber ich hatte eine Schwester und eine gute Kollegin zum Sprechen. Aber das war einfach nicht das gleiche, wie wenn man einmal den Eltern hätte sagen können, was los ist.

Kognition P: Ich habe auch zwei Jahre lang eine Lehre gemacht. Ich habe dort sicherlich zwei Jahre lang gelitten, weil es mir dermaßen nicht gefallen hat.

Kognition P: Meine Eltern wussten aber gar nichts davon,

Handlung P: Eines Morgens sagte ich, dass ich krank sei und nicht hingehe. Ich hatte einfach in diesem Moment das Arbeitszeugnis und das Diplom. In diesem Moment sagte ich dann, dass ich nicht mehr weiter arbeiten könne.

Kognition P: Ich kann nicht sagen, dass ich keine gute Kindheit gehabt hätte.

Kognition P: Ich bin einfach ein Mensch, der schnell traurig ist und sich dann jeweils nicht gerade wieder findet. Ich kann dann nicht etwas schön finden und kann mich somit auch an nichts freuen.

Kognition P: Ich habe nicht das Gefühl, dass jemand schlecht mit mir war. Aber das war einfach mein Problem in meiner Kindheit.

Kognition P: Ich bin besonders verletzlich.

Kognition P: Es hat einfach nie jemand etwas bemerkt. Sie sahen schon, dass etwas da war, aber alle fanden es nicht so schlimm.

Kognition P: Solche Sachen merke ich sehr extrem, finde ich.

Handlungen zur Suizidkarriere

Kognition P: Das (vorher schon mehrmals an Selbstmord gedacht) war vor allem in der 9. Klasse und in der Lehre der Fall.

Kognition P: Ich saß damals oft am Abend hin und überlegte wie es wäre, einfach mit allem einmal Schluss zu machen.

Kognition P: Diese Probleme und das „Sich nicht verstanden fühlen" zu Hause war einfach zu viel für mich.

Kognition P: Ich hatte schon Kollegen gehabt. Aber diese sind immer so weit weg. Sie lachen gerne mit mir. Aber wenn es einem Menschen nicht gut geht, dann sind diese plötzlich weg. Dieses Gefühl hatte ich auch oft.

Kognition P: Dazu kommen dann auch noch Freundschaftsbeziehungen mit Freundinnen und Freunden. Da wurde ich sehr oft enttäuscht.

Kognition P: Von einem Freund wurde ich zum Beispiel mit einer anderen Frau betrogen. Das schmerzte mich in diesem Moment wirklich sehr. Damals war ich auch sehr nahe dabei zu sagen, warum ich noch leben wolle. Ich fragte mich einfach was sie mehr bieten konnte als ich es konnte.

Handlungen im Projekt: Arbeit in einem Warenhaus

Kognition P: Es gab dann eine Phase, in der ich all diese Probleme vergaß.

Projekt P: Ich arbeitete damals in einem Warenhaus für fünf Monate.

Kognition P: An dieser Arbeitsstelle gefiel es mir sehr gut.

Kognition P: Ich hatte eine Chefin, die sich sehr viel Mühe gab die Menschen zu verstehen und zu begreifen.

Handlungen Chefin: Sie sprach mit den Angestellten.

Gemeinsame Handlungen Chefin, Angestellten: Und wenn es einem Menschen einmal nicht gut ging, dann ging sie mit ihm einen Kaffee trinken, anstelle dass man arbeiten musste.

Handlungen P: Ich wohnte damals noch zu Hause.

Kognition P: Zu dieser Zeit ging es mir sehr gut.

Handlungen P: Ich wohnte dann auch zwei Wochen lang bei ihr.

Handlungen P, Eltern: Ich hatte nämlich zu dieser Zeit mit meinen Eltern einen großen Disput.

Kognition P: Das kann ich gar nicht ausstehen. Das ist einfach etwas, was mich sehr kränkt.

Gefühl P: Ich werde dann einfach sehr traurig und fühle mich wertlos.

Handlungen P: Dann hatte ich diese Stelle nicht mehr. Es war eine befristete Stelle. Ich verlor auch den Kontakt zu ihr.

Handlungen P: Ich zog dann zu Hause aus. Das geschah aus eigenem Willen.

Kognition P: Diese (Stelle) hätte mir sehr gut getan. Es hat mir dort sehr gefallen. Das war wirklich sehr gut...

Kognition P: Sie haben so oder so Personal abgebaut, und da wollten sie natürlich nicht noch die Angestellten mit den befristeten Verträgen behalten.

Handlung P: Dann fand ich Arbeit in einem anderen Warenhaus.

Kognition P: Aber dort fühle ich mich wirklich nicht wohl. Ich fühle mich einfach nicht integriert in einem Team.

Kognition P: Diese Stelle gefällt mir einfach nicht.

Gefühl P: Ich bin unglücklich, wenn ich am Morgen arbeiten gehen muss.

Kognition P: Diese Menschen, die dort einkaufen, sind immer im Stress. Sie wollen immer die ersten an der Kasse sein. Die anderen Menschen sind ihnen gleichgültig. Auch unter den Angestellten ist es nicht anders. Der beste ist der, der am Abend am ehesten aus dem Geschäft kann.

Kognition P: Damit habe ich einfach Mühe.

Kognition P: Ich komme mit den Menschen und auch mit den Vorgesetzten nicht gut aus.

Kognition P: Ich arbeite dort seit vier Monaten.

Suizidhandlung

Kognition P: Es war zwar ein Sonntag. Aber oftmals schlägt mir das alles auf das Gemüt.

Handlung P: Wenn man am Samstag nach Hause kommt, ist man jeweils todmüde. Man geht dann nach Hause duschen.

Gefühl P: Aber man kann sich jeweils nicht mehr an etwas wirklich freuen. Man hat keine Lust irgend etwas anzufangen. Es ist einem alles zu viel.

Gefühl P: Dann kam ja das Gefühl vom Ausgeschlossen sein, vom Nirgends dazu gehören

Kognition P: Das (Gefühl) habe ich schon seit immer.

Kognition P: Ich hatte dieses Gefühl auch schon in der Schule. Ich habe schon das Gefühl gehabt, dass ich dazu gehöre. Aber ich gehörte nicht zu denen, zu welchen ich gehören wollte. Das war eigentlich das Problem in der Schule. Ich hatte schon einige Freunde in der Schule. Aber diese mochte ich nicht so besonders. Aber diejenigen, die ich besonders mochte, wollten nichts von mir wissen.

Kognition P: Ich wollte einfach immer etwas bewegen. Ich wollte entweder bei denen sein, die besonders gut waren in der Schule, oder bei denen, die besonders viel Blödsinn machten. Ich wollte einfach irgendetwas zeigen, irgendetwas sein.

Gefühl P: Bei diesen (Bekannte und Cousin) fühle ich mich gar nicht wohl.

Kognition P: Ich kam sehr gut aus mit ihr. Aber in der letzten Zeit habe ich einfach ein schlechtes Gefühl.

Kognition P: Ich wohne nun mit dem Freund zusammen.

Handlung Bekannte: Aber sie war in letzter Zeit sehr oft bei mir zu Hause.

Kognition P: Ich habe einfach immer das Gefühl, dass sie auf die Momente wartet, in denen ich nicht zu Hause bin. Sie will einfach zu meinem Freund gehen.

Kognition P: Das fing an mich zu stören. Ich frage mich einfach mit der Zeit, was das alles soll.

Kognition P: Das war das, was mich am meisten getroffen hat.

Handlung P: Ich war am Telefon…

Handlung Bekannte, Freund: …und sie war mit ihm in der Küche. Dort hat sie immer laut gelacht.

Gefühl P: Sie weckte in mir das Gefühl, dass sie meine, allein mit ihm zu sein. Ich fühlte mich in diesem Moment einfach betrogen.

Beziehung zum Freund: Gegenwart
Kognition P: Wir (mit Freund) kommen gut miteinander aus. In der letzten Zeit geht es wieder besser.
Kognition P: Vorher hatte ich das Gefühl, dass wir uns einfach wie auseinander lebten. Alles wurde einfach zum Alltag. Es gab nichts mehr Besonderes in unserer Beziehung. Wir haben auch keine langen Gespräche mehr zusammen geführt.
Gefühl P: Ich hatte einfach Angst, dass alles zur Gewohnheit wird, dass er einfach am Abend da ist, und dass er einfach am Morgen da ist.... Davor hatte ich Angst.
Kognition P: Aber das ist nun wie weg. Es gibt nun wieder viel mehr zum Bereden.
Kognition P: Nachdem dies (Suizidversuch) passierte.

Beziehung zur Bekannten: Gegenwart
Handlung Bekannte: Die Bekannte kommt gar nicht mehr. Sie hat wie ... Ich weiß auch nicht was los ist. Sie ruft mich nie mehr an.
Handlung P: Jedes Mal, wenn ich sie anrufe, dann nimmt ihre Mutter ab und sagt, dass sie nicht zu Hause sei.
Kognition P: Sie hat wohl ein schlechtes Gewissen oder sie hat Angst.
Kognition P: Ich hatte einfach das Gefühl, dass ich ihr noch telefonieren müsste, weil ich noch eine Kassette von ihr hatte. Ich wollte ihr diese zurückgeben. Ich probierte es einfach immer und immer wieder.
Kognition P: Aber es kommt mir schon komisch vor, dass sie, wenn ich fünf Mal versuche, nie zu Hause ist.
Kognition P: Diese Beziehung (mit Bekannter) sollte nicht mehr weiter gehen.
Kognition P: Ich möchte ihr einfach noch die Sachen geben, die ihr gehören, und meine Sachen, die sie noch hat, zurückverlangen.
Kognition P: Aber dann sollte man diese Beziehung so stehen lassen, wie sie aufgehört hat. Ich fühle mich einfach nicht mehr wohl mit ihr. Ich habe auch nicht mehr das Bedürfnis mit ihr zu sprechen oder sie zu sehen.
Kognition P: Das (wie sie mit meinem Freund gespielt hat) hat mich wahnsinnig genervt.
Handlung P, Freund: Ich habe vorher beim Freund schon gefragt, warum sie immer komme, wenn ich abwesend sei.
Handlung Freund, P: Da hat er mir einfach geantwortet, dass er es auch nicht wisse. Es war einfach so.
Kognition P: Sie (die Bekannte) kam immer, wenn ich am Arbeiten war. Es war einfach komisch. Einmal war sie bei mir. Ich hatte noch eine Stunde zu arbeiten. Sie hatte mir gesagt, dass sie nun schon zu mir nach Hause ginge und dort auf mich warten würde. Und dabei war sie mit dem Auto in der Stadt. Da fragte ich mich wirklich. Ich sagte ihr, dass sie auch hier warten könne.
Kognition P: Mein Freund war zu Hause. Das war genau das, was mich genervt hat.
Kognition P: Das alles musste ja einmal zu einem Knall führen. Aber das hätte auf eine andere Weise passieren sollen.

Kognition P: Ich hätte ihr einfach einmal sagen müssen, was ich von ihr halte und was ich von ihrem Benehmen halte. Ich hätte sie einfach fragen sollen, was dies alles eigentlich soll. Warum, dass sie zuerst meine Freundin war, und nun plötzlich seine.

Kognition P: Ich denke, dass ich im Moment gerade genug stark wäre um so etwas durchzuziehen, um wirklich einmal zu sagen, was eigentlich los ist.

Zukünftiges Therapieprojekt

Kognition P: Ich wäre einfach froh für jemanden, der mir einfach zuhört. Dafür wäre ich sehr froh.

Kognition P: Denn ich habe das Gefühl, dass die Menschen nur so lange zuhören, wie es sie interessiert. Danach denken sie an etwas anderem nach und sagen nur noch ja oder nein von Zeit zu Zeit. Es beschäftigt sie einfach gar nicht.

Kognition P: Vielleicht kann diese Person mich verstehen. Vielleicht kann diese Person mir mit meinen Problemen helfen.

Kognition P: Ja. Ich möchte einfach anders reagieren können als ich es nun gemacht habe.

Handlungen zu Suizidkarriere

Kognition P: Das war das erste Mal, dass ich es wirklich probiert hatte.

Kognition P: Am ersten August (ein Feiertag in der Schweiz) hatte ich das Gefühl, dass dies alles noch gar nicht so weit weg war. Ich kam da einfach in all diese Menschen hinein, die am Feiern waren.

Gefühl P: Da wurde ich einfach wieder traurig.

Gefühl P: Das war einfach wieder das Gefühl wie „man ist da " aber gehört einfach nicht dazu.

Kognition P: Ich war schon mit dem Freund dort. Wir waren einfach wie alleine. Die anderen Menschen die dort waren kannten wir nicht. Aber trotzdem kommt mir manchmal alles vor wie es in einem Film wäre, oder wie ich vor dem Fernseher sitzen würde und mir den Film ansehen würde.

Handlungen zu „Nicht dazu gehören"; Erfahrung in der Familie

Handlung P, Familie: Wenn wir jeweils alle zusammen inklusive der Schwester am Tisch versammelt saßen und miteinander sprachen, dann kam ich nie zu Wort.

Gefühl P: Das hat mich immer sehr aufgeregt.

Handlung P: Ich stand dann immer auf und ging einfach. ◄

▶ **Zusammenfassung**
  1. Die Patientin beschreibt ihre Handlungen im Konfliktprojekt und im Suizidprojekt. Sie listet die Teilhandlungen und Handlungsschritte in der Suizidhandlung auf, beschreibt dann die Handlungen unmittelbar nach der Suizidhandlung, verfolgt sie zurück und gibt Informationen zu ihrer

Suizidkarriere. Anschließend schildert sie die gemeinsamen Handlungen von ihr und ihrem Freund, als er ihre Suizidhandlung unterbrach und sie ins Krankenhaus brachte.
2. Sie äußert sich dann zu ihrer Gegenwart, gibt einige Handlungen an und kommt dann wieder zu Handlungen in der Suizidvorgeschichte, in der Suizidkarriere, spricht von Handlungen in der Beziehung zum Vater und während ihrer Arbeit in einem Warenhaus.
3. Sie beschreibt noch ihre Suizidhandlung im Kontext der Beziehung zu ihrer Bekannten, ihre gegenwärtige Beziehung zum Partner und äußert sich zu ihrem zukünftigen Therapieprojekt.
4. Zum Schluss erzählt sie noch weitere Handlungen aus ihrer Suizidkarriere und beschreibt die Handlungen in der Familie, die zu ihrem Gefühl "Nicht dazu zu gehören" beitrugen.

5.2.2 Probleme der Handlungsorganisation

Gelang es Frau Widmer die adäquate Handlungsorganisation in ihrem Denken und Tun einzuhalten? Konnte sie ihre Handlungen im Sinne ihrer Projekte und diese dann im Rahmen ihrer wichtigen „Lebenskarrieren" oder -anliegen verfolgen? Waren ihre Gedanken, Empfindungen und Bewegungen Teil ihrer Handlungswege im Sinne ihrer wichtigen Ziele? Kaum. Sie schildert die entscheidenden Momente vor ihrem Suizid, als sie ihre Bekannte in einer heiteren Unterhaltung mit ihrem Partner fand: „…Ich fühlte mich in diesem Moment einfach fehl am Platz. Ich hatte auch noch immer das Gefühl, dass die Bekannte noch etwas von meinem Freund wollte… Da hörte ich einfach ein immenses Gelächter… Ich zog mich daher einfach ein bisschen zurück. Ich ging in die Waschküche…. Ich hatte dann das Gefühl, dass nun alles besser sei. Aber es war immer noch alles beim Alten als ich wieder hochkam. Ich fühlte mich in diesem Moment einfach fehl am Platze. Ich fühlte mich übergangen. Man hatte gar nicht realisiert, dass ich hereinkam. Ich fragte mich einfach nach dem Sinn meines Lebens… Ich bin einfach eine Figur in einem Spiel. Aber man kann das Spiel auch spielen ohne diese Figur. Es war einfach alles in dieser Art. Dann folgte einfach diese Kurzschlussreaktion…. Aber ich nahm in diesem Moment einfach diese Tabletten ein."

Die Patientin vermutet, dass ihre Bekannte mit ihrem Partner flirtet. Die Patientin spiegelt diese Situation mit dem Gefühl des „Fehl am Platz" zu sein. Sie antwortet diese Befindlichkeit mit einem Rückzug (um das Gefühl zu vermeiden) und geht in die Waschküche. Anstatt selbst die Situation zu regeln, zieht sie sich zurück und überlässt die Lösung ihres Problems den anderen. Dies ist insofern ein Problem der Handlungsorganisation, als die Patientin annimmt, dass ihr persönliches Gefühl in einer gemeinsamen Befindlichkeit der drei Personen eine Entsprechung findet, sodass auch die anderen dieses Gruppengefühl verändern wollen. Es ist aber nicht der Fall. Dies ist insofern fatal, weil sie damit prüfen wollte, ob das Leben auch ohne sie weiter gehen würde, was meistens der Fall ist. Als die Patientin zurückkam, fand sie nicht nur die gleiche Situation vor, sondern das Flirten steigerte sich noch dermaßen, dass die Patientin dies für unerträglich hielt. Auch sie erweiterte den Geltungsbereich ihres Gefühls, nicht mehr nur in der Wohnung sei sie „fehl am Platz", sondern in ihrem ganzen Leben. Demzufolge müsste sie sich, nach ihrer bewährten Strategie „sich zurückziehen", auch aus ihrem Leben zurückziehen. Dieses Vorgehen entspringt einem Problem in der Handlungsorganisation. Ein Handlungsschritt, der seine Berechtigung in einer kurzfristigen Handlung hat, kann nicht dieselbe Funktion in einem umfassenden, langfristigen Handlungssystem, wie dies das ganze Leben darstellt, erfüllen. Zudem stellt dieses System das übergreifende Anliegen dar, wegen dessen wir die protektiven Handlungen durchführen.

Mit diesem Ziel „sich zurückziehen", und mit einem Gefühl, das sich jedoch auf das ganze Leben von Frau Widmer bezog, sah sie Schmerztabletten, die sie dann einnahm. Es schlossen sich einzelne Elemente, die auf unterschiedlichen Ebenen der Handlungsorganisation angesiedelt waren, zu einer Handlung. So holte auch das Wahrnehmen einer Schachtel Tabletten ein Suizidprojekt hervor, das bereits früher als mögliche Option der Problemlösung in Betracht gezogen wurde. Es wurde eine lebensrelevante Handlung aufgrund externer Wahrnehmung nahegelegt. Dies ist zwar ein vorübergehender Zustand („Ich hätte wahrscheinlich schon fünf Minuten später all dies nicht mehr gemacht"), der aber einem Verhalten bei Problemen des präfrontalen Cortex entspricht (wird eine Zahnbürste vor einen Patienten gelegt, ergreift er diese und putzt sich die Zähne, ohne dass es erforderlich wäre). Ein Ereignis auf der tiefsten Ebene der Handlungsorganisation (die Regulationsprozesse enthält) diktiert ein Ereignis auf der höchsten Ebene der Handlungsorganisation (die Handlungsziele beinhaltet). Auch die anderen Elemente der Suizidhandlung wurzeln in früheren Projekten und Handlungen. „Sich fehl am Platz zu fühlen", „sich übergangen fühlen", „eine andere Person wird bevorzugt", „sich zurück ziehen, wenn ich übergangen werde", „das Leben hat keinen Sinn", „für mich hat es keinen Platz im Leben", „sich zu suizidieren", „etwas Destruktives machen", „Anerkennung über außerordentliche Leistungen oder außerordentliche Blödheiten erhalten", „irgendetwas zeigen, irgendetwas sein".

▶ **Zusammenfassung**
1. Eine Strategie zur Lösung, bzw. Vermeidung von unerwünschten Wahrnehmungen wie „sich zurückziehen" wird nicht nur auf die räumliche Umgebung angewandt, sondern auch auf das ganze Leben (sich aus dem Leben zurückziehen, es geht auch ohne mich). Diese Übergeneralisierung ist ein Problem der Handlungsordnung.
2. Durch den Anblick einer Schachtel Tabletten wurde ein Suizidprojekt hervorgeholt, das bereits früher als eine mögliche Option der Problemlösung in Betracht gezogen wurde. Dies ist ein Problem der Handlungsorganisation, weil eine Wahrnehmung auf der tiefsten Ebene der

Handlungsorganisation (Regulationsprozesse) eine Konkretisierung eines Zieles auf der höchsten Ebene der Handlungsorganisation nahelegt.

5.2.3 Bewusst vorbereitet oder spontan vorgenommen?

Diese Patientin meint, es sei eine Kurzschlusshandlung, die sie fünf Minuten später nicht gemacht hätte. Dies klingt nach einer spontanen, unvorbereiteten, kurzfristigen Handlung, was aber nicht ganz der Fall ist. Frau Widmer sagt auch, dass sich ihre Suizidhandlung aus mehreren langfristigen Prozessen zusammensetzte und in Funktion von mittel- und langfristigen Anliegen stattfand. Wie oben ausgeführt, berichtet die Patientin von Situationen, die bis in ihre Kindheit zurückgehen und in denen sie nicht als wichtig wahrgenommen wurde, in denen sie das Gefühl hatte „fehl am Platz" zu sein, auf die sie mit einem Rückzug reagierte, den Sinn des Lebens anzweifelte, sich auch mit Suizid als Option beschäftigte und darüber hinaus den Wunsch hegte, mit außerordentlichen Taten die Aufmerksamkeit anderer zu gewinnen. So wurde um eine Suizidhandlung das ganze Gerüst bereits fertig gebaut, als sich Frau Widmer akut in einer Situation vorfand, die diesem Schema entsprach. In dieser Situation sah sie dann eine große Anzahl Schmerztabletten, die sie einnahm. So wurde durch das Vorhandensein des letzten Teiles einer Suizidhandlung das ganze Handlungs- und Projektsystem zusammengefügt. Obwohl man in diesem Fall von einer Handlung sprechen kann, die von „bottom-up" initiiert wurde, fand sie dennoch als eine zielgerichtete Handlung statt. „Ich war einfach meines Entschlusses, sterben zu wollen, sicher".

▶ **Zusammenfassung**
1. Die Patientin schildert ihre Suizidhandlung als integriert in einer Reihe von langfristigen und mittelfristigen Anliegen. Zudem beschäftigte sie sich oft mit der Option „Suizid", als sie den Sinn des Lebens anzweifelte. So baute sie die Suizidhandlung auf „Vorrat" auf. Dies ist ein „top-down" Vorgehen.
2. Als sie sich akut in einer Situation befand, die diesem Schema entsprach, wurde die Suizidhandlung durch das Vorhandensein der Medikamente (bottom-up) aus diesen zwei Teilen zusammengefügt.

5.2.4 Probleme der Handlungsüberwachungsprozesse (Monitoring)

Das Problem des Zurückgreifens auf vergangene Ereignisse, auf Erinnerungen, wie sie oben beschrieben wurden, ist nicht das Verwerten des Gelernten, sondern das Ersetzen der gegenwärtigen Prozesse der Situationsspiegelung durch Erinnerungen, bei denen ihr Ursprung im Langzeitgedächtnis verschleiert bleibt. Dies mag bei einem Gedanken, der aus einer Erinnerung stammt, unerheblich sein. Wenn aber das Gefühl des „sich fehl am Platz fühlens" im Erwachsenenalter die gleiche existenzielle Bedeutung bekommt, die es in der Kindheit hatte, als es die Identitätsbildung und das Selbstwertgefühl schwer in Mitleidenschaft zog, dann wird ein handlungsrelevantes emotionales Monitoring zur existenziell-bedrohlichen Herausforderung, aufgrund der das Leben infrage gestellt werden kann.

Vor dem Handlungsschritt der Suizidhandlung, der Einnahme der Tabletten, spiegelt Frau Widmer die Situation aus ihrer emotionalen Erinnerung als lebensentwertend. Während dieses Schrittes war dann auch ihr kognitives Monitoring problematisch. „… Mein Freund… hatte mich gerufen gehabt. Ich hörte einfach nichts mehr. Ich war voll fixiert auf das Sterben". Aus der Diskrepanz, zwischen dem, was Frau Widmer hätte überwachen sollen und was sie tatsächlich aufnahm, ergeben sich die Probleme der momentanen Selbst- und Handlungsüberwachung der Patientin. Mit diesem reduzierten und gestörten Monitoring war keine lebensrettende Korrektur der laufenden Handlung möglich. Während die Erinnerung an eine psychische Verletzung die Handlung Frau Widmers entscheidend prägte, sodass sie sterben wollte, spielte die Vorwegnahme von Schmerzen keine Rolle. Die Patientin berichtet von Suizidwünschen durch einen Sprung aus größerer Höhe, eine wahrscheinlich sehr schmerzliche Art des Sterbens. Diese Schmerzgedanken jedoch meldeten sich überhaupt nicht, als sie sich mit dem Suizidgedanken beschäftigte. Eine adäquate Überwachung würde zu „es schaudert mich bei dem schrecklichen Gedanken" führen.

▶ **Zusammenfassung**
1. Die Probleme der Handlungsüberwachung im Suizidprozess zeigen sich bei Frau Widmer in mehrfacher Hinsicht. Sie spiegelt eine gegenwärtige Situation mit einer emotionalen Erinnerung statt mit emotionalem Monitoring und kommt zu einem diametral unterschiedlichen Ergebnis „dies ist eine lebensbedrohliche Situation".
2. Als sie dann dabei ist, eine Überdosis Tabletten einzunehmen, spiegelt sie ihre Umgebung nicht mehr und kann auch nicht die Übereinstimmung ihres Tuns mit wichtigen Zielen prüfen.
3. In ihren Suizidplänen und Entwürfen spielen Schmerzerwartungen keine Rolle.

5.2.5 Probleme der Handlungsenergetisierung

Die Patientin spricht oft von ihrer Traurigkeit, Unlust und Unzufriedenheit, die sie mit einem Rückzug verbindet. Dies war auch der Fall bei der Suizidhandlung sie machte es wie in der Kindheit, als am Familientisch niemand mit ihr sprach. Sie meint, sie findet Suizid auch gerechtfertigt, wenn jemand keine andere Option sehe, also wenn die Person für eine lebensbejahende Handlung keine Energie finde. Sie bündelt all ihre Energie zur

Suizidhandlung, die sie sich oft als Sprung aus grösserer Höhe vorstellte. Eine Handlung, die durchaus viel Handlungsenergie erfordert. Dies ist das Energetisierungsproblem der Patientin. Sie entzieht alle Energie den lebensbejahenden Handlungsoptionen und -alternativen und fokussiert auf die Suizidhandlung, was sie bereits mit dem eingeschränkten Monitoring des Handelns in diesem Moment beschrieb.

▶ **Zusammenfassung**
1. Die Patientin scheint in ihrem Leben eine lebensbejahende Energie zu vermissen, da sie sich als traurig, müde, niederschlagen, lustlos und depressiv beschreibt.
2. Für ihre Suizidhandlung jedoch reserviert sie in ihren Vorstellungen und Suizidfantasien viel Energie.

5.2.6 Suizid und das interaktive und gemeinsame Handeln

Bei ihrem Suizidversuch und den Suizidumständen, spielen andere Personen eine entscheidende Rolle. Als die Patientin von der Arbeit nach Hause kam und erlebte, wie eine Bekannte, die sie verdächtigte, sich an ihren Freund heran zu machen, mit diesem flirtete und wie sich die beiden bestens unterhielten und lachten, während sie selbst traurig war, führte dazu, dass sie sich fehl am Platz fühlte. Ihr Freund fand sie bei der Einnahme der Tabletten, beschimpfte sie und brachte sie ins Krankenhaus. Die Patientin verbindet auch ihre schlimmsten Erfahrungen mit Begegnungen und gemeinsamen Handlungen mit anderen. An ihrem Arbeitsplatz fühle sie sich nicht wohl, weil die Menschen anders handelten, als sie es sich wünsche und wie sie es für richtig halte. Auch ihre Kindheit ist eng mit belastenden Erinnerungen verknüpft, an ihre Beziehung zu den Eltern, vor allem ihren Vater, an ihre Schulzeit, wo sie das Gefühl hatte, nicht den Platz einzunehmen, den sie sich wünschte, und nicht von den Freundinnen begehrt zu werden, die sie mochte. Ihr Vater entzog sich jedem Gespräch, was sie sehr verletzte. Ihr Wunsch gehört zu werden, wurde zu einem existenziellen Anliegen. Als sie dies an einer Arbeitsstelle fand, schätzte sie die Vorgesetzte sehr. Wenn ihr die Anerkennung und die Aufmerksamkeit, die Loyalität der Mitmenschen fehlen, verliert sie den Sinn des Lebens und meint, auf dieser Welt keinen Platz zu haben.

▶ **Zusammenfassung**
1. Das gemeinsame Handeln spielt im Suizidversuch von Frau Widmer eine entscheidende Rolle, auch wenn sie zum Zeitpunkt der Überdosierung im Badezimmer alleine war. Vor der Suizidhandlung erlebte sie ihre Bekannte als eine Bedrohung für die Beziehung mit ihrem Partner, ihr Partner wiederum schien das Flirten zu genießen. Der Partner unterbricht dann ihre Suizidhandlung auf grobe Art und Weise und bringt sie ins Krankenhaus.

2. Das entscheidende Gefühl, sich fehl am Platz zu fühlen, das bei ihrem Suizid eine wichtige Rolle spielte, entwickelte die Patientin im elterlichen Haus, vertiefte dieses in der Schule, mit ihrem früheren Partner und am Arbeitsplatz.

5.2.7 Das Gespräch von Frau Widmer mit einem Psychiater

In der **1. gemeinsamen Handlung** bittet der Arzt die Patientin, zu erzählen, wie es zu ihrem Suizidversuch kam und definiert dadurch das Ziel des Gesprächs. Frau Widmer erzählt, wie sie nach Hause kam, was sie erlebte, wie sie die Überdosis Tabletten nahm und schließlich von ihrem Freund ins Krankenhaus gebracht wurde. Als sie erwähnt, dass ihr auf der Fahrt ins Krankenhaus durch den Kopf ging, dass das Leben auch seine positiven Seiten haben kann, leitet der Arzt die **2. gemeinsame Handlung** ein und bittet Frau Widmer, mehr über diesen Moment zu erzählen. Sie beschreibt ihr inniges Anliegen „…jemanden zu haben, der mir zuhört", jemanden, der sich für ihre Probleme interessiert. Allerdings finden sie heraus, dass sie sich missverstanden haben. Der Arzt meinte zu verstehen, dass es auch in der Suizidsituation etwas Schönes gab, was Frau Widmer korrigiert: „Ich sah einfach keinen Sinn mehr in meinem Leben. Ich sah einfach meinen Platz nicht mehr. Ich fragte mich, warum ich überhaupt noch lebe. Ich habe hier nun einfach nicht mehr den Platz, den ich gerne hätte".

In der **3. gemeinsamen Handlung** diskutieren sie, wie man aus diesem Gefühl zu Suizidmitteln greift, was Frau Widmer mit der Erreichbarkeit der Medikamente begründet. Die **4. gemeinsame Handlung** entwickelt sich um die Frage der vergangenen Suizidgedanken. Frau Widmer sagte, dass sie sich immer wieder überlegte „…an irgendeiner Stelle hinunter zu springen". In der **5. gemeinsamen Handlung** leitet der Psychiater die Aufmerksamkeit wieder auf die Suizidhandlung und wie diese durch ihren Freund beendet wurde. Die anschließende Auseinandersetzung mit ihrem Freund und den Weg ins Krankenhaus beschreibt Frau Widmer in der **6. gemeinsamen Handlung.** Als sie dann erwähnt, dass sie ihre Suizidhandlung am liebsten wiederholt hätte, fragt der Psychiater danach und leitet damit die **7. gemeinsame Handlung ein.** In dieser berichtet die Patientin, wie sie wieder Kontakt zur Mutter aufnahm und wie sie früher mit ihren Eltern, vor allem ihrem Vater, Probleme hatte. Als sie gefragt wird, ob sie einen Zusammenhang zu ihrem Suizidversuch sehe, schildert Frau Widmer in **der 8. gemeinsamen Handlung,** wie sie sich zu Hause nicht wahrgenommen fühlte, eifersüchtig auf ihren Bruder war, keine Anerkennung fand und Hemmungen hatte, mit den Eltern über ihre Befindlichkeit zu sprechen. In der **9. gemeinsamen Handlung** schildert die Patientin ihre Erlebnisse in der 9. Klasse, wie sie sich nicht verstanden fühlte und an Suizid dachte. Später wurde sie noch von ihrem Freund mit einer anderen Frau betrogen, worauf sie wieder mit solchen Gedanken reagierte. Sie berichtet aber auch von einer positiven Erfahrung, als sie bei einer Anstellung auf das Verständnis und das offene Ohr der Vorgesetzten traf. In der **10. gemeinsamen Handlung** erzählt sie von ihrer gegenwärtigen Stelle, in der sie sich unwohl fühle. Dort erlebe sie immer wieder das bedrückende Gefühl, ausgeschlossen zu sein. Sie gehöre nicht zu den Menschen, zu denen sie gehören wolle. Der Psychiater leitet dann die **11. gemeinsame Handlung** mit der Frage ein, ob sich dieses Gefühl auch bei ihrem Freund und ihrer Bekannten, die mit ihrem Freund flirtete, einstellt. Die Patientin erzählt, wie sich die Beziehungen entwickelten, wie sich zur Zeit des Suizidversuchs dieses Gefühl wieder einstellte, wie die Beziehung zu ihrem Freund nach dem Suizidversuch aber besser geworden sei. In der **12. gemeinsamen Handlung** rekonstruieren sie die Entwicklung der Beziehungen mit besonderer Berücksichtigung der Rolle der Bekannten, und Frau Widmer beschreibt, wie sie mit ihr in Zukunft umgehen möchte. Der Psychiater erkundigt sich in der **13. gemeinsamen Handlung,** ob die Patientin in eine Therapie gehen wolle, was sie bejaht. „Ich wäre froh für jemand, der mir einfach zuhört…Vielleicht kann diese Person mich verstehen. Vielleicht kann diese Person mir bei meinen Problemen helfen". Die letzte **gemeinsame Handlung, die 14.,** leitet der Psychiater mit der Frage ein, ob: „die Patientin sich vorstellen könnte, einen weiteren Suizidversuch zu unternehmen?". Frau Widmer antwortet, dass auch nach dem Suizidversuch das Gefühl, nicht dazu zu gehören, wieder aufkam. Es sei ihr so vorgekommen, als sei sie vor dem Fernseher und beobachte darin die anderen Menschen. Sie doppelt gleich mit einer Erinnerung an früher nach: „Wenn wir jeweils alle zusammen inklusive der Schwester am Tisch versammelt saßen und miteinander sprachen, dann kam ich nie zu Wort. Das hat mich immer sehr aufgeregt. Ich stand dann immer auf und ging einfach".

▶ **Zusammenfassung**
1. Das Gespräch der Patientin mit dem Psychiater entwickelt sich in vierzehn Handlungen. In der ersten gemeinsamen Handlung beschreibt Frau Widmer ihren Suizidversuch und wie sie ins Krankenhaus kam. Als sie erwähnt, dass ihr auf der Fahrt durch den Kopf ging, dass es auch Schönes im Leben gebe, missversteht dies der Psychiater, was anschließend geklärt werden konnte. In der zweiten Handlung betont Frau Widmer ihr wichtigstes Anliegen „jemanden zu haben, der ihr zuhört".
2. In der dritten, vierten, fünften und sechsten gemeinsamen Handlung klären sie die Details ihrer Suizidhandlung.
3. In der siebten, achten, neunten und zehnten Handlung arbeiten sie die Vorgeschichte der Patientin heraus, ihre verletzten Gefühle, die Erfahrungen im Elternhaus, in der Schule und am Arbeitsplatz.
4. In der elften, zwölften, dreizehnten und vierzehnten gemeinsamen Handlung beschäftigen sie sich mit den gegenwärtigen Beziehungen zu ihrem Partner, ihrer Bekannten und den Zukunftsplänen der Patientin.

5.2.8 Das Selbstkonfrontations-Interview

Nachdem sie sich den Anfang des aufgezeichneten Gesprächs angesehen haben, fragt der Forschungsassistent die Patienten nach den Gefühlen, die sie dabei hatte. Die Patientin meint: „Es war ein bisschen unangenehm für mich… Ich finde es nun viel schwieriger es anzusehen. Es ist einfach ungewohnt, wenn man mit einem unbekannten Menschen über solche Sachen sprechen muss". Sie fand das Gespräch aber gut und angenehm. In diesem **1. Abschnitt** seien die persistierenden Gefühle, die sie in der Suizidsituation spürte, auch in dem Gespräch mit dem Psychiater hoch gekommen: „Ich empfinde es immer noch als gleich schlecht wie damals, als es geschah". Sie spezifiziert ihr Empfinden in der damaligen kritischen Situation. „Jedes Mal, wenn mein Cousin da ist, dann wird mein Freund zum Macho. Dann spricht er nicht mehr mit mir. Ich bin in diesen Momenten einfach wie abwesend. Ich existiere gar nicht mehr". Wie wir wissen, ist dies genau die Situation, welche die Patientin sehr oft in ihrem Leben erlebte und die sie kaum aushält, da sie sich dabei in ihrem Selbstverständnis und ihrer Identität existenziell bedroht fühlt.

Im **2. Abschnitt** sei sie während des Gesprächs nervös gewesen, weil sie über Sachen sprechen sollte „die man im Normalfall nur denkt und sicherlich niemandem mitteilt". Sie bestätigt, dass sie das alles auch früher schon für sich behalten habe. Nicht einmal ihr Freund kenne Einzelheiten. Im **3. Abschnitt** kommt die Patientin auf die Reaktion ihres Freundes auf ihren Suizidversuch zu sprechen: „Es ist einfach schlimm, wenn man eine solche Reaktion von einem Menschen erhält, mit dem man fast Tag und Nacht zusammen verbringt…Er schlug mich auch nie… Aber in diesem Moment hatte ich Angst. … Ich dachte einfach, dass ich mich wirklich in allem verschätzt hätte". Ein zweites starkes Gefühl erlebte sie ebenfalls während des Gesprächs in diesem Abschnitt. Sie war aufgeregt: „ich wurde innerlich beim Erzählen immer wieder aufgewühlt. Es kommt einfach immer alles wieder in mir hoch, wenn ich daran denke." In diesem Moment habe sie die Ruhe des Psychiaters, die sie am Anfang des Gesprächs sehr schätzte, als „komisch" erlebt: „Es kam mir einfach fast so vor, wie es ihm gleichgültig gewesen wäre". Ich sprach einfach während einer langen Zeit und kam mir dabei fast wie alleine vor".

Im **4. Abschnitt** verbindet die Patientin ihren Suizidversuch mit der Beziehung zu ihren Eltern. Sie spricht sehr genau den Sachverhalt der sozialen Einbettung des Suizids an, ohne dass den Mitmenschen eine Schuld zugeschrieben werden kann: „Ich hätte, von mir aus, die Eltern nicht ins Spiel gebracht. Aber wenn man so über alles nachdenkt, dann könnte das doch noch stimmen. Man kann nicht sagen, dass sie an allem schuld sind, dass sie aber sicherlich etwas dazu beigetragen haben." Zu den Wurzeln ihrer Krisen befragt meint Frau Widmer, dies habe bereits in der 9. Klasse angefangen. Sie beschreibt ein Auf und Ab in ihrer Stimmung, das sie nicht verstehe: „Es fällt mir schwer, Sachen zu verarbeiten, die ich nicht verstehe. Ich weiß einfach nichts damit anzufangen". In der 9. Klasse habe sie an Selbstmord gedacht, weil sie Probleme mit den Eltern hatte. Sie fühlte sich von ihnen unter Druck gesetzt. Zudem erlebte sie ihre Eltern als gleichgültig: „Wenn ich angerufen hatte, dann war das gut, wenn ich sie nicht anrief, dann war das ihnen auch recht". Nach ihrem Suizidversuch hatte sie ein sehr gutes Gespräch mit ihrer Mutter: „Das tat wirklich sehr gut. Ich kannte sie gar nicht mehr so, wie ich sie in diesem Moment erlebt hatte. Es stimmt mich einfach traurig, wenn es einen solchen Vorfall braucht, damit die Eltern sehen, dass sie noch eine Tochter mehr haben".

Im **5. Abschnitt** erwähnt die Patientin, wie sie sich während des Interviews fühlte und was das Erzählen so schwierig machte: „Ich wusste nicht, wie ich das alles einem Menschen erklären soll, der mich gar nicht kennt. Ich musste es ihm so erklären, dass er es versteht, dass es aber auch noch für mich erträglich ist. Ich möchte nicht einfach so meine ganze Kindheit auspacken. Das hätte auch viel zu lange gedauert". Im **6. Abschnitt** erkundigt sich der Projektassistent nach den Beziehungen zu den Mitarbeitern und Vorgesetzten an ihren verschiedenen Arbeitsstellen. An der ersten Stelle nach ihrer Lehre sei sie sehr zufrieden gewesen und habe sich wohlgefühlt. An der jetzigen Stelle sei dies nicht der Fall, sie finde die Vorgesetzten unmenschlich und von oben herab mit ihr sprechend. Sie habe deshalb die Absicht, eine neue Stelle zu suchen.

Im **7. Abschnitt** ergänzt die Patientin, ihr Freund habe ihr versichert, dass er die Interessen der Bekannten an einer Beziehung nicht teile, und die Bekannte wolle die beiden nicht mehr so oft besuchen. Und der Cousin habe die Gewohnheit, andauernd zu schimpfen, was die Patientin sehr hasse und kaum aushalte.

Im **8. Abschnitt** fasst die Patientin die Entwicklung ihrer Gefühle im Gespräch zusammen. Sie sei sehr nervös und traurig am Anfang gewesen, habe sich dann aber immer besser gefühlt, auch, weil sie zu erfreulicheren Erlebnissen gekommen sei. Nach der Sichtung der Videoaufnahmen des Gesprächs meint sie, sie sei erstaunt, wie viel sie während des Gesprächs erzählt habe, es sei ihr überhaupt nicht so vorgekommen.

▶ **Zusammenfassung**
1. Das Selbstkonfrontations-Interview liefert eine Reihe von wichtigen Informationen zum Inhalt des Gesprächs mit dem Psychiater, wie auch Informationen darüber, wie sich die Patientin im Gespräch fühlte und was sie dachte.
2. Sie erzählt, dass sie im Gespräch die gleichen Gefühle erlebte wie vor kurzem während der Suizidhandlung. Zudem fühlte sie sich auch sehr nervös, weil sie private Sachen erzählte, die sie normalerweise nur denkt, aber nicht kommuniziert.
3. Sie teilt ihr Entsetzen mit, wie ihr Partner auf ihren Suizidversuch reagierte und dass sie vor ihm Angst bekam. Sie beschreibt auch, wie sie das Verhalten ihres Gegenübers wahrnahm. Wie sie zuerst seine Ruhe schätzte, sie später aber als Desinteresse empfand.
4. Im 4. Abschnitt beschreibt sie ihre Erlebnisse im Elternhaus und ist überrascht, dass diese mit ihrer Suizidhandlung in Verbindung gebracht werden könnten. Sie geht auf die Schwierigkeit ein, einem ihr

unbekannten Menschen alle diese Zusammenhänge so zu erklären, dass er sie versteht.
5. Sie ergänzt ihre Erlebnisse am Arbeitsplatz und vor allem, wie ihr Partner zu den Annäherungsversuchen der Bekannten stehe.
6. Im letzten Abschnitt fasst sie dann die Entwicklung ihrer Gefühle und ihrer Befindlichkeit im Gespräch zusammen. Von der Nervosität und Traurigkeit zur besseren Stimmung, weil sie auch Positives erzählte und schließlich teilt sie auch ihre Überraschung mit, wie viel sie eigentlich preisgeben konnte.

Fall 4

6.1 Suizidgeschichte: Anna

Annette Reissfelder

Anna lag auf ihrem Bett und beobachtete ihren Arm – aufmerksam, aber dennoch leicht distanziert, als wäre es gar nicht ihrer. Sie erinnerte sich an den Film, den sie neulich im Biologieunterricht gesehen hatten. Dort zupfte eine Laborantin mit der Pinzette am offenen Arm an einer Faser, und der Muskel zuckte. Der Arm der Probandin war betäubt und blieb still. Sie war auch ganz still. Es langweilte sie, sich mit sich selbst zu beschäftigen. Wie jetzt, als sie den Fleck beobachtete, der sich am Ärmel ihres Pullis bildete, wo das Blut in den Stoff sickerte. Er wurde ganz langsam größer. Sie war müde von ihren Gedanken. Am schlimmsten war es vor dem Einschlafen. Man wurde immer erschöpfter und fand nicht in den Schlaf. Am Ende wollte man dann nur noch, dass die ganzen Gedanken endlich aufhörten, egal wie.

Dieses Gefühl war heute wieder besonders stark. Schon gestern hatte sie einen Joint und Tabletten gebraucht, um überhaupt einzuschlafen. Das war der Tag gewesen, als ihr klar wurde, dass sie und Beat nicht mehr zusammen waren. Sie zog an ihrem Joint. Von dem Geruch wurde ihr immer ein bisschen übel. Aber mit den Tabletten und dem Alkohol ließ es sich ertragen. Diese Kombination nahm sie selten – und sie wusste, dass sie aufpassen musste. Sie wollte schließlich nicht, dass etwas passierte. Sie wollte auch nicht, dass ihre Mutter und ihre Schwestern sich wieder Sorgen um sie machten. Es war nicht so wie damals, vor fast zwei Jahren. Damals hatte sie wirklich nicht mehr weiter gewusst. Jetzt war das anders – sie wollte die Schule beenden, und dann würde man sehen, wie es weitergeht. Aber im Moment brauchte sie einfach ein bisschen Ruhe, vor allem vor den Gedanken. Und das war schwierig genug.

Sie verstand selbst nicht, was sie wollte – etwas wollen und spüren, oder lieber nichts wollen und spüren. Etwas zu wollen und spüren erschien ihr so anstrengend, vor allem was andere Menschen betraf. Besonders Männer. Beat hatte ihr tatsächlich gesagt, dass er überlegen müsse, ob er noch mit ihr zusammen sein wolle. Da musste er sich nicht wundern, dass sie Schluss gemacht hatte! Beat hatte sich schon in den letzten Wochen nicht so oft gemeldet. Angeblich wolle er ihr nicht zumuten, dass er im Moment so viel zu tun hatte. Er hatte nicht erklärt, warum er immer länger arbeitete, sie hatte aber nicht nachgefragt. Vielleicht war das normal, wenn man eine neue Stelle hatte – in der neuen Firma war alles anders, das musste man ja erst lernen.

Als sie sich vor über eineinhalb Jahren kennengelernt hatten war es schön gewesen. Sie hatte genossen, jemanden zu haben, der die Dinge ausdrücken konnte, die ihr schwer fielen. In letzter Zeit war Beat allerdings keine große Hilfe, ausgerechnet jetzt, wo sie gut jemanden hätte brauchen können, mit dem sie sich verstand. Sie war so froh gewesen, dass sich ein so attraktiver Mann für sie interessierte, er war schon 27, und man konnte mit ihm ernsthafte Gespräche führen, er war gar nicht wie die albernen Jungs in ihrem Alter. Er war schon mit dem Studium fertig gewesen, als sie sich kennengelernt hatten, und machte gerade ein Trainee-Programm. Eine eigene Wohnung hatte er auch. Dann hatte er immer weniger Zeit für sie, weil er sich eine neue Stelle suchen musste. Dabei hatten sie sich noch vor einem halben Jahr gut verstanden, sogar ein Wochenende hatten sie wegfahren wollen. Seit er die neue Stelle angetreten hatte wurde das nicht mehr erwähnt. In der letzten Zeit hatte er nicht mehr wirklich wissen wollen, wie es ihr ging. Er nahm sie auch nicht mehr wie früher manchmal mit, wenn er etwas mit Freunden unternahm.

Aber es war egal. Sie sehnte sich nicht einmal richtig nach Beat zurück. Wie leid ihr jetzt tat, dass sie sich körperlich so nahe gekommen waren. Er war nicht ihr erster Freund, und sie hatte sich immer gefreut, ihm nahe zu sein, sich an ihn zu schmiegen – in diesen Momenten war sie ruhig. Sie brauchten nicht zu reden. Neben ihm zu liegen und zu rauchen war eine friedliche Erinnerung. Sie rauchte eigentlich nicht, außer manchmal einen Joint. Vieles an der körperlichen Seite sah sie inzwischen in einem anderen Licht, manches ekelte sie im Nachhinein fast an, auch wenn es ihr damals normal erschienen war. Sie schnitt noch ein bisschen an der linken Hand. Es blutete ein klein wenig stärker und tat fast nicht weh. Ein leichtes Brennen, das konnte man gut aushalten. Sie lag ganz still.

Sie mochte den Gedanken an Beat nicht weiterspinnen. Schon überkam sie wieder der bekannte Ekel. Früher war es schlimmer gewesen, da hätte sie sich jetzt schon längst übergeben müssen. Es war nicht Beat, der sie ekelte. Sie ekelte sich eher vor sich selbst. Das mit dem Ekel war besser geworden, als Beat und sie sich nähergekommen waren. Sie hatte sich in der ersten Zeit zwar noch manchmal geschnitten, aber seltener erbrochen als vorher. Vor allem natürlich weniger als direkt nach dem Selbstmordversuch vor zwei Jahren.

Die letzten Tage hatten sie aus dem Gleichgewicht gebracht. Sie schämte sich, dass sie es nicht in den Griff bekam. Noch vor ein paar Tagen war es ihr zwar nicht gerade

6.1 Suizidgeschichte: Anna

gut gegangen, aber die Spannung war erträglich. Nur seit gestern fiel sie ins Bodenlose. Nichts ergab Sinn, es passte nichts zusammen. Dabei hatte sich gar nichts dramatisch verändert, sie ging wie automatisch in die Schule, kam nachhause, tat, was alle von ihr erwarteten, damit sie nicht wieder über alles reden wollten mit ihr. Sie nahm an nichts richtig Anteil. Wozu auch. Die Mädchen in ihrer Klasse waren so kindisch und oberflächlich, da war es eh besser, seinen Abstand zu wahren.

Mit ihrer Mutter und den Schwestern fühlte sie sich wohler, es war aber auch nicht leichter, über etwas zu sprechen, das sie betraf. Die Schwestern waren eh zu klein für ernsthafte Gespräche. Und die Mutter war immer gleich besorgt, vor allem seit dem Selbstmordversuch. Seit neuestem sah sie sie wieder ständig fragend an. Wahrscheinlich traf sie sich weiter mit der Therapeutin, zu der sie unbedingt mit Anna zusammen hatte gehen wollte, was sie natürlich abgelehnt hatte. Das fehlte noch – gleich mit zwei Menschen in einem Raum, die einen zwingen wollten über Gedanken und Gefühle zu reden, und die überall versteckte Bedeutungen suchten… Anna war sich sicher, dass ihre Mutter verletzt wäre, wenn sie die Fassade hätte fallen lassen. Was sollte das auch bringen, es würde ihr eh nicht helfen. Sie konnte ja nicht mal richtig mit ihrer eigenen Therapeutin sprechen. Sie fand, es war besser, niemanden an ihren Gedanken teilhaben zu lassen.

Warum wurde sie immer so schnell ärgerlich gegen sich? Sie konnte sich das nicht richtig erklären. Beat hatte einmal sehr gereizt reagiert, als er ihr Handgelenk gesehen hatte, damals, als sie sich versehentlich tiefer geschnitten hatte als sie eigentlich wollte. Er hatte von ihr eine Erklärung verlangt, warum sie sich schnitt, und sie hatte es ihm nicht erklären können. Wie auch, wenn sie es selbst nicht erklären konnte. Jetzt dachte sie doch wieder an ihn. Sie wusste nicht genau, was sie gerade ihm gegenüber empfand. Er war weit weg, zu weit. Vielleicht sollte sie verletzt sein, dass er nicht wusste, ob er mit ihr zusammen sein wollte. Nicht einmal das gelang ihr. Es war doch einfacher, nichts zu spüren. Weder Schmerz noch Freude – genau wie jetzt. Sie konnte sich beobachten, wie sie ganz ruhig dalag, und immer ein bisschen tiefer schnitt.

Im Restaurant vorhin war es ganz leicht gewesen. Die Kellnerin hatte am Anfang einen Augenblick gezögert, als ob sie das Blut an ihren langen Ärmeln bemerkt hätte, aber als Anna ganz kühl ihren Blick erwidert hatte und mit fester Stimme eine Cola bestellte, war der Moment vorbei. Die Kellnerin verschwand, und sah nicht mehr auf ihr Handgelenk, als sie mit der Cola zurückkam. Das war gut. Anna konnte tun was sie wollte, solange sie sich nichts anmerken ließ. Sie hatte genossen, wie gut sie die Situation unter Kontrolle hatte. Auch später, als sie die Pizza brachte, war alles ganz normal.

Das war der Vorteil gegenüber dem Erbrechen – da gab es immer einen Moment, wo sie nichts mehr unter Kontrolle hatte, sie brauchte dann ganz schnell eine Toilette. Das war gerade im Restaurant sehr unangenehm. Sie lächelte schwach. Und jetzt lag sie hier und betrachtete ihr Handgelenk. Sie schnitt noch ein bisschen nach, in dieselbe Stelle. Es war interessant, dass es gar nicht so stark blutete, und das war gut so. Sie wollte ja, dass alles im Rahmen blieb. Nur der Druck, der sollte verschwinden – und das tat er, sie wurde langsam ruhiger, aber auch unendlich müde. Sie war fast erleichtert. Endlich ruhig, vielleicht war das der ersehnte Schlussstrich unter dieses Kapitel. Aufwachen und neu anfangen, das müsste schön sein. Natürlich wollte sie wieder aufwachen, später. Nur jetzt musste sie sich erst erholen.

Auf einmal kam Mutter ins Zimmer. Und schon wurde es wieder laut und hektisch. Auch wenn Anna sich bemühte, ganz ruhig zu bleiben, bestand die Mutter darauf, dass sie aufstand, und sagte ständig, dass sie ins Krankenhaus fahren würden. Dabei wollte Anna nur einschlafen. Aber Mutter gab keine Ruhe. Es nutzte nichts, mit ihr zu streiten, sie hörte einfach nicht zu, und wurde immer lauter. Letztendlich war es wahrscheinlich leichter, nachzugeben. Es war ja nicht so anstrengend – man konnte im Krankenhaus mit dem Auto direkt in die Notaufnahme fahren, das wusste sie noch. Ihr Widerstand erlahmte, und sie überließ der Mutter die Initiative.

6.2 Suizidanalyse: Es war vor allem Ekel vor sich selber

Ladislav Valach

„…Wir versuchen zu verstehen, was in den Menschen vorgegangen ist, bevor sie diesen Schritt gemacht haben. Ich möchte, dass Sie erzählen, wie es dazu gekommen ist…" fragte der Psychiater die junge Frau. Die junge Frau kam zum Gespräch mit dem Psychiater aus der Akutabteilung des Krankenhauses, in der ihre Verletzungen unter dem Verdacht auf eine Suizidhandlung behandelt wurden. Sie fügte sich tiefe Schnittwunden zu und meinte, sie habe zwar vor zwei Jahren einen Suizidversuch gemacht, aber diesmal sei es keiner. Sie nahm den Tod in Kauf, strebte ihn aber nicht an. Diese junge Frau, die noch in Ausbildung ist, trennte sich kurz vor der Suizidhandlung von ihrem Freund, was sie als die entscheidende Krise bezeichnete und schildert gleich anschließend einige mittel- und langfristige Prozesse und Anliegen, die sie eng mit ihren suizidalen Krisen verknüpft.

6.2.1 Langfristige und mittelfristige Anliegen und kurzfristige Handlungen

6.2.1.1 Mittelfristige („Projekte") und langfristige Anliegen

Neben der selbstschädigenden Handlung vor kurzem weist die junge Frau auf eine längere Zeitspanne von mindestens zwei Jahren hin, in der Suizid eine Rolle spielte. Außerdem fing sie auch eine psychotherapeutische und psychopharmakologische Behandlung an. Sehr früh im Gespräch erwähnt sie, dass sie eine schwere Kindheit hatte und die Wahrheit aus dieser Zeit ihr Angst gemacht habe.

Trotz ihres jungen Alters ist die kritische Handlung der Frau nicht nur als Folge der am Tag vorher beendeten Beziehung mit ihrem Freund, sondern sie ist als eingebettet in einer Reihe von langfristigen und mittelfristigen Anliegen und Prozessen zu sehen.

„Sich selbst und eigene Handlungen zu akzeptieren, gern zu haben und lieben" ist ein unerfülltes und immer wieder infrage gestelltes Anliegen der jungen Frau. Denn wenn der Ekel vor sich und ihrem Körper durchbricht, fühlt sich die Patientin existenziell dermaßen bedroht, dass sie nach dem Sinn des Lebens fragt und ihr Leben beenden möchte. Die Patientin brach nach einigen Distanzierungsversuchen ihres Freundes ihre halbjährige, intensive Liebesbeziehung ab.

Langfristige Anliegen

Die junge Frau betont, dass ihre Kindheitserinnerungen und -erlebnisse sie prägen und schwer belasten. Sie könne sich zwar an keine Details erinnern, aber wisse, dass es damals ein Durcheinander war. Sie müsse sehr oft daran denken, aber da wichtige Teile in diesem Denkprozess fehlen, wird daraus nur ein gedankliches Herumschwirren. Dies nehme sie täglich hundertmal auseinander, aber komme nie zu einem Ende. So wird daraus ein langfristiges Anliegen, dass sie nicht befriedigend abschließen kann. Dabei erlebe sie einen Druck in der Brust, der sich dermaßen steigert, dass sie das Gefühl habe, explodieren zu müssen. Wenn sie sich aber schneidet, kann sie sich erleichtern, wobei ihre Energie schwindet.

Mittelfristige Anliegen

Viel konkreter sind die mittelfristigen Anliegen der jungen Frau, die sie mit ihrer Suizidhandlung verbindet. Sie pflegte etwa sechs Monate lang eine intensive Liebesbeziehung zu ihrem Freund. Als dieser vor ein paar Tagen äußerte, dass er sich nicht sicher sei, ob er die Beziehung fortsetzen möchte, beendete die Patientin die Beziehung prompt noch am Telefon und schnitt sich dann am nächsten Tag mehrmals sehr tief an ihrem Unterarm. Sie erwähnt auch Cannabiskonsum, was auf eine bereits länger andauernde Gewohnheit hinweist. Zudem nahm sie in einer Gefühlskrise Psychopharmaka ein, deren Konsum aus ihrer psychopharmakologischen Behandlung heraus verstanden werden könnte. Indirekt gehört dazu auch ihre psychotherapeutische Behandlung, die sie zwar unterbrach, weil es ihr besser ging und sie ein neues Leben anfangen wollte. Als sie aber die Trennungskrise erlebte, stand sie alleine da. Die Patientin erwähnt auch ihr Ausbildungsanliegen, an dem sie mit ihrem Schulbesuch arbeitete. Sie entwickelte einige Strategien, wie sie mit ihren Spannungen umgehen könnte. So erwähnt sie mehrmals Ablenkung durch Sport, ein Anliegen, dass sie sicher ebenfalls mittelfristig verfolgt. Zudem berichtet die Patientin, dass sie bereits vor zwei Jahren einen Suizidversuch unternahm, von dem aufgrund der gegenwärtigen Suizidhandlung angenommen werden müsste, dass er zu einem mittelfristigen Anliegen geworden ist.

▶ **Zusammenfassung**
1. Die Patientin bezeichnet als das wichtigste langfristige Anliegen „sich selbst und eigene Handlungen zu akzeptieren, gern zu haben und lieben".
2. Sie fühlt sich jedoch wie durch einen Zwang zur „Rekonstruktion der Kindheitserinnerungen und -erlebnisse" hingezogen.

3. Dabei entsteht ein „gedankliches Herumschwirren", daraus baut sich ein „Druck in der Brust" auf, woraufhin sie sich zur Erleichterung „schneidet".
4. Ihre wichtigsten mittelfristigen Anliegen sind: „Liebesbeziehung zu ihrem Freund", „Trennungskrise", „Ausbildungsanliegen", „Schulbesuch".
5. Aber auch: „Cannabis zu konsumieren", „psychopharmakologische Behandlung", „psychotherapeutische Behandlung", „Strategien, mit ihren Spannungen umzugehen", „Ablenkung durch Sport" und „Suizidalität".

6.2.1.2 Kurzfristige Handlungen im Suizidprojekt

Erster Selbstmordversuch und Therapie

Handlungen P (Therapieprojekt): Ich gehe schon längere Zeit in die Therapie, schon etwa seit zwei Jahren.
Handlung P: …vor zwei Jahren habe ich schon einmal einen Selbstmordversuch gemacht.
Kognition P: Also damals war es ein Selbstmordversuch gewesen, dieses Mal war es kein Selbstmordversuch.
Handlungen P (Psychopharmakologieprojekt): Ich habe also eine Therapie angefangen, habe auch Medikamente genommen bis letzten Sommer.

Therapieabbruch
Kognition P: Da ging es mir dann wieder besser.
Kognition P: Diese Besserung basierte wohl auf den Medikamenten.
Kognition P: Ich habe mich dann entschlossen, alles abzubrechen und ein neues Leben anzufangen.
Handlung P: Ich habe also dann auch mit allem aufgehört, sprich Medikamente, Therapie – einfach mit allem.
Kognition P: Dann ging es mir auch gut bis zu den Winterferien, so im Zeitraum zwischen Weihnachten und Neujahr.
Kognition P: Aber dann kam alles wieder zurück. Es ging mir wieder von neuem schlecht. Handlung P-: Ich konnte mit niemandem darüber sprechen.
Kognition P: Das Problem war nicht, dass ich niemandem zum Reden hatte, nein, ich kann das einfach von mir aus nicht.
Kognition P: … Als ich die Therapie gemacht habe, sind wir im Sommer an einem Punkt angelangt, an dem wir die wirklichen Probleme gesehen haben.
Kognition P: Ich habe eine relativ schwere Kindheit gehabt.
Gefühl P: Das hat mir auch Angst gemacht, einfach die Wahrheit.
Kognition P: (ich hörte mit der Therapie auf, weil) … ich einfach ein neues Leben anfangen wollte.

Beziehungsabbruch
Handlung Freund/P: In dieser Zeit hat auch noch mein Freund mit mir Schluss gemacht.
Kognition P: Und da war alles sofort zu Ende für mich.
Kognition P: (Mein Freund machte Schluss) Ein Tag davor (vor der Suizidhandlung).
Kognition P: (Die Freundschaft dauerte) Etwa ein halbes Jahr lang.
Kognition P: die Beziehung war relativ intensiv gewesen.
Handlung Freund: Dann hat er Schluss gemacht,
Kognition P: von diesem Zeitpunkt an lief einfach gar nichts mehr.
Kognition P: Er war schon eine Zeit lang verändert, schon etwa zwei Wochen lang.
Kognition P: Das habe ich natürlich auch gemerkt.
Handlung P: Ich habe ihn einmal von der Schule aus angerufen.
Gemeinsame Handlung P/Freund: Wir haben ein bisschen zusammen gesprochen.
Gemeinsame Handlung Freund/P: Wir kamen dann auch auf unsere Beziehung zu sprechen.
Handlung Freund: Er hat mir damals gesagt, dass er nicht wisse, ob er nun noch die Beziehung aufrechterhalten wolle oder nicht.
Handlung P: Da habe ich ihm dann gleich direkt erwidert, dass ich keinen Freund wolle, der sich überlegen müsse, ob er mit mir zusammen sein wolle oder nicht.
Handlung Freund: Er hat einfach gesagt, dass er zu viel arbeite, dass er mir dies alles nicht antun wolle. Das war ein bisschen komisch von seiner Seite aus.
Handlung P: (Ich) habe vom Telefon aus praktisch Schluss gemacht.
Gefühl P: (Ich fühlte mich) Schlecht. Es ging mir schon eine ganze Zeit lang schlecht.
Kognition P: Da kam dann das Gefühl in mir hoch, dass ich nun so oder so an all dem schuld sei, weil ich ihm gezeigt habe, dass es mir schlecht ging.
Gefühl P: das alles schmerzt dennoch.
Kognition P: Das war am Dienstag vor zwei Wochen

Krise
Handlung P: Am Mittwoch ist dann alles passiert. An diesem Tag bin ich am Morgen zuerst in die Schule gegangen. Am Nachmittag ging ich wieder nach Hause.
Handlung P: (In der Nacht) Ich bin einfach immer wieder aufgewacht.
Handlung P: Ich habe mich schon vorher (im letzten Monat) selber geschnitten gehabt, nur nicht so tief.
Kognition P: (Ich schnitt mich) … für mich selber.
Kognition P: Ich kann mich ja nicht genau an meine frühe Kindheit erinnern, Da war ein großes Durcheinander.
Kognition P: Es sind immer Gedanken, die nur immer im Kreis herumschwirren und nie an ein Ende kommen.

Gefühl P: Das macht mich immer fast wahnsinnig.
Kognition P: Man hat einfach nur noch Gedanken. Diese nimmt man im Tag hundertfach auseinander und man hinterfragt sie hundert Millionen Mal. Aber man kommt trotzdem nie zu einem Ende.
Kognition P: All das kann man auch nicht abstellen.
Empfindung/Gefühl P: Es gibt einfach einen Druck in mir. Es muss dann einfach etwas hinaus, man weiß aber nicht was es ist. Man hat das Gefühl, dass man explodiere.
Handlung P: Wenn man sich dann schneidet…
Gefühl P: ist man erleichtert. Das kann man so erklären.
Kognition P: Das war mir gleichgültig (dass ich eine Ader treffen könnte und dass ich dann verbluten würde). Ich habe mir nicht gesagt, dass ich nun hier schneide, damit ich vielleicht eine Ader treffe. Aber wenn es passiert wäre, dann wäre es mir zu diesem Zeitpunkt gleichgültig gewesen.

Krisenhandlungen
Handlung P: (Nach diesem Telefongespräch) … bin ich dann nach Hause gegangen.
Handlung P-: Am Nachmittag ging ich dann gar nicht mehr zur Schule.
Handlung P: Ich ging dann zu Bett und schlief bis zum nächsten Morgen.
Handlung P: Am Morgen bin ich dann aufgestanden.
Handlung P: Dann habe ich dann zwei Tabletten genommen.
Handlung P: Dann ging ich zum Zug und habe Haschisch geraucht.
Handlung P: Dann bin ich in die Schule gegangen.
Gefühl P: Und irgendwann in der Schule in der Chemiestunde musste ich weinen.
Handlung P: Dann ging ich weiter in die Schule.
Handlung P: Am Mittag ging ich dann wieder nach Hause im Zug.
Handlung P: Dann habe ich wieder Haschisch geraucht.
Handlung P: Dann ging ich ins Bett schlafen.
Handlung P: Irgendwann gegen fünf Uhr erwachte ich dann. Die Rollläden waren heruntergelassen. Ich schaltete dann den Fernseher ein.
Handlung P: Ich habe wieder zwei Tabletten genommen.

Suizidhandlung
Handlung P: Dann begann ich mit Schneiden.
Handlung P: Es war nicht so, dass ich mich einfach einmal geschnitten hätte. Nein, ich habe mich immer wieder (an der gleichen Stelle, längs – auf beiden Seiten) ein bisschen geschnitten.
Handlung P: Ich habe einfach einen Pulli angezogen… Dann bin ich essen gegangen.
Handlung P: Dann ging ich wieder auf mein Zimmer.
Handlung P: Dort habe ich noch einmal Haschisch geraucht.

Handlung P: Ich habe auch noch Wein getrunken.
Handlung P: Ich habe dann wieder weitergeschnitten.
Kognition P: Es hat geblutet, nicht so fest, aber dennoch ein bisschen. Aber weil ich einen engen Pullover darüber an hatte ging es gut so.
Handlung P: Und dann schlief ich einmal ein.
Kognition P: Ich war wie in einem Trance-Zustand. Ich war einfach weggetreten.
Kognition P: (die Gedanken so durch den Kopf rauschten)
Gefühl P: Vor allem Ekel vor sich selber. Gleichzeitig auch noch Hass auf sich selber.
Kognition P: Gleichzeitig auch noch die Fragen warum ich, warum überhaupt dies alles. Die Frage nach dem Sinn des Lebens.
Gefühl P: Aber ich hatte schon vor allem Ekelgefühle.
Gefühl P: Ich ekle mich einfach vor meinem Körper, vor meinen Gedanken, vor meinem ganzen Dasein.
Kognition P: Man (Ich) sieht nicht alles negativ, sondern einfach nur dies, was mit sich selber zu tun hat.
Kognition P: Einfach alle Probleme die wir zusammen hatten habe ich auf mich bezogen gehabt zu diesem Zeitpunkt.
Kognition P: Nun geht es langsam besser.

Nach der Suizidhandlung Patientin, (P), Mutter (M):
Handlung M: Dann kam einmal meine Mutter auf mein Zimmer.
Handlung M: Sie hat mir dann gesagt, dass wir nun ins Spital gehen müssen.
Handlung P: Ich habe jedoch erwidert, dass ich keine Lust dazu habe, dass ich weiterschlafen möchte.
Gemeinsame Handlung P, M: Da haben wir noch fast Streit zusammen bekommen.
Gemeinsame Handlung P, M: Ich ging dann doch mit.
Gemeinsame Handlung P, M: Dann landeten wir im Spital.

Suizidversuch vor zwei Jahren
Kognition P: (diese Tat war ähnlich im Vergleich mit dem Suizidversuch, den ich vor zwei Jahren begonnen habe), auf jeden Fall.
Kognition P: Es war auch im Winter gewesen, wenn ich mich nicht täusche.
Kognition P: Der ganze Prozess zögerte sich auch über eine längere Zeitspanne hinaus.
Kognition P: Während einem halben Jahr ging es mir einfach immer schlechter.
Kognition P: Es war eigentlich das Gleiche.
Kognition P: Der einzige Unterschied ist, dass ich damals wirklich sterben wollte, was dieses Mal nicht der Fall gewesen war.
Handlung P: Ich habe Tabletten und Alkohol eingenommen.
Kognition P: Das war damals das erste Mal.

Handlung P: Ich habe zu dieser Zeit noch ein Tagebuch geführt. Und wenn ich darin nachschaue, dann sprach ich die ganze Zeit davon (Suizid).

Handlung P: Ich kann immer wieder lesen, dass ich geschrieben habe, dass ich nicht mehr könne, nicht mehr möge und nicht mehr wolle. Vor allem, dass ich nicht mehr könne.

Kognition P: Die Gedanken die man hat kosten enorm viel Kraft, wenn man verhindern will, dass man in solche Sachen hineinrutscht.

Kognition P: Nach einem Monat oder vielleicht auch nach einem halben Jahr kommt man an einen Punkt, an dem man einfach nicht mehr kann.

Kognition P: Man kann mit niemandem über die Gedanken sprechen, die man hat.

Kognition P: Ich weiß zwar, dass ich mich mit meiner Mutter sehr gut verstehe, dass ich mich mit meinen zwei Schwestern sehr gut verstehe, ich habe auch meine Therapeutin, ich habe auch Kollegen und Kolleginnen welchen ich dies alles anvertrauen könnte...

Kognition P: Aber ich weiß, dass sie dies erstens nicht verstehen können, weil sie sich nicht so fühlen, dass ich mich zweitens geniere dies auszusprechen und dass es drittens meistens schon zu spät ist.

Handlung P: Ich bin dann immer schon so weit, dass ich mich schneide.

Kognition P: Da habe ich einfach keine Kraft mehr um mit anderen Menschen darüber zu sprechen.

Kognition P: In diesem Moment ist man so mit sich selber beschäftigt, dass man gar nicht mehr an das denkt.

Empfinden beim Schneiden

Schmerzen P-: ich empfinde keine Schmerzen, wenn ich mich schneide.

Empfindung P: Ja, es brennt und beißt einfach ein bisschen.

Handlung P: Ich habe mir ja da auch die Sehne durchtrennt.

Handlung P: Ich bin mit der durchgeschnittenen Sehne auch noch essen gegangen. Ich konnte auf jeden Fall noch die Gabel in meiner Hand halten.

Empfindung P: Richtig gespürt habe ich es nicht. Es hat einfach alles gezittert.

Schmerzen P-: Richtige Schmerzen hat man nicht, nicht so wie ich sie nun habe.

Kognition P: Man ist gar nicht recht bei Bewusstsein.

Handlung Ärzte: Es ging alles so schnell vor sich. Sie haben meinen Arm genäht.

Handlung P: Dann bin ich gleich eingeschlafen.

Handlung Ärzte: Am nächsten Morgen wurde ich operiert.

Schmerzen P: Und erst nach der Operation kamen die Schmerzen.

Kognition P: Dieses Durcheinander im Kopf hat aufgehört. Man weiß zwar, dass es noch präsent ist, aber es ist wie abgestellt.

Gegenwart

Kognition P: Im Moment geht es. Wenn ich unter Menschen bin, dann geht es.

Kognition P: Aber am schlimmsten ist es am Morgen und eventuell am Abend, wenn ich ausnahmsweise einmal alleine bin.

Kognition P: Am schlimmsten ist es einfach am Morgen, wenn ich mir sagen muss, dass ich nun aufstehen muss.

Kognition P: Es ist immer in diesem Moment, in dem ich das Gefühl habe, dass ich nun dann gleich explodieren werde.

Kognition P: Ich habe immer das Gefühl, dass ich gleich durchdrehen werde, wenn nicht etwas passiert.

Kognition P: Aber das legt sich mit der Zeit auch wieder, wenn am Morgen am Bahnhof dann all meine Mitschüler um mich herum stehen. Dann geht es wieder.

Kognition P: Aber es gibt auch Situationen, in denen ich mich wirklich zurückhalten muss. Dass ich mich nicht schneide.

Kognition P: Diese Gefühle kommen vor allem wenn ich alleine zu Hause bin und Zeit für mich selber habe.

Kognition P: Während der Schulzeit war ich schon abgelenkt. Sonst hätte ich mich schon dort geschnitten.

Aussichten und Vorbeugung

Kognition P: … ich hoffe doch, dass dies nie mehr passieren wird.

Kognition P: Ich glaube, dass ich selber lernen muss, mit diesen Problemen umzugehen.

Kognition P: Ich muss einfach lehren, dass wenn ich merke, dass nun alles anfängt, dass ich mich dann in diesem Moment ablenke. Sei dies mit Sport oder mit einer anderen Beschäftigung, die mir gefällt.

Kognition P: Oder dass ich mit jemandem sprechen kann, dass ich meine Scham überwinden kann, die mich immer daran gehindert hat. Ich denke, dass dies mir helfen würde.

Kognition P: Es ist mein ganz großes Problem, dass ich mich schäme über dies zu sprechen

Kognition P: Das ist noch schwierig zum Erzählen. Es gibt da so oberflächliche Sachen, die ich schon erzählen kann. Aber meine ganz tiefen Gefühle kann ich nicht erzählen. Ich kann auch mit meiner Therapeutin nicht über bestimmte Sachen sprechen. Ich könnte diese Sachen nicht einmal meinem Tagebuch anvertrauen.

Gegenwart

Kognition P: Für mich ist die Beziehung zum Freund abgeschlossen. Ich hänge schon noch an ihm, besser gesagt an der Zeit, die wir zusammen verbracht hatten.

Handlung P: Ich habe wieder mit der Therapie angefangen.

Handlung P-: Ich nehme keine Medikamente.

Handlung P: Ich habe alle Medikamente abgesetzt.
Kognition P: Ich sollte versuchen, dass es nie mehr zu einer solchen Krise kommt.
Kognition P: Aber ich denke nun einmal, dass dies sehr schwierig bis unmöglich sein wird.
Kognition P: Es gibt einfach Sachen, die mich aus meinem Konzept werfen, die aber nicht so lange andauern.
Kognition P: Es ist einfach so, dass wenn mein Leben nicht in einem Gleichgewicht ist, dann fehlt mir einfach ein Fettpolster, auf das ich fallen kann. Das wird alles dadurch verstärkt, dass ich immer nervlich ein bisschen am Ende bin.

Ekelgefühl und Scham
Kognition P: Ja. Es ist in diesem Moment schon stärker, weil dann auch der Ekel vor sich selber kommt. Es ist einfach alles viel stärker, vor allem wenn es um Sex geht.
Kognition P: Wahrscheinlich ist es etwas aus der Vergangenheit.... Denn wenn eine Beziehung zu Ende geht, dann sind da einfach große Ekelgefühle. ... Es ist einfach alles abstoßend.
Kognition P: ... Das kann einfach von weiß zu schwarz wechseln auf einen Schlag.
Kognition P: In gewissem Sinne fühle ich mich missbraucht. Was ich mit diesem Freund alles gemacht habe, das habe ich schon auch immer gewollt. Aber im Nachhinein...
Gefühl P: Ich schäme mich einfach.

Vorsätze
Kognition P: Ich versuche nun einmal mein Leben in den Griff zu bekommen, sodass ich mich selber gut fühle, sodass ich Selbstvertrauen habe, damit ich wieder alleine durch das Leben gehen kann.
Handlungen P: Ich fange auch wieder mit Sport an.
Handlungen P-: Ich habe vor zwei Jahren mit all dem aufgehört.
Handlungen P: Ich fange auch mit Musik wieder an. Ja, ich probiere es mal auf diese Art und Weise.
Handlungen P: Ja. Ich baue damit wieder ein Polster auf. Ich kann mich dann auch selber beschäftigen, wenn es mir schlecht geht und niemand zur Stelle ist.
Kognition P: Falls ich mit niemandem darüber sprechen kann, dann kann ich ins Fitnessstudio gehen oder Klavier spielen. ◄

▶ **Zusammenfassung**
1. Im Rahmen dieser langfristigen und mittelfristigen Anliegen schildert die Patienten eine Reihe von Handlungen aus unterschiedlichen Handlungsbereichen.
2. Sie beschreibt ihre Handlungen und Gedanken während des ersten Selbstmordversuches und der Therapie, wie auch des Therapieabbruchs. Sie

erzählt dann von ihrem Beziehungsabbruch, der nachfolgenden Krise, den Krisenhandlungen und ihrer gegenwärtigen Suizidhandlung.
3. Sie spricht anschließend über die Zeit nach der Suizidhandlung, ergänzt weitere Einzelheiten zum Suizid vor zwei Jahren, beschreibt ihr Empfinden beim Schneiden und erzählt dann über ihre Gegenwart, ihre Aussichten und Vorbeugungsmöglichkeiten, und äußert sich über ihre Ekel- und Schamgefühle, um dann ihre Vorsätze zu formulieren.

6.2.2 Probleme der Handlungsorganisation

Wenn wir uns die Hierarchie von langfristigen und mittelfristigen Anliegen und kurzfristigen Handlungen vor Augen halten, dann ist das offensichtliche Durcheinander dieser jungen Frau in ihren Krisenmomenten nicht zu übersehen. Die von ihr gedanklich nicht nachvollziehbaren Scham- und Ekel-Gefühle beherrschen sie dermaßen, dass sie ihre körperliche Integrität und auch ihr Leben herausfordern. Das langfristige Anliegen, sich und ihr Handeln zu akzeptieren und zu lieben bleibt unerreichbar und die Patientin ist bereit, alles andere, sogar ihr Leben, diesem unterzuordnen. In ähnlicher Weise ist die junge Frau bereit, mit einer kurzfristigen Handlung ihre langfristigen Anliegen zu gefährden. Die Hierarchie der langfristigen Anliegen ist nicht gesichert. Die übergreifenden Ziele der Gesundheitsförderung und der Lebenserhaltung werden anderen Anliegen untergeordnet. Mittelfristige Anliegen, wie die Beziehung zu ihrem Freund erschüttern vitale langfristige Prozesse. Kurzfristige Handlungen bedrohen die Erfolge der langfristigen und mittelfristigen Anliegen. Darüber hinaus erweist sich auch die Handlungsordnung in der Krisensituation als dysfunktional. Ein körperliches Empfinden (Druckgefühl) aufgrund einer als bedrohlich empfundenen Emotion (Ekel) ruft eine Handlung hervor, die wesentliche Lebensziele außer Acht lässt (Suizidhandlung). Wenn die Patientin in einer gewöhnlichen emotionalen Verfassung über ihre Regulationsmöglichkeiten spricht, kann sie sehr wohl Sport und andere Ablenkungsarten benennen, die ihr helfen würden, aus diesem unerwünschten Zustand herauszukommen.

▶ **Zusammenfassung**
1. Die gedanklich nicht nachvollziehbaren Gefühle des Ekels und der Scham fordern ihre körperliche Integrität und ihr Leben heraus. Die junge Frau ist bereit, mit einer kurzfristigen Handlung ihre langfristigen Anliegen zu gefährden. Die Hierarchie der langfristigen Anliegen ist nicht gesichert.
2. Die Beziehung zu ihrem Freund erschüttert ihre langfristigen vitalen Prozesse. Kurzfristige Handlungen bedrohen die Erfolge der langfristigen und mittelfristigen Anliegen.
3. Die Handlungsordnung ist in einer Krisensituation dysfunktional. Eine als bedrohlich empfundene Emotion (Ekel) führt zu einem körperlichen

Empfinden (Druckgefühl) und ruft eine Handlung hervor, die wesentliche Lebensziele außer Acht lässt (Suizidhandlung).

6.2.3 Bewusst vorbereitet oder spontan vorgenommen?

Diese Art der Handlungsordnungsprobleme ist eng mit der Frage der Handlungssteuerung verknüpft, bzw. mit der Frage, ob die Suizidhandlung spontan oder vorsätzlich zu Stande kam. Die Patientin lässt uns beide Modalitäten vermuten. Auf der einen Seite schildert sie, wie sie die Suizidhandlung einen Tag nach der Trennung von ihrem Freund vornahm, auf der anderen Seite beschreibt sie, wie das Schneiden zu ihrer überlegten Handlungsstrategie gehörte, um sich Erleichterung von einer unerträglichen Anspannung zu verschaffen. Ihr Suizidversuch vor zwei Jahren deutet darauf hin, dass sie sich vorsätzlich töten wollte, wie auch ihre gegenwärtige Suizidhandlung darauf hinweist, dass sie den Tod als unbeabsichtigte Konsequenz ihres Handelns in Kauf nahm.

▶ **Zusammenfassung**
1. Die Patientin verfügt über eine habitualisierte Strategie zur Entlastung vom inneren Druck durch Schneiden, die sie überlegt anwendet und dabei ihren Tod in Kauf nimmt.
2. Den Suizidvorsatz fasst sie allerdings erst, wenn sie zu einer Medikamentenüberdosis greift.

6.2.4 Probleme der Handlungsüberwachungsprozesse

Wenn die junge Frau von ihren Suizidhandlungen spricht, schildert sie auch detailliert ihre Probleme der Handlungsüberwachungsprozesse, des Handlungsmonitorings in ihren Krisensituationen. Sie erzählt, dass sie das Schneiden am Unterarm nicht als schmerzvoll erlebe. Dies bedeutet, dass ihr Schmerzempfinden, das Handlungsmonitoring in Bezug auf Schmerzen in diesen Momenten außer Kraft gesetzt ist. Auf der anderen Seite beschreibt sie, wie sie Druckempfindungen erlebt, die nach einer unmittelbaren Erleichterung rufen. Hinter ihnen verstecken sich Gefühle von Ekel, mit denen sie sich aber nicht in ihrem emotionalen Erleben beschäftigen kann und sie dadurch nicht verändern kann. Auch ihre emotionale Handlungsüberwachung weist viele Probleme und Unzulänglichkeiten auf. Nicht nur, dass sie ihre starken Gefühle als Körperempfindungen erlebt, die nach einem körperlichen Eingriff rufen, wie Schneiden, sondern dass sie auch in gewöhnlichen, wenn auch aufreibenden Situationen bedrohliche Gefühle aus ihrer Kindheit erlebt. Beides zeugt von Problemen im Handlungsmonitoring durch Emotionen. Dazu kommt, dass auch ihre Möglichkeiten, starke Gefühle zu verarbeiten eingeschränkt sind. Sie muss Medikamente nehmen, raucht Cannabis und trinkt zu diesem Zweck Wein. Auch ihr Bewusstseinsmonitoring weist Lücken auf. Sie

6.2 Suizidanalyse: Es war vor allem Ekel vor sich selber

erzählt, wie ihre emotionalen Kindheitserinnerungen mit bewussten kognitiven Inhalten für sie nicht erschließbar sind, wie sie Emotionen erlebt (Weinen im Chemieunterricht), die für sie gedanklich nicht nachvollziehbar sind und wie sie sich schließlich beim Schneiden in einem Trancezustand befand, einem Zustand der Bewusstseinsveränderung.

▶ **Zusammenfassung**
1. Die Patientin schildert Probleme des Handlungsmonitorings bei Schmerzen, Emotionen und Bewusstsein, bzw. Aufmerksamkeit.
2. Sie empfindet keine Schmerzen, wenn sie sich schneidet.
3. Sie erlebt Gefühle als körperliche Empfindungen (Druck), die sie dann auch durch physikalisches und chemisches Eingreifen regulieren kann (Schneiden, Alkohol, Psychopharmaka).
4. Gefühlserinnerungen ersetzten die emotionale Spiegelung der gegenwärtigen Situation.
5. Auch das Bewusstseinsmonitoring ist oft verändert. Ihre emotionalen Kindheitserinnerungen sind nicht bewusst erschließbar, sie erlebt Emotionen (Weinen im Chemieunterricht), die für sie gedanklich nicht nachvollziehbar sind, und sie befindet sich beim Schneiden in einem Trancezustand, einem Zustand der Bewusstseinsveränderung.

6.2.5 Probleme der Handlungsenergetisierung

In der Erzählung der jungen Frau über ihre Suizidhandlungen fällt auf, wie sie oft auch während des Tages schlafen gehe. Das bedeutet, dass sie sich für ihre übliche Tagestätigkeit nicht energetisieren kann. Zudem schildert sie, wie sie in Krisenzuständen ihre Probleme nicht besprechen könne, da sie sich zwar auf der einen Seite schäme, aber auf der anderen Seite, wenn der Wunsch da ist, sich zu schneiden, sie keine alternative Handlung mehr anstreben kann „… Aber ich weiß, dass sie dies erstens nicht verstehen können, weil sie sich nicht so fühlen, dass ich mich zweitens geniere dies auszusprechen und dass es drittens meistens schon zu spät ist… Ich bin dann immer schon so weit, dass ich mich schneide… Da habe ich einfach keine Kraft mehr, um mit anderen Menschen darüber zu sprechen." Dies bedeutet, dass ihre Handlungsenergetisierung voll auf die selbstschädigende Handlung ausgerichtet ist und eine andere Handlungsoption nicht energetisiert werden kann.

▶ **Zusammenfassung**
1. Die Patientin spricht ihre Energetisierungsprobleme in zwei Zusammenhängen an. Sie müsse oft während des Tages schlafen und kann zu wenig Energie für das Absolvieren des Alltags aufbringen.

2. Sie schildert, wie sie beim Schneiden ihre Befindlichkeit nicht mit anderen Leuten besprechen kann, da ihre ganze Energie auf das Schneiden ausgerichtet sei und ihr für ein Gespräch die Kraft fehle.

6.2.6 Suizid und das interaktive und gemeinsame Handeln

Im Moment der Suizidhandlung ist jeder Mensch allein und auf sich selbst bezogen, was auch den Kern des Selbstmordakts darstellt. Dennoch erwähnt auch diese junge Frau andere Menschen, die sie direkt oder indirekt mit ihrer Suizidhandlung verbindet. Es ist zunächst ihr Freund, der ihre Beziehung infrage stellt. Sie kommt ihm mit der Aufkündigung der Beziehung zuvor und schneidet sich massiv am nächsten Tag, sodass sie im Krankenhaus behandelt werden muss. Auf der anderen Seite findet sie ihre Mutter, wie sie sich in ihrem Zimmer schneidet und bringt sie ins Krankenhaus. Die junge Frau erwähnt auch ihre Psycho- und Pharmakotherapie. Diese fanden zwar gewisse Erlebnisse in der Kindheit der Patientin, deren Aufkommen die Patientin immer wieder in Krisen stürzt, die sie aber nicht aufarbeiten konnten. Zudem wurde der Patientin durch Medikamente eine Verbesserung ihres Zustandes ermöglicht, die nur vorübergehend war, was ihr aber von der Therapeutin nicht vermittelt wurde. Eine weitere und für die Krise entscheidende Begegnung oder Beziehung muss in der Kindheit der Patientin vermutet werden. Die emotionale Erinnerung an diese Erlebnisse erschüttert sie derart, dass sie nur mit dramatischen Mitteln der Selbstschädigung und Suizid zu kontern vermag. Die Einbettung der Suizidhandlung der jungen Frau wie auch anderer Menschen in die Begegnungen, Beziehungen und gemeinsamen Handlungen mit anderen bedeutet nicht, dass die anderen in die Schuldzuschreibung einbezogen werden müssten, sondern dass gemeinsames Handeln, ein gemeinsames Projekt den Weg zur Suizidprävention darstellen müssen.

▶ **Zusammenfassung**
1. Auch die Suizidhandlung dieser Patientin ist in mehreren gemeinsamen Handlungen und Projekte eingebettet. Die Patientin schnitt sich tief am Unterarm, nachdem ihr Freund ihre Beziehung infrage stellte. Sie wurde dann von ihrer Mutter ins Krankenhaus gebracht.
2. Die Patientin absolvierte eine Psycho- und Psychopharmakotherapie, in der die Kommunikation gewisse Grenzen zeigte. Zum einen brach die Patientin die Therapie ab, weil es ihr vorübergehend durch die Medikamente besser ging, was sie aber in der Therapie nicht thematisierten. Zum anderen spürt die Patientin ein traumatisches Kindheitserlebnis, das sie aber in der Therapie nicht zur Behandlung zulassen konnte.

6.2.7 Das Gespräch der jungen Frau mit einem Psychiater

In der 1. gemeinsamen Handlung eröffnete der Psychiater das Gespräch mit einer offenen Auflistung seiner Motivation zum Gespräch und formuliert dann auch seine Frage, die den Rahmen des Gesprächs definieren soll: „Wir probieren im Gespräch herauszufinden, wie man am besten mit Menschen spricht, die sich etwas antun wollten, was immer es auch war. Wir versuchen zu verstehen, was in den Menschen vorgegangen ist, bevor sie diesen Schritt gemacht haben. Ich möchte, dass Sie erzählen, wie es dazu gekommen ist. Ich weiß nämlich nicht einmal, was Sie genau gemacht haben, ob Sie eine Überdosis Tabletten genommen haben, oder ob Sie sich geschnitten haben." Die junge Frau übernimmt diese gemeinsame Aufgabe, gibt bereitwillig Antwort und nach einer weiteren Absicherung ihrer Auffassung der Frage beginnt sie ausführlich zu erzählen, was sie erlebte und getan hatte. Sie berichtet von ihrer Therapie, mit der sie aufhörte, erwähnt die Erinnerung an die schwere Kindheit, erzählt von ihrem Abbruch der Beziehung zum Freund und beschreibt die beiden Tage bis zu ihrer Suizidhandlung. Gefragt nach ihren Gedanken und Gefühlen zur Zeit der Krise und des Schneidens beschreibt sie Angst, Ekel, Hass und Scham. In der gleichen gemeinsamen Handlung beschreibt die junge Frau auch wie sie mit ihrer Mutter ins Krankenhaus ging und dort behandelt wurde. Sie vergleichen auch die selbstschädigende Handlung vor Kurzem mit dem Suizidversuch vor zwei Jahren. So können sie die Schlüsselgefühle, Erlebnisse und Gedanken ausarbeiten, welche die Patientin immer wieder in Krisen stürzen. Die Beschäftigung mit den einzelnen Themen und Problemen, wie auch die Weiterentwicklung der Erzählung der Patientin durch Nachfragen des Psychiaters stellen die Teilhandlungen und Handlungsschritte der ersten gemeinsamen Handlung dar.

In der **2. gemeinsamen Handlung** leiten sie die Diskussion über die zukünftigen lebensschützenden Strategien der Patientin ein „Ich sollte versuchen, dass es nie mehr zu einer solchen Krise kommt. Aber ich denke nun einmal, dass dies sehr schwierig bis unmöglich sein wird." Sie können aber auch das Ekelgefühl noch spezifizieren und die Patientin bestätigt, dass es eng mit Sexualität verbunden ist.

In der **3. gemeinsamen Handlung** möchte die junge Frau ihre gefassten Vorsätze zusammenfassen „Ich versuche nun einmal mein Leben in den Griff zu bekommen, so dass ich mich selber gut fühle, so dass ich Selbstvertrauen habe, damit ich wieder alleine durchs Leben gehen kann. Ich fange auch wieder mit Sport an. Ich habe vor zwei Jahren mit all dem aufgehört. Ich fange auch mit Musik wieder an. Ja, ich probiere es mal auf diese Art und Weise."

▶ **Zusammenfassung**
  1. In der ersten gemeinsamen Handlung erzählt die Patientin über ihre abgebrochene Therapie, erwähnt die Erinnerung an ihre schwere Kindheit, erzählt von ihrem Abbruch der Beziehung zum Freund und beschreibt die zwei Tage bis zu ihrer Suizidhandlung. In ihrer Krise

erlebte sie Angst, Ekel, Hass und Scham. Sie schildert, dass sie mit ihrer Mutter ins Krankenhaus ging und dort behandelt wurde. Sie vergleichen auch die selbstschädigende Handlung vor Kurzem mit dem Suizidversuch vor zwei Jahren.
2. In der zweiten gemeinsamen Handlung sprechen sie von zukünftigen lebensschützenden Strategien der Patientin. Sie spezifiziert ihr Ekelgefühl, welches eng mit Sexualität verbunden ist.
3. In der dritten gemeinsamen Handlung äußert die Patientin ihre Vorsätze sowie mit welchen Mitteln sie diese erreichen möchte.

6.2.8 Das Selbstkonfrontations-interview

Im 1. Abschnitt der Videosichtung, gefragt, wie sie sich fühle, offenbart die junge Frau nicht nur ihre gegenwärtigen Gefühle, sondern auch den Einfluss des Gesprächs auf ihre Sicht eigener Probleme und wie sie das Schlimmste verhindern kann. „Es geht mir immer noch sehr schlecht, aber ich sehe die Sachen dennoch etwas klarer... Ich kann die Sachen besser zuordnen. Ich weiß nun auch besser was ich machen muss, dass es nicht mehr so weit kommt." Sie nennt ihre Ekelgedanken vor sich selbst und wenn sie sich jetzt auf dem Bildschirm sehe, komme sie sich komisch vor: „Das kommt auch davon, dass ich sehr Mühe habe meine Gefühle gegenüber anderen Menschen zu äußern. Wenn ich dann dies nun so sehe, dann schäme ich mich. ... Und wenn ich dies nun noch ansehe, dann ist dies noch viel schlimmer."

Im 2. Abschnitt, wieder nach ihren Gefühlen gefragt, beschreibt die junge Frau ihr Problem, das als ein Problem des Handlungsmonitoring beschrieben wurde „Wenn ich solche Sachen erzähle, habe ich keine großen Emotionen... Ich bin einfach wie abgestellt in diesem Moment."

Im 3. Abschnitt ergänzt die Patientin eine wichtige Information, dass sie vor einem Jahr an Bulimie litt und viel erbrach. Sie bringt dies wieder mit ihren Ekelgefühlen vor sich selbst in Verbindung. Den Suizidversuch unternahm sie mit dem Ziel, einen Schlussstrich zu ziehen.

Im 4. Abschnitt äußert die Patientin einen wichtigen Gedanken, der ihre Aussage im Gespräch mit dem Psychiater ergänzt. Dort erwähnte sie die Frage nach dem Sinn des Lebens. Jetzt meint sie: „Das mit dem warum man lebt, das ist nicht so wichtig... Denn wenn man sich fragt, warum man hier ist, dann sieht man denn Sinn des Lebens gar nicht. Wenn man so denkt, dann mag man auch gar nicht leben." Dies kann man so verstehen, dass die Frage nach dem Sinn des Lebens nicht die Frage ist, die ihren Suizidversuch motivierte. Wenn man sich so frage, dann ist die Suizidhandlung bereits eine beschlossene Sache.

Im 5. Abschnitt berichtet die Patientin von Problemen der Energetisierung: „Man ist in diesem Moment so am Ende. Man kann einfach gar nicht mehr. Schon vom Körperlichen her kann man gar nicht mehr aufstehen. Und ich kann mich nicht überwinden, etwas zu tun, von dem man weiß, dass es mir gut tun würde… das habe ich auch in anderen Situationen in denen es mir schlecht geht, dass ich dann einfach nicht mehr kann. Ich kann mich dann auch zu nichts überwinden, das mir gut bekommt."

Im **6. Abschnitt** deutet sie das Schneiden, die Suizidhandlung als eine Art, einen Schlussstrich zu ziehen, aussteigen zu wollen. Sie habe Angst vor dem Chaos der Gedanken, und Angst, dass sie wiederkommen. Sie charakterisiert die ganze Situation als eine Art Blackout. Sie habe nicht nur Angst vor dem Gedankenchaos, sondern auch davor, „einmal werde ich dann plötzlich treffen" also, dass die selbst zugefügte Verletzung dann lebensgefährlich wird.

Im **7. Abschnitt,** nach ihrer Beziehung zum Freund gefragt, betont sie ihren Ekel vor ihm und wiederholt ihre Beziehungsgefühle zum Sex. In der Partnerschaft seien die sexuellen Empfindungen problemlos, aber „…sobald die Beziehung zu Ende ist, dann ist einfach alles fertig. Das kann schwanken von extrem gutem Sex auf sofortigen Ekel gegenüber dem Partner… Das hat vielleicht auch mit der Vergangenheit zu tun. Ich weiß es auch nicht."

Im **8. Abschnitt** meinte die junge Frau, dass sie im Gespräch mit dem Psychiater am liebsten weinen würde. In der Videosichtung kommt sie jedoch zu der Einsicht, dass sie ihren Gefühlen freien Lauf lassen müsse.

Im **9. Abschnitt** fasst die Patientin ihr Problem zusammen „Das ganze Bild ist typisch für mich. Ich erzähle dies alles einfach so, als ob nichts gewesen wäre…Aber am liebsten möchte ich mich gleich wieder erschießen. Nein, das ist zu krass. Wenn ich einfach all meinen Gefühlen freien Lauf lassen würde, dann hätte ich gleich einen Nervenzusammenbruch. Das ist einfach typisch für mich."

> **Zusammenfassung**
> 1. Im 1. Abschnitt zeigt die Patientin die Zwiespältigkeit ihres Erlebens. Auf der einen Seite sehe sie die Probleme klarer und wisse, was zu tun wäre, auf der anderen Seite gehe es ihr schlecht, wenn sie sich zusehen müsse. Im 2. Abschnitt meint sie, sie könne beim Erzählen ihre Gefühle abstellen. Im 3. Abschnitt informiert die Patientin, wie sie an Bulimie litt und viel erbrach, weil sie sich vor sich selbst ekelte. Mit dem Suizidversuch wollte sie dies beenden. Im 4. Abschnitt nimmt sie einen Gedanken zur Frage nach dem Sinn des Lebens auf. Sie meint, wenn man so fragt, dann sei man schon zum Suizid bereit. Im 5. Abschnitt äußert sie sich zu ihrem Energetisierungsproblem, wie sie gelegentlich nicht einmal aufzustehen imstande war. Im 6. Abschnitt schildert sie sie Ausnahmesituation des Schneidens. Einerseits ängstigt sie sich vor Chaos, andererseits habe sie Angst, sie würde sich töten.
> 2. Im 7. Abschnitt offenbart sie, wie ihr Ekel mit der Sexualität verbunden sei und wie sie die Beziehung zum Freund diesbezüglich erlebt hatte. Im 8. Abschnitt spricht sie ihre wahren Gefühle an und meint, sie möchte Gefühle zulassen. Im 9. Abschnitt fasst sie dann jedoch ihr Dilemma

zusammen. Sie meint, sie erzähle es, als ob sie das überhaupt nicht bewegen würde, aber am liebsten würde sie gleich sterben. Sie solle Gefühle zulassen, aber wenn sie sie frei laufen lasse, dann würde sie einen Nervenzusammenbruch erleiden.

Fall 5

7.1 Suizidgeschichte: Margrit

Annette Reissfelder

Er hatte entschieden, ihr gemeinsames Leben zu beenden – einfach so. Trotz allem, was sie mit ihm durchgestanden hatte, und trotz allem, was er vor ein paar Monaten versprochen hatte. Sie war wie vor den Kopf gestoßen. Was von dem, was gestern noch eine Bedeutung hatte, war jetzt noch da? Was blieb übrig von ihrem Leben, wenn sie Roland aus allem herausnehmen musste, was es ausmachte? Sie hatte die letzten zwanzig Jahre doch für ihn gelebt – das sagte sie nicht, um sich als aufopfernde Ehefrau darzustellen. Er war ihre natürliche Priorität. Diesmal hatte er ihr keine Hoffnung gemacht. Er war ganz kalt und abweisend gewesen. Jedes Wort hatte sie verletzt. Er würde wohl nicht wiederkommen.

Antriebslos hatte er sie genannt! Ja, sie war nicht so spontan wie er, eher in sich gekehrt. Sie brauchte nicht viel Kontakt über das hinaus, was sie im Geschäft hatte. Verlässlichkeit und Sicherheit waren ihr wichtiger als viele Bekannte zu haben. Erdenschwer nannte ihre Freundin Brigitte im Ausland das, und dem entsprach auch ihr Gewicht. Heutzutage war man schnell mit starken Ausdrücken bei der Hand, aber depressiv fand sie sich nicht. Ja, sie war froh, nach einem anstrengenden Tag im Geschäft ihre Ruhe zu haben. Wenn sie nach dem Abendessen mit allem fertig war, erholte sie sich bei einer Stunde Handarbeit und einem Pfefferminztee. Das war vielleicht nicht aufregend, aber sie brauchte nicht mehr.

Antriebslos war wirklich ungerecht. Sie hatte so viel zu tun mit der Wohnung und den Tieren. Roland war überhaupt nicht bewusst, dass sie alles praktisch allein machte. Er räumte vielleicht einmal den Tisch ab, oder mähte den Rasen, alles andere blieb an ihr hängen. Das hatte sie nie gestört, sie machte gern alles, und freute sich, dass sie es gut hatten in ihrem Heim. Aber dass er es nicht würdigte, das war ihr nicht klar gewesen und traf sie tief. Er hatte ihr geradezu vorgeworfen, dass sie nach einem vollen Arbeitstag und Hausarbeit im Sommer abends nichts mehr unternehmen wollte! Ihr fielen ein paar Gelegenheiten im Sommer ein, wo er vorgeschlagen hatte, abends noch auszugehen. Das war im Juli, als sie viel Arbeit mit den Marmeladen gehabt hatte. Aber die waren doch vor allem für ihn – sie aß morgens lieber ein Ei und Käse. Später hatte er es gar nicht mehr versucht. Nur am Wochenende waren sie einige Male bei Nachbarn gewesen. Na, Marmelade würde sie nie wieder kochen!

Das Beste in ihr hatte sie Roland gegeben. Mit ihm war sie verständnisvoll, großzügig, und nahm ihm alles ab. Sie hatte sich an seiner Seite wohl und sicher gefühlt. Sie brauchte den Rückhalt, den Roland ihr gab. Wie sollte denn ein Leben ohne ihn aussehen? Sie konnte sich das überhaupt nicht vorstellen. Ja, er konnte schon ein wenig bestimmend sein, da musste sie ihren Freundinnen Recht geben. Er war gewohnt, sich durchzusetzen im Betrieb. Sie hatte das nie gestört. Es passte ihr manchmal sogar ganz gut, dadurch musste sie nicht zu allem eine Meinung haben. Sie ergänzten sich eben. Wie sie als Paar wirkten war ihr nicht so wichtig, damit hatte sie abgeschlossen als sie verwunden hatte, dass sie keine Kinder haben könnten.

Keine Kinder zu haben war im Moment gerade ein großer Vorteil, ging Margrit durch den Kopf. Wenn er ginge würde nichts zurückbleiben. Sie konnte eigentlich auch gleich gehen. Dann würde gar nichts bleiben. Kein Leid, kein Nichts. Es war alles unwichtig geworden. Die letzten paar Tage hatten ihr gesamtes Dasein infrage gestellt. Sie griff mechanisch zu ihrem Strickzeug. Aber der fast fertige zweite Strumpf für Roland machte jetzt auch keinen Sinn mehr, er würde sie nicht zu Weihnachten bekommen, weil er sie ohnehin nie tragen würde. Sie wickelte die Wolle auf und legte alles säuberlich in den Handarbeitskorb zurück.

Wie es aussah brauchte sie niemand. Im Geschäft kamen sie inzwischen auch ohne sie zurecht. Sie war zwar am längsten da und hatte die meiste Erfahrung, aber ihre Kolleginnen waren ein nettes und effizientes Team. Sicher würden sie Ersatz für sie finden.

Sie hatte in den letzten Tagen mehrmals versucht, das Gespräch auf ihre Ehe zu bringen, aber Roland wich immer sofort aus. Wenn sie etwas über die Gründe für seine Entscheidung erfahren wollte, brach er das Gespräch ab, einmal ging er sogar aus dem Raum. Dabei musste er doch wissen, wie schwer ihr fiel, sich so angreifbar und verletzlich zu zeigen wie jetzt, und ganz sachlich zu bleiben, obwohl sie mit ihren Nerven völlig am Ende war. Nicht einmal das rührte ihn an. Es war erniedrigend, keine Chance zu bekommen, es zu verstehen!

Wie oft hatte sie seit Sonntag an Momente aus ihrem gemeinsamen Leben gedacht. Am schlimmsten war es abends, wenn sie nebeneinander, aber doch meilenweit entfernt, in ihren Betten lagen. Drei Abende hatte sie mit bittersüßen Erinnerungen verbracht und in ihr Kissen geweint. Denn es kamen nur schöne Momente in ihr hoch – wie war das möglich? Vielleicht brauchte sie nur wenig, um zufrieden zu sein. Sie waren gut miteinander ausgekommen. Sie machte ihm keine Vorschriften, gönnte ihm seine Hobbies,

7.1 Suizidgeschichte: Margrit

auch die Motorradausflüge, die eine Woche oder noch länger dauerten. Wenn es ihm so viel bedeutete, war es für sie selbstverständlich, dass Eheleute Verständnis hatten, wenn der andere allein etwas unternahm. Er war ja nicht lange weg; eine Woche konnte sie sich schon allein beschäftigen. Dann traf sie ihre Freundinnen nach der Arbeit, oder lud sie zum Essen ein, was sie sonst nicht tat. Aber einen Mann der im Außendienst arbeitete oder auf Montage war hätte sie nicht gewollt. Sie hatten sich elf Monate im Jahr. Roland war 2–3 Wochen alleine unterwegs, und sie war immer eine Woche bei Brigitte, und ein paar Wochenenden bei ihren Eltern.

Letzten Sommer hatten sie zum ersten Mal in 20 Jahren eine Beziehungskrise gehabt. Er hatte in seiner Fortbildung eine Frau kennengelernt. Eines Tages spürte sie, dass daraus anscheinend mehr geworden war als eine Lerngemeinschaft. Sie hatte ihn darauf angesprochen. Er hatte eingeräumt, dass sie sich näher gekommen waren und versprochen, das zu beenden. Im August musste sie allerdings von gemeinsamen Bekannten erfahren, dass er die Frau weiter traf – sie waren zusammen in einem Restaurant gesehen worden, in das Roland mit ihr nie gegangen wäre. Da hatte sie ihn erneut zur Rede gestellt und gesagt, dass er sich entscheiden müsse. Damals war er ganz klar gewesen – er würde bei ihr bleiben, sich für sie entscheiden. Sie war stolz auf sich gewesen, diese Entscheidung herbeigeführt zu haben. Und sie hatte ihm geglaubt. Ein paarmal hatte sie ihn gefragt, wo er herkäme, oder wo er jetzt noch hinmüsse. Schließlich musste sie ja auch erst wieder Vertrauen aufbauen. Aber das war die Ausnahme geblieben.

Ende November war Margrit für eine Woche zur Brigitte und ihrer Tochter ins Ausland gefahren. Sobald sie danach das Haus wieder betreten hatte spürte sie, dass etwas anders war. Am Tag darauf, dem Sonntag, hatte er verkündet, dass er nicht mehr mit mir leben könne. Ende August – Anfang Dezember, nur gut drei Monate später konnte er also nicht mehr mit ihr zusammenleben. Wer weiß, vielleicht war die Beziehung mit der anderen Frau die ganze Zeit weitergegangen! Margit wurde ganz schlecht. Und ihr sagte er, sie hätte ihn kontrolliert und eingesperrt! Das konnte doch alles einfach nicht wahr sein!

Selbst an diesem Sonntag hatte sie noch wissen wollen, warum er ginge, was denn nicht stimme. Und nachdem sie standhaft geblieben war, obwohl er sie antrieblos und depressiv genannt hatte, sagte er, er wollte wieder frei und ungebunden sein. Sie hatte ganz kühl zu bedenken gegeben, dass wenn er wieder eine neue Frau habe, er doch wieder gebunden wäre. Darauf hatte er gar nicht reagiert. Als sie hinzufügte, ihm müsse doch klar sein, dass nichts ewig neu bleibe, dass sich immer Gewohnheiten einschleifen, da hatte er sie einfach im Wohnzimmer stehen lassen! Seitdem waren sie sich aus dem Weg gegangen, wenn sie beide zu Hause waren, und heute hatte er dann das Haus komplett verlassen. Er hatte sogar eine eigene Wohnung! Das warf Margrit völlig aus der Bahn.

Trotz allem hatte sie ihn immer noch gern und wollte bei ihm sein. Wenn sie ihm jetzt egal war, dann war sie sich auch egal. Den Hund könne er nehmen, und die Katzen würden bei Frau Schwarz Unterschlupf finden, die hatte eh schon vier, und ein großes Grundstück. Sie sagte sich, dass sie ihn jetzt wirklich gehen ließe. Sie konnte nicht so weitermachen. Und ohne ihn zu leben war unvorstellbar. Dann war das jetzt so. Zum Glück wusste sie, dass sie genug hatte – die Tabletten würden reichen. Und das war viel wert.

7.2 Suizidanalyse: Ich kann mir nicht vorstellen ohne ihn zu leben

Ladislav Valach

Die Patientin schilderte in Tränen ihre letzten Tage vor und nach ihrer Suizidhandlung, als sie eine Medikamentenüberdosis einnahm, und berichtet, dass sie mit ihrem Mann seit zwanzig Jahre verheiratet sei und als junge Frau schwer krank im Rollstuhl saß. Sie möchte, dass wir ihre Suizidhandlung im Rahmen einiger ihrer mittel- und langfristigen Anliegen verstehen.

7.2.1 Langfristige und mittelfristige Anliegen und kurzfristige Handlungen

7.2.1.1 Mittelfristige und langfristige Anliegen der Patientin

Es gab vor allem die „zwanzigjährige Ehe", die der Ehemann nach einer Ehekrise und einer neuen Bekanntschaft aufkündigte und sich weigerte, mit der Patientin darüber zu sprechen. Die Patientin lässt uns verstehen, dass ihr Mann, den sie sehr liebt, ihr ganzes Leben sei: „Ich lebte für ihn in dieser Zeit". Sie habe mit ihm viele schöne Momente erlebt. Sie konnte das nicht verstehen „Ich kann mir einfach nicht vorstellen, dass man nach 20 Jahren sagen kann, dass man einem nichts mehr bedeutet." „Am Sonntag sagte er mir dann, dass er nicht mehr mit mir zusammen sein könne. ... Ich verstand das auch nicht".

Sie berichtete auch kurz von ihrer „Krankheitslaufbahn" als sie als junge Frau mit einer schweren, inzwischen überwundenen Erkrankung an Rollstuhl und Beatmungsmaschine gebunden war und Morphium nehmen musste. Sie machte damals die erste „Erfahrung mit Suizid", da sie mit der Krankheit nicht mehr leben wollte: „Das war einfach kein Leben für mein Alter von 20 Jahren. Damals hatte ich meinem Bruder gesagt, dass das so nicht weiter gehen kann. ... Da sagte ich mir, dass ich das nun nicht durchmachen muss." Als sie nach ihrem zweiten Suizidversuch gerettet wurde, wurde ihr ihre „Suizidlaufbahn" bewusst: „Mir wurde eigentlich erst jetzt bewusst, dass ich nun schon das zweite Mal kurz vor dem Tod gestanden bin."

Es gibt auch einige langfristige Anliegen, welche die Patientin in ihrem Leben positiv sieht, das ihr Ehemann jetzt nicht mehr mit ihr teilen will. Dadurch konnten sie ein, die partnerschaftliche Beziehung belastendes Potenzial entfalten. Die Patientin nennt die „Vollzeitstelle", welche ihr sehr viel Zufriedenheit und Freude bereitet. Sie meint „viel zu arbeiten, da wir keine Kinder haben konnten…", „Kinderlosigkeit", aber „Das

Arbeiten machte mir auch immer Freude. Ich habe auch noch heute Freude an der Arbeit. Meine Arbeit macht mir wirklich Spaß. Wir sind ein sehr tolles Team." Sie erwähnt ebenfalls ihre „Gewichtsprobleme", ihre „Depressivität" („Ich bin immer ein bisschen eine depressive Frau gewesen. … Ich bin keine kontaktfreudige Person. Das Spontane liegt mir nicht sehr. Ich hatte auch immer Mühe mit meinem Gewicht bis zum heutigen Tage. Ich war oft depressiv.") und ihre Liebe zur „Gemütlichkeit". Eine entscheidende Rolle für das Überleben ihres Suizidversuchs spielten ihre „engen Beziehungen zu Freundinnen", die für die Patientin sehr wichtig sind. Sie pflegte diese Freundschaften seit Langem, und suchte in den kritischen Momenten ihrer Ehekrise, unmittelbar vor ihrem Suizidversuch das Gespräch mit ihnen. Dies war zwar nicht möglich, da sie abwesend waren, aber der Ehemann einer Freundin erriet die Gefühlslage der Patientin und benachrichtigte seine Frau, die dann noch im letzten Moment Hilfe zur Patientin schickte. Die Patientin meinte auch, dass sie die Überdosis nicht genommen hätte, wenn sie vorher mit ihren Freundinnen hätte sprechen können. Sie hatte auch ein Patenkind im Ausland und besuchte diese Freundin jedes Jahr. Sie verbrachte dort auch eine Woche mitten in der Ehekrise, was dem Ehemann vermutlich ermöglichte, seine Beziehung zu der anderen Frau zu vertiefen. Einen wichtigen Teil ihres Lebens nimmt auch ihr Anliegen ein, das ihr jetzt über ihre Einsamkeit und ihre Verlassenheitsgefühle hinweghelfen könnte. Es ist ihre „Tierliebe", sie habe einen Hund und zwei Katzen, „Liebe zum Lesen", und ihre „Handarbeiten". Sie konnte damit die Zeit, in der sie alleine war, ausfüllen. Ihre „Beziehung zu Eltern" helfe ihr jetzt, da sie dorthin gehen möchte, wenn ihr Mann aus der gemeinsamen Wohnung ausziehen wird. Schließlich stellt sich auch die Frage nach dem langfristigen Anliegen der Patientin „zu leben", das sie aufgeben wollte, weil sie es der Beziehung zu ihrem Ehemann in einer untergeordneten Rolle sah (mein Leben ist nur für die Beziehung zu meinem Ehemann da und wenn mich dieser verlässt, dann ist mein Leben nicht mehr vorstellbar).

Langfristige Anliegen
Neben dem alles andere überragenden Anliegen „zu leben" gewichtet die Frau die zwanzigjährige „Ehebeziehung" noch höher. Sie deutet an, dass „Gewichtsprobleme" und „Depressivität" sie sehr lange begleiteten, bzw., dass sie sich mit diesen Anliegen lange Zeit beschäftigte. Auch ihr „Berufsleben", ihre Arbeit außerhalb des Hauses steht im Zentrum ihres Erwachsenenlebens. Sie verbindet ihre 100 %-Anstellung mit ihrer „Kinderlosigkeit". Auch ihre Freundinnen stellen für sie langfristige „Freundschaftsbeziehungen" dar. Sie lässt uns verstehen, dass sie dachte, dass sie in einem Gleichgewicht von Problemen und Problemlösungen zusammen mit ihrem Ehemann lebe, bis dieser sie plötzlich verlassen wollte.

> **Zusammenfassung**
> 1. Die Suizidhandlung der Patientin ist nach ihrer Darstellung nur aus ihren langfristigen Anliegen und Zielen zu verstehen. Sie betrachtet die Ehe, das Zusammenleben mit ihrem Mann als unabdingbare Voraussetzung für

ihr Leben. Als sie in der Jugend schwer krank im Rollstuhl saß, sah sie ihre Gesundheit als zwingende Voraussetzung für ihr am Leben bleiben.
2. Sie bezeichnet es als eines ihrer wichtigsten Anliegen, für ihren Mann zu leben. Zudem kämpft sie mit Gewichtsproblemen und ihrer Depressivität. Ihre Freundschaften mit Freundinnen sind ihr ebenso wichtig und die Rolle, die sie ihnen zuschreibt, können wir aus ihrer Bemerkung ablesen, dass sie die Medikamentenüberdosis nicht genommen hätte, wenn ihre Freundin telefonisch zu erreichen gewesen wäre.

Mittelfristige Anliegen und „Projekte"
Das wichtigste mittelfristige Anliegen der Patientin war gewiss die „Beziehungskrise": „Wir hatten einfach eine Beziehungskrise. Er hatte eine neue Frau kennengelernt." Die Patientin erzählt von seiner Ankündigung sie „verlassen wollen" („Am Sonntag sagte er mir dann, dass er nicht mehr mit mir zusammen sein könne. Dann ging das alles weiter. Ich verstand das auch nicht"), von ihren „Streitgespräch" („Da diskutierten wir und stritten uns. Ich wollte wissen warum er dies macht und was dann nicht stimme. Er will wieder frei und ungebunden sein. Ich sagte ihm dann, dass wenn er nun dann wieder eine neue Frau haben wird, dass er dann wieder gebunden sein wird, nur in einer anderen Art. Dieses Neue und Andere kommt mit der Zeit auch wieder in einen Rhythmus hinein und wird zum Alten. Ich denke, dass ich da mit meinen Gedanken nicht so falsch liege." „Da sagte ich ihm, dass wir es dennoch noch einmal probieren wollen"), von ihrer „Reise zur Freundin mit Patenkind" („Ich ging dann für eine Woche in die Ferien zu meiner Freundin und zu meinem Patenkind"), von ihrer „anschließende Begegnung" („Ich kam dann nach Hause. Da spürte ich gleich, dass irgendetwas nicht mehr gut war"), von seinem „Weggang" („Am Mittwoch verließ er dann das Haus. Das gab mir dann einfach noch den Rest"), von ihrem „Gespräch suchen" („Ich versuchte dann noch drei Kolleginnen anzurufen. Aber keine war zu erreichen. Somit konnte ich nicht einmal mit jemandem über alles sprechen") und von ihrer „Suizidhandlung".

Wie zwingend sind diese mittelfristigen Anliegen und kurzfristige Handlungen? Die Frau glaubte sich in einer häuslichen Gemütlichkeit sicher mit ihrem Mann, der aber außereheliche Beziehungen suchte. Der Ankündigung, dass er wegziehen wolle, ging sicher eine längere Zeit voraus, in der er diese außereheliche Beziehung anbahnte, entwickelte und pflegte, bis sie beide bereit waren zusammen zu wohnen. Und erst zu diesem Zeitpunkt informierte er die Ehefrau. Sie erlebte diese Zeit seiner diversen Abwesenheiten in aller Ruhe, überbrückte diese mit Handarbeiten und Lesen und ahnte nichts Böses. Aus ihren Überlegungen zu diesem Geschehen geht hervor, dass sie sich in einer Anspruchshaltung befand: „Er darf nicht einfach davonlaufen. Er muss sich mit der Sache identifizieren können, dazu stehen können vor mir… Er müsste trotz allem noch ein bisschen zu mir halten…". In dieser Zeit, ihren eigenen Gewohnheiten nachgehend, besuchte sie ihre Freundin und ihr Patenkind im Ausland, wie in jedem Jahr. Hätte sie zu Hause bleiben sollen, um sich der Beziehung zu widmen? Hätte dies geholfen? Die

7.2 Suizidanalyse: Ich kann mir nicht vorstellen ohne ihn zu leben

Patientin drückt auch eine fatalistische Einstellung aus: „Ich sagte mir dann einfach, dass ich ihn nun gehen lasse. Ich kann einfach nicht mehr so. Ich kann mir auch nicht vorstellen, ohne ihn zu leben"… Nach dem Suizidversuch meinte sie: „Ich empfinde sehr viel für meinen Mann. Ich weiß nun auch noch nicht, wie ich ohne ihn leben soll." Der Widerspruch der Patientin zwischen der ultimativen Aktivität einer Suizidhandlung und der unendlichen Passivität und der Erwartungshaltung dem Partner gegenüber ist offensichtlich und überraschend.

▶ **Zusammenfassung**
1. Die langfristigen Anliegen der Patientin wurden in einigen mittelfristigen Anliegen umgesetzt. Ihre Beziehung zum Mann wurde in einer Beziehungskrise ausgetragen, in einer Zeit, in der sie der Mann verlassen wollte und als beide über Tage Streitgespräche führten.
2. In dieser Zeit verreiste die Patientin für eine Woche ins Ausland, um ihre Beziehung zur Freundin und zum Patenkind zu pflegen. Am Tag vor dem Suizid versuchte sie noch ihre Freundinnen zu erreichen, um bei ihnen in ihrer Krise Unterstützung zu erhalten, allerdings vergebens.

7.2.1.2 Kurzfristige Handlungen in mittelfristigen Projekten: Arbeit; das gemeinsame Leben; Patientin (P)

Kognition P: Ich arbeitete eigentlich immer Vollzeit. Wir haben ja keine Kinder – wir konnten keine Kinder bekommen. Darum habe ich auch immer gearbeitet.

Kognition P: Ich war auch immer sehr gerne gemütlich zu Hause. Wir liebten das Gemütliche.

Kognition P: Daneben haben wir auch noch drei Tiere; das heißt zwei Katzen und einen Hund.

Kognition P: Das alles füllte eigentlich meinen Tagesplan aus. Ich wollte gar nicht mehr.

Kognition P: Ich habe das (emotionelle Befriedigung) überhaupt nicht gebraucht.

Kognition P: Das machte mir aber nichts aus. Das Arbeiten machte mir auch immer Freude. Ich habe auch noch heute Freude an der Arbeit. Meine Arbeit macht mir wirklich Spaß. Wir sind ein sehr tolles Team.

Suizidhandlung
Nachdem die Patientin ohne Abschied verlassen wurde bemühte sie sich noch, jedoch erfolglos, ihre Freundinnen zu erreichen. Sie meinte später: „Wenn ich in diesem Moment mit jemandem hätte sprechen können, dann wäre dies alles nicht passiert. Ich hätte einfach jemanden gebraucht."

Gemeinsame Handlungen Patientin (P), Mann (M): Trennung

Handlung M: Mein Mann hat mir gesagt, dass er mich verlassen würde, dass er nicht mehr mit mir zusammen leben könne.
Kognition P: (es kam einfach plötzlich aus heiterem Himmel) Das konnte ich einfach nicht verstehen.
Kognition P: Wir hatten einfach eine Beziehungskrise.
Handlung M: Er hatte eine neue Frau kennengelernt.

Gemeinsame Handlung P, M: Da diskutierten wir und stritten uns.
Handlung P: Ich wollte wissen, warum er dies macht und was dann nicht stimme.
Handlung M: Er will einfach wieder frei und ungebunden sein.
Handlung P: Ich sagte ihm dann, dass wenn er nun dann wieder eine neue Frau haben wird, dass er dann wieder gebunden sein wird, einfach nur in einer anderen Art. Dieses Neue und Andere kommt mit der Zeit auch wieder in einen Rhythmus hinein und wird zum Alten.
Kognition P: Ich denke, dass ich da mit meinen Gedanken nicht so falsch liege.
Handlung P: Da sagte ich ihm, dass wir es dennoch noch einmal probieren wollen.
Handlungen P: Ich ging dann für eine Woche in die Ferien zu meiner Freundin und zu meinem Patenkind. Diese Ferien machte ich jedes Jahr.
Handlung P: Ich kam dann nach Hause.
Kognition P: Da spürte ich gleich, dass irgendetwas nicht mehr gut war.
Handlung M: Am Sonntag sagte er mir dann, dass er nicht mehr mit mir zusammen sein könne.
Kognition P: Dann ging das alles weiter. Ich verstand das auch nicht.
Handlung M: Am Mittwoch verließ er dann das Haus.
Kognition P: Das gab mir dann einfach noch den Rest.
Kognition P: Aber wenn er normal einfach einmal weg war, dann hat mir das nichts ausgemacht.
Kognition P: Aber ich hatte immer Mühe mit dem Alleinsein. Ich bin jemand, der nicht gerne alleine ist. Aber das habe ich dann jeweils mit Handarbeiten überbrückt. Oder manchmal habe ich mich auch mit jemandem verabredet.
Kognition P: Aber nun war dieses Endgültige, dieses für immer Weggehen im Spiel. Ich kann mir einfach nicht vorstellen, dass man nach 20 Jahren sagen kann, dass man einem nichts mehr bedeutet.

Suizidhandlung Patientin (P)
Kognition P: Ich verspürte eine Leere...
Handlung P: Ich nahm dann schon bald darauf die Tabletten ein. Am Mittwoch... nachdem er weggegangen war zu einer anderen Frau.
Handlung P: Ich sagte mir dann, dass ich ihn nun gehen lasse.
Kognition P: Ich kann nicht mehr so. Ich kann mir auch nicht vorstellen, ohne ihn zu leben.
Kognition P: Für mich war die Entscheidung klar.

Kognition P: Ja... Es war fertig für mich. Ich wollte und konnte nicht mehr weiter machen

Kognition P: Ich hatte eine schwarze Wand vor mir. Da war es fertig.

Kognition P: Ich empfinde sehr viel für meinen Mann. Ich weiß nun auch noch nicht, wie ich ohne ihn leben soll.

Kognition P: Wir sind nun auch schon lange verheiratet – schon fast 20 Jahre lang. Ich lebte für ihn in dieser Zeit.

Kognition P: Ich hatte die Medikamente schon zu Hause gehabt. Sie waren aber wohlgesagt nicht für diesen Zweck bei mir zu Hause.

Kognition P: Ich wusste einfach, dass wenn ich diese Dosis einnehme, dass das reichen wird. Ich komme ja beruflich aus der medizinischen Sparte. Ich wusste einfach, dass das reichen wird...

Handlungen: Gesprächssuche, Patientin (P), Mann von Freundin (MF)

Handlung P: Ich versuchte dann noch drei Kolleginnen anzurufen. Aber keine war zu erreichen. Somit konnte ich nicht einmal mit jemandem über alles sprechen.

Handlung P: Bei der einen war der Mann zu Hause. Ich habe ihm nur gesagt, dass er ihre einen Gruß von mir ausrichten solle.

Kognition MF: Der Mann hatte aber gemerkt, dass es mir nicht gut ging.

Kognition P: Wenn ich in diesem Moment mit jemandem hätte sprechen können, dann wäre dies alles nicht passiert. Ich hätte einfach jemanden gebraucht.

Suizidhandlung; Patientin (P)

Emotion P: Aber ich fühlte mich so alleine gelassen.

Kognition P: Da sagte ich mir, dass es so keinen Sinn mehr macht.

Handlung P: Und (als ich die Freundin nicht erreicht hatte, dann habe ich zu den Tabletten gegriffen). Ich habe es auf das hin dann gemacht.

Kognition P: Sie (die Medikamente) waren im Badezimmer – im Medikamentenschrank.

Handlung P: Ja. (Ich ging dann ins Bad)

Handlung P: Ich habe sie gleich dort zusammen mit Wasser eingenommen. Danach ging ich dann wieder ins Bett.

Handlung P: Mitten in der Nacht musste ich einmal aufstehen, um zu erbrechen.

Kognition P-: Mehr weiß ich nicht.

Kognition P: Einen Moment lang habe ich an ihn gedacht, dass es schön war mit ihm.

Kognition P: Wir hatten eigentlich nur schöne Situationen – bis auf dieses Erlebnis hier...

Gemeinsame Handlung Patientin (P), Kollegin (K), Mann der Kollegin (MK), Polizei (Pol), Notfallteam (NT): Patientin wird gefunden.

Handlung K, P: Mich hat die Kollegin aufgefunden.

Handlung MK, K: Der Mann der Kollegin, die ich anrufen wollte, hatte ihr ausgerichtet, dass ich angerufen hätte. Diese Kollegin hatte schon am Nachmittag das Gefühl gehabt, dass ich sehr traurig sei. Sie hatte dann einfach das Gefühl, dass irgendetwas nicht stimme.

Handlungen K, Pol, NT: Sie hatte dann der Polizei angerufen. Diese ist dann zu mir gekommen. Die Ambulanz ist auch noch gekommen.

Kognition zu Selbst, Patientin (P)

Kognition P: Ich bin immer ein bisschen eine depressive Frau gewesen. Ich bin keine kontaktfreudige Person. Das Spontane liegt mir nicht sehr.

Kognition P: Ich hatte auch immer Mühe mit meinem Gewicht bis zum heutigen Tage.

Kognition P: Ich war oft depressiv. Aber ich habe nie daran gedacht mir deswegen das Leben zu nehmen.

Kognition P: Ich bin eher eine stille Person. Das braucht für mich schon viel Überwindung...

Suizidintention mit 20; Patientin (P)

Kognition P: Ich hatte früher einmal (mit dem Gedanken gespielt, mich umzubringen) ... Da war ich aber erst 20 Jahre alt.

Kognition P: Da wollte ich nicht mehr leben, weil ich krank war. Dadurch hatte ich das Gefühl, dass es nicht mehr so weitergehen kann.

Kognition P: Ich war im Rollstuhl. Ich kam dann auch noch an die Beatmungsmaschine.

Kognition P: Das war einfach kein Leben für mein Alter von 20 Jahren.

Handlung P: Damals hatte ich meinem Bruder gesagt, dass das so nicht weiter gehen kann.

Handlungen P: Aber ich fing mich dann wieder und habe an mir gearbeitet.

Kognition P: Aber ich hätte in diesem Moment nie etwas eingenommen oder mir etwas angetan.

Handlung P: Ja. Durch die Krankheit hatte ich viel Morphium bekommen.

Kognition P: Als ich dann den Entzug machen musste... Da sagte ich mir einfach, dass ich das nun nicht durchmachen muss.

Kognition P: Mir wurde eigentlich erst am Donnerstag bewusst, dass ich nun schon das zweite Mal kurz vor dem Tod gestanden bin.

Neben den Suizidhandlungen und den, mit der Suizidhandlung zusammenhängende mittel- und langfristige Anliegen, diskutiert die Patientin mit dem Psychologen ihre Sicht ihrer gegenwärtigen Situation, ihrer Erwartungen und Vorsätze, wie auch ihre Vorstellungen zu ihrer Zukunft:

7.2 Suizidanalyse: Ich kann mir nicht vorstellen ohne ihn zu leben

Vorsätze und Erwartungen, Patientin (P)

Kognition P: Er darf nicht einfach davonlaufen. Er muss sich mit der Sache identifizieren können, dazu stehen können vor mir. Ich muss ihn damit konfrontieren können. Er müsste trotz allem noch ein bisschen zu mir halten.

Kognition P: Wir waren nun schließlich 20 Jahre lang verheiratet. Er ging einfach die Treppe hinunter und sagte nicht einmal auf Wiedersehen. Da hatte ich einfach das Gefühl, dass es nun...

Kognition P: Ich kann es mir noch nicht vorstellen... Aber er geht nun. Er hat eine eigene Wohnung. Ich muss mich nun einfach damit abfinden, damit konfrontieren.

Kognition P: Wenn ich da durch komme, dann ist es wieder gut.

Kognition P: Ich kam gerade von meiner besten Freundin aus dem Ausland nach Hause. Ich hatte sehr viel gesprochen mit ihr. Ich weiß auch, dass ich sie nun wieder lange nicht mehr sehen werde. Wir sehen uns nur einmal pro Jahr.

Kognition P: Die anderen Kolleginnen sehe ich im Geschäft. Das gibt mir nun auch wieder ein bisschen Halt.

Kognition P: Ich denke einfach an jemand Außenstehendes, dem ich so viel Vertrauen entgegenbringe – eine gute Freundin.

Gegenwart/Zukunft; Patientin (P)

Kognition P: Im Moment versuche ich einmal mit mir selber fertig zu werden.

Kognition P: ich muss nun einfach einen Weg finden, wie ich das alles bewältigen kann. Da hängt einiges zusammen. Da spielt auch noch das Finanzielle mit hinein. Dann muss ich das einmal überlegen.

Kognition P: Ich lebe einfach von Tag zu Tag. Ich plane nichts im Voraus. Ich gehe einfach von Tag zu Tag.

Kognition P: Ich bleibe dort wo ich bin. Es gefällt mir dort. Es ist ja auch mein Mann, der auszieht. Und wenn ich nach Hause komme und er zu Hause ist, dann geht er gleich.

Kognition P: (Es ist) ein bisschen trübe. Ich habe auch noch einen Hund, welcher mir viel Trost spendet. Ich lese auch viel und mache viele Handarbeiten.

Kognition P: Dann kommen einfach alle Fragen in mir hoch. Warum ist es ihm gleichgültig? Wie kann man seiner Frau so begegnen?

Kognition P: Am Tag kommen diese Gedanken nicht viel. Es ist schon mehr der Fall, wenn ich nach Hause gehe...

Handlungen P: Ja. Diese Woche habe ich nun für jeden Tag etwas abgemacht. So bin ich am Abend nicht zu Hause und kann diesem Problem aus dem Weg gehen.

Handlungen P: Wenn ich dann nach Hause komme, dann gehe ich gleich ins Bett. So geht das alles.

Kognition P: Ich brauche einfach ein bisschen Zeit für mich.

Hilfe holen; Patientin (P)
Kognitionen P: Ich habe auch jemand, bei dem ich mich immer melden kann. Entweder bei Herrn M. (einen Psychiater) oder so. Dort wo ich arbeite gibt es auch einen guten Psychologen. Ich habe auch eine Visitenkarte mit der Telefonnummer für den Fall, dass ich wieder in ein Tief geraten würde.
Kognitionen P: Ich weiß halt auch nicht, ob gleich alle weg wären, wenn ich sie wieder brauchen würde (Freundinnen). Ich kann auch nicht von ihnen verlangen, dass sie wegen mir zu Hause bleiben. Aber ich denke nicht, dass ich es noch einmal machen werde.

Kognitionen zu Medikamenten; Patientin (P)
Kognition P: Ich habe noch Medikamente gegen Kopfweh zu Hause. Aber dieses habe ich nicht mehr. Ich habe alle Tabletten davon eingenommen.
Kognition P: Ich bekomme die gar nicht mehr. Man bekommt diese nur mit einem Rezept. Von hier aus habe ich von einem Psychologen oder einem Psychiater etwas erhalten, sodass ich wenigstens schlafen kann. Er hat mir aber nur wenig gegeben. Er hat mir auch gesagt, dass es nichts nützen würde, wenn ich alle zusammen einnehmen würde.

Handlungen und Kognitionen; Patientin (P), Mann (M): Gegenwart/Zukunft
Kognition P: Er (Mann) ist natürlich immer noch da. Bis alles geregelt ist verstreicht noch einige Zeit.
Gemeinsame Handlungen P, M: Gestern sind wir auf jeden Fall wieder auseinander gegangen. Er war wütend auf mich.
Kognition P: (ich wünsche), Dass es wieder gut wird.
Handlung M, P: Er lässt es nicht zu, dass ich mit ihm spreche.
Handlung P: Ich habe ihm vorgeschlagen zusammen zu jemandem zu gehen.
Handlung M: Aber das braucht er nicht – er hat das nicht nötig.
Handlung M: Er lässt nicht mit sich reden. Ich kann gar nicht. Wenn ich nur mit so etwas anfange, dann geht er. Er läuft dann jeweils einfach davon.
Handlung M: Er sagt einfach, dass das mein Problem sei.
Handlung M: Er geht nun diesen Monat aus der Wohnung raus. Er zieht in seine eigene Wohnung in diesem Monat.
Kognition P: Aber mir wäre es einfach wichtig, wenn wir einmal zusammen sprechen könnten.
Kognition P: Ich muss diese Hoffnung so oder so aufgeben. Er wird auch nicht mehr zurückkommen.
Kognition P: Dann werde ich wohl zu meiner Familie gehen, damit ich in diesem Moment nicht zu Hause sein werde.
Kognition P: Ich muss einfach (mich auf diesen Abschied vorbereiten).
Kognition P: Ich gehe nun so oder so über Weihnachten zu meinen Eltern. Ich habe ihm gesagt, dass ich Weihnachten nicht da sein werde. Da werde ich also

sicherlich in eine andere Stadt zu meinen Eltern gehen. An Silvester arbeite ich. Da bin ich also abgelenkt, da bin ich unter Menschen. Ich werde da auch sicherlich etwas mit anderen Menschen abmachen. Und im neuen Jahr werde ich dann weitersehen.

Emotion P. Ich habe ihn einfach gerne.

Kognition P: Da komme ich schon heraus.

Kognition P: Ja. Ich werde so oder so den Tag hindurch arbeiten. Er wird auch am Tag ausziehen. Also wird wohl einfach ein Zettel auf mich warten.

Handlung M: Er hat mir auch am Sonntag, als ich schnell am Morgen weg war, einfach einen Zettel geschrieben, dass er gegangen sei. Er geht immer dann fort, wenn ich mit dem Hund draussen bin. So sehe ich ihn nicht.

Suizidintention Patientin (P)

Kognition P: Ich glaube es nicht (dass ich Tabletten nehme).

Kognition P: …ich kann im Moment einfach nicht mit hundertprozentiger Sicherheit sagen, dass ich es nicht mehr machen würde. Ich glaube es nicht. Ich würde es einfach wegen so etwas nicht mehr machen – nicht wegen meinem Mann.

Kognition P: Ja. Das ist schon so (es ist einfach vom Tisch). ◄

▶ **Zusammenfassung**

1. Die Patientin führt aus, wie sie die länger- und mittelfristigen Anliegen in Handlungen mit Gedanken und Gefühlen umsetzte. Sie erzählt von ihrer Suizidhandlung in mehreren Anläufen mit neuen Details, von der Trennung von ihrem Mann und über die gemeinsamen Handlungen der Streitigkeiten und Gespräche, die sie zu diesem Thema führten.
2. Sie beschreibt im Anschluss die Handlungen, wie sie ihre Freundin nicht erreichte und dafür mit dem Ehemann dieser Freundin sprach, die Handlungen der Bekannten, der Polizei und der Ärzte im Notfalldienst als sie gefunden und behandelt wurde.
3. Sie äußert auch mehrere Gedanken zu sich selbst, beschreibt ihre Handlungen aus der Jugend, als sie erkrankte und suizidal wurde.
4. Anschließend spricht sie über ihre gegenwärtigen Absichten und Erwartungen, ihre zukünftige Suizidalität, sowie ihre Problemlösestrategien in existenziell bedrohlichen Krisen.

7.2.2 Probleme der Handlungsorganisation

Wie die Patientin ihre Beziehungs- und Suizidkrise beschreibt deutet darauf hin, dass sie ihre langfristigen und mittelfristigen Anliegen in einer Ordnung hielt oder lebte, die ihrem Überleben nicht dienlich war. Sie machte ihr Leben von dem Fortdauern ihrer ehelichen Beziehung abhängig und identifizierte ihr Leben mit der Beziehung zu ihrem

Mann: „Ich lebte für ihn in dieser Zeit". Als ihr Mann dann die Beziehung beendete, meinte sie „Ich kann mir auch nicht vorstellen ohne ihn zu leben." „Ich weiß nun auch noch nicht, wie ich ohne ihn leben soll…" „Aber ich fühlte mich einfach so alleine gelassen. Da sagte ich mir einfach, dass es so keinen Sinn mehr macht." Auf eine andere unklare oder problematische Zielordnung weist auch die Entscheidung der Patientin, in der Ehekrise für eine Woche ins Ausland zu verreisen, anstatt sich dem Anliegen, die Ehekrise zu bewältigen, zu widmen. Eine andere Art der Probleme in der Handlungsorganisation der Patientin könnten wir in ihrem langjährigen Zusammenleben mit ihrem Mann sehen. Sie sagte, für ihren Mann gelebt zu haben. Sich symbiotisch in eine Beziehung einzubringen hat oft zur Folge, dass die Kommunikation, die das Denken und Fühlen im gemeinsamen Handeln bzw. Projekten darstellt, unterlassen wird. Die Patientin richtete sich gemütlich im Eheleben ein. Sie meinte, dies hätte ihnen beiden entsprochen. Die Tatsache jedoch, dass ihr Mann ihr aus heiterem Himmel offenbarte, er ziehe aus, zeigt, dass die Patientin ihr eigenes Denken und Fühlen für das Denken und Fühlen des Paares hielt. Ihr Mann dachte und fühlte offenbar anders. Schließlich lässt uns auch das Vorgehen der Patientin, als sie zu Tabletten griff, als sie keine ihrer Freundinnen erreichen konnte vermuten, dass auch hier ihre Handlungsorganisation durcheinander kam. Selbstverständlich können wir ihren emotionalen Zustand verstehen, den sie in einem Gespräch nicht auflösen konnte. Aber emotionale Prozesse gehören zum Handeln, und gestalten dieses Handeln mit. Von Interesse ist auch, dass die Patientin die Wirkung der Tabletten sehr gut einschätzen konnte, da sie in einem Gesundheitsberuf arbeitet. Den ultimativen Schutz des Lebens, das in Gesundheitsberufen zur höchsten Maxime gehört konnte sie sich jedoch nicht vergegenwärtigen. Auch dies gehört zu den Problemen der Handlungsorganisation.

▶ **Zusammenfassung**
1. Das wichtigste Problem der Handlungsorganisation auch dieser Patientin ist, dass sie andere Anliegen ihrem Leben vorzieht, bzw. ihr Leben von der Verwirklichung dieser Anliegen abhängig macht. Für sie war dies das Zusammenleben mit ihrem Mann.
2. Ein weiteres Problem in ihrer Handlungsorganisation war ihr Verreisen während der Beziehungskrise. Obwohl diese Beziehung ihr wichtiger war als ihr Leben, ging sie dennoch einem anderen Anliegen nach, der Pflege der Beziehung zur Freundin und zum Patenkind.
3. Über ein anderes Problem in ihrer Handlungsorganisation zeugt ihre Verwechslung ihres eigenen Denkens und Handelns mit dem Denken und Handeln des Paares. Ihr Anliegen, mit dem Mann symbiotisch zu verschmelzen hat zur Folge, dass sie ihre eigenen Gedanken und Gefühle für das Denken und Fühlen des Paares sowie des Ehemannes hielt. Die Gedanken des Paares stellt ihre Kommunikation dar, die aber in diesem Falle unterlassen wurde.

4. Die letzte und fatale Handlungsordnungsproblematik offenbart sich in der Unfähigkeit der Patientin, ohne ein Gespräch mit ihrer Freundin von ihrer Suizidhandlung abzulassen, auch wenn sie später meint, hätte sie mit ihr sprechen können, wäre dies nicht passiert.

7.2.3 Bewusst vorbereitet oder spontan vorgenommen?

Die Patientin erlebte zwar in ihrer Jugend eine Zeit, in der sie keine Zukunft sah und suizidale Gedanken hatte, aber diesen gegenwärtigen Suizidversuch bereitete sie nicht von langer Hand vor. Sie beschäftigte sich allerdings mit dem Suizid, als sich die Ehekrise über mehrere Tage immer weiter zuspitzte. Der Gedanke, „ich kann ohne ihn nicht leben", verfestigte sich immer weiter. Auf der anderen Seite suchte sie ein Gespräch mit einer guten Bekannten, die aber nicht zu Hause war und meint „Wenn ich in diesem Moment mit jemandem hätte sprechen können, dann wäre dies alles nicht passiert. Ich hätte einfach jemanden gebraucht". Aber sie wurde nicht durch das Vorhandensein der Medikamente zum Suizid animiert. Sie wählten den Tod, ihren Suizid, als ernsthafte Option aus, um die in ihren Augen hoffnungslose Situation zu beenden.

▶ **Zusammenfassung**
1. Die Patientin entwickelte ihre Suizidabsicht in der Ehekrise als eine Problemlösestrategie und griff nicht in einem unkontrollierten Affektausbruch nach Medikamenten.

7.2.4 Probleme der Handlungsüberwachungsprozesse

Weiter oben wiesen wir darauf hin, dass die Patientin ihre individuellen Monitoringprozesse für die Monitoringprozesse im gemeinsamen Handeln und gemeinsamen mittelfristigen Anliegen hielt. Dies führte zur Missinformation in beiden, in den gemeinsamen, wie in den individuellen Handlungen, da sie von den Monitoringprozessen des Ehemannes nicht genug wusste, weil sie diese nicht kommunizieren mussten. Die Patientin berichtet auch mit Erstaunen einen Austausch mit ihrem Mann „Er sagt ja, dass ich die Schuld tragen würde. Ich hätte ihn eingesperrt. Er wäre nun 20 Jahre lang in einem Käfig gewesen. Ich sagte ihm einfach, dass das doch ein bisschen komisch sei, wenn er dies erst nach 20 Jahren feststellen würde. Er hätte auch früher einmal… Ich bin mir wirklich einfach nicht bewusst, dass ich ihn jemals eingesperrt hätte. Er konnte wirklich alles machen was er wollte."

Ebenfalls ist dies auch ein Problem in den Handlungen der Patientin, da sie sich um ihre Ziele in der Beziehung nicht adäquat kümmern konnte. Sie bezeichnete sich weiterhin als eine stille Person, was auf ihre sehr sparsame und wahrscheinlich auch lückenhafte Kommunikation hinweist. Auch dies prägte den gegenseitigen Austausch mit.

Zudem konnte sie um ihre eigenen Handlungen und ihre Wirkung auf ihr eigenes Leben wenig wissen, da sie nach ihren Worten für ihren Mann lebte. Ein anderes Problem der Monitoringprozesse ist auch der Rückgriff der Patientin auf ihre Erinnerung der Suizidintention, die sie als Zwanzigjährige hegte. Wir konnten zeigen (Ventrice et al. 2010), dass solche Erfahrungen einen Suizidversuch begünstigen. In der kritischen Situation monitort die Person nicht die Bedeutung der gegebenen Situation adäquat, sondern greift auf eine präformulierte Suizidintention in der Erinnerung zurück.

▶ **Zusammenfassung**
1. Zu den wichtigsten Problemen der Überwachungs- und Monitoringsysteme gehört bei dieser Patientin die Verwechslung des eigenen individuellen Monitorings mit dem Paarmonitoring. So hielt sie ihre Gedanken und Gefühle für die Gedanken und Gefühle des Paares.
2. Zum anderen Problem gehört der Rückgriff der Patientin auf ihre Suizidalitätserfahrung vor vielen Jahren. Die damalige existenzielle Bedrohung erlebte sie jetzt wieder, auch wenn diese Situationsinterpretation in den Augen vieler anderer nicht zutraf.

7.2.5 Probleme der Handlungsenergetisierung

Über die emotionale Energetisierung des Suizidhandelns der Patientin zu sprechen bedeutet oft, sich mit den Emotionen unmittelbar vor dem Suizidversuch zu beschäftigen. Die Patientin berichtete, dass sie eine Leere verspürte, mit der wahrscheinlich ihre ganze Lebensenergie entschwand, sodass sie sich suizidieren wollte. Sie verbindet dies aber vor allem mit ihrer deklarierten Unfähigkeit, ohne ihren Mann zu leben. Viel emotionale Energetisierung erlebte sie in ihrer Arbeit: „Meine Arbeit macht mir wirklich Spaß. Wir sind ein sehr tolles Team." Auf die Frage, ob sie auch zu Hause emotionale Befriedigung fand, meinte sie: „Nein. Ich habe das überhaupt nicht gebraucht." Wir können vermuten, dass die emotionale Energetisierung in der Beziehung zu kurz kam. Während diese der Patientin nicht fehlte, berichtet sie, wie ihr Ehemann dies beklagte: „Er sagt ja, dass ich die Schuld tragen würde. Ich hätte ihn eingesperrt. Er wäre nun 20 Jahre lang in einem Käfig gewesen. Ich sagte ihm einfach, dass das doch ein bisschen komisch sei, wenn er dies erst nach 20 Jahren feststellen würde. Er hätte auch früher einmal… Ich bin mir wirklich einfach nicht bewusst, dass ich ihn jemals eingesperrt hätte. Er konnte wirklich alles machen was er wollte." Dies zeugt auch von den oben angesprochenen Kommunikationsproblemen des Paares.

▶ **Zusammenfassung**
1. Die Patientin lässt uns vermuten, dass sie vor allem ihr Handeln im Beruf und eventuell auch ihre Beziehungen zu Freundinnen als energetisiert erlebte.

2. Zu Hause habe sie die emotionale Energetisierung nicht gesucht. Zudem bezeichnet sie sich als mit depressiven Zuständen kämpfend, was auf ihre mangelnde Energetisierung hindeutet.

7.2.6 Suizid und das interaktive und gemeinsame Handeln

Auch im Suizidversuch dieser Patientin ist die Bedeutung des gemeinsamen Handelns, der Interaktion und Kommunikation, sowie der Beziehung nicht zu übersehen. Dies ist in mehreren Belangen der Fall. Es ist zunächst die angekündigte Trennung, die der Ehemann vorhatte, welche die Patientin in ihrer Suizidentscheidung anführt. Es ist dann auch das bald zwanzigjährige Zusammenleben, das die beiden so unterschiedlich einschätzen. Während sich die Patientin als sehr liebend und ohne ihren Mann nicht leben wollend versteht, bezeichnet der Ehemann die zwanzig Jahre als Leben im Käfig. Nicht zuletzt ist es auch die emotionale Integration der Patientin in ihrem Team am Arbeitsplatz, wo sie gerne hingehe. Und schließlich sind es die gemeinsamen Handlungen mit ihren Freundinnen, von denen die Patientin meint, wenn sie mit ihnen hätte sprechen können, dann hätte sie die Überdosis an Medikamenten nicht eingenommen. Am Ende war es einer ihrer Freundinnen, welche die unheilvollen Absichten der Patientin in der hinterlassenen Nachricht spürte und die Patientin kurz vor Mitternacht gemeinsam mit Polizei rettete. Zu diesem Bereich, wenn auch nur am Rande, gehört die Tatsache, dass der Ehemann der Patientin sie verließ, als er seine neue Beziehung nicht mehr geheim halten konnte. Es bestätigt sich hier, dass einem Suizid zwar eine individuelle Verantwortung zu Grunde liegt, dass es sich aber bei suizidalen Prozessen um interaktive, kommunikative Beziehungsprozesse handelt, und diese zum Verständnis des suizidalen Geschehens miteinbezogen werden müssen.

▶ **Zusammenfassung**
1. Die Patientin bezeichnet mehrere gemeinsame Handlungen als entscheidend für ihre Suizidhandlung. Beiden ist aber das nicht „konsumiert werden" gemeinsam. Ihr Ehemann will sie verlassen und ihre Freundin ist nicht zu Hause, als sie sie in ihrer Krise anrief.
2. Dennoch wird diese Kontaktaufnahme lebensrettend, denn der Ehemann der Freundin und die Freundin selbst vermuten Schlimmes und holen rechtzeitig Hilfe.
3. Zum interaktiven Charakter der Suizidhandlung der Patientin gehört auch das gemeinsame Gestalten der zwanzigjährigen Beziehung. Während die Frau sich zufrieden zeigt, offenbart ihr Mann, sich wie in einem Käfig zu fühlen.

7.2.7 Das Gespräch der Frau mit einem Psychologen

Die besorgte Frau nimmt die Aufgabe des Interviewpartners „…was dazu geführt hat, dass sie im Spital gelandet sind" an, und berichtet dann in neun kurzen Sätzen in der **1. gemeinsamen Handlung** über ihre Tragödie. Auf Anfrage ergänzt sie noch ihre Gefühle „Leere", den Zeitpunkt der Überdosierung und ihre Gedanken „Ich kann mir auch nicht vorstellen ohne ihn zu leben." In der **2. gemeinsamen Handlung** spezifiziert sie kurz die Angaben zu ihrer Ehe und berichtet über das letzte Streitgespräch vor dem Suizidversuch. Die **3. gemeinsame Handlung** hat die Suizidhandlung der Patientin zum Gegenstand. Wie sie Hilfe suchte und nicht fand, ihre Medikamente holte und einnahm, kurz an die schönen Momente der Ehe dachte „wir hatten eigentlich nur schöne Situationen – bis auf dieses Erlebnis hier…" und wie sie dann aufgefunden wurde, was sie nur aus den Berichten von anderen weiß. In der **4. gemeinsamen Handlung** beschäftigen sich beide, die Patientin und der Psychologe, mit allem „…was noch dazu (zu diesem Suizidversuch) gehört." Die Patientin beschreibt sich als depressiv, still, nicht spontan und wenig kontaktfreudig. Sie berichtet dann über ihre erste Suizidintention, als sie mit zwanzig im Rollstuhl, an der Beatmungsmaschine und in einem Morphium-Entzug nicht mehr leben wollte. Jetzt realisierte sie „…, dass ich nun schon das zweite Mal kurz vor dem Tod gestanden bin." Eine Alternative zum Suizid in einer solchen kritischen Situation, wie sie die Patientin jetzt erlebte wird in der **5. gemeinsamen Handlung** gesucht. „Wenn ich in diesem Moment mit jemandem hätte sprechen können, dann wäre dies alles nicht passiert." Es müsse jemand außerhalb der Familie sein, der der Patientin jedoch sehr nahe stehe. Die **6. gemeinsame Handlung** sucht eventuelle offene Projekte der Patientin und sie kommt auf ihre Arbeit, die sie sehr mag. Dies führte sie, zusammen mit ihrem Lebensstil in der **7. gemeinsamen Handlung** aus und berichtet von ihrem Alltag, wie sie neben der Arbeit ihren Hund und ihre Katzen besorgte, ihre Freundschaften pflegte und sich zu Hause wohl fühlte, während ihr Ehemann oft außerhalb des Hauses aufhielt. „Ich muss einfach einen Weg finden, wie ich das alles bewältigen kann" kann als Motto der **8. gemeinsamen Handlung** gesehen werden. In der kurzen **9. gemeinsamen Handlung** diskutieren sie das Vorhandensein der Medikamente. Die **10. gemeinsame Handlung** ist der gegenwärtigen Beziehung der Patientin zu ihrem Ehemann gewidmet. Sie wünsche sich „…, dass es wieder gut wird, dass es ihr „… wichtig wäre, wenn wir einmal zusammen sprechen könnten." In der **11. gemeinsamen Handlung** versucht der Psychologe die gegenwärtige Suizidalität der Patientin zu erkunden und der Patientin die nicht-destruktiven Alternativen in Bewusstsein zu rufen. Mit der **12. gemeinsamen Handlung** beenden sie das Gespräch.

▶ **Zusammenfassung**
1. In den drei gemeinsamen Handlungen definieren die Gesprächspartner ihre Aufgabe und die Patientin erzählt über ihre Beziehungskrise, ihr Gefühl der Leere bei der Vorstellung, ohne ihren Mann leben zu müssen.

Sie spezifiziert kurz die Angaben zu ihrer Ehe und spricht über das letzte Streitgespräch vor dem Suizidversuch, beschreibt dann die Suizidhandlung, wie sie Hilfe suchte und nicht fand, ihre Medikamente holte und einnahm, kurz an die schönen Momente der Ehe dachte und wie sie dann aufgefunden wurde.
2. In der 4. gemeinsamen Handlung beschäftigen sie sich damit, was noch zu diesem Suizidversuch gehört. Die Patientin beschreibt sich als depressiv, still, nicht spontan und wenig kontaktfreudig. Sie erzählt über ihre erste Suizidintention, als sie mit zwanzig im Rollstuhl saß und nicht mehr leben wollte. Eine Alternative zum Suizid in einer Krisensituation wird in der 5. gemeinsamen Handlung gesucht.
3. In der 6. gemeinsamen Handlung kommt die Patientin auf ihre Arbeit zu sprechen, die sie sehr mag. In der 7. gemeinsamen Handlung erzählt sie von ihrem Alltag, wie sie sich neben der Arbeit um ihren Hund und ihre Katzen kümmerte, ihre Freundschaften pflegte und sich zu Hause wohl fühlte, während ihr Ehemann oft außerhalb des Hauses weilte. In der 8. gemeinsamen Handlung überlegt sie, wie sie sich mit der neuen Situation abfinden wird. Das Vorhandensein von Medikamenten, die gegenwärtige Beziehung der Patientin zu ihrem Ehemann und die aktuelle Suizidalität der Patientin werden dann in den letzten drei gemeinsamen Handlungen angesprochen.

7.2.8 Das Selbstkonfrontations-Interview

Bei der gemeinsamen Sichtung der Videoaufnahme des Gesprächs berichtet die Frau im **1. Abschnitt,** wie schlimm es für sie sei, sich selbst zu sehen: „…Ich finde es sehr schlimm.", „Ich finde, dass ich schrecklich aussehe…", „…Ich empfinde mich einfach als sehr komisch auf diesem Videoband. Ich habe das Gefühl, dass das nicht ich bin." Auf Anfrage verneint sie jegliches Unbehagen oder Vorbehalte ihrem Gesprächspartner gegenüber im Videointerview. Im **2. Abschnitt** erwähnt sie noch zusätzlich, unmittelbar vor dem Einschlafen oder Bewusstseinsverlust daran gedacht zu haben „…was sein wird, wenn mich jemand finden würde…". Ihre Gefühle während des Interviews und dann auch während der Selbstkonfrontation beschreibt sie als „…Da war es sehr schwer für mich. Da kamen schon Emotionen in mir hoch. Nun ist es nicht mehr gar so schlimm. Aber es ist immer noch…" Im **3. Abschnitt** bestätigt sie, dass sie sich auch in der Videoaufnahme so wie zur Zeit des Suizidversuchs fühlte „Ich fühle mich gleich wie damals.". Zudem bot sie eine zusätzliche Information an, wie sie nach dem Suizidversuch wütend war, dass sie überlebte: „Am Donnerstagmorgen (Überdosis am Mittwochabend) hatte ich eine große Wut auf die Kollegin, dass sie überhaupt gekommen ist. Heute habe ich dieses Gefühl nicht mehr so stark. Aber ich wollte wirklich einfach nicht mehr weiterleben." Zusätzliche Information zu ihrem Leben und der außerehelichen Beziehung des Mannes gibt die Patientin im **4. Abschnitt** an „Er macht ja eine Schule und dort hat er eine Bekanntschaft gemacht. Eines Tages merkte ich dann, dass da noch mehr läuft als nur zur Schule zu gehen mit ihr. Er hat mir dann versprochen, dass er mit ihr aufhören werde. Aber im Nachhinein erfuhr ich einfach, dass diese Beziehung immer weiter ging und andauerte." „Ich habe ihm dann gesagt, dass es nur entweder ich oder sie gebe. In einer Dreier-Beziehung, da mache ich einfach nicht mit. Da sagte er mir dann, dass er bei mir bleiben würde. Er sagte mir ganz klar, dass er sich für mich entscheiden würde. Ich glaubte ihm das auch." „Im August sagte er mir einfach, dass er bei mir bleiben würde, und dass er sich für mich entschieden hätte. Und nun sagte er mir im November, dass er nicht mehr mit mir zusammenleben könne. Aber das ging nun scheinbar immer weiter. Ich weiß nicht, vielleicht habe ich all das einfach immer die ganze Zeit verdrängt." Etwas Weiteres über ihren Gedankengang in der Suizidhandlung verrät die Patientin in diesem Abschnitt: „Ich machte das auch nicht seinetwegen. Aber das war einfach eine sehr kurze Nacht für mich. Führerloser geht es gar nicht." Die Bedeutung eines Gesprächs in einer Krisensituation, wie sie die Patientin erlebte, unterstreicht sie nochmals: "Ich glaube einfach, dass ich es dann (wenn die Freundin erreichbar gewesen wäre) nicht gemacht hätte. Wenn man in einem solchen Moment jemanden zum Sprechen hat, dann flacht das schon sehr viel ab." Im Gespräch mit ihrer Freundin, mit der sie vor ihrem Suizidversuch zu Mittag aß, konnte sie die Freundin auf ihren emotionalen Zustand hellhörig machen, ihren Suizidversuch hat diese Begegnung aber nicht verhindert, wie sie in der Selbstkonfrontation ergänzt. Zum Glück schöpfte die Freundin einen Verdacht und verschaffte sich in der Nacht Zugang zur Wohnung der Patientin. In diesem Abschnitt der Selbstkonfrontation lässt die Patientin ihre ambivalente Haltung zum möglichen Suizid erkennen: „Also, am nächsten Morgen, da war ich nicht froh, dass ich noch lebte." „Aber ich denke, dass je länger die Tat zurück liegt, desto mehr kann man es akzeptieren." „Ich denke, dass ich es noch einmal machen würde, wenn ich nochmals in die gleiche Situation geraten würde." „Heute wäre das nicht der Fall. Aber wenn ich nun noch gerade einmal in ein Loch fliegen würde, dann…" „Wenn er es drei Tage später gemacht hätte, dann hätte ich es sehr wahrscheinlich dann gemacht. Es ist sicherlich so, dass alles zusammen spielte." Sie ergänzt in diesem Abschnitt, dass sie unmittelbar vor dem Suizidversuch mit ihrem Ehemann noch zu Abend aß, sie dabei stritten und als er wegging, nahm die Patientin die Überdosis ein. Im **5. Abschnitt** der Selbstkonfrontation erfahren wir mehr über die Gefühle der Patientin und die Probleme, die sie bei der Aufarbeitung des Geschehens noch zu überwinden hat „Auch wenn er nun heute sagen würde, dass er bei mir bleiben wolle, ich würde ihn immer noch wollen." „Ich bin ja aber die Schuldige.", „Er sagt ja, dass ich die Schuld tragen würde. Ich hätte ihn eingesperrt…" Bald scheint die Patientin die Intention einer solche Aussage zu verstehen „Das war wohl um mir am Schluss einfach noch einmal eins auszuwischen. Er wollte wohl, dass es mich noch mehr schmerzt.", ergänzt dann aber ausgleichend „Ich möchte sagen, dass es in einer Beziehung immer zwei braucht. Ich habe sicherlich auch Fehler gemacht." Aufkeimende Zuversicht kann man auch in ihrer Überlegung spüren „Ich weiß nicht wie ich in einem halben Jahr sprechen werde. Vielleicht wird dann alles anders sein." Es kann vermutet werden, dass das Gespräch, aber auch das anschließende Selbstkonfrontationsinterview an diesem Prozess beteiligt sind. „Mir ging nun noch durch den Kopf, dass es gut ist, das alles noch einmal hören zu können." „Das Bewusstsein wird dadurch stärker. Man sieht alles was man gemacht hat. Ich aß nun einfach alles nur immer in mich hinein und versuchte es so zu verarbeiten. Aber so wird es nun deutlicher für mich. Es wird mir so klar, was ich alles gemacht habe." Im **6. Abschnitt** berichtet die Patientin über ihre gegenwärtige Situation zu Hause. Der Mann lebe noch in der Wohnung, werde demnächst ausziehen und sie leben wortlos nebeneinander. Zum Schluss der Videoselbstkonfrontation (**7. Abschnitt**) lässt die Patientin noch eine zusätzliche Hoffnung durchblicken „Ich weiß einfach, dass ich da nun einmal durch muss. Wie es mir dann wirklich ergehen wird, das werde ich dann sehen." „Aber vielleicht bin ich am Schluss froh, wenn er gegangen ist." „Mir wurde einfach nur noch einmal bewusst, dass es so ist wie es nun ist."

▶ **Zusammenfassung**
1. Konfrontiert mit den Videoaufnahmen äußert sich die Patientin im 1. Abschnitt sehr abwertend über sich. Sie erzählt dann im 2. und 3. Abschnitt, wie sie beim Gespräch die Gefühle spürte wie in der Krise vor dem Suizid. Zudem verrät sie, dass sie auf ihre Freundin, die ihr das Leben rettete sehr wütend war, da sie wirklich sterben wollte. Im 4. Abschnitt informiert sie, dass sie die außereheliche Beziehung ihres Mannes bereits früher vermutete und sie darüber sprachen.
2. Die Patientin erzählt dann, wie lange sie brauchte, um zu akzeptieren, dass sie lebt, wie sie ihre Situation mit Ehemann aus unterschiedlichen Blickwinkeln zu beobachten lernt und wie wichtig es für sie sei, am Gespräch und der Videoselbstkonfrontation teilzunehmen, weil sie sich über Einiges mehr Klarheit verschaffen könne.
3. Im 6. Abschnitt erzählt sie von der gegenwärtigen Situation zu Hause und lässt im letzten Abschnitt eine gewisse Akzeptanz durchblicken.

Fall 6

8.1 Suizidgeschichte: ein junger Mann

Annette Reissfelder

Was sollte das Leben für einen Sinn haben, wenn der Mensch, mit dem alles ganz leicht war, einfach wieder verschwand aus dem eigenen Leben, und es sonst niemanden interessierte, was man fühlte? Inzwischen war er nicht mehr fähig, seine Gefühle abzuschalten und einfach nur zu funktionieren. Auch jetzt hätte es durchaus einiges gegeben, womit er sich hätte ablenken können. Er hatte einen ganzen Ordner mit Schulungsunterlagen auf dem Tisch, und konnte die Modelle noch nicht sicher auseinanderhalten… Seine neue Firma war eine gute Firma, er fühlte sich unterstützt. Die Personalchefin hatte ihm am Montag Herrn Brauner zur Seite gestellt, als er sich bei ihr ausgeweint hatte. Herr Brauner war nett und erfahren und übernahm immer sofort, wenn er an Marco die kleinste Unsicherheit wahrnahm beim Kunden. Mehr konnte er sich nicht wünschen.

Wenn er nicht mit Monika zusammensein konnte, hatte er sich in den letzten Monaten meist einsam gefühlt – er lebte nicht gern im Hotel, in der neuen Wohnung hatte er sich noch nicht gut eingerichtet. In der früheren, in der er und Marlies so lange gewohnt hatten, standen noch sein Lieblingssessel und ein paar Kisten im Keller. Er hatte keinen Schlüssel mehr, und hätte sich erst mit ihr absprechen müssen, wenn er die Sachen holen wollte. Aber wozu – das Chaos in seiner Wohnung war groß genug gewesen, nicht einmal die Hälfte der Kisten war ausgepackt, obwohl er trotz der vielen Geschäftsreisen schon über drei Wochen dort wohnte. Er hatte sich noch nie etwas Richtiges gekocht hier. Das konnte daran liegen, dass er den Schuhkarton mit den Gewürzen, die er mit Töpfen und Pfannen in einen Umzugskarton gepackt hatte, bisher noch nicht gefunden hatte. Und wozu alles neu kaufen, wenn er es schon hatte. Nur Salz für sein Sonntagsei hatte er gekauft. Ansonsten hatte er zu Hause abends immer Käsebrot mit Tomaten, und morgens Müsli mit Joghurt und Bananen gegessen. Das war jetzt vorbei!

Mit Marlies war es ihm im Januar nicht schwergefallen, das Ende zu akzeptieren. Sie hatten schon lange nicht mehr richtig sprechen können, nur irgendwie friedlich nebeneinander gelebt, bevor Marlies angefangen hatte, ihr Ausland-Praktikum zu planen. Das war für ihn das natürliche Ende gewesen. Marlies hatte sich schon vorher immer mehr zurückgezogen. Irgendwann hatte sie ihm gesagt, dass er sich an sie klammere, dass sie sich dem entziehen wollte. Und etwas Ähnliches hatte er jetzt von Monika gehört. Was stimmte denn nicht mit ihm? War er gar nicht fähig, eine Beziehung einzugehen, in der es nicht nur um ihn ging? Belastete er seine Partnerinnen wirklich so stark? Dabei hatte er mit Monika so viel besser sprechen können, auch über sich!

Die Frühlingstage mit Monika waren so vielversprechend und unbeschwert gewesen – zum ersten Mal hatte er über die Dinge reden können, die ihn lange belasteten, und die er nicht einmal für sich je ausgesprochen hatte. Und obwohl er sich mit Monika auf einmal öffnen konnte, war auch diese Beziehung letztlich nicht positiv verlaufen, sondern endete, noch bevor sie richtig begonnen hatte. Es hatte ihn sehr erschrocken und verunsichert, dass er sie überfordert hatte mit seinen Problemen. Es war so traurig – wenn er redete, verlor er seine Freundin – und vorher, als er nicht geredet hatte, hatte er lange Jahre eine Beziehung. Er spürte, dass er nicht zurück konnte und wollte ins Schweigen. Aber die Veränderung brachte ihn nicht dahin, wohin er eigentlich wollte.

Monika war lieb gewesen, und direkt besorgt, nachdem er ihr gleich nach dem Versuch alles erzählt hatte – auch, dass er nicht wollte, dass sie sich Schuldgefühle machte. Sie war ja noch so jung! Deshalb hatte er aufgeschrieben, dass weder sie noch seine Mutter Schuld träfe. Sie meinte, es sei gut gewesen, dass er es nicht geschafft hatte, nicht einmal im zweiten Anlauf. Ja, es war doch etwas anderes, in der Ausbildung auf etwas zu schießen, als die Waffe gegen sich zu richten. Er hatte es nicht fertiggebracht. In dem Moment hatte er es dann schon nicht mehr gewollt, und wollte stattdessen lieber zu ihr und ihr alles erzählen.

Auch wenn sie ihm danach klar gesagt hatte, dass sie nicht mehr zusammen kommen könnten, dass er professionelle Hilfe bräuchte, und wieder, dass sie das alles überfordere, hatte sie ihm das Versprechen abgenommen, es nicht mehr zu versuchen. Auch dass sie ihrem Vater alles erzählt hatte war ja ein Zeichen, dass sie ihn noch mochte. Ihr Vater hatte den Abend mit ihm verbracht, ihm die Pistole weggenommen und ihm sogar angeboten, dass er bei ihnen im Gästezimmer übernachten könne.

Er hatte noch nie jemanden gehabt, mit dem er so mühelos hatte reden können wie mit Monika, sogar in dieser besonderen Situation. Er hatte alles getan, was er Monika versprochen hatte: er war bei seinem Hausarzt gewesen, und sogar in seiner Personalabteilung. Die hatten sehr verständnisvoll reagiert und Herr Brauner nahm ihn jetzt unter seine Fittiche. Auch der Arzt hatte ihn sehr unterstützt. Die letzte Woche war eigentlich nicht schlecht gewesen. Deshalb hatte er auch die ganze Woche nicht mehr daran gedacht, einen weiteren Anlauf zu nehmen. Im Gegenteil, er hatte sich dank Herrn Brauner gleich viel wohler gefühlt auf der Arbeit. Abends hatte er insgesamt erfolgreich versucht, sich abzulenken, und wenn er merkte, dass er wieder ins Grübeln geriet, mit Freunden und Kollegen etwas unternommen. Außerdem hatte er den Rat des Arztes befolgt und angefangen, seine Gedanken in Worte zu fassen, als Vorbereitung auf ihr nächstes Gespräch. Da ging es ihm dann schon besser, aber der Arzt hatte nicht viel Zeit, sodass sie gar nicht über seine Notizen gesprochen hatten. Dabei hatte er die entscheidenden Dinge zu Papier gebracht – über die Scheidung seiner Eltern und wie alleingelassen und orientierungslos er sich nur mit seiner Mutter gefühlt hatte.

Die Arbeit in der Wohnung hatte ihn den ganzen Samstag in Beschlag genommen. Sogar seine Gewürzkiste hatte er gefunden. Es war noch nicht alles fertig, aber die Wohnung war jetzt völlig funktional. Auch der Sonntag war eigentlich ein guter Tag gewesen, zuerst der Radausflug mit Peter, und anschließend der Besuch im Ausflugslokal in den Bergen zum Mittagessen. Nur wie soll man sich ablenken, wenn man überall auf der Fahrt und im Lokal von jungen Paaren umgeben ist! Der Anblick der vielen fröhlichen Menschen hatte ihn deprimiert. Er hatte sich Monika intensiv hergewünscht, und jetzt den ganzen Abend über an sie gedacht. Es gab so vieles, was er gern mit ihr zusammen erlebt hätte, sie hatten sich ja noch gar nicht richtig kennengelernt. Was mochte sie wohl gerade tun? Sie war sehr erwachsen in vielerlei Hinsicht, andererseits sehr jung. Ihre unverdorbene Frische hatte ihn so angerührt, dass er sich ihr ohne Hintergedanken öffnen konnte. Dass Monika nicht weiter mit ihm zusammen sein wollte war ein schwerer Schlag.

Jetzt hatte er diesen alten Abschiedsbrief also wieder hervorgeholt und auf den Tisch gelegt. Er schluckte die Tabletten, die er noch hatte, und legte sich aufs Bett. Sicher würde er bald einschlafen. Er musste an seinen Versuch mit dem Gewehr vor einer Woche denken, und erinnerte sich an das unwirkliche Gefühl, wie damals als junger Mann, als er die Masern hatte. Durch das hohe Fieber hatte er sich über Tage immer wieder wie von außen im Bett liegen sehen – und gleichzeitig war er es aber auch im Bett. Dieses einerseits da sein, andererseits sich beobachten – ein irreales Flirren zwischen zwei Welten. Wie letzte Woche, als er im Wald herumgelaufen war, als hätte er Watte in den Ohren. Selbst wenn er Geräusche wahrgenommen und ein paar Jogger gegrüßt hatte, hatte er das Gefühl gehabt, sein Körper liefe voraus und der Geist käme erst einige Meter dahinter. Irgendwie hatten beide nicht zusammengehört. Das war einerseits ein gutes Gefühl, andererseits hatte es ihm Angst gemacht. Jetzt hatte er keine Angst mehr. Was auch immer als nächstes käme wäre gut, so wie es wäre.

8.2 Suizidanalyse: Da ist für mich dann alles zusammengebrochen...

Ladislav Valach

Der Patient, ein junger Mann, 30 Jahre alt, erzählt von seinen beiden Suizidversuchen. Vor zwei Wochen nahm er eine Überdosis Schlaftabletten, nachdem er sich bereits zwei Wochen davor mit einer Pistole erschießen wollte.

8.2.1 Langfristige und mittelfristige Anliegen und kurzfristige Handlungen

8.2.1.1 Mittelfristige und langfristige Anliegen des Patienten

Gefragt wie es dazu kommt, dass jemand nicht mehr leben will und sich etwas antun will, schildert er die Tage und Wochen um seine Suizidversuche. Die Suizidhandlungen bettet er in eine Reihe von mittelfristigen und langfristigen Anliegen in seinem Leben, die er im Zusammenhang mit seinen Suizidversuchen sieht. Dies ist zunächst die „Beziehung zu seiner Partnerin", die nach 8 Jahren in eine Krise kam, worauf die Partnerin für 2 Monaten ins Ausland reiste. Ein anderes langfristiges Anliegen des jungen Mannes war seine „Berufslaufbahn", die ebenfalls zur Zeit seiner Beziehungskrise eine belastende Veränderung erfuhr. Von großer Bedeutung für den Patienten ist die „Beziehung zu seinen Eltern", die sich scheiden ließen, als er 14 Jahre alt war, und die sich dann in eine „Beziehung zu Mutter" und eine zum „Vater" teilte. Er lebte bei der Mutter, wo er sich allerdings einsam fühlte, da seine Mutter viel arbeitete. Die Beziehung zum Vater verschlechterte sich und wurde erst in der späten Jugendzeit wieder besser. Das wichtigste langfristige Anliegen, das durch die Suizidereignisse infrage gestellt wurde war „zu leben". Der junge Mann erwähnt auch seine „Kontakte zu seinen Freunden", was auf eine langfristige Beziehungspflege hinweist. Der Patient berichtet zudem von seinen intensiven Erlebnissen bei seiner „Identitätssuche" über die Jahre, sowohl in der Jugend als auch gegenwärtig in der „Beziehungskrise".

Langfristige Anliegen

Das wichtigste Anliegen jedes Menschen ist, mit wenigen Ausnahmen, ein „eigenes Leben" zu erhalten. Der junge Mann ordnete diese existenziellen Ziele zweimal im letzten Monat seiner „Beziehung zu einer Frau" unter, bzw. machte sein Leben vom Gelingen dieser Beziehung abhängig. Er meint, dass seine Überforderung mit dem „Alleingelassen", bzw. „Verlassenwerden" aus der Erfahrung mit der „Beziehung zu seinen Eltern" stamme. Die „Scheidung der Eltern" und das „sich alleine fühlen", als er bei der Mutter lebte, prägte ihn nachhaltig. Er berichtete, wie er sich in jungen Jahren verloren fühlte, seine „Identität suchte", dabei an Drogen geraten sei, die ihn in „finanzielle Schwierigkeiten" brachten, bei deren Lösung ihm jedoch sein Vater behilflich war, wodurch der junge Mann wieder den Weg zu ihm fand („Beziehung zum Vater"). In seinem „beruflichen Werdegang", berichtet der Patient nicht nur von der „neuen Stelle", um die er sich bewarb als er realisierte, dass seine achtjährige Beziehung beendet war, sondern auch seiner „Berufsausbildung", die er dank des Freundes seiner Mutter antreten konnte.

▶ **Zusammenfassung**
1. Um seinen Suizidversuch verständlich zu machen schildert der junge Mann einige langfristige Anliegen und Prozesse, wie seine Beendigung einer achtjährigen Partnerschaft, seinen Berufsweg mit einer neuen Stelle, seine Beziehung zu Mutter und Vater, seine intensive Identitätssuche und seine Furcht vor dem Alleinsein. Das langfristige Anliegen, sein Leben zu erhalten zeigte sich nicht als das Wichtigste in seinem Leben.

Mittelfristige Anliegen
Die „Beziehungen zu Frauen" enthalten eine „achtjährige Beziehung zu einer Frau", danach eine „Trennung", dann die „Bekanntschaft mit einer jungen Frau". Diese Frau fühlte sich jedoch, nach einer „Phase des gegenseitigen guten Einvernehmens" überfordert und „kündigte die Beziehung auf". Auch das „Suizidgeschehen" des jungen Mannes ist ein mittelfristiges Anliegen, da es sich über mehrere Wochen hinzieht. Die „erste Suizidhandlung" mit einer Pistole schließt sich dem „Trennungsgespräch" zwischen den beiden jungen Leuten an. Die zweite, „Überdosis mit Schlafmitteln", erfolgt in einer „Phase der Krise", in welcher der junge Mann mit seinem Vorgesetzten („Gespräch mit Chef"), mit der Personalabteilung („Gespräch mit der Personalabteilung") und anderen sprach, schließlich von seinem Hausarzt („Kontakte zum Hausarzt") Antidepressiva und Schlafmittel bekam, die er dann überdosierte. Der zweiten Suizidhandlung folgt dann das letzte mittelfristige Anliegen, diese „Krise zu bewältigen".

Wir können uns das Geschehen um seinen Suizid herum wie einzelne Kapitel nach den langfristigen und den mittelfristigen Anliegen vorstellen:

1. Ein mittelfristiges Anliegen war seine neue Beziehung zur jungen Frau mit der Trennung.
2. Danach folgte die Suizidkrise.

Diese setzte sich zusammen aus:

1. Der ersten Suizidhandlung
2. Der Krise
3. Der zweiten Suizidhandlung
4. Der Nachbetreuung

▶ **Zusammenfassung**
1. Zu den mittelfristigen Anliegen des jungen Mannes gehören in dieser Zeit die Trennung von seiner Partnerin nach acht Jahren, die neue Bekanntschaft sowie die Aufkündigung dieser Beziehung durch die junge Frau. Eine Rolle spielt auch sein berufliches Anliegen, da er in dieser Zeit eine neue Stelle antritt.
2. Seine Krise, die zur Suizidkrise wird, bildet einen wichtigen Teil seines Lebens in dieser Zeit. Dazu gehört sein Versuch, sich mit einer Pistole zu töten, seine Gespräche mit dem Vater der jungen Frau, seinem Vorgesetzten, der Personalabteilung, seinem Arzt, sowie sein zweiter Suizidversuch mit den erhaltenen Medikamenten.

8.2.1.2 Kurzfristige Handlungen in Projekten
Beziehungskrise

Gemeinsame Handlung: Beendigung der Beziehung (Patient (P), Ex-Partnerin (ExP))

Handlung P ExP: Am Anfang des Jahres habe ich im gegenseitigen Einverständnis eine acht-jährige Beziehung beendet.
Kognition ExF P: Wir haben gemerkt, dass es nicht mehr geht.
Kognition P: dass wir nicht mehr miteinander sprechen konnten.
Handlung P: (Es gab) Probleme, die sich bei mir aufgestaut hatten, über die ich mit meiner alten Beziehung nicht sprechen konnte
Handlung ExF: Die Ex-Freundin ging dann für zwei Monate ins Ausland.

Gemeinsames Projekt: Beziehung zur jungen Frau; Patient (P), junge Frau (JF)

Handlung P JF: lernte während dieser Zeit an meinem alten Arbeitsort eine junge Frau, (wesentlich jünger als ich), kennen.
Gemeinsame Handlungen P JF: Weil wir zusammen Projekte bearbeiten mussten, hat sich das so ergeben.
Gemeinsame Handlungen P JF: Wir gingen dann manchmal nach der Arbeit ein Bier trinken.
Kognition Pat.: und da habe ich einfach gemerkt, dass ich mit dem Mädchen sehr gut sprechen konnte.
Kognition P: Für die ganzen Probleme, die sich bei mir aufgestaut hatten, über die ich mit meiner alten Beziehung nicht sprechen konnte, hat sie sehr viel Verständnis aufgebracht.
Kognition P: Das kam vielleicht davon, dass sie ihre Schwester aufgrund einer Erbkrankheit verloren hat. Die ganze Familie hat nach diesem Tod in der Esoterik Hilfe gesucht.
Kognition P: Irgendwo habe ich gemerkt, dass mir dieses Mädchen zuhört.
Kognition P: Das bringt mir ziemlich viel.

Kognition P: Da hat sich eine sehr enge Freundschaft aufgebaut.
Gemeinsame Handlung P JF: Das hat sich darin geäußert, dass wir gesagt haben, dass wir es einmal zusammen probieren würden.

Gemeinsames Projekt mit Ex-Freundin (ExF)
Handlung ExF: Die Ex-Freundin kam dann vom Ausland zurück
Handlung P -: und wir hatten damals noch eine gemeinsame Wohnung, die ich nicht kündigen konnte, da wir einen gemeinsamen Vertrag hatten.
Kognition ExF: Als sie dann heimkam, hatte sie das Gefühl, dass eigentlich alles wieder gut sei und
Kognition P: für mich war das einfach nicht so (dass eigentlich alles wieder gut sei).
Gemeinsame Handlung P ExF: Wir führten Gespräche,
Handlung P ExF: ich sagte ihr, dass ich nicht mehr konnte, nicht nur wegen der neuen Partnerin, sondern auch weil wir nicht mehr zusammen sprechen konnten.

Projekt: neue Stelle: Überforderung; Patient (P)
Handlung P: Am Anfang des Jahres hatte ich mich dann noch entschlossen eine neue Stelle anzufangen,
Kognition P: ich wusste, dass wir uns trennen würden.
Handlungen P: Ich bin dann auch noch umgezogen.
Handlungen P: Ich war dann am Anfang zwei Wochen im Ausland, weil ich unsere Maschinen kennenlernen musste.
Handlung P: Am Wochenende kam ich zwar zurück,
Kognition P: aber ich fühlte mich unter Druck, da ich noch nicht ganz umgezogen war.
Kognition P: Ich hatte mich noch nicht eingelebt
Kognition P: am neuen Job war ich ein wenig überfordert.
Kognition Ziel P: Ich wollte einfach allem gerecht werden.
Kognition Ziel P: Ich habe auch noch einen sehr grossen Kollegenkreis, den ich intensiv pflegen wollte.

Gemeinsame Handlung (P), (JF). (Telefongespräch): Beziehungskrise – Trennung; Patient (P); junge Frau (JF)
Handlung P JF: Während der zweiten Woche telefonierte ich mit der neuen Bekanntschaft
Kognition P: merkte, dass es nicht so recht läuft, dass es anstellt.
Gemeinsame Handlung P JF: Wir hatten plötzlich ein wenig Streit oder Meinungsverschiedenheiten.
Kognition P: Es ging irgendwie komisch.
Kognition P: Irgend etwas hat mich gestört.

Gemeinsame Handlung: Junge Frau (JF), Patient (P); Treffen:
Gemeinsame Handlung P JF: Als ich zurück war, haben wir uns getroffen
Handlung JF P: und sie hat dann gesagt, dass es so für sie nicht stimmen würde.
Handlung JF P: Sie fühle sich überfordert
Handlung JF P: und (sie) merke auch, dass ich irgendwo ein Problem hätte.
Kognition P: Ich habe das bei mir selber auch festgestellt.
Kognition P: Ich hatte Mühe alleine in dem Hotel,
Kognition P: (hatte Mühe mit) der neuen Stelle,
Kognition P: (Mühe mit) die neue Wohnung.
Kognition P: Es war einfach alles zu viel.
Kognition P: Ich konnte einfach nicht mehr.
Gemeinsame Handlung JF P: (Vertagung der Trennung): Dann haben wir es aber wieder ein wenig hinausgezögert.
Handlungen P: Ich war dann etwa eine Woche in der Schweiz.

Gemeinsame Handlung: Trennung; Patient (P), junge Frau (JF)
Handlung JF P: Dann hat sie gesagt, dass sie nicht mehr konnte,
Handlung JF P: dass sie überfordert sei
Handlung JF P: und dass es wahrscheinlich das Beste sei, wenn wieder jeder seinen eigenen Weg gehen würde.
Kognition P: Da ist für mich dann alles zusammengebrochen.
Kognition P: Denn sie gab mir viel Hoffnung.
Kognition P: In der ganzen Zeit konnte ich ihr so viel von meinen Problemen erzählen und
Kognition P: sie hat mir so viel gegeben.
Kognition P: Ich habe irgendwie wie den letzten Halt verloren.
Kognition P: Ich konnte einfach nicht mehr genau zuordnen, woher die Probleme genau kamen.
Kognition P: Ich habe durch die neue Bekanntschaft gelernt, mehr emotional und weniger rational zu denken.
Kognition P: Und da ist dann alles für mich zusammengefallen.

Gemeinsame Handlung: Letzter Versuch, definitive Trennung; junge Frau (JF), Patient (P)
Gemeinsame Handlung P JF: Wir haben dann den ganzen Nachmittag trotzdem noch diskutiert
Kognition P: ich hatte dann das Gefühl, dass wir es trotzdem noch einmal probieren könnten.
Handlung JF P: Gegen Abend hat sie dann gesagt, dass es so nun wirklich nicht mehr weiter gehen könne.
Handlung P JF: Ich habe sie dann noch heimgebracht.

Krise; Patient (P)

Kognition P: Als ich zu Hause war, war ich völlig aufgewühlt,
Kognition P: da ich das Gefühl hatte, dass ich nichts mehr hatte woran ich mich halten könnte.
Handlung P: Ich habe dann probiert zu schlafen und das ging nicht.
Kognition P: Da habe ich mich plötzlich zu fragen begonnen, was das eigentlich soll.
Kognition P: Ich habe mich gefragt, ob ich nicht fähig sei für eine Beziehung.
Kognition P: Belaste ich die Leute zu stark,
Kognition P: bin ich zu egoistisch
Kognition P: denke nur an mich?
Kognition P: Es hat sich alles aufgebaut.
Kognition P: Da bin ich in einen Tunnel gekommen, in dem ich kein Licht mehr gesehen habe. ◄

Suizidhandlung; Patient (P)

Vorbereitung der Suizidhandlung (P)

Kognition P: Gegen Morgen hatte ich das Gefühl, dass ich nicht mehr konnte
Kognition P: und nicht mehr wollte,
Handlung P: habe aber auch niemandem angerufen.
Handlung P: Ich bin dann am Tisch gesessen und habe meine Gedanken aufgeschrieben.
Kognition P: Mir ist durch den Kopf gegangen, dass es am besten wäre, wenn ich nicht mehr da bin.
Kognition Plan P: Ich habe gedacht, dass ich einfach die Pistole nehme und in den Wald gehe.
Kognition Ziel: P: Ich wollte einfach nicht mehr leben.

Handlung: Suizid-Abschiedsbrief schreiben (P)

Handlung P: Ich bin hingesessen und habe einen Abschiedsbrief geschrieben.
Handlung P: Ich habe geschrieben, weshalb ich nicht mehr leben wollte.
Handlung P: Ich habe geschrieben, dass ich mir bewusst sei, dass es ein sehr einfacher weg sei, meine Probleme zu bewältigen und zu lösen
Kognition P: auf der anderen Seite wusste ich auch, dass ich der Mutter und der Kollegin sehr viele Schuldgefühle machen würde.
Kognition P: Irgendwie war es mir wichtig, dass ich das aufschreiben konnte, dass niemand anders schuldig sei,
Kognition P: sondern es von mir kommt,
Kognition P: weil ich keinen Horizont mehr sah,
Kognition P: keine Energie mehr hatte

Kognition P: einfach nicht mehr da sein wollte.
Handlung P: Ich habe den Brief hingelegt,

Handlung: Aufbruch zur Anreise zum Suizidort (P)
Handlung P: bin ins Auto gestiegen
Handlung P: bin Richtung G. gefahren.
Kognition P: Ich habe irgendwie nichts mehr studiert. Der Kopf war leer.
Kognition P: Ich hatte einfach das Ziel, irgendwo hinzusitzen und einfach fertig machen. ◄

Ausführung der Suizidhandlung P:

Handlung P: Vorkehrungen, dass man informiert ist
Kognition P: Waffe hatte ich. Früher war das aber nie ein Thema (die Waffe zum Suizid zu verwenden).
Kognition P: Das kam wie von einer Stunde zur anderen.
Kognition P: Im Unterbewusstsein habe ich mir immer gesagt, dass ich nun diesen Brief geschrieben hatte... ich wusste, dass meine Schwester am nächsten Montag zu mir heim kommen würde mit ihrem Kind.
Kognition P: Sie muss mir noch etwas vorbeibringen, was ich bei ihr bestellt hatte. Ich habe den Brief bewusst so hingelegt, dass sie ihn sehen musste.
Kognition P: Ich habe im Brief nicht geschrieben, wo ich hingehen würde, ich wusste damals erst, dass ich in einen Wald gehen wollte.

Handlungen P: Anreise zum Suizidversuchsort
Handlung P: Ich bin dann Richtung S. und habe das Geschäftsauto abgestellt.
Kognition P: Das Auto war ziemlich stark (mit Werbung) beschriftet.
Kognition P: Irgendwie wollte ich, dass man mich so schnell wie möglich findet.
Kognition P: Was ich nicht wollte, war, dass ich irgendwo gelegen wäre und man mich nicht gefunden hätte.
Kognition P: Ich wollte, dass meine Angehörigen wussten, was mit mir passiert ist.
Handlung P: Ich bin dann ca. eine Stunde im Wald herumgelaufen,
Kognition P: wo mir ziemlich viele Spaziergänger entgegengekommen sind.
Kognition P: Das (Spaziergänger sehen) hat mich dann berührt.
Kognition P: Ich wollte nicht, dass das (Suizid) jemand eins zu eins miterleben musste.

Handlung P: Erster Anlauf zum Suizidversuch
Handlung P: Ich habe mich dann ein wenig vom Weg distanziert und habe dann ein schönes Plätzchen gefunden.
Handlung P: Ich saß dann so etwa eine Stunde auf dieser Bank.

Kognition P: Dann haben die Gedanken wieder zu kreisen begonnen.
Kognition P: Ich habe mich gefragt, wieso mich das Mädchen verlassen hatte,
Kognition P: wieso ist die andere Beziehung nicht gelaufen?
Handlung P: Ich hatte „trocken" geübt, das heißt ich hatte mir die Pistole ungeladen an die Schläfe gehalten und habe abgedrückt.
Kognition P: Da habe ich mir noch gedacht, dass das noch recht einfach sei.
Handlung P: Ich habe die Pistole geladen und entsichert.
Handlung P: Als ich es dann aber richtig machen wollte, hatte ich eine Blockade.
Kognition P: Irgendwie hat mich der Mut verlassen
Kognition P: etwas hat mir gesagt, das kann es nicht sein.
Kognition P: Vor allem habe ich daran gedacht, was sein würde, wenn es nicht klappt.
Kognition P: Das hat mich sehr geprägt.
Kognition P: Was passiert, wenn du abdrückst, aber da lebend rauskommst, zum Beispiel als Krüppel.
Kognition P: Das hat mich stark berührt.
Handlung P: Da habe ich die Waffe runtergenommen,
Handlung P: habe sie gesichert und wieder entladen.
Handlung P: Ich saß dann auf der Bank
Gefühl P: (Ich) habe nur noch geheult.
Handlung P-: Ich habe zwar nicht auf die Uhr geschaut,
Kognition P: aber ich würde sagen, dass das etwa eine halbe Stunde gedauert hat.

Handlung P: Zweiter Anlauf zum Suizidversuch
Kognition P: Von weitem habe ich wieder Menschen gehört und ein Hund hat gebellt.
Kognition P: Da hatte ich wieder das Gefühl, ich sei in der „realen" Welt.
Kognition P: Dann bin ich wieder abgedriftet mit meinen Gedanken.
Kognition P: Ich habe mich gefragt, was das soll.
Kognition P: Es hatte alles keinen Sinn.
Handlung P: Ich habe die Pistole noch einmal geladen
Handlung P: habe das Ganze noch einmal durchgespielt (Pistole zum Kopf)
Handlung P: habe es wieder nicht geschafft.

Handlung P: Abbruch der Suizidhandlung
Kognition P: Plötzlich war es so, als hätte mir jemand auf den Hinterkopf geschlagen.
Kognition P: Der Gedanke ging mir durch den Kopf: was machst du eigentlich da?
Kognition P: Wieso willst Du das wegwerfen?
Kognition P: Ich habe dann gedacht, dass das nicht die Lösung sein konnte.
Handlung P: Ich habe die Waffe wieder entladen
Handlung P: die Munition verpackt.
Handlung P: Bin dann zu dem Auto gelaufen.

Gemeinsame Handlung; Patient (P), junge Frau (JF): Gespräch nach Suizidversuch
Handlung P: Anreise zum Gespräch
Kognition P: Ich wollte es irgendjemandem erzählen.
Kognition P: Ich wollte einfach das Mädchen wiedersehen.
Handlung P: Ich bin dann nach T. gefahren,
Kognition P: fragen Sie mich aber nicht wie.
Kognition P: Plötzlich war ich dann in T.

Handlung; Patient (P), junge Frau (JF): Das Gespräch mit junger Frau
Gemeinsame Handlung P JF: Sie war dann zu Hause und ich habe ihr gesagt, dass ich mit ihr reden musste.
Gemeinsame Handlung P JF: Ich habe es ihr dann erzählt
Kognition P JF: sie ist aus allen Wolken gefallen.
Handlung P JF: Ich habe sie sehr getroffen.
Kognition JF P: Sie hat noch immer sehr starke Schuldgefühle.
Gemeinsame Handlung P JF: Ich habe letzte Woche mit ihr telefoniert
Kognition P JF: es belastet sie auch heute noch.
Kognition P: Sie ist erst sehr jung und auf eine bestimmte Weise schon sehr weit, andererseits aber doch noch ein Kind.
Kognition P: Ich wollte aber einfach mit ihr sprechen,
Kognition P: ich hatte plötzlich das Gefühl, dass ich träumte,
Kognition P: dass das Ganze gar nicht wahr war.
Handlung JF P: Sie hat mir dann zwar schon gesagt, dass es so sei, dass wir unter diesen Umständen nicht eine Beziehung haben konnten.
Handlung JF P: Sie hat mir gesagt, dass sie merke, dass ich Hilfe bräuchte,
Handlung JF P: die sie mir nicht geben konnte.
Handlung JF P: Ich bräuchte professionelle Hilfe.
Handlung JF P: Sie hat mir dann gesagt, dass ich keinen Unsinn anstellen solle
Handlung JF P: ob ich zu ihr nach Hause kommen wolle.
Handlung P JF: Ich habe dann gesagt, dass ich das Gefühl hatte, dass ich doch wieder alleine sein wollte.
Handlung JF P: Sie hat mich dann aber nach der Telefonnummer meiner Schwester und von einer guten Kollegin gefragt.
Handlung P JF: Ich habe ihr dann eigentlich versprochen, dass ich keine Dummheit machen würde
Handlung P: bin dann wieder mit der Pistole nach Hause gegangen.
Kognition P JF: Die Pistole hatte ich bei mir. Das hat sie alles gewusst.

Gemeinsame Handlung: (Telefongespräch); Patient (P), Vater der jungen Frau (VJF)
Handlung P: Kaum als ich zu Hause war

8.2 Suizidanalyse: Da ist für mich dann alles zusammengebrochen... 141

Gemeinsame Handlung P VJF: hat mich ihr Vater angerufen

Gemeinsame Handlung P VJF: und gesagt, dass er gemerkt habe, dass da etwas nicht stimme, da M. (seine Tochter) ganz aufgewühlt war.

Gemeinsame Handlung P VJF: Sie habe ihm erzählt, was mit mir gelaufen sei.

Gemeinsame Handlung P VJF: Er wollte dann mit mir sprechen.

Gemeinsame Handlung P VJF: Er hatte das Gefühl, dass ich wirklich nicht alleine sein sollte.

Gemeinsame Handlung: Gespräch; Patient (P), Vater der jungen Frau (VJF)

Gemeinsame Handlung P VJF: Nach einer dreiviertel Stunde ist er dann wirklich zu mir gekommen.

Gemeinsame Handlung P VJF: Als erstes hat er mir dann die Pistole weggenommen.

Kognition P: Das war für mich eigentlich kein Thema.

Gemeinsame Handlung P VJF: Er wollte dann von mir wissen, was mir durch den Kopf gegangen sei

Gemeinsame Handlung P VJF: (er wollte wissen) weshalb ich mich umbringen wolle.

Gemeinsame Handlung P VJF: Er hat mir keine Ratschläge gegeben,

Gemeinsame Handlung P VJF: er hat gesagt, dass es vielleicht gut wäre, wenn ich mich bei meinem Hausarzt melden würde, um ihm das zu erzählen.

Gemeinsame Handlung P VJF: Er ist dann den halben Abend bei mir geblieben

Gemeinsame Handlung P VJF: er hat mir auch gesagt, dass ich in ihrem Gästezimmer schlafen könne.

Gemeinsame Handlung P VJF: Ich habe ihm dann aber gesagt, dass ich alleine sein müsse.

Handlung; Patient (P) Schlafprobleme

Handlung P-: Nacht konnte ich dann wieder nicht schlafen,

Kognition P: aber ich hatte nicht wieder solche Gedanken.

Gemeinsames Hausarztprojekt; Patient (P), Hausarzt (HA)

Kognition P: Ich wusste, dass ich es meinem Hausarzt erzählen wollte

Kognition P: ich wollte mir helfen lassen,

Kognition P: denn ich wusste, dass ich ein Problem hatte.

Gemeinsame Handlung: Telefongespräch (P, HA)

Gem. Handlung P HA: Ich habe ihm dann angerufen

Gem. Handlung P HA: habe mein Problem geschildert.

Gem. Handlung HA P: Er hat gesagt, ich solle vorbeikommen.

Kognition P: Das ging dann eigentlich gut,

Handlung; Patient (P) Schlafprobleme

Handlung P-: (hatte) in der Nacht wieder nicht geschlafen.

Kognition P: Ich habe mir nicht mehr überlegt, dass ich nicht mehr leben wollte.

Gemeinsame Handlung; Patient mit Chef (P, Ch)

Handlung P: Am Montag bin ich dann wieder zu Arbeit.

Handlung P: Ich hätte eigentlich einen Kurs gehabt, zu dem ich jedoch nicht gegangen bin.

Gem. Handlung P Ch: Ich bin zum Innendienst gegangen und bin zu meinem Chef.

Gem. Handlung Ch P: mein Chef hat mir gesagt, dass ich irgendetwas hätte.

Gem. Handlung P Ch: Ich habe gesagt, dass es mir nicht gut gehe,

Gem. Handlung Ch P: worauf er aber nichts mehr gesagt hat.

Gem. Handlung Ch P: Auf dem Weg zum Mittagessen hat er mich gefragt, was ich denn habe.

Gem. Handlung P Ch: Ich habe es ihm dann erzählt.

Kognition P: Ich hatte auch keine Angst es ihm zu erzählen, da ich ihn schon von früher kannte.

Kognition P: Da habe ich gemerkt, dass ein sehr grosses Verständnis da ist.

Gemeinsame Handlung; Patient mit Personalabteilung (P, PA)

Gem. Handlung P PA: Am Dienstag morgen hatte ich dann ein Gespräch in der Personalabteilung.

Gem. Handlung P PA: Sie waren völlig überrascht als ich alles erzählt habe.

Kognition P: Ich konnte es eigentlich nicht mehr für mich halten.

Kognition P: Früher noch habe ich solche Probleme eher für mich behalten.

Kognition P: Ich bin dann selber erschrocken, dass ich so offen sein konnte.

Gem. Handlung P PA: Ich habe gesagt, dass ich alle Konsequenzen akzeptieren würde,

Gem. Handlung P PA: ich hatte das Gefühl, dass ich meinen Job nicht zu 100 % erledigen konnte.

Kognition P: Ich sollte viel lernen und schon alleine zu den Kunden gehen.

Kognition P: Deshalb war ich völlig überfordert.

Gem. Handlung P PA: Wir hatten dann ein fast 3-stündiges Gespräch,

Gem. Handlung PA P: man dann gesagt hat, dass man als erstes auf ärztlicher Seite schauen musste, dass ich Hilfe bekommen würde.

Gem. Handlung PA P: Das Berufliche sollte man zuerst ein wenig vergessen.

Gem. Handlung PA P: Sie haben mir dann auch noch eine ausgebildete Fachperson zur Seite gestellt, die mich begleitet.

Gem. Handlung PA andere P: Diese Person wurde auch über meine Situation aufgeklärt.

Gem. Handlung PA andere P: Er sollte mir zwar Teilaufgaben geben, sollte mich dabei aber auch nicht überfordern.

Gem. Handlung PA P: In der Firma hatten sie das Gefühl, dass der Job an sich nicht das Problem sei, sondern eher die private Seite.
Gem. Handlung PA P: Sie haben aber auch gemerkt, dass sich das alles summiert.
Gem. Handlung PA P: Sie wollten, dass ich irgendwo eine Stütze hatte.
Gem. Handlung PA P: Sie wollten mir ein Umfeld liefern, wo ich wusste, dass ich mich zurückziehen konnte, wenn ich Zeit brauche.
Gem. Handlung PA P: Ich kann der erfahrenen Person sagen, wenn ich überfordert bin.
Gem. Handlung PA P: Aber immerhin konnte ich zur Arbeit und musste nicht daheimbleiben, wo ich in ein Loch fallen würde.
Kognition P: Das hat mir dann sehr gutgetan, dass ich gemerkt habe, dass ich eine Stütze hatte.

Gemeinsame Handlungen: Besuch beim Hausarzt; Patient (P), Hausarzt (HA):

Gemeinsame Handlung: Dienstag Besuch; (P), (HA)
Handlung P: Ich bin dann trotzdem am Dienstag zum Hausarzt gegangen,
Gemeinsamer Handlung HA P: der (HA) dann gesagt hat, dass das noch frappant töne.
Gemeinsamer Handlung HA P: Er hat mir dann Medikamente verschrieben: zum einen ein Antidepressivum und zum anderen Schlaftabletten.
Gemeinsamer Handlung HA P: Er fand, er wolle mich am Freitag sehen, um zu schauen wie es mir geht, da die Antidepressiva erst in 14 wirken würden.
Gemeinsamer Handlung P HA: Ich habe ihm dann gesagt, dass ich das Gefühl hätte, dass ich ein Problem von früher mit mir herumtragen würde.
Gemeinsamer Handlung HA P: Ich hatte das Gefühl, dass ich das mit jemandem diskutieren musste.
Gemeinsamer Handlung HA P: Dann hat er gesagt, dass er das aufnehmen würde und dass ich mal für mich meine Gedanken in Worte fassen solle.

Gemeinsame Handlung: Freitag Besuch; (P), (HA)
Handlung P: Das habe ich dann auch gemacht.
Gemeinsamer Handlung HA P: Am Freitag hat er mich gefragt, wie es mir ginge.
Gemeinsamer Handlung P HA: Es ging schon irgendwie.
Handlung P: Ich habe mich auch ziemlich stark in die Arbeit gestürzt und habe probiert zu vergessen.
Handlung P: So drei bis vier Stunden (konnte ich schlafen) und dann war ich jeweils wieder wach.
Kognition P: Die Gedanken haben sich schon ein wenig im Kreis gedreht und sind immer wieder auf die Beziehung zurückgekommen.
Kognition P: Ich habe gedacht, dass das wieder gut werden könnte.

Kognition P: Sie hat erreicht, dass ich mich vermehrt öffnen konnte, dass ich mehr reden konnte.

Gemeinsame Handlungen; Patient (P), Freunde (F)
Gemeinsame Handlung P F: Am ersten Wochenende bin ich dann mit Freunden weg gegangen,
Kognition P: denn der Hausarzt hat mir gesagt, dass ich schon auch alleine sein müsse, aber dass wenn ich merke, dass ich jemanden brauche, dass ich dann anrufe und raus gehe mit Kollegen.
Gemeinsame Handlung P F: Das (raus gehen mit Kollegen) habe ich dann auch gemacht
Kognition P: und das ging eigentlich gut.
Handlung P: Dann kam die Auffahrt, wo ich nur bis Mittwoch gearbeitet habe.
Gemeinsame Handlung P F: Am Donnerstag habe ich mit Freunden etwas unternommen.
Gemeinsame Handlung P F: Am Freitag habe ich einen Freund besucht.

Handlungen: Neue Wohnung einrichten; Patient (P)
Handlung P: Und dann kam der Samstag und Sonntag, wo ich nichts Konkretes abgemacht hatte.
Handlung P: Am Samstag habe ich noch ein wenig die Wohnung eingerichtet,
Kognition P: weil ich das Gefühl hatte, dass ich ein Umfeld schaffen musste, in dem ich mich wieder wohl fühlte.
Handlung P: Gewisse Sachen habe ich ausgepackt
Handlung P: und den Rest habe ich in den Keller gelegt.
Kognition P: Dann hatte ich auch wirklich das Gefühl, dass ich zu Hause sei und nicht mehr auf einer Baustelle.

Gemeinsame Handlung: Ausfahrt mit Kollegen; Patient (P), Kollege (K)
Gemeinsame Handlung P K: Am Sonntag bin ich mit einem Kollegen Rad gefahren.
Gemeinsame Handlung P K: Wir gingen dann noch zusammen essen.
Kognition P: Alles war eigentlich gut,
Kognition P: aber wir haben an dem schönen Tag auch viele junge Paare gesehen und
Kognition P: das habe ich dann auf mich bezogen.
Kognition P: Ich habe gedacht, dass das auch noch schön wäre, wenn ich mit M. (junge Frau) unterwegs wäre.
Kognition P: Ich habe mich auch gefragt, was sie jetzt wohl macht.

Handlung: Abend zu Hause; P

Kognition P: Am Abend als ich heimkam, habe ich mir gedacht, dass es wirklich schön gewesen wäre, wenn ich den Tag mit ihr verbracht hätte.

Handlung P: Ich habe dann noch ein wenig ferngesehen

Kognition P: um etwas 22 Uhr hatte ich das Gefühl, dass ich jetzt nur noch ins Bett möchte.

Zweite Suizidhandlung (P)

Kognition Ziel P: (ich) nur noch schlafen und alles vergessen möchte.

Handlung P: Ich habe dann die restlichen Tabletten, die ich noch bei mir hatte, eingenommen.

Kognition P: Ich habe das bewusst gemacht,

Kognition P: aber nicht mit der Absicht...

Kognition Ziel P: ich wollte einfach nur noch schlafen,

Kognition P: aber nicht mit der Absicht, nicht mehr aufzuwachen.

Handlung P-: Was noch lustig war... ich habe den Abschiedsbrief damals nicht fortgeschmissen,

Handlung P: sondern habe ihn aufbewahrt.

Handlung P: Bevor ich die Tabletten eingenommen habe und ins Bett gegangen bin, habe ich den Brief wieder auf den Tisch gelegt.

Kognition P: Auf der einen Seite habe ich nicht daran gedacht, dass ich nicht mehr aufwachen würde,

Kognition P: auf der anderen Seite denke ich, wie man im Fernsehen auch immer wieder sieht... irgendwo habe ich das schon bewusst wahrgenommen, dass ich nicht mehr erwachen könnte.

Kognition P: Es war nicht eine volle Absicht, aber irgendwie war es schon auch da.

Kognition P: Sonst hätte ich auch den Brief nicht wieder hervorgenommen und ihn auf den Tisch gelegt.

Kognition P: Ich denke die Absicht war irgendwo schon auch da, nicht mehr aufzuwachen.

Handlung P: Ich habe das dann geschluckt am Sonntag um 22 Uhr.

Handlung P: Bin dann auch relativ schnell eingeschlafen

Handlung P: bin dann am Montag um 8 Uhr aufgewacht.

Kognition P: Ich war in einem komischen Zustand, wusste aber, dass ich zu Hause war.

Gemeinsame Handlung; Patient (P), Geschäft (Vorgesetzter) (G)

Kognition P: Dann habe ich realisiert, dass es Montag war und ich im Geschäft anrufen musste, dass ich mich nicht fähig fühlte, zur Arbeit zu gehen.

Handlungsschritt P G: Dann habe ich im Geschäft angerufen

Handlung P G: habe gesagt, dass es mir nicht gut ginge,

Handlung G P: worauf sie gesagt haben, dass ich mich am nächsten Tag wieder melden soll.

Handlung P: Medikamentenwirkung

Handlung P: Dann bin ich wieder eingeschlafen.
Handlung P: Irgendwie bin ich wiedererwacht
Kognition P: mir war schwindelig.
Kognition P: Ich war wie in einem Trancezustand.
Kognition P: Ich habe bei mir gedacht: „Gestern hast du irgendeine Dummheit angestellt."
Kognition P: Wenn ich noch etwas machen kann, dann musste ich es jetzt machen.

Gemeinsame Handlung: Telefongespräch; Patient (P), Arztpraxis (AP)

Handlung P: Dann habe ich wieder dem Hausarzt angerufen
Handlung P AP: Aber es war nur seine Arztgehilfin da. Ich habe gefragt, ob der Arzt da sei.
Handlung AP P: sie hat gesagt, er sei noch an einer Sitzung.
Handlung P AP: Ich habe ihr gesagt, dass es gut wäre, wenn er mir anrufen könnte,
Handlung P AP-: habe ihr nicht gesagt, um was es eigentlich geht.

Gemeinsame Handlung: Telefongespräch; Patient (P), Hausarzt (HA)

Handlung P: Dann bin ich wieder eingeschlafen
Kognition P: als es um 19:30 Uhr geläutet hat.
Handlung P: Ich habe extra noch mein Handy neben mein Bett gelegt.
Handlung HA: Der Hausarzt hat angerufen und
Handlung HA P: gesagt, dass er gehört habe, dass er mir anrufen soll.
Handlung P HA: Ich habe ihm dann erzählt, was gewesen ist.
Handlung HA P: Er hat daraufhin geantwortet, dass das natürlich gar nicht gut sei
Handlung HA P: und hat sich nach meinem Zustand erkundigt.
Handlung P HA: Ich habe ihm gesagt, dass ich mich ein wenig belämmert fühle.
Handlung HA P: Er hat dann gefragt, ob ich alleine sein könne
Handlung P HA: und ich habe geantwortet, dass ich wirklich nur noch schlafen möchte.
Handlung HA P: Er hat gesagt, dass wenn es ginge, solle ich am Dienstagmorgen bei ihm vorbeikommen.

Gemeinsame Handlung: Dienstag Hausarztbesuch; (P), Hausarzt (HA)

Handlung P HA: Das habe ich dann auch gemacht,
Kognition P: obwohl ich immer noch in einem Trancezustand war.
Handlung HA P: Er hat dann gesagt, dass das schon frappant sei, dass ich das mit einer Absicht gemacht hatte.
Handlung HA P: Er wollte mich weitergeben.

Handlung HA P: Er würde schauen, was man mit der Poliklinik machen könnte.
Handlung HA P: Er denke, dass es gut wäre, wenn ich in Behandlung gehen würde.
Handlung HA P: Er hat das dann auch organisiert
Handlung P: ich bin wieder heimgegangen.

Gemeinsame Handlungen; Patient (P), Arzt in der Poliklinik (AP)
Handlung AP P (Poliklinik): hat sich dann bei mir gemeldet.
Handlung AP P: Er hat mir gesagt, dass wenn jemand so etwas zweimal versuche, dann sei das nicht mehr so „harmlos". Da stecke schon etwas dahinter.
Handlung AP P: Auf der anderen Seite hat er gesagt, dass wenn jemand wirklich die Absicht hat, sich umzubringen, dann schafft er das auch
Handlung AP P: und ich habe das jetzt zweimal nicht geschafft, glücklicherweise.
Handlung AP P: Er denke, dass der Wille zum Leben doch stärker ist,
Handlung AP P: aber, dass ich ein wenig herumschwirre.
Handlung P AP: Ich habe ihm ein wenig geschildert, wie es dazu gekommen ist
Handlung P AP: habe ihm über die Gedanken erzählt, die ich für mich aufgeschrieben hatte.
Handlung P AP: Ich habe ihm gesagt, dass die Gedanken immer auf die Zeit meiner Jugend zurück gehen als ich ungefähr 14 Jahre alt war und meine Eltern sich scheiden ließen.
Handlung P AP: Man hat mich da einfach alleine gelassen.
Handlung P AP: Ich hatte keine Bezugsperson mehr.
Handlung P AP: Ich habe zwar bei der Mutter gewohnt, aber die musste wieder arbeiten gehen.
Handlung P AP: Meine Schulleistungen haben dann nachgelassen.
Handlung P AP: Ich habe eine Lehrstelle erhalten über einen Freund meiner Mutter.
Handlung P AP: Dort habe ich zwar schon ein bisschen Halt gehabt,
Handlung P AP: aber irgendwie war ich immer allein und musste immer für mich alleine kämpfen.
Handlung P AP: Durch das habe ich mich, wie zum Beispiel bei dem Mädchen, an Leute, die mir sehr viel bedeuteten, zu stark geklammert.
Handlung P AP: Das habe ich jetzt auch gemerkt bei dieser 8-jährigen Beziehung als wir im Nachhinein darüber gesprochen haben, hat sie auch gesagt, dass sie diesem Klammereffekt entfliehen wollte.
Handlung P AP: Bei diesem Mädchen war es dann auch wieder so, dass ich sie durch meine Ängste eigentlich wieder eingeengt habe.
Handlung P AP: Das könnte natürlich auch in Zukunft wieder passieren.
Handlung P AP: Aufgrund von dem hat auch Herr F. gesagt, dass er es begrüssen würde, wenn ich eine Behandlung machen würde.
Handlung P AP: Anfangs Juli habe ich nun einen Termin bei K. (Arzt in P).

Kognition P AP: Ich habe das Gefühl, dass da etwas vorhanden ist, das mich belastet.

Handlungen nach dem Suizidversuch: (Gegenwart); Patient (P)
Kognition P: Ich sehe es jetzt wieder ein bisschen.
Kognition P: Was ich am Anfang Mühe hatte, waren die Beziehungen.
Kognition P: Jetzt habe ich mir gesagt, dass ich das Thema „Frauen" ein wenig auf der Seite lasse.
Kognition P: Das (Frauen) beschäftigt mich im Moment nicht.
Kognition P. Wenn ich schon so viel Rückhalt von der Firma bekomme,
Kognition, Ziel P: dann werde ich mich dort mehr engagieren.
Kognition P: Ich habe auch gemerkt, dass es geht, dass ich viel mitbekomme und viel lerne. Kognition P: Es macht mir Freude, weshalb ich auch mehr auf diese Schiene gesetzt habe. Kognition P: Langsam habe ich wieder ein Fundament.
Kognition P: Ich muss aber auch sagen, dass jetzt wo es wieder schön gewesen ist und ich die Paare sehe, dann fängt es schon zu wühlen.
Kognition P: Beim ersten habe ich mir gesagt, dass ich mir das nicht antue und bin gerade wieder heimgegangen.
Kognition P: Es ist irgendwo schon ein Auf und Ab.
Handlung P: Ich schlafe jetzt wieder.
Handlung P: Letzte Woche hatte ich noch Medikamente,
Handlung P: die ich aber jetzt diesen Montag abgesetzt habe.
Kognition P: Am Montag ging es dann nicht so gut,
Kognition P: aber jetzt ist es recht gut.
Kognition P: Das heißt wenn ich um 23 Uhr ins Bett gehe, dann wache ich etwa um 5 Uhr auf.
Kognition P: Und ich habe auch nicht das Gefühl, dass ich nur oberflächlich schlafe.
Kognition P: Es kommt langsam wieder.
Kognition P: Ich merke, dass mein Kopf auch freier wird.
Kognition P: Wenn ich merke, dass wieder etwas kommt,
Handlung P: dann schreibe ich es mir auf und
Handlung P: lege das Heft dann wieder zur Seite und
Handlung P: lese es vielleicht wieder am nächsten Tag durch.
Handlung P: Ich versuche einfach den Kopf zu leeren.

Probleme in der Jugend (P)
Handlung P: So mit 16 oder 17 Jahren als ich Halt gesucht habe, bin ich an die falschen Kollegen geraten und bin in die Drogen geraten.
Handlung P: Nicht so stark zwar, aber es hat sich doch das Problem mit der Beschaffung gestellt. Mit einem Lehrlingslohn hat es nicht gereicht.
Handlung P: Ich habe dann Schulden gemacht bei Freunden und

Handlung P: hatte auch einen Kredit bei Prokredit aufgenommen.
Handlung P: Ich habe versucht, das Geld zurück zu bezahlen.
Kognition P: Als ich ein wenig aus dem raus war, hatte ich das Gefühl, dass ich jetzt ein Auto bräuchte und
Handlung P: habe erneut Schulden gemacht und
Kognition P: habe dann erst gemerkt, dass ich das alles gar nicht zurückzahlen konnte.
Kognition P: Das hat mich schon belastet und
Handlung P: ich habe das dann auch meiner damaligen Partnerin erzählt.

Gemeinsames Beziehungsprojekt mit Vater; Patient (P), Vater (V)
Gemeinsame Handlung P V: Zu dieser Zeit hat sich auch das Verhältnis zu meinem Vater wieder normalisiert.
Gemeinsame Handlung P V: Ich habe den Kontakt zu ihm wieder aufgenommen.
Gemeinsame Handlung P V: Etwas vom Ersten, was ich ihm gesagt habe, war, dass ich einen Blödsinn angestellt hatte und
Gemeinsame Handlung P V: einen Kredit zurückzahlen musste.
Gemeinsame Handlung P V: Er hat mir dann ein Darlehen gegeben, das ich ihm zurückzahlen konnte.
Kognition P: So hat sich dann das wieder normalisiert.
Kognition P: Dort hatte ich aber auch einen Moment keine Perspektive,
Kognition P: denn das Eine hat das Andere immer wieder abgelöst,
Kognition P: aber auch dort hatte ich immer den Willen, aus dem wieder heraus zu kommen.
Kognition P: Ich habe irgendwie immer noch ein Licht gesehen.

Überlegungen zur Krise (P)
Kognition P: Ich bin einfach auch erschrocken als ich gemerkt habe, dass das Mädchen überfordert war als ich mit meinen Problemen gekommen bin.
Kognition P: Das hat mir Angst gemacht,
Kognition P: dass jetzt wo ich rede, verliere ich jemanden und zuvor als ich nicht geredet habe, hatte ich immer jemanden.
Kognition P: Die Krise wurde wahrscheinlich dadurch ausgelöst, dass ich gemerkt habe, dass ich mich verändere, dass die Veränderung jedoch genau zum Gegenteil führt.
Kognition P: Ich habe nicht mehr das kleinste Positive gesehen.
Kognition P: Auch im Nachhinein macht mir das Angst, dass man sich selber einfach nicht mehr sehen kann.
Kognition P: Das hat mir einen starken Eindruck gemacht und
Kognition P: das beschäftigt mich auch heute noch sehr stark.
Kognition P: Ich frage mich, ob man wirklich so tief fallen kann, dass man sich selber nicht mehr sieht.

Überlegungen zum mentalen Zustand beim Suizid (P)
Kognition P: (Als ich die Pistole genommen habe und in den Wald gegangen bin) Ich bin irgendwie wie zwischen zwei Welten hin und her.

Kognition P: Auf der einen Seite war ich völlig da, indem ich überlegt habe, ob ich noch jemand anderes gefährde oder ob mir jemand zuschaut.

Kognition P: Auf der anderen Seite bin ich irgendwie ziellos durch den Wald gelaufen, wie in Trance, nur mit der Vorstellung, mich irgendwo niederzulassen...

Überlegungen zum Suizid in der Gegenwart (P)
Kognition P: dass es mir unheimlich ist, weil ich es mir nicht ganz vorstellen kann. Es ist schon noch präsent, aber das Ziel oder der Wunsch ist nicht mehr da.

Kognition P: Ja, effektiv, weil ich kein anderes Ziel gesehen habe.

Kognition P: Man arbeitet wieder darauf hin (Ziele, die mehr aufs Leben ausgerichtet sind). Handlung P Ch: Ich habe gerade gestern mit dem Chef kurzfristige Ziele vereinbart, die ich erreichen will.

Kognition P: Es sind die Ziele, die ich dann wieder sehe aus der heutigen Perspektive.

Kognition P: Wie gesagt, gibt es gewisse Situationen, wo es wieder schwierig wird,

Kognition P: aber der Gedanke mit dem Schluss-Machen kommt nicht mehr.

Gemeinsame Handlung: Telefongespräch; Patient (P), junge Frau (JF):
Gemeinsame Handlung P JF: Etwa vor 14 Tagen haben wir wieder telefoniert

Gemeinsame Handlung P JF: und ich habe da wohl etwas gesagt, das sie verletzt hat.

Gemeinsame Handlung JF P: Sie hat mir dann 3 Tage später ein mail geschickt,

(wo sie geschrieben hat, dass sie es schon wieder einmal begrüssen würde, wenn wir uns sehen würden, aber im Moment könne Sie einfach nicht, zumindest nicht telefonisch. Sie habe das Gefühl, dass ich immer noch denke, dass es wieder etwas werden könne mit uns beiden, aber zum heutigen Zeitpunkt könne das einfach nichts werden könne und deshalb müssten wir Abstand halten.)

Gegenwärtige Überlegungen zur Freundschaft mit der jungen Frau (JF)
Kognition P: Heute sehe ich das auch aus einer gewissen Distanz.

Kognition P: Ich glaube, wenn ich die Distanz zulasse, kann ich sie schließlich auch als Kollegin akzeptieren.

Kognition P: Ich denke, es wäre schade, wenn man die Freundschaft abbrechen würde.

Kognition P: Aber im Moment ist es einfach zu früh, weil da noch andere Gefühle im Spiel sind.

Kognition P: Teilweise (Tut es noch weh) schon, weil wir haben viele schöne Momente zusammen erlebt und haben auch viele Probleme diskutiert und waren nicht nur fröhlich und sind barfuß über die Wiesen gerannt, wie Verliebte. Es gibt schöne Momente, die wehtun, wenn ich daran denke.

Kognition P: Ich merke langsam, dass ich es auch wieder realistisch sehen kann, indem ich merke, dass es vielleicht wirklich nicht gegangen wäre, da ich vielleicht eine andere Vorstellung von einer Beziehung hatte als sie das hatte.

Kognition P: Wenn ich ein wenig meine Vergangenheit verarbeite, kann ich eventuell auch meinem Klammerverhalten ein wenig entgegenhalten. Das sind schon Sachen, wo ich merke, dass sie sich wiederholen.

Kognition P: Deshalb hätte ich auch Angst bei einer nächsten Beziehung. Das ist vielleicht der Grund, weshalb ich nicht auf der Schiene „Beziehung" fahre.

Kognition P: Das ist ganz sicher so (etwas über sich gelernt, das ich jetzt verändern kann). Das ist etwas, was ich der Bekannten aus T. sehr hoch anrechne. Dadurch, dass ich so offen war, habe ich zwar jemanden verletzt, das tut mir selber auch weh.

Kognition P: Andererseits hat sie bei mir eine Tür aufgemacht, wo ich merke, dass ich aus mir herauskommen kann. Das bringt mir sehr viel.

Kognition (P) (Fazit aus den Krisen und Suizidhandlungen)

Kognition P: Je weiter die Suizidversuche zurück liegen, umso mehr stelle ich fest, dass es zwar weh tut, dass man so tief fallen muss, aber schließlich hat es auch viel gebracht. Ich lasse heute Seiten von mir zu, die ich früher nie zugelassen hätte. Das macht mich irgendwie auch stolz, dass ich das zulassen kann, und irgendwie gibt es mir auch eine innere Kraft, die mir sagt, dass ich die Möglichkeit habe und diese nun packen muss.

Kognition P: Ich sage nicht, dass ich schon die Lösung aller Dinge habe. Dafür braucht es noch viel mehr. Aber es ist irgendwo ein Mosaikstein, der mir hilft. ◄

Zusammenfassung

1. Der junge Mann beschreibt eine große Anzahl von Handlungen, gemeinsamen Handlungen, Teilhandlungen und Handlungsschritten (hier als Handlung bezeichnet) in verschiedenen Projekten. Es ist vor allem die Beziehungskrise mit der neuen Bekanntschaft, die er detailliert in mehreren Handlungen schildert, wie in der Beendigung der Beziehung mit der Ex-Partnerin, in der Beziehung zur jungen Frau, im gemeinsamen Projekt mit Ex-Freundin, im Telefongespräch und der Trennung von Patienten und der jungen Frau, im Treffen der jungen Frau mit dem Patienten, im letzten Versuch, die Beziehung aufrecht zu erhalten und der definitiven Trennung, wie auch in der nachfolgenden Krise des Patienten. Zu dieser Krise tragen seine Handlungen in der neuen Stelle bei, wie die Überforderung.

2. Weitere Handlungen, die er schildert, beschreiben seine Suizidhandlung. Diese enthält die Vorbereitung der Suizidhandlung, das Schreiben des Abschiedsbriefs, seinen Aufbruch zur Fahrt zum Suizidort, die Ausführung der Suizidhandlung, Vorkehrungen, dass jemand informiert ist, Fahrt zum Suizidversuchsort, ersten Anlauf des Suizidversuchs, zweiten Anlauf des Suizidversuch und den Abbruch der Suizidhandlung.
3. Die Handlungen, die die Zeit zwischen dem ersten und zweiten Suizidversuch betreffen: das Gespräch nach Suizidversuch zwischen dem Patienten und der jungen Frau, das Telefongespräch zwischen dem Patienten und dem Vater der jungen Frau, die Begegnung und das Gespräch der beiden, Handlungen um die Schlafprobleme des Patienten, das Telefongespräch des Patienten mit seinem Hausarzt, das Gespräch des Patienten mit seinem Vorgesetzten, mit der Personalabteilung, die Besuche des Patienten beim Hausarzt, der Ausgang der Patienten mit seinen Freunden, die Handlungen um die Einrichtung seiner neuen Wohnung, sowie wie er den Abend alleine zu Hause verbrachte.
4. Diesen Handlungen folgte dann die zweite Suizidhandlung. Danach spricht der Patient mit seinem Vorgesetzten, mit seinem Hausarzt und mit einem Arzt in der Psychiatrie.
5. Nach der Beschreibung dieser Ereignisse spricht der Patient über seine Probleme in der Jugend, über seine Beziehung zum Vater, äußert einige Überlegungen zu seiner Krise, zu seinem mentalen Zustand während des Suizidversuchs, spricht über seine Freundschaft mit der jungen Frau und deren letztes Gespräch und zieht dann einen Fazit aus seinen Krisen und Suizidhandlungen.

8.2.2 Probleme der Handlungsorganisation

Das wichtigste Problem in der Handlungsorganisation des jungen Mannes im Zusammenhang mit seinen Suizidversuchen ist sicher vor allem das Ausblenden des übergeordneten Anliegens „am Leben zu bleiben". Die Krisen in anderen zwar auch langfristigen, aber dennoch normalerweise dem Bestreben „am Leben zu bleiben" untergeordneten Bestrebungen, wie „Beziehungen zu Frauen" bewogen den jungen Mann, sein eigenes Leben dem Erfolg der Beziehung zu seiner neuen Bekanntschaft zu unterordnen. Dies lässt den Eindruck entstehen, als besäße oder verfolge der junge Mann ein noch höheres Anliegen, von dem her er über das Beenden seines Lebens entscheiden könnte, und das ihm auch nach der vorsätzlichen Beendigung seines Lebens die Zufriedenheit an gelungener Problemlösung verschaffen würde. Dies ist natürlich nicht der Fall. Ein anderes Problem in der Handlungsorganisation, über die der junge Mann berichtet, könnten wir in der engen Verknüpfung seiner Erfahrungen im „Beziehungsanliegen zu seinen Eltern", bzw. seiner Mutter – in der er die Bedrohung einer Trennung und das anschließende „sich einsam fühlen", erlebte – und seiner Gestaltung der Beziehungsanliegen zu seinen Partnerinnen sehen. Diese Beziehungen sind im positiven Sinne, bei der Pflege der Beziehung, wie auch in der Trennung, nicht mit dem Beziehungsanliegen zu den eigenen Eltern, bzw. der eigenen Mutter zu verwechseln. Der junge Mann kam zu der Einsicht, dass er seine Beziehungen zu Frauen, vor allem die letzte Beziehung zu der jungen Frau auf eine Weise entwickelte, die für sie bedrohlich war, weil sie diese als Klammern erlebte. Dies sei die Folge des „sich einsam Fühlens", das er aus seiner Pubertät kenne. Es blieb ihm aber verschlossen, dass die existenziellen Ängste, die er bei der Trennung erlebte, ebenfalls aus dieser Zeit stammen könnten. Die bewusste Trennung dieser langfristigen Beziehungsanliegen – Beziehungen mit Eltern, Beziehungen mit Partnern – stellt eine hilfreiche Handlungsorganisation dar. Ein weiteres Problem in der Handlungsorganisation der Prozesse, die der junge Mann im Zusammenhang mit seinen Suizidversuchen schildert, können wir in der Gestaltung seiner Beziehung zu der jungen Frau sehen. Der Patient beschreibt, wie er sich der jungen Frau gegenüber öffnen und über seine Gefühle reden konnte. Dies ist sicher zu begrüßen, aber es kann vermutet werden, dass er sich mit der Gestaltung der Beziehung zu der jungen Frau nur am Rande beschäftigte, weil er von seiner eigenen Veränderung zu stark eingenommen wurde. Abschließend ist auch die Handlungsorganisation um das Suizidgeschehen direkt in ihren Problemen zu betrachten.

Nach der Aufkündigung der sehr kurzen Beziehung seitens der jungen Frau meinte der junge Mann beispielsweise, „alles ist für mich zusammengebrochen" und „ich habe irgendwie den letzten Halt verloren". Dies bedeutet nicht nur, dass er den Sinn seines Lebens an das Gelingen dieser Beziehung knüpfte, wie oben diskutiert, sondern dass er, anstatt mit diesem Gefühl konstruktiv umzugehen, es nur weiter vertiefte mit Gedanken wie etwa „ich bin nicht fähig für eine Beziehung", „ich belaste die Leute zu stark", „ich bin zu egoistisch", oder „ich denke nur an mich". Mit diesen Gedanken legte er sich schlafen, was nicht funktionierte und baute am Morgen nicht nur die umfassende Feststellung auf „ich kann nicht mehr", sondern auch die Absicht „ich will nicht mehr". Im Anschluss schrieb er seine Gedanken auf, deren destruktive Seite er wahrscheinlich noch vertiefte und kam zum Schluss, „dass es am besten wäre, wenn ich nicht da bin". Es mag sein, dass er anderen unterstellt, sie wünschten, er wäre nicht da. Wir erinnern uns: die Eltern trennten sich, die Mutter hatte wenig Zeit und der Patient fühlte sich einsam und wahrscheinlich auch verlassen und unerwünscht. Die Ablehnung durch die junge Frau erlebte er, mangels deutlicher Trennung zwischen der Beziehung zu seinen Eltern und zu seiner Partnerin, auch als ihren Wunsch, es wäre besser, wenn er nicht da sei. Das Problem der Handlungsorganisation in diesem Fall besteht in der Übernahme des vermeintlichen Zieles der anderen. Anders ausgedrückt: „da ich mir deren Zuneigung sichern möchte, erfülle ich deren Wünsche. Ihr Wunsch ist, „ich solle nicht da sein". Aus dem unbestimmten „nicht da sein" formulierte er sein Ziel „ich wollte einfach nicht mehr leben". Dies sind nicht nur gedankliche Fehlschlüsse, sondern konkrete Probleme des Handelns, die der Patient auch fühlbar und beobachtbar lebte. Nicht nur konnte er nicht schlafen, sondern er lebte diese Gedanken aus. Er setzte sich an den Tisch und schrieb einen Abschiedsbrief. In diesem Brief schützte er sich vor möglichen Vorwürfen, sein Suizid sei ein sehr einfacher Weg Probleme zu bewältigen und zu lösen. Von einem Menschen, der an dem Ast sägt, auf dem er sitzt sagen wir nicht nur, er oder sie mache einen Denkfehler, sondern die ganze Handlung sei falsch. Dies ist keine erfolgreiche Art, zu Holz zu kommen. Aus dieser Art, Probleme zu bewältigen bzw. zu lösen kann man nur eine defekte Art des Handelns ablesen. Die Zielhierarchie ist problematisch, die Mittel-Ziel-Beziehung stimmt nicht, die Kontroll- und Regulationsprozesse sind ausgeschaltet, denn die Prüfung auf einen Erfolg hin wurde nicht vorgenommen. Das wichtigste Anliegen des Patienten in diesem Moment war, sowohl die Mutter als auch die junge Frau von jeder Schuld an seinem Suizid durch seinen Abschiedsbrief freizusprechen.

Das Ausschalten aller inneren Handlungsprozesse auf dem Weg zum Suizidort beschreibt der Patient sehr treffend als „Der Kopf war leer". D. h. alle inneren Handlungsprozesse wurden ausgeschaltet oder nicht gespiegelt bzw. nicht monitort. Dies ist keine gute Voraussetzung für optimales Handeln. Es ist ein Handlungsproblem. Er hatte nur ein Ziel vor Augen, „irgendwo hinzusitzen und Schluss zu machen". Ein weiterer Gedanken, den der Patient äußert weist auf seine bereits beschriebene Zweiteilung, als sei er „Puppe und Puppenführer gleichzeitig". Bei seinem Suizid setzte er sich nämlich weitere Ziele, die ihm wichtig sind. „Ich wollte, dass man mich so schnell wie möglich findet", „ich wollte nicht, dass man meinen Suizid miterleben musste". Die mangelnden Voraussetzungen für sein Weiterleben zeigt der Patient auf als „ich sah keinen Horizont mehr", „ich hatte keine Energie mehr" und „ich wollte nicht mehr da sein". Man könnte sagen, er sah keine längerfristigen Ziele, die eine Erfolgshoffnung versprechen würden, und da er ebenfalls keine Energie verspürte, wollte er sich zurückziehen, oder die Reise abbrechen, als wäre das Leben ein Ausflug von vielen. Dies ist kein philosophisches Problem, sondern ein Handlungsproblem. Als der Patient mit der Pistole in der Hand auf einer Bank im Wald sass, kamen seine rationalen Gedanken wieder zurück. Allerdings nicht in Form einer ordentlichen Problemlösung, in der z. B. das Problem, die Lösungsmöglichkeiten, das Abwägen der Mittel und das Planen des Vorgehens nacheinander betrachtet würden, sondern der Patient beschreibt den Prozess als kreisende Gedanken. Dies ist wieder ein Handlungsproblem. Der Patient konnte in seinem Handeln in der Suizidhandlung viele Prozesse ausschalten, aber es blieben einige eingeprägte Automatismen erhalten. Als er dann die geladene Pistole zum Kopf führte und abdrücken wollte, was mit einer ungeladenen Pistole gut funktionierte, meldeten sich plötzlich „Blockaden", die er sich wahrscheinlich beim Lernen des Umgangs mit Waffe einprägte: „geladene Waffe kann verletzen" und er könnte aus diesem Prozess als Behinderter herauskommen. Die Vorstellung von sich als hilflosem, behindertem Menschen bewegte ihn sehr. Die starke Trennung seiner unterschiedlichen Handlungssysteme verdeutlicht sich in einer weiteren Erfahrung, die er beschreibt. Nachdem er sich aus der emotional bewegenden Vorstellung, er könne behindert sein befreite, hörte er Menschen, die ihn nach seinen Worten, wieder in die „reale Welt" zurückbrachten. In dieser realen Welt sei für ihn alles sinnlos, er sei nicht erwünscht, und so konnte er wieder seine Pistole laden und zum Kopf führen. Diesmal jedoch erreichten ihn die Sicherheitsautomatismen nicht nur emotional, sondern auch in seiner Entscheidungsfähigkeit. Jetzt war er plötzlich fähig, auch andere Lösungsmöglichkeiten zu erwägen. Er bezeichnete diesen Umschwung als „hätte mir jemand auf den Hinterkopf geschlagen". So erlebte er diese Öffnung in seinem Handlungssystem fast physisch als Schlag auf den Hinterkopf. Dies erwies sich als lebensrettend, denn Suizidversuche mit einer Waffe verlaufen sehr häufig tödlich. Alle diese Probleme sind Probleme des Handelns. Die übergreifenden, längerfristigen Anliegen gingen verloren zugunsten der Bemühung, die kurzfristige Kränkung zu beseitigen. Die üblichen Problemlösestrategien, die der junge Mann in anderen Lebensbereichen erfolgreich anwendet, waren plötzlich nicht mehr verfügbar.

> **Zusammenfassung**
> 1. Das wichtigste Problem der Handlungsordnung bei diesem Patienten, wie bei vielen suizidalen Menschen, ist das Ausblenden des übergeordneten Anliegens, „am Leben zu bleiben". Er ordnete sein Leben den Krisen in Beziehungen zu Frauen unter.
> 2. Ein anderes Problem in der Handlungsorganisation ist die enge Verknüpfung seiner Erfahrungen in der Beziehung zu seinen Eltern, bzw. seiner Mutter, (mit den Erinnerungen an die Bedrohung einer Trennung und das „sich einsam fühlen") sowie seinen Beziehungsanliegen mit seinen Partnerinnen.
> 3. Ein weiteres Problem in der Handlungsorganisation können wir in der Gestaltung seiner Beziehung zu der jungen Frau sehen. Der Patient konnte sich der jungen Frau gegenüber öffnen und über seine Gefühle sprechen. Man könnte vermuten, dass er sich mit der Gestaltung der Beziehung zu der jungen Frau nur am Rande beschäftigte, weil er von seiner eigenen Veränderung zu stark eingenommen wurde.
> 4. Auch das Suizidgeschehen selbst weist einige Probleme der Handlungsorganisation auf. Nach der Aufkündigung der Beziehung brach für ihn alles zusammen und er verlor den letzten Halt. Anstatt mit diesem Gefühl konstruktiv umzugehen vertiefte er es weiter mit Gedanken wie „ich bin nicht fähig für eine Beziehung", „ich belaste die Leute zu stark", „ich bin zu egoistisch", oder „ich denke nur an mich". Am Morgen stellte er fest „ich kann nicht mehr", „ich will nicht mehr" und „es wäre am besten, wenn ich nicht da bin". Das Problem der Handlungsorganisation in diesem Falle besteht in der Übernahme des vermeintlichen Ziels anderer Menschen.
> 5. Der Patient schaltet alle inneren Handlungsprozesse auf dem Weg zum Suizidort aus („Der Kopf war leer").
> 6. Ein weiteres Problem der Handlungsorganisation ist aus seiner Beschreibung, er sei „die Puppe und der Puppenführer gleichzeitig" gewesen, ersichtlich.

7. Auf einer Bank im Wald, mit der Pistole in der Hand, erlebte er ein „Gedankenkreisen" statt einer ordentlichen Problemlösung.
8. Als lebensrettend erwiesen sich andere Probleme der Handlungsorganisation, wie eingeprägte Automatismen (eine Blockade, als er die Pistole abdrücken wollte), oder als ihn die emotionale Vorwegnahme der zukünftigen Zustände (er sei behindert) wieder in die „reale Welt" brachte und er auch andere Lösungsmöglichkeiten erwägen konnte.
9. Im Selbstkonfrontations-Interview beschreibt er seinen Bewusstseinszustand während des Suizidversuchs als einen Wechsel zwischen Trance und Realität, in der die Handlungsorganisation stark beeinträchtig war.

8.2.3 Bewusst vorbereitet oder spontan vorgenommen?

Aus den obigen Informationen kann der Rückschluss gezogen werden, dass der Patient seinen Suizidversuch bewusst vorbereitete, denn er schrieb einen Abschiedsbrief und suchte sich einen passenden Ort für den Suizid im Wald aus. Es mag sein, dass die Lebensenergie und die Lebensfreude, wie auch der Lebenssinn relativ schnell nach der Trennung von seiner kurzen Bekanntschaft entschwanden, als würde sich eine alte Wunde auftun, was ihm den Boden unter den Füssen wegzog. Dennoch ist die Umstellung von einem lebensbejahenden Projekt zu einem Suizidprojekt in seinem Falle durchaus als top-down gesteuerter Prozess zu sehen. Davon zeugt auch seine Beharrlichkeit, mit der er es einige Tage später wieder versucht und eine Medikamentenüberdosis einnimmt.

Die bottom-up-Steuerung des Wechsels zwischen diesen zwei Projekten geschah, als er plötzlich wie mit einem Schlag auf den Hinterkopf realisierte, dass er eigentlich nicht wolle, was er da tue. So war er wieder in seinem lebensbejahenden Projekt und konnte entsprechende Handlungen in die Wege leiten.

▶ **Zusammenfassung**
1. Der Patient bereitete seinen Suizid bewusst vor, obwohl ihn die Trennung von seiner neuen Bekannten plötzlich in einen Abgrund stürzte.
2. Seine Unterbrechung der Suizidhandlung war aber eine spontane, unvorbereitete und aus einem Impuls heraus stattfindende Handlung.
3. Auch die Beharrlichkeit seiner Suizidabsichten zeugt von seiner top-down-Umstellung von einem lebensbejahenden zu einem destruktiven Projekt.

8.2.4 Probleme der Handlungsüberwachungsprozesse

Das Aussetzen, bzw. Malfunktionieren der Selbst- und Handlungsüberwachungsprozesse ist aus der Schilderung des jungen Mannes ersichtlich. Es ist zunächst sein Monitoring der Ablehnung durch die junge Frau, die er aus einer Gefühlserinnerung wahrnimmt und nicht aus der momentanen Situation heraus, in der er sich befindet. Er erlebt dies als existenzielle Bedrohung und nicht als eine Beendigung einer neuen und sehr kurzen Beziehung. Dies ist gewiss dadurch komplizierter, da der junge Mann sich nach seiner Erfahrung in der frühen Jugend eine Monitoringstrategie, bzw. einen Umgang mit seinen Gefühlen zulegte, von dem er glaubte, sich durch ihn schützen zu können. Als er sich dann in der kurzen Beziehung zu der jungen Frau emotional öffnen konnte, wurde er abgelehnt („…jetzt wo ich rede (über seine Gefühle) verliere ich jemanden und zuvor, als ich nicht geredet habe, hatte ich immer jemanden.").

Die Strategie, nicht über seine Sicht der Probleme und seine Gefühle zu reden war aber auch auf Dauer nicht konstruktiv für eine Beziehung. Der junge Mann berichtet, dass die achtjährige Beziehung beendet wurde, weil sie „nicht mehr miteinander sprechen konnten". Und meint weiter: „ (Es gab) Probleme, die sich bei mir aufgestaut hatten, über die ich mit meiner alten Beziehung nicht sprechen konnte". Dies sind zunächst Probleme der emotionalen Selbst- und Handlungsüberwachung. Die Beeinträchtigung der kognitiven Prozesse in Wahrnehmung und Deutung der Situation, in der sich der junge Mann befand wurde bereits oben angesprochen. Nicht nur, dass er die anstehenden Probleme nicht lösen konnte und dass er sich vor dem Scherbenhaufen seines Lebens sah, er beschrieb sein Denken, seine Wahrnehmung und sein Befinden als: „Da bin ich in einen Tunnel gekommen, in dem ich kein Licht mehr gesehen habe". Als der junge Mann den Abschiedsbrief geschrieben hatte, ihn hinlegte, ins Auto stieg und zum Suizidort in den Wald fuhr, als: „(d)er Kopf war leer". Auch das eine schwere Störung der kognitiven Selbst- und Handlungsüberwachung. In der Selbstkonfrontation beschreibt er dissoziatives Erleben, als er sich als Körper und Geist getrennt laufend sah. Der Patient beschreibt dramatisch den Wechsel zwischen der „Ausschaltung" und „Einschaltung" des Selbst- und Handlungsüberwachungssystems. Als er im Wald saß und mit einer gesicherten ungeladenen Waffe das Erschießen übte, meldete sich nichts. Als er es jedoch mit einer geladenen Pistole versuchte, war das Selbst- und Handlungsüberwachungssystem plötzlich wieder da. Was sich beim ersten Versuch mit der geladenen Pistole nur als „Hemmung", und „Blockade" zeigte, war beim zweiten Versuch mit einer Handlungsalternative verbunden. Der junge Mann sah auf einmal die Unsinnigkeit seines Tuns ein und verfügte über eine andere Handlungsoption. Ähnliche Probleme des Selbst- und Handlungsüberwachungssystems lassen sich auch bei seinem zweiten Suizidversuch erkennen. Der Patient berichtet von seiner Absichts-Ambivalenz, als er die Überdosis Schlafmittel einnahm. Einerseits meinte er „(ich) möchte nur noch schlafen und alles vergessen", andererseits sagte er „Ich habe dann die restlichen Tabletten, die ich bei mir hatte eingenommen. Ich habe das bewusst gemacht.", „Ich habe das nicht mit der Absicht gemacht, nicht mehr aufzuwachen", „irgendwo habe ich das schon bewusst wahrgenommen, dass ich nicht mehr erwachen könnte", „ich denke die Absicht war irgendwo schon da, nicht mehr aufzuwachen".

▶ **Zusammenfassung**
1. Der junge Mann spricht vor allem über seine Bewusstseins- und Emotionsmonitoring-Probleme. Die Ablehnung durch die junge Frau monitort er aus einer Gefühlserinnerung und nicht als Hier-und-Jetzt-Situation. Ein Problem des Handlungsmonitorings im gemeinsamen Handeln mit seiner langjährigen Partnerin schildert er als „wir konnten nicht mehr miteinander sprechen". „ (Es gab) Probleme, die sich bei mir aufgestaut hatten, über die ich mit meiner alten Beziehung nicht sprechen konnte". Das Nicht-Sprechen im gemeinsamen Handeln ist vergleichbar mit einem Bewusstseinsproblem im individuellen Handeln.
2. Über viele Monitoringprobleme berichtet der Patient bei der Darstellung seiner Suizidhandlungen. Er fühlte sich wie in einem Tunnel, in dem er kein Licht mehr gesehen habe. Dies ist eine Einengung des Bewusstseins, also ein Problem des Handlungsmonitorings. Er meinte, dass als er zum Suizidort in den Wald fuhr war sein Kopf leer. Er erlebte sich als geteilt, sich selbst vorauseilend. Sein Handlungsmonitoring war wie ausgeschaltet. Der Patient beschreibt dramatisch auch den Wechsel zwischen der „Ausschaltung" und „Einschaltung" des Selbst- und Handlungsüberwachungssystems. Dies bewegte ihn zum mehrmaligen Ansetzen und Absetzen seiner Pistole. Ähnliches erlebte er bei seiner zweiten Suizidhandlung bei der Überdosierung. Was er als Ambivalenz erlebte war wieder dieses „Einschalten" und „Abschalten" seines Monitorings.

8.2.5 Probleme der Handlungsenergetisierung

Unsere Gefühle sind nicht nur in ihrer Funktion der Selbst- und Handlungsüberwachung wirksam, sondern sind auch als Handlungsenergetisierung erforderlich. Viele suizidale Personen offenbaren Probleme in der Handlungsenergetisierung. Der junge Mann berichtete, wie er den Abschiedsbrief schrieb und zum Schluss kam, dass „er keine Energie mehr hatte". Vorher beklagte er auch, dass er „Mühe hatte alleine in dem Hotel", „ (Mühe mit) der neuen Stelle", „ (Mühe mit) der neuen Wohnung", „Es war einfach alles zu viel". Es war sicherlich nicht nur die intellektuelle Überforderung, sondern vor allem auch ein Energiemangel. Er erlebte nach der Ablehnung durch die junge Frau ein Problem in der Handlungsenergetisierung. Sein Gefühl „ich konnte nicht mehr" drückt nicht nur „am Ende mit seinem Latein" zu sein, sondern vor allem auch, keine Energie zu erleben. Als der junge Mann schildert, wie ihn beim ersten Versuch mit der geladenen, entsicherten Waffe der Mut verließ, lässt er uns auch spüren, dass die Energie für die Suizidhandlung, für den letzten Handlungsschritt plötzlich fehlte. Nach dem Abbruch des zweiten Versuchs mit der geladenen Waffe kam aber nicht nur die Blockade aufgrund des Monitorings der Situation auf, sondern auch eine neue Handlungsalternative und die Energie diese auszuführen. Der Patient packte die Waffe ein und ging zum Auto zurück.

Ein Problem der Handlungsenergetisierung, wenn auch nicht als Mangel, sondern als Überschuss, kann man in den Schlafproblemen des jungen Mannes sehen. Immer dann, wenn ihn die als existenziell erlebte Probleme belasteten konnte er nicht schlafen. Der Versuch, dies mit Schlaftabletten zu überwinden führte schließlich zu seinem zweiten Suizidversuch.

▶ **Zusammenfassung**
1. Die Zeit nach der Ablehnung durch die junge Frau beschreibt der junge Mann in seinem Abschiedsbrief so, dass „er keine Energie mehr hatte". Er hatte „Mühe alleine in dem Hotel (zu sein)", „(Mühe mit) der neuen Stelle", „(Mühe mit) der neuen Wohnung", „Es war einfach alles zu viel". Dies war vor allem ein Energiemangel.
2. Auch während der Suizidversuche zeigten sich Probleme der Handlungsenergetisierung. Es war nicht nur die mangelnde Energetisierung, sondern auch Aufteilung dieser Energie zwischen Leben und Sterben, das er in einem Hin und Her erlebte.

8.2.6 Suizid und das interaktive und gemeinsame Handeln

Der junge Mann deutet seine Suizidversuche im Rahmen seiner Beziehungsprobleme und es ist daher wichtig, das gemeinsame und interaktive Handeln zu beachten. Er berichtete, wie das Wissen um die Scheidung der Eltern, seine Einsamkeit als er bei der Mutter lebte, seine Schwierigkeiten in der Beziehung zum Vater und wie er durch seine Probleme wieder zum Vater fand, seine Suizidalität zu verstehen helfen. Einen direkten Bezug stellt er her zur Ablehnung durch seine neue Bekanntschaft, die junge Frau, von der er sich zuerst sehr verstanden fühlte und die ihm half, sich zu öffnen. Unmittelbar nach dem Trennungsgespräch eilte der Patient gebrochen nachhause, und nach einer schlaflosen Nacht entschloss er sich, aus dem Leben zu scheiden, und schrieb einen Abschiedsbrief – wieder eine interaktive Handlung. In seinem Abschiedsbrief versuchte er eventuelle Schuldgefühle seiner Mutter und seiner neuen Freundin zu zerstreuen und die Verantwortung für seinen Suizid zu übernehmen. Als der junge Mann einen geeigneten Ort für den Suizid suchte, war es ihm wichtig, dass er dabei nicht beobachtet wird und eventuellen Zuschauern so eine unangenehme Erfahrung ersparen konnte. Auf der anderen Seite wollte er sich auch nicht an einen sehr abgelegenen Ort begeben, damit er bald gefunden werden könnte. Nach dem Abbruch seines Suizidversuchs eilte er wieder zu seiner Freundin, um ihr davon zu berichten. Danach meldete sich ihr Vater bei ihm, um sich die Waffe aushändigen zu lassen und seine Suizidalität zu verurteilen. Der Patient rief dann bei seinem Hausarzt an, nahm einen Hausarzttermin wahr, sprach mit seinem Chef, mit der Personalabteilung und schließlich auch mit einem Psychiater in der Poliklinik.

▶ **Zusammenfassung**
1. Beide Suizidversuche des jungen Mannes sind in gemeinsame Handlungen mit anderen fest eingebettet. Diese dienen als Ursprung, Begleitung und als Folge seiner Suizidhandlungen.
2. Den Ursprung seiner Suizidalität sieht er in der abgebrochenen Beziehung. Er versteht seine Gefühle der Ablehnung und Vereinsamung aus seiner Kindheitserfahrung mit den Eltern. In der zweiten Suizidhandlung nahm er Schlafmittel und Antidepressiva, die er kurz zuvor vom Hausarzt erhielt.
3. Seine Suizidhandlung begann er mit dem Schreiben eines Abschiedsbriefes, in dem er alle anderen entlasten wollte. Am Ort der Suizidhandlung achtete er auf andere Leute, damit er sie mit seinem Handeln nicht beunruhigt. Er wollte aber auch bald gefunden werden.
4. Nach dem Abbruch seiner Suizidhandlung sprach er mit seiner Freundin, deren Vater, dem Hausarzt, seinem Chef, der Personalabteilung und schließlich auch mit einem Arzt in der Psychiatrie.

8.2.7 Das Gespräch des jungen Mannes mit dem Psychiater

Auch wenn der junge Mann seine Erlebnisse und Handlungen rund um das Suizidgeschehen sehr kompetent, detailliert und geordnet schildert, ist seine Erzählung nicht nur seine Sichtweise der erlebten Vorgänge, sondern auch ein Produkt des gemeinsamen Handelns mit dem Psychiater, des Gesprächs.

Der Psychiater bietet dem jungen Mann viel Raum, damit dieser seine Erlebnisse darstellen kann. Er versucht nicht, dem Patienten seine eigene Ordnung aufzuzwingen.

In der **1. gemeinsamen Handlung** formuliert der Psychiater die Aufgabe, wobei der Patient die Daten ergänzen, bzw. korrigieren muss, da es sich um zwei Suizidversuche in den letzten vier Wochen handelt.

In der **2. gemeinsamen Handlung** formuliert der Psychiater die Aufgabe wieder, der junge Mann übernimmt sie und setzt sie um. Der Psychiater versteht seine Aufgabe als verständnisvolles, aufmerksames Zuhören. Der junge Mann kann ununterbrochen die Zeit bis zu seinem ersten Suizidversuch erzählen – er schildert von einer Zeitspanne von etwa 4–5 Monaten. Als er dann zu dem Punkt gelangt, an dem er, nach seinen Angaben, mit leerem Kopf im Wald saß und sich suizidieren wollte, („Ich hatte einfach das Ziel, irgendwo hinzusitzen und einfach fertig machen") machte er eine kurze Pause (**3. gemeinsame Handlung**), die der Psychiater zur Aufforderung zur Bestätigung einer Aussage nutzte („Und eine Waffe hatten Sie ohnehin im Hause?"). Der Patient erklärt die Umstände des Vorhandenseins einer Waffe zu Hause, und der Psychiater formuliert den nächsten Handlungsschritt des Patienten zur Bestätigung, um die Erzählung wieder in Gang zu bringen („Und nachher sind sie zum Wald gefahren?").

In der **4. gemeinsamen Handlung** berichtet der junge Mann von seinen weiteren Handlungen in der Zeit um den Suizid. Als er dann von seinem Besuch bei seiner Freundin nach dem abgebrochenen Suizidversich berichtete, in dem er ihr alles erzählte und diese ihn wieder nach Hause schickte, (**5. gemeinsame Handlung**) wollte der Psychiater wissen, ob er zu dem Zeitpunkt immer noch die Pistole bei sich hatte, um die Gefährlichkeit der Situation zu verstehen (Patient „…(ich) bin dann wieder nach I. gefahren." Psychiater „Mit der Pistole?"). In diesem Abschnitt erzählt der junge Mann von weiteren Begebenheiten und wie er sich mit seiner kritischen Situation auseinandersetzte. Er beschreibt, wie er sich nach dem Hausarztbesuch, wo er Antidepressivum und Schlafmittel verschrieben bekam, in die Arbeit stürzte und zu vergessen versuchte. Der Psychiater leitete die nächste, **6. gemeinsame Handlung** mir der Frage ein, ob der Patient bereits schlafen konnte in der Vorahnung, dass dies zur Zuspitzung der Krise des Patienten beitragen könnte. Der Patient erzählt, wie er versuchte, sich in seiner schwierigen Situation zurechtzufinden, sich erschöpft fühlte und eine Überdosis an Schlafmitteln einnahm.

Der Psychiater versuchte zusammen mit dem jungen Mann die Frage zu klären (**7. gemeinsame Handlung**), inwieweit der Patient die Schlafmittel im Bewusstsein der fatalen Konsequenzen einnahm. Um die Fortsetzung der Erzählung des Patienten anzuregen, fragte der Psychiater „Was ist dann nachher passiert?" (**8. gemeinsame Handlung**). In diesem Abschnitt erzählt dann der Patient vom zweiten Suizidversuch durch Schlafmittelüberdosis bis zu seinem Gespräch mit einem Psychiater in der psychiatrischen Abteilung, sowie von seinem bevorstehenden Gespräch mit einem Psychiater. Nachdem die Geschichte des Patienten zu einem natürlichen Abschluss kam übernimmt der Psychiater wieder die Führung, bewertet die Erzählung positiv und erkundigt sich nach dem gegenwärtigen Zustand des Patienten (**9. gemeinsame Handlung**) (wie er sich fühle, dass es gut sei, dass der Patient sich mehr mit seiner beruflichen Laufbahn und nicht mit Beziehungen zu Frauen beschäftige, ob er noch das Medikament nehme, wie er schlafe.)

In der **10. gemeinsamen Handlung** fragte der Psychiater nach der biografischen Vorgeschichte seines Suizides, ob es bereits eine Zeit gab, in der er „…nicht mehr weitergesehen habe, keine Perspektive mehr hatte". Der Patient berichtet dann von seiner Jugendzeit, als er sich nach der Scheidung der Eltern einsam fühlte und später durch seinen Drogenkonsum in finanzielle Schwierigkeiten geriet. In der **11. gemeinsamen Handlung** verbindet der Psychiater diese Erfahrung des Patienten mit seinen gegenwärtigen Erlebnissen und der Suizidkrise, was der Patient auch bestätigt. In der **12. gemeinsamen Handlung** prüft der Psychiater mit dem Patienten die These, dass die ganze Identität des Patienten in der Suizidkrise betroffen war. Der Psychiater leitet dann den Abschluss des Gesprächs mit der Einführung der Thematik ein, wie weit die Suizidalität für den Patienten gegenwärtig noch eine Rolle spiele, ob das Suizidziel noch infrage käme, ob die Umstände des Suizids jetzt andere seien, ob die Erfahrung noch wehtäte und dass man das Erlebte „normalisieren" könnte. Die **13. gemeinsame Handlung** leitete der Psychiater mit der Frage ein, ob „…Ihnen die Geschichte letztlich auch etwas gebracht (hat)? Sie haben etwas über sich gelernt, das Sie jetzt verändern könnten?", was der Patient bejaht und ausführt.

Die Einsicht in den Prozess, wie die Suizidgeschichte des Patienten in seiner Erzählung im Gespräch mit dem Psychiater zustande kam ist relevant, denn es zeigt sich, dass die wichtigsten Hintergründe zum Verstehen des Suizides des jungen Mannes, die Einsamkeitserfahrung in der Jugend, erst durch die Nachfrage des Psychiater angesprochen wurde. Zudem formuliert der Patient auch den Einfluss der Erzählung auf sein Verständnis des Erlebten. Er meinte „Irgendwie gehe ich das Ganze in der Erzählung noch einmal durch, merke aber, dass es mir unheimlich ist, weil ich es mir nicht ganz vorstellen kann. Es ist schon noch präsent, aber das Ziel oder der Wunsch ist nicht mehr da."

▶ **Zusammenfassung**
1. In der 1. gemeinsamen Handlung einigen sich Patient und Psychiater auf die Aufgabe. In der 2. gemeinsamen Handlung erzählt der Patient von den 4–5 Monaten vor dem Suizidversuch bis zum Moment, als er im Wald saß und sich suizidieren wollte. In der 3. gemeinsamen Handlung klären sie das Vorhandensein der Waffe.
2. In der 4. gemeinsamen Handlung erzählt der junge Mann von seinen weiteren Handlungen in seiner suizidalen Zeit, von seinem Besuch bei seiner Freundin und wie diese ihn wieder nach Hause schickte. In der 5. gemeinsamen Handlung beschreibt der junge Mann weiteren Begebenheiten, wie er sich nach dem Hausarztbesuch, wo er Antidepressivum und Schlafmittel verschrieben bekam, in die Arbeit stürzte und zu vergessen versuchte. In der 6. gemeinsamen Handlung erzählt der Patient wie er versuchte, mit seiner schwierigen Situation zurechtzukommen und eine Überdosis an Schlafmitteln einnahm.
3. In 7. gemeinsamen Handlung versuchen beide zu klären, ob der Patient die Schlafmittel im Bewusstsein der tödlichen Konsequenzen einnahm. Den Suizidversuch mit einer Überdosis schildert der Patient in der 8. gemeinsamen Handlung. Er erzählt auch von seinem Gespräch mit einem Psychiater in der Klinik.
4. In der 9. gemeinsamen Handlung besprechen sie den gegenwärtigen Zustand des Patienten, seine beruflichen Vorstellungen und seine Beziehungswünsche.
5. In der 10. gemeinsamen Handlung schildert der Patient seine Jugend – wie er die Scheidung der Eltern erlebte und zu Drogen griff. In der 11. gemeinsamen Handlung diskutieren sie die Verbindung dieser Erlebnisse mit der gegenwärtigen Suizidkrise. In der 12. gemeinsamen Handlung diskutieren sie, wie die Identität des Patienten in der Suizidkrise herausgefordert war und wie weit der Patient gegenwärtig noch suizidal ist.

6. In der 13. und letzten gemeinsamen Handlung versuchen sie, ein Fazit aus dieser suizidalen Krise zu ziehen. Der Patient formuliert auch seinen Gewinn aus dem ausführlichen Gespräch über diese Zeit sowie über deren Vorgeschichte.

8.2.8 Selbstkonfrontations-Interview

Dem Patienten bereitet es zum Teil große Mühe, die Videoaufzeichnung anzuschauen. Über größere Abschnitte hinweg schaut er zu Boden und wirkt sehr in sich gekehrt. Es stehen also nur einige Abschnitte zur Verfügung.

Im 1. Abschnitt äußert sich der Patient zu seinen Gefühlen während des Gesprächs und der Wirkung des wiederholten Erzählens „…ich (habe) aber schon ein wenig Abstand gewonnen, da ich mit mehreren Leuten darüber gesprochen habe. Ich kann es erzählen, wie eine Geschichte, aber innerlich wühlt es mich doch immer noch recht stark auf… als ich am Anfang mit der Personalchefin gesprochen habe, da war das weniger ein Sprechen als mehr ein Heulen. Damals konnte ich kaum ein Wort sagen, ohne dass ich gleich weinen musste… Ich habe schon zu kämpfen, aber ich kann es immerhin in einem Fluss erzählen. Ich denke, je öfter ich es erzähle, umso offener werde ich auch, indem ich mich immer mehr auch davon entferne". **Im 2. Abschnitt** beschreibt er seine gegenwärtige Befindlichkeit und drückt sein Erstaunen darüber aus, wie am Boden zerstört er auf der einen Seite war, und wie viele Gedanken er dennoch anstellen konnte „… ich hatte keine Kraft mehr… Auf eine Weise erschrecke ich, wie tief ich damals gesunken war, und andererseits staune ich auch, wie viele Gedanken ich mir dazu gemacht habe… wie rational ich zu dieser Zeit noch gewesen bin, obwohl ich keinen Lebenswillen mehr hatte". **Im 3. Abschnitt** äußert er mehrere Beobachtungen. Er wollte verhindern, dass Außenstehende seinen Suizid beobachten, dann kam er auf Gedanken zu den Folgen eines misslungenen Suizids und einem Leben mit Hirnverletzung, und schließlich beschreibt er seinen Bewusstseinszustand zum Zeitpunkt des Suizidversuchs als Wechsel zwischen Trance und Realität. Die innere Zerrissenheit spricht er auch **im 4. Abschnitt** an. Es war nicht nur der Wechsel zwischen Trance und Realität, sondern auch ein Hin und Her zwischen seinen Suizidabsichten und dem Zweifel, ob das das Richtige sei und was geschehe, wenn er hirnverletzt am Leben bliebe. So war es auch nicht nur ein Wechselspiel, sondern auch ein Wechselbad der Gefühle. Im **5. Abschnitt** versucht er noch seinen Bewusstseinszustand zu erklären. Die Frage, die er sich selbst stellte, wieso es mit der Beziehung nicht klappte führte zu einem Befinden, als hätte er Watte in den Ohren und „… als ob der Körper vorauslaufen würde und der Geist kommt 5 m hinterher. Ich bin parallel mit dem herumgelaufen. Sie haben irgendwie nicht zusammen gehört". Er berichtete, dass er dieses Gefühl kenne. Es sei ein „Gefühl, das ich schon einmal vor mehreren Jahren hatte als ich die Masern hatte. Da hatte ich während drei Tage 40 Grad Fieber und da habe ich mich dann selber von außen im Bett liegen gesehen".

▶ **Zusammenfassung**
1. Im 1. Abschnitt äußert sich der Patient zu seinen Gefühlen in Gesprächen nach dem Suizidversuch, im Gespräch mit dem Psychiater und auch im Selbstkonfrontations-Interview und meint, obwohl er schon viel Abstand gewinnen konnte, denn im ersten Gespräch konnte er nur weinen, bewege ihn seine Geschichte immer noch.
2. Im 2. Abschnitt zeigt er sich erstaunt darüber, wie tief er damals gefallen sei, keine Energie hatte, und mit welcher Rationalität er seine Überlegungen anstellte.
3. Im 3. Abschnitt spricht er über seine Überlegungen während des Suizidversuchs. Wie er es vermeiden wollte, Zeugen zu haben und wie er fürchtete, den Suizidversuch als Behinderter zu überleben. Er schildert auch seinen Bewusstseinszustand als Wechsel zwischen Trance und der Realität.
4. Diese Zerrissenheit zeigte sich auch in seinen Absichten zu sterben einerseits und seinem Wunsch zu leben andererseits.
5. Im 5. Abschnitt erklärt er den Bewusstseinszustand von damals als „Watte in den Ohren" und „der Körper läuft voraus und der Geist fünf Metern hinterher", „ich gehörte nicht zusammen". Er kenne den Zustand von einer früheren Erkrankung mit hohem Fieber, als er sich gewissermaßen von außen betrachtete.

Fall 7

9.1 Suizidgeschichte: Nicole

Annette Reissfelder

Nicole zündete sich eine Zigarette an.

Pia: Hattest Du nicht aufgehört mit dem Rauchen, als ihr in die große Wohnung gezogen seid?

N: Oh je, das ist lange her, jetzt wohnen wir ja schon ein halbes Jahr hier. Ich habe 21 Monate durchgehalten, aber an dem Tag, als Daniel ausgezogen ist, habe ich mir wieder welche gekauft. Ach Pia, wie schön, dass du hier bist! Danke!

Pia Ich wollte schon im Februar auf dem Rückweg vorbeikommen, es liegt ja praktisch auf dem Weg, aber dann kam etwas dazwischen. Umso besser, dass ich heute angerufen habe, du klangst furchtbar am Telefon. Wo sind denn deine Jungs?

N: Thomas hat nur noch Fußball und seine Clique im Kopf. Ich weiß gar nicht, wann der das letzte Mal abends zu Hause war! Und Markus ist meistens bei seiner Freundin, die wohnt auch noch zu Hause, aber er ist gern dort, er mag ihre Brüder und den Vater. Das tut ihm gut, hier bei uns bläst er bloß Trübsal. Er ist so negativ und lustlos in den letzten Jahren, ich weiß nicht ein noch aus mit ihm. Die Lehre will er auch nicht zu Ende machen, wo er sich überhaupt endlich mal für etwas entschieden hat… schließlich ist er schon 19. Er geht jetzt zu einem Psychologen, das ist aber auch anstrengend, weil er sich dem anders präsentiert als er mit anderen ist.

Pia: Oh je, kleine Kinder kleine Sorgen, große Kinder große Sorgen. Er war immer ziemlich in sich gekehrt, und auf dich fixiert. Erwachsenwerden ist nicht leicht. Jungen brauchen manchmal länger, bis sie gefestigt sind.

N: Nach außen hin markieren sie den Starken, aber zu Hause sind sie unselbstständig und selbstbezogen. Die fragen nie, wie es mir geht. Trotz der Trennung, dem Umzug und allem. Ich bin in letzter Zeit einfach erschöpft. Ich weiß gar nicht, wann ich das letzte Mal durchgeschlafen habe und morgens nicht müde aufgestanden bin!

Pia: Ja, es ist höchste Zeit, dass es Frühling wird! Wenn es draußen überall grünt sieht die Welt gleich viel positiver aus. Dann freut man sich, aufzustehen!

Nicole goss ihnen ein Glas Rose ein. „Jetzt trinken wir erst mal einen Schluck!"

Pia: Aber wirklich nur ein Glas, ich muss ja noch fahren. Also auf uns! Darauf, dass wir uns endlich mal wieder sehen!

N: Ich habe Pistazien, die magst du doch gern!

Pia: Oh, wunderbar – was für eine schöne Packung!

N: Die hat mir ein Kunde zum Geburtstag geschenkt. Ich wollte ihm eigentlich an dem Tag sagen, ich kann ihn nicht mehr behandeln, wo er so zugenommen hat. Aber dann kam er mit einem Geschenkkorb und bedankte sich für alles! Da habe ich nichts mehr gesagt.

Sie lachten beide.

Pia: Nochmal zu deinem Großen. Er hat seine Stelle aber noch, oder? Wann ist er denn fertig mit seiner Lehre?

N: Er beendet jetzt erst das erste Jahr. Vorher waren es überall nur Praktika. Und es hat immer lange gedauert, bis er den nächsten Anlauf genommen hat, obwohl ich ihn ständig ermutigt habe.

Pia: Vielleicht musst du ihm sagen, dass er nicht denken soll, er könne die Lehre hinschmeißen und dann trotzdem zu Hause bleiben und nur noch herumhängen.

Nicole: Das hatten wir gerade! Er wollte zu seiner Freundin ziehen. Am nächsten Tag rief sein Chef an, dass er nicht zur Arbeit erschienen ist! Ich habe ihm gesagt, wenn er da nicht wieder hingeht, kann er auch nicht mehr nach Hause kommen. Das hatte ich mit der Psychologin besprochen und es hat tatsächlich funktioniert. Er kam dann zurück nachhause, aber er ist so antrieblos Pia, das macht mich selber depressiv, wenn ich den Jungen sehe.

Pia: Ach du Arme. Aber am Telefon hast du von Daniel geredet. Was ist denn jetzt zwischen Euch? Ich dachte, ihr seid endgültig auseinander! Triffst du dich wieder mit ihm?

N: Eigentlich nicht, höchstens manchmal auf einen Kaffee. Aber er ruft oft an. Das freut mich einerseits, wühlt mich aber auch auf. Ich meine, wenn er endgültig abgeschlossen hätte, würde er doch nicht sagen, er hätte mich so verletzt, da könne er mir nicht antun, das wir es nochmal versuchen. Er kann mit niemandem sprechen wie mit mir, und vertraut mir alles an. Sogar über die Frauen, mit denen er zusammen war seit er ausgezogen ist. Je länger wir reden, desto mehr denke ich, er will zurück – und dann sagt er, er käme nicht zurück. Also ich weiß überhaupt nicht, woran ich mit ihm bin.

9.1 Suizidgeschichte: Nicole

Pia: Und das hörst du dir an? Na, ich kann dir sagen, woran du mit ihm bist, ich bin aber nicht sicher, ob du das hören willst…

N: Doch, will ich. Ich bin einfach ratlos, was ich noch tun soll. Manchmal denke ich, vielleicht bin ich ihm schon zu alt. Er hat sein Leben noch vor sich – und ich habe für nichts mehr Kraft.

Pia: Ach Unsinn, Daniel möchte keine Frau in seinem Alter – die würde ja Kinder wollen, und dann müsste er Verantwortung übernehmen. Das ist nichts für ihn. Ich sage dir, der will eine Frau, die ihn bemuttert. Ich hab dir schon vor Jahren gesagt, der ist nur egoistisch. Daniel wälzt alles gern auf andere ab, dann ist er nie an etwas schuld. Wie du ihn früher unterstützt hast! Alles hast du ihm abgenommen, was er nicht machen wollte. Aber das hört nicht einfach auf. Männer verändern sich nicht irgendwann und werden so, wie wir sie uns wünschen. Die bleiben so – warum auch nicht, wenn es so gut funktioniert für sie. Du hast dich abgerackert, und er hat gemacht, was er wollte. Als ihr in die größere Wohnung gezogen seid dachte ich, aha, hat er sich doch für dich entschieden! Und dann höre ich, er zieht aus, weil er eine neue Freundin hat. Nachdem er dich monatelang angelogen hat! Was für ein Idiot!

N: Naja, ich war im letzten Jahr halt auch immer müde, die ganzen Sorgen mit Markus, ich habe gar nichts mehr unternehmen wollen. Als er weg war wurde es noch schwieriger, dann hatte ich überhaupt keinen Moment mehr für mich. Ich mache nur noch Arbeit und Haushalt, und weiß oft nicht, wie ich das schaffen soll. Ich komme auch nicht mehr unter Leute. Über mich rede ich höchstens noch mit meiner Psychologin.

Pia: Pia: Was? Du gehst zu einer Psychologin?

Nicole: Ich hatte letzten Herbst einen Zusammenbruch – da konnte ich kaum noch aufstehen, geschweige denn normal arbeiten. Massieren ist anstrengend, ich meine nicht nur das Körperliche. Die Kunden laden ihre Probleme ab, das darf ich mir alles anhören und soll dann am besten noch etwas Aufmunterndes sagen. Dann habe ich natürlich zu wenig verdient, das ging also auch nicht. Naja, im Krankenhaus haben sie mich dann zu dieser Psychologin geschickt. Die hat mich beraten und mir auch gesagt, dass ich Unterstützung vom Sozialamt bekommen kann. Wir haben zusammen alles ausgefüllt. Natürlich will ich so schnell wie möglich wieder weg von der Unterstützung, aber erst mal war das die einzige Lösung. Und ich hatte wenigstens die Kraft, den Umzug durchzustehen, denn wir mussten ja aus der teuren Wohnung raus.

Pia: Meine Güte. Das tut mir leid. Und du sagst kein Wort! Ich hätte doch mal einen Tag kommen können! Da ist viel an dir hängengeblieben in letzter Zeit. Du bist so eine tolle Frau, attraktiv, klug, praktisch, eine super Köchin, verdienst dein eigenes Geld. Daniel kann dir doch nicht das Wasser reichen. Und dann machst du dir ständig Gedanken, wie es ihm geht. Der macht sich sicher keine

	Gedanken, wie es dir geht! Was tut er denn für dich? Er heult sich bei dir aus, wie schwer er es hat im Leben. Wie es dir geht interessiert ihn gar nicht. Es macht mich ganz wütend, wenn ich sehe, wie dich das kaputt macht.
N:	Weint.
Pia:	Du hast doch immer Freude an deiner Arbeit gehabt! Und keinen Chef, der dich nur ärgert, und nach dem du dich richten musst. Dafür Kunden, die dir Geschenkkörbe bringen!
N:	(Lächelt) Das stimmt, ich kann allein entscheiden, aber das kostet auch eine Menge Energie. Ich muss mich um so viele Sachen kümmern, Steuererklärung, Gesundheitsamt, Großmarkt, ständig ist etwas. Und ich muss zusehen, dass die Kunden wieder zu mir kommen wollen. Die kommen nicht nur zur Massage und liegen still da, gerade die Frauen haben auch sonst niemanden, dem sie alles erzählen können. Wenn es mir selbst nicht gut geht schaffe ich das einfach nicht. Schon körperlich ist es schwere Arbeit, und wenn die Leute dann noch dicker sind…
Pia:	Ach Süße. Wir sind wirklich Stehaufmännchen. Das ist alles so anstrengend, und um uns macht sich nie jemand Sorgen. Wir wuppen das schon, darauf verlassen sich alle. Und wehe, wenn nicht! Aber nochmal zu Daniel. Der kann nicht anders. Du musst dich von der Vorstellung lösen, dass er wiederkommt und dann alles wieder gut ist! Der ist unzufrieden mit seinem Leben. Erst hat er gedacht, er braucht eine andere Frau, hat es jetzt mit einigen probiert und gemerkt, er ist immer noch genauso unzufrieden wie vorher. Das wird nichts mit dem Happy End. Lass die Finger von dem Mann, der tut dir nicht gut!
Nicole:	Aber ich habe doch noch Gefühle für ihn! Wir waren so lange zusammen! Er versteht sich selbst nicht im Moment, und hat ein schlechtes Gewissen mir gegenüber, da kann ich ihm doch nicht noch in den Rücken fallen. Er sagt mir immer, dass er mich vermisst, und hat ein paarmal gesagt, dass er am liebsten zurückkommen würde. Nur wenn ich brauche, dass er mir einfach zuhört, oder wenn ich etwas mit Markus erzähle, dann regt er sich gleich auf und hat sogar mal aufgelegt. Na und wenn es mir dann besser geht sagt er, nein, er käme nicht zurück, das müsse ich falsch verstanden haben. Dann bin ich wieder völlig ratlos.
Pia:	Du Arme. Nicole, das ist aber alles sein Problem. Du kannst das nicht auffangen, du bist doch selber fix und fertig! Daniel müsste mal zu einer Psychologin. Aber das macht er bestimmt nicht.
Nicole:	Nein… Ich wollte es dir eigentlich auch gar nicht erzählen, aber heute war ich so verzweifelt – ich war kurz davor, Tabletten zu nehmen, als du angerufen hast.
Pia:	Pia: Tabletten – also Schlaftabletten? Spinnst du? Das kannst du doch nicht machen. Süße, das ist gerade keine gute Zeit für dich, aber das geht doch vorbei, die Kinder sind in ein paar Jahren aus allem raus, dann hast du dein

Leben für dich. Vielleicht lernst du noch mal jemanden kennen, mit dem du gern zusammen bist. Aber jetzt musst du dich um dich kümmern. Daniel ist Gift für dich im Moment. Du kannst nicht stundenlang mit ihm reden. Dann merkst du, dass du noch an ihm hängst, und hoffst, er kommt zurück. Dabei hat er nur seinen ganzen Mist bei dir abgeladen und kommt erstmal wieder ohne dich aus. Wie willst du dich da erholen? Du streust dir selbst Salz in die Wunde, merkst du das nicht? Ich hab dir schon mal gesagt, nachdem er ausgezogen war – es tut sechs Wochen wie verrückt weh, und dann wird es besser. Aber natürlich nicht, wenn man nach vier Wochen die Wunde wieder aufreißt! Dann wird es nie besser…

N: Weint.

Pia: Versprich mir, dass du ihm sagst, dass er dich nicht mehr anrufen soll, dass du nichts mehr von ihm wissen willst.

N: Aber das stimmt doch gar nicht! Wenn er jetzt hier vor der Tür stünde mit seinem Koffer, würde ich ihm um den Hals fallen, trotz allem.

Pia seufzt. Gut. Dann sag ihm wenigstens, dass du nicht mehr mit ihm reden wirst, wenn er sich nicht entscheidet, dass er zurückkommt. Und dann legst du den Hörer auf. Versprich es mir. Ich möchte, dass du mir noch etwas versprichst. Wenn es dir noch mal so geht wie heute, dann rufst du mich an. Wirklich, jederzeit. Und wenn du nicht mit mir sprechen magst, rufst du Deine Therapeutin an, die ist darauf vorbereitet. Wenn sie dir sagt, du kannst sie Tag und Nacht erreichen, dann meint sie das auch! Lass dir helfen.

9.2 Suizidanalyse: Ich sah hinter all dem einfach keinen Grund mehr

Ladislav Valach

Die Patientin, die eine Überdosis einnehmen wollte und sich dann eine Woche später mit einer Rasierklinge das Handgelenk aufzuschneiden versuchte, erzählt in einem Gespräch mit einer Psychiaterin ausführlich über ihre Beziehungskrise mit ihrem Freund, über ihre Sorgen mit ihrem 19jährigen Sohn und ihre Lebenssituation. Sie verbindet ihren Suizidversuch mit einigen langfristigen und mittelfristigen Prozessen und Anliegen, die es zu verstehen gilt, bevor man ihren Suizidversuch nachvollziehen könne. Die Erzählung über ihren Suizidversuch fängt die Patientin mit der Feststellung an, sie sei selbstständig. Auch später spielen ihre Anliegen hinsichtlich ihrer Arbeitstätigkeit aus unterschiedlichen Gründen eine wichtige Rolle.

9.2.1 Langfristige und mittelfristige Anliegen und kurzfristige Handlungen

9.2.1.1 Mittelfristige („Projekte") und langfristige Anliegen

Eine elfjährige Beziehung zwischen der Frau und ihrem Freund („Beziehung zu Freund") wurde von ihm beendet und er zog innerhalb einer Woche aus der gemeinsamen Wohnung aus. Die Patientin wollte diese Beziehung aufrechterhalten. Anschließend telefonierten sie miteinander viele Wochen lang und taten sich gegenseitig weh („Trennung von Freund"). Die Patientin wünschte, dass er zurückkomme und dass er ihr nicht andauernd wehtue mit seinen Anrufen. Die Patientin machte sich zudem große Sorgen um ihren älteren Sohn („Beziehung zum älteren Sohn"), der bereits längere Zeit über Einiges unglücklich sei. Wie alle Mütter wünschte auch die Patientin, dass ihr Sohn glücklich und zufrieden sei, und zuversichtlich in die Zukunft schaue. Sie bemühte sich auch sehr darum. In ihrem Suizidversuch spielte auch das „Alkoholproblem" der Patientin eine Rolle, von dem sie meint, es in der letzten Zeit gut im Griff gehabt zu haben. Sie arbeitet daran, ihren Alkoholkonsum zu reduzieren. Bei ihrem ersten Suizidvorsatz rief eine Bekannte an, die dann auch zu ihr nachhause kam. Weiter berichtete die Patientin, dass sie viele Freunden und Bekannte habe („Beziehungen zu Freunden und Bekannten"). Es war der Patientin ein Anliegen, ihre Freunde zuvorkommend und freundlich zu behandeln. Als Alleinerziehende war die Patientin immer um ihre „Arbeitstätigkeit" besorgt und litt darunter, dass sie in ihrer Krise zu wenig Kraft für ihre Arbeit hatte. Die Frau war sehr darum bemüht, ihre finanzielle Selbstständigkeit zu erreichen und aufrechtzuerhalten. Sie wollte in ihrer Arbeit immer das Beste leisten. Sie schloss vor kurzem eine „Zusatzausbildung" ab und eröffnete sich dadurch zusätzliche Arbeitsmöglichkeiten. Ihre „Familie", die im Moment zu ihrem Bedauern am sich Auflösen sei, ist der Patientin ein sehr wichtiges Anliegen. Die „Beziehung zu ihrem Vater" sei im Moment schwierig. Er habe sie in der Kindheit mit Suiziddrohungen belastet und möchte sie gegenwärtig für Fahrdienste einspannen, wofür die Patientin zu wenig Zeit und Lust habe. Die Patientin möchte sich von ihrem Vater abgrenzen, der sie in der Kindheit sehr ängstigte und sie und ihre Zeit auch jetzt für sich beansprucht. Die Patientin gehe seit einiger Zeit in eine „Psychotherapie", ein Anliegen, dass ihr viel bedeutet. Sie beschäftigte sich auch längere Zeit mit dem Gedanken zu „sterben". Als sie sich mit 20 von ihrem langjährigen Freund trennte, um mit der Liebe ihres Lebens zu leben und der Freund sie mit einem Gewehr bedrohte, nahm die Patientin eine Überdosis ein. Als mehrere Jahre später ihr Mann sie mit kleinen Kindern verließ, war der Patientin wieder der Gedanke an Suizid nah, sie versuchte es aber nicht, weil sie die kleinen Kinder nicht alleinlassen wollte.

Langfristige Anliegen

Die Patientin dachte mehrmals in ihrem Leben ans „Sterben" und versuchte dies auch bereits zweimal. Selbstverständlich kämpfte sie auch um ihr „Leben" und konnte ihre Suizidgedanken mehrmals zurückstellen. Ihre Erfahrung mit „Sterben wollen" war eng mit ihrer „Beziehung zum Vater" verknüpft, der seine Suizidabsichten oft äußerte und die Patientin als Kind durcheinanderbrachte: „Mein Vater hat einfach noch und noch seine Selbstmordversuche. Er drohte uns immer damit, dass er sich umbringen werde. Schon als kleine… Er drohte einfach immer. Wir litten alle sehr stark darunter." Eng mit ihren Anliegen „zu leben" oder „zu sterben" war ihr Anliegen „zu ihrer Familie zu schauen", bzw. sie zusammenzuhalten verbunden. Als ihr Ehemann sie verließ, kämpfte sie sich durch die Krise mit dem Gedanken, sie könne ihre kleinen Kinder nicht alleinlassen. Als aber ihr Freund nach einer elfjährigen Beziehung aus der gemeinsamen Wohnung auszog und auch ihr Sohn ausziehen wollte, sah die Patientin ihre Familie auseinanderbrechen. Sie beabsichtigte eine Überdosis an Medikamenten zu nehmen und schnitt später ihre Pulsadern auf. Die „Beziehung zu ihrem Freund" war zwar ein wichtiges langfristiges Anliegen von ihr, aber sie wurde durch andere Anliegen, wie „Sorgen um ihre Söhne", „Alkoholprobleme", „finanzielle Sorgen", bzw. durch das von ihr befürchtetes Misslingen dieser Vorhaben sehr wahrscheinlich beeinträchtigt. Das Anliegen „zu sterben" wurde wichtiger als dasjenige „zu leben", weil die Familie der Patientin unter unglücklichen Umständen auseinanderfiel. Alle wichtigen Ingredienzen des guten Lebens zeigten sich, in ihren Augen, als bedroht. Der Freund verließ die Frau, der Sohn ist unglücklich und zieht zu seiner Freundin, die finanzielle Sicherheit der Patientin ist bedroht und sie fühlt sich zu schwach, um zu arbeiten. Ihr Anliegen zu leben war nicht als Wichtigstes allen anderen Anliegen übergeordnet, sondern sie sah es als von anderen Anliegen abhängig. Das Unbedingte des Lebens als Ziel ihres Tuns ging in dieser Krise verloren. Das sehr wichtige Anliegen „Sinn des Lebens" schien ihr nicht länger erreichbar.

Mittelfristige Anliegen – „Projekte"
Das wichtigste mittelfristige Anliegen, das die Patientin im Zusammenhang mit ihrem Suizidversuch beschreibt, ist die bereits ein dreiviertel Jahr andauernde „Trennung von ihrem Freund", die sie gerne mit einem erneuten Zusammenkommen beenden würde. Das Problem ist nicht nur, dass er aus der gemeinsamen Wohnung ausgezogen ist, sondern, dass er sich immer wieder meldet und die Patientin an seinen Gefühlen Anteil haben lässt, ohne dass er die Beziehung wieder aufnehmen möchte: „Er rief mich immer an und spielte Psychospiele mit mir. Er weinte immer am Telefon. Aber er wollte dennoch nie zurückkommen." Die Patientin wünschte, dass er bei ihr bleiben würde und wenn nicht, dass er sie in Ruhe lässt. Eine weitere wichtige Beziehung, an der sie gegenwärtig leidet und derentwegen sich ihr Freund vernachlässigt fühlte, ist das „Zusammenleben mit ihrem älteren Sohn". Längere Zeit machte sie sich Gedanken und Sorgen, dass ihr Sohn unzufrieden an seiner Arbeitsstelle und depressiv sei: „Ich investierte daher sehr viel Zeit in meinen Sohn. Und da hatte mein Ex-Freund plötzlich das Gefühl, dass ich ihm zu wenig Aufmerksamkeit schenken würde." Dazu kam in der letzten Zeit, dass ihr Sohn die Wochenenden bei der Familie seiner Freundin verbringt und jetzt auch noch seine Koffer packte und ausziehen will („der Sohn zieht aus"). Wir können uns sehr gut vorstellen, dass die Patientin sich mit der Verselbstständigung

des Sohnes abfinden würde, dass sie aber wünscht, dass dies unter anderen Umständen geschieht. Ihr Sohn solle mit seiner Arbeit zufrieden sein, er solle zuversichtlich und optimistisch die Tage gestalten und er solle mit seiner Freundin auch gelegentlich die Wochenenden in der Wohnung der Patientin verbringen. In der Auseinandersetzung mit ihrem „Alkoholproblem" fühlte sich die Frau in einer Phase, in der sie ihr „Trinken „im Griff" „habe. Sie trinke nur so viel, um einzuschlafen. Unmittelbar vor ihrem Suizidversuch jedoch trank sie wieder übermäßig. Die Krise in der Beziehung mit ihrem Freund beeinträchtigte die Arbeit der Patientin „Arbeitsprobleme" und ihre Gesundheit („Nervenzusammenbruch"): „Ich konnte auch nicht mehr richtig arbeiten. Ich hatte dann auch noch einen Nervenzusammenbruch im Herbst. Es kam einfach alles auf einmal." Alle diese Probleme wollte dann die Patientin in einem Projekt lösen: „Und da hatte ich einfach am Karfreitag das Verlangen, unter allem einen Schlussstrich ziehen zu können. Ich hatte einfach das Gefühl, dass ich etwas machen müsse. Ansonsten sah ich einfach keinen anderen Ausweg. Die ganze Trennung liegt nun schon fast ein Jahr zurück. Und ich komme einfach nicht darüber hinweg. Ich bin einfach immer noch gleich weit. Für mich war es eine unheimliche Belastung. Ich war zu diesem Zeitpunkt nicht mehr fähig meine Arbeit auszuüben." Dieses Projekt war dann der Suizidversuch der Patientin. Ein Anliegen, dass in ihren Augen auch nicht gelang, war ihre „finanzielle Nöte zu lösen": „Wir lebten etwa eineinhalb Jahre lang in einer teureren Wohnung. Wir dachten damals, dass wir uns das leisten könnten, da wir ja zusammen seien. Wir wohnten immer zusammen. Aber dann musste ich natürlich wieder auf den 1. des Monats zügeln. Das schlug mich dann finanziell wieder zurück. Wenn man zwei Personen ist, die sich alle Kosten teilen... mit ihm zusammen schlängelte ich mich so durch. Das Geld reichte immer gerade. Aber nun reicht das Geld natürlich hinten und vorne nicht mehr. Daher bin ich nun auch noch vom Sozialamt abhängig. Das schafft mir noch weitere Probleme. Ich wollte auch so schnell wie möglich wieder von dieser Abhängigkeit loskommen. Aber es funktioniert einfach nicht." In dieser Aussage sind weitere mittelfristige Projekte enthalten: „Der Wohnungsumzug" und die „Abhängigkeit vom Sozialamt überwinden". Die Patientin war sich ihrer Belastung und Überforderung in dieser Phase ihres Lebens bewusst und war zur Zeit ihres Suizidversuchs in „psychotherapeutischer Behandlung", auch dies eine zielgerichtete Tätigkeit in einem mittelfristigen Zeitrahmen. Alle diese mittelfristigen Projekte und Anliegen sind als Teil der umfassenderen, längerfristigen Bemühungen und Anliegen der Patientin zu verstehen und auch die Patientin beschreibt sie auf diese Art. Ebenfalls sind alle ihre Handlungen und vor allem ihre Suizidhandlung als Teil dieser mittelfristigen Anliegen oder Projekte zu sehen. Die Patientin berichtet von ihrem Suizid als von einer Handlung, die eine wichtige Rolle für die mittel- und langfristigen Anliegen spielt und aus diesen heraus zu verstehen ist.

▶ **Zusammenfassung**
  1. In ihrer Erzählung schildert die Patientin eine Anzahl von unterschiedlichen langfristigen und mittelfristigen Anliegen, die sie in enger Beziehung zu ihren Suizidversuchen sieht.

9.2 Suizidanalyse: Ich sah hinter all dem einfach keinen Grund mehr   173

2. Es ist vor allem ihre langjährige Beziehung zum Freund und Partner. Seit mehreren Jahren beschäftigt sie auch die Sorge, wie sie das Leben ihres älteren Sohnes verbessern könnte. Über mehrere Jahre setzt sie sich mit ihrem Alkoholproblem auseinander. Sehr wichtig ist ihr ihre Arbeitstätigkeit, die ihrer Familie die Existenz sichert. Sie investiert daher in eine Zusatzausbildung, um ihre Verdienstmöglichkeiten zu verbessern. Dazu gehört weiter ihre Beschäftigung mit finanziellen Sorgen, die sich seit der Trennung vom Freund verschlimmert haben. Viele diese Anliegen zeugen von weiteren wichtigen Zielvorstellungen, die ihre Familie betreffen. Es beschäftigt sie immer noch ihre Beziehung zum Vater, die bereits in ihrer Jugend schwierig war. Die Patientin nimmt hier immer noch eine defensive Stellung ein. Sie erzählt schließlich auch von ihrem wiederholt aufkommenden Wunsch zu sterben, dann von ihrem Willen zu leben und nicht zuletzt von ihrer Bemühung, den Sinn des Lebens zu finden. Diese Anliegen muss man kennen, um ihre Suizidversuche zu verstehen.
3. Zu den mittelfristigen Anliegen zählt sie vor allem die Überwindung der Trennung von ihrem Freund, der die gemeinsame Wohnung verließ. Auch ihr älterer Sohn möchte die gemeinsame Wohnung verlassen, womit sich die Patientin zuerst auseinandersetzen muss. Sie ist zudem dabei, ihr Alkoholproblem in den Griff zu bekommen und ihre Gesundheitsprobleme zu bewältigen. Zu ihren positiven Anliegen zählt sie ihre Beziehungen zu Freunden und Bekannten, wie auch ihre psychotherapeutische Behandlung. Gegenwärtig beschäftigen sie ihr Wohnungsumzug, ihre Arbeitsprobleme und ihre Abhängigkeit vom Sozialamt, die sie überwinden möchte.

9.2.1.2 Suizidhandlungen im Suizid- und anderen Projekten

Die junge Ärztin, die das Gespräch mit der Patientin führte, fragte zu Beginn: „…ob Sie mir erzählen könnten, wie es aus Ihrer Sicht so weit kommen konnte…". D. h. sie fragte nicht „was geschah" oder „was haben Sie gemacht", sondern sie erkundigte sich nach einem umfassenderen Prozess. Und so berichtet die Patientin von ihrem Suizidprojekt.

Dazu gehören in ihrem Verständnis:

- Ihre Arbeit: „Das ist nicht so einfach. Ich bin selbstständig. Damit will ich sagen, dass ich selbständig arbeite."
- Ihre Familie: „Ich habe zwei Söhne. Der eine ist 19 und der andere 17 Jahre alt. Das heißt also, dass beide schon fast erwachsen sind."
- Ihre Partnerschaft: „Ich bin seit fast 12 Jahren geschieden. Seit 11 Jahren… Elf Jahre lang hatte ich einen Freund. Alles lief recht gut – auch mit den Kindern zusammen."
- Ihre Krise in der Partnerschaft: „Und dann plötzlich sagte er letzten Sommer, dass es nun nicht mehr so weitergehen könne. Wir hatten schon einige Krisen. Die Arbeits-

zeiten waren vor allem total verschieden. Er arbeitete an den Wochenenden und am Abend und ich mehr unter der Woche am Tag."
- Ihre Sorge um ihren älteren Sohn: „Ich habe auch sehr große Probleme mit dem älteren Knaben. Er ist depressiv schon seit einiger Zeit. Er ist auch in Behandlung bei einem Psychologen. Er weiß einfach nicht was er will. Er hat einfach total sein ganzes Selbstwertgefühl verloren."
- Die gegenseitige Beeinflussung der Problemlöse-Anliegen: „Ich investierte daher sehr viel Zeit in meinen Sohn. Und da hatte mein Ex-Freund plötzlich das Gefühl, dass ich ihm zu wenig Aufmerksamkeit schenken würde. Er sagte mir, dass er sich wie ein drittes Rad am Wagen vorkomme und dass er das nun einfach nicht mehr wolle."
- Die unterschiedlichen Lebensentwürfe ihres Partners: „Er wolle noch so viel erreichen im Leben. Er wolle noch reisen und noch vieles mehr. Er sagte dann einfach, dass er all das nicht machen könne, wenn er weiterhin noch bei uns bleiben würde."
- Neue Beziehung des Partners: „Zu dieser Zeit sagte mir auch mein feminines Gespür, dass da noch eine andere Frau mit im Spiel ist. Aber er dementierte es immer und immer wieder. Aber ich fand dann später heraus, dass ich richtig gelegen war. Das traf mich sehr fest. Er log mich einfach während ein oder zwei Monate an."
- Trennung vom Partner: „Ich konnte nicht akzeptieren, dass er einfach so innerhalb einer Woche bei mir auszog – nicht nach einer 11-jährigen Beziehung. Einfach ab, fertig, Schluss…"
- Telefonische Anrufe und Gespräche mit Partner: „Aber damit war es nicht vorbei. Er rief mich immer an und spielte Psychospiele mit mir. Er weinte immer am Telefon. Aber er wollte dennoch nie zurückkommen. Er habe mich einfach viel zu sehr verletzt, als dass er mir das nun noch antun könne. Er sagte auch, dass er überhaupt nicht verstehen könne, wie er einmal diesen Fehler habe machen können. Dann war auch noch lustig… Immer wenn es mir wieder ein Bisschen besser ging… Er machte mir immer wieder Hoffnung. Ich hatte immer das Gefühl, dass er eines Tages dennoch zurückkommen werde. Aber jedes Mal, wenn ich ihn darauf angesprochen hatte sagte er mir, dass er das nicht könne, weil er mich viel zu sehr verletzt habe. Er sagte einfach, dass er nicht mehr könne und auch nicht mehr wolle. Das mit der anderen Frau war als er ausgezogen war dann nur noch eine sehr kurze Sache. Da war dann auch nicht mehr. Seit Oktober hat er wieder eine neue Freundin. Aber das funktioniert auch nicht gut. Er kann einfach nicht alleine sein. Und dann ruft er mich immer wieder an. Ich rufe ihn auch manchmal an. So machen wir uns gegenseitig… ich weiß auch nicht."
- Psychologische Konsequenzen der Probleme: „Ich hatte langsam aber sicher das Gefühl, dass ich daran zerbrechen werde. Ich konnte auch nicht mehr richtig arbeiten. Ich hatte dann auch noch einen Nervenzusammenbruch im Herbst. Es kam einfach alles auf einmal. Dazu kamen noch in jüngster Zeit all die Probleme mit dem ältesten Sohn."

9.2 Suizidanalyse: Ich sah hinter all dem einfach keinen Grund mehr

Suizid als Problemlösung: „Und da hatte ich einfach am Karfreitag das Verlangen, unter allem einen Schlussstrich ziehen zu können. Ich hatte einfach das Gefühl, dass ich etwas machen müsse. Ansonsten sah ich einfach keinen anderen Ausweg."

Auslegeordnung der Probleme in wichtigen Anliegen zum Suizid

- „Die ganze **Trennung** liegt nun schon fast ein Jahr zurück. Und ich komme einfach nicht darüber hinweg. Ich bin einfach immer noch gleich weit. Für mich war es eine unheimliche Belastung."
- „Ich war zu diesem Zeitpunkt nicht mehr fähig meine **Arbeit** auszuüben. Ich bin Masseurin. Dazu braucht man viel Kraft und Energie. Aber dies hatte ich einfach nicht mehr… Ich kann mich im Moment nicht aufraffen um mehr arbeiten zu können. Ich drehe mich immer so wie im Kreis. Ich sehe einfach keinen Ausweg."
- „Dazu kam auch noch der **Umzug**. Wir lebten etwa eineinhalb Jahre lang in einer teureren Wohnung. Wir dachten damals, dass wir uns das leisten könnten, da wir ja zusammen seien. Wir wohnten immer zusammen. Aber dann musste ich natürlich wieder auf den ersten des Monats zügeln."
- „Das schlug mich dann **finanziell** wieder zurück. Wenn man zwei Personen ist, die sich alle Kosten teilen… Mit ihm zusammen schlängelte ich mich so durch. Das Geld reichte immer gerade. Aber nun reicht das Geld natürlich hinten und vorne nicht mehr."
- „Daher bin ich nun auch noch vom **Sozialamt** abhängig. Das schafft mir noch weitere Probleme. Ich wollte auch so schnell wie möglich wieder von dieser Abhängigkeit loskommen. Aber es funktioniert einfach nicht."
- „Auch mit dem **Sohn** habe ich große Mühe. Dieser möchte am liebsten seine Lehre an den Nagel hängen. Eines Abends als ich nach Hause kam waren auch seine Koffer gepackt, und er war nicht mehr da. Am nächsten Morgen kam dann sofort ein Anruf. Sein Arbeitgeber fragte mich, wo er stecke. Er sei nicht auf dem Arbeitsplatz erschienen."

Kognition P: „Ich hatte dann einfach das Gefühl, dass ich all das nicht mehr ertragen kann. Es kam einfach so viel auf einmal."

Nach dieser Aufstellung von wichtigsten Anliegen in ihrem gegenwärtigen Leben und der Probleme, die sich zurzeit auftürmen schildert die Patientin ihre Handlungen mit den entsprechenden Gedanken und Gefühlen bei ihren Suizidversuchen.

Sie beginnt mit ihrem zweiten Suizidversuch, denn dort fing sie mit der Suizidhandlung an, während es beim ersten nur bei der Absicht und den Vorbereitungsschritten blieb.

Der Tag vor dem zweiten Suizidversuch; Patientin (P), Freund (F):

Kognition P: Dann war auch noch der Karfreitag…
Kognition P: Er (F) ist nun ja ins Übersee für drei Wochen mit einem Bekannten.
Kognition P (Handlung F): Er sagte zuvor, dass er am liebsten mit mir ins Übersee gehen würde, dass er am liebsten zu mir zurückkommen würde.
Kognition P (Handlung F): Er sagte auch, dass er mich vermissen würde und dass die Geschichte mit der anderen Frau geschah, weil er sich etwas vormachen wollte. Bevor er dann…

Das letzte Gespräch vor dem zweiten Suizidversuch: gemeinsame Handlung; Patientin (P), Freund (F):

Kognition P: Am Karfreitag telefonierten wir noch einmal zusammen.
Handlung P: Da fragte ich ihn nach seinem Standpunkt.
Handlung P: Ich sagte ihm, dass ich einfach manchmal nicht mehr wisse, wo ich stehe. Handlung F, P: Dann sagte er mir, dass das alles für ihn von Anfang an klar war. Er habe mir schon immer gesagt, dass er nicht mehr zurückkommen werde.
Emotion P: Das verletzte mich sehr.
Kognition P (Handlung F): Er stellte mich so dar, wie ich Sachen erfinden würde, welche gar nicht wahr sind.
Handlung P: Ich sagte ihm dann einfach, dass ich wisse, dass er das einmal gesagt habe. Kognition P: Immer, wenn wir zusammen sprechen, dann…. Wir können gar nicht normal miteinander umgehen.
Kognition P (Handlung F): Zuerst schreit er mich an und dann hängt er immer das Telefon auf. Aber dann ruft er mich gleich wieder an um sich zu entschuldigen. Danach weint er wieder …
Kognition P: Es ist einfach ein unheimliches hin und her.
Kognition P: Ich kann das einfach nicht mehr ertragen. Ich kann nicht ihn, die ganze Geschichte mit meinem Sohn und dazu auch noch meine Arbeit ertragen.
Kognition P: Ich wusste einfach nicht mehr wo ich stehe.
Emotion P: Ich sah hinter all dem einfach keinen Grund mehr.

Zweiter Suizidversuch; Patientin (P):

Kognition P: Das war der darauffolgende Samstag. Da war ich auch alleine.

Abend vor dem zweiten Suizidversuch; Patientin (P), Freund (F):

Gemeinsame Handlung P, F: Am Karfreitag zuvor hatten wir diesen großen Streit.
Kognition P: Ich sah in allem keinen Sinn mehr.
Handlung P: Ich sprach ihm auch auf das Telefon, dass er mich in Ruhe lassen solle, dass ich einfach nicht mehr so weiterfahren könne.

Handlung P: Ich sagte ihm, dass ich das nicht mehr ertrage, dass ich nun wirklich einen Strich unter all das machen wolle. Ich wolle nun einen Neuanfang machen.

Handlung P: Ich sagte ihm einfach, dass er mich nicht mehr anrufen solle, dass ich ihn nicht mehr sehen wolle – einfach nichts mehr. Ansonsten komme ich einfach nicht mehr von ihm los.

Handlung P: Da sagte ich dann auch noch einige verletzende Sachen, damit es ihn trifft und bleibt.

Handlung P: Und ich sagte ihm dann, dass wir nicht gute Freunde bleiben könnten… Das funktioniert einfach nicht, das geht nicht. Solange ich noch so viele Gefühle für ihn habe, kann ich das einfach nicht.

Handlung P: Ich sagte ihm, dass er von mir einfach nicht verlangen könne, dass wir unter der Woche miteinander telefonieren, uns zu einem Kaffee treffen, zusammen plaudern, dass er dann aber am Wochenende zu der anderen geht und ich nichts von ihm höre.

Handlung P: Ich sagte ihm, dass mir das zu viele Schmerzen bereiten würde.

Handlung P: Daher sagte ich ihm auch ganz klar, dass ich den Kontakt mit ihm abbrechen wolle.

Kognition P: Danach war an diesem Samstag…

Kognition P: … Und dann dachte ich … Ich hörte nun nichts mehr von ihm.

Enttäuschte Hoffnung als Grund der zweiten Suizidhandlung; Patientin (P):

Kognition P: Ich hatte einfach immer noch die Hoffnung, dass er wieder zu mir zurück kommen würde.

Kognition P: Und an diesem Freitag merkte ich einfach, dass es nun endgültig sei. Ich wusste einfach, dass ich das nun nicht mehr mitmachen würde.

Kognition P: Ja… Wahrscheinlich ist das der springende Punkt. Ich hatte immer noch Hoffnung, dass es dennoch wieder gehen würde, dass er wieder zurückkommen würde.

Telefongespräche; Patientin (P), Freund (F):

Kognition P: Samstagabend. Ich weiß nun gar nicht mehr genau – ich weiß nicht mehr genau wann dies war…

Handlung P: Ich sprach ihm schon am Freitagabend zum ersten Mal auf das Band.

Handlung P: Aber dann schrieb ich ihm noch ein zweites Mal betreffend „gute Freunde sein" aufs Band.

Handlung P: Ich schrieb ihm einfach – … Ich sagte ihm einfach, dass die Wunden, welche er mir zugefügt habe, dass die schon einmal vernarben würden.

Handlung P: Aber ich sagte ihm auch, dass ich dies alles trotzdem nie vergessen könne. Darum funktioniere dies alles gar nicht. Darum sei es das Beste, wenn wir nun den Kontakt abbrechen würden.

Kognition P: Ich habe es das erste Mal so deutlich ausgesprochen. Ich habe zwar schon zuvor gesagt, dass er mich nie mehr anrufen solle.
Handlung F: Er hielt das dann eine Woche lang ein.
Handlung F: Dann rief er mich aber wieder an und heulte wie ein Schlosshund und sagte, dass er das nicht könne.
Handlung P: Ich fragte ihn dann, was er eigentlich wolle.
Kognition P: Ich habe ihm genug oft gesagt, dass ich ihn noch liebe und dass ich bereit wäre für einen Neuanfang.
Kognition F: Aber er will das nicht – er kann das nicht und er will das nicht.
Kognition F: Er ist auch psychisch angeschlagen.
Kognition F: Er ist noch nicht ganz darüber hinweg, dass er mir das alles antun konnte.
Kognition P (Gefühl F): Das schmerzt ihn auch.
Kognition F: Das ist auch der Grund warum er nicht mehr zurückkommen kann.
Kognition P (Gefühl F): Er hat Angst davor, dass ich das nie vergessen werde, dass ich ihm dies ein Leben lang vorwerfen werde.
Kognition P: Ob das so sein wird, das weiß ich nun nicht.
Handlung F: Er schloss auch noch eine Lebensversicherung zu meinen Gunsten ab. Das machte er für den Fall, dass ihm etwas passiert. Wir waren ja auch sehr lange zusammen.
Handlung P: Daher sagte ich ihm auch, dass er diese Versicherung auf die andere Frau überschreiben könne.
Handlung P: Ich sagte ihm, dass er für mich einfach gestorben sei, dass ich lieber verrecken würde als sein Geld anzunehmen.
Kognition P: Ja. Dann kam dann dennoch dieses Endgültige.
Handlung P: Ich brauchte schon verletzliche Worte von denen ich wusste, dass sie ihn verletzen werden.
Handlung F – Gefühl P: Er fügte mir einfach so große Schmerzen zu…
Kognition P: Ich weiß nicht, aber ich könnte so etwas mit einem Mitmenschen nie machen.
Kognition P: Ich finde auch, dass wenn jemand gegangen ist, dass es dann einfach aus ist – fertig.
Kognition P: Aber ich könnte nie während einem ¾ Jahr so ein Katz und Maus Spiel mit dieser Person spielen.

Freund halte sich Hintertürchen offen; Patientin (P), Freund (F):
Handlung F: Er hielt sich immer ein „Hintertürchen" offen.

- Handlung F: Wenn er Kummer und Sorgen hatte, wenn es ihm nicht gut ging, dann rief er mich wieder an und weinte ins Telefon.
- Handlung P: Ich sprach dann wieder mit ihm und versuchte ihn zu beruhigen.

9.2 Suizidanalyse: Ich sah hinter all dem einfach keinen Grund mehr

- Handlung P: Aber als Gegenleistung, wenn ich ihn dann das nächste Mal angerufen habe, als es mir schlecht ging,
- Handlung F: dann hat er mich nur angeschrien und das Telefon aufgehängt. Das lief einfach immer so ab.

Kognition P: Ja. Wenn es mir wieder gut ging, machte er mir Hoffnungen.
Handlung P: Aber jedes Mal, wenn ich ihn darauf angesprochen hatte
Handlung F: sagte er, dass er das nie gesagt habe, dass er nie mehr zu mir zurückkommen werde.
Handlung F: Er sagte mir, dass ich nun doch endlich einmal einsehen soll, dass er mich nicht mehr liebe und dass es einfach ein für alle Mal aus sei.
Gefühl P: In diesem Moment war ich dann jeweils wieder ganz am Boden.
Kognition P: Und diese Spiele trieb er einige Male.
Kognition P: Das hielt ich einfach alles nicht mehr aus. Ich sagte mir, dass wenn ich nun nicht so reagiere, dass ich dann nie mehr aus all dem herauskommen werde.
Kognition P: Er muss mich einfach begreifen. Ich muss mich auf diese Art schützen. Wenn ich nichts mache, dann geht all das noch über Monate hinweg so weiter.
Kognition P: Ich will das einfach nicht mehr.
Kognition P: Ich will endlich wieder ein Bisschen Freude an meinem Leben haben. Ich will auch meine Arbeit wieder genießen können, wieder mehr leisten.
Kognition P: Ich dachte einfach, dass er mich nun nie mehr anrufen wird.
Kognition P: Aber dennoch war es nicht einfach für mich. Ich merkte, dass es nun endgültig war.

- Kognition P: Dazu waren auch noch beide Knaben ausgeflogen.

Das Loslassen der Kinder; Patientin (P):

- -- Kognition P: Ich habe mich nun einfach all die Jahre eingesetzt – auch für die Kinder.
- --- Kognition P: Ich habe für sie gesorgt, damit es ihnen gut geht.
- --- Kognition P: Ich versuchte mein Bestes zu geben trotz der Scheidung und all dem.
- -- Kognition P: Der Vater hat sich nie mehr blicken lassen.
- -- Kognition P: Er hat sich gar nicht um die Kinder gekümmert.
- -- Kognition P: Die Knaben fragen mich auch nicht, ob ich am Wochenende alleine sei.
- -- Kognition P: Das ist natürlich auch deren Recht.
- **Die Krise des älteren Sohnes; Patientin (P):**

- Kognition P: Dazu kamen auch noch die Probleme mit dem älteren Sohn. Er möchte am liebsten alles hinschmeißen. Und dann immer diesen Kopf ansehen….
- Kognition P (Sohn): Er lässt am Morgen, wenn er aufsteht, den Kopf hängen. Am Abend, wenn er nach Hause kommt, lässt er ihn auch wieder hängen. Er freut sich auf nichts mehr. Er hat keine Hobbys mehr. Am Wochenende ist er einfach vom Freitagabend bis am … manchmal sehe ich ihn noch am Sonntagabend nach Hause kommen. Oder sonst sehe ich ihn dann erst am Montagabend, wenn er von der Arbeit nach Hause kommt. Irgendwie finde ich das auch nicht in Ordnung.
- **Die Krise der Familie; Patientin (P):**
- Kognition P (Familie): Von unserer Familie ist einfach nichts mehr übriggeblieben. Wir sitzen nie mehr zusammen an einem Tisch am Wochenende und essen das gut gekochte Mahl… Es ist einfach jeder für sich alleine. Alles ist einfach so. Das ist auch noch ein weiteres Problem, welches mich beschäftigt.
- Handlung P: Ich habe ihnen auch gesagt, dass sie ja nicht das ganze Wochenende immer bei ihr sein müssten, dass sie auch einmal einen Tag bei uns verbringen könnten. Aber ich weiß auch nicht…
- -- Gefühl P: Aber in solchen Momenten kommt dann so viel hoch.
- -- Gefühl P: Ich hatte das Gefühl, dass mich so oder so niemand mehr brauche, dass in meinem Alter das Leben einfach vorbei sei.
- -- Gefühl P: Dann hatte ich das Gefühl… Ich weiß auch nicht.
- Kognition P: Ich sah, wie gesagt, einfach den Sinn hinter all dem nicht mehr. Ich wusste nicht, warum ich noch weiter machen soll.
- Gefühl P: Ich kam mir dann alleine vor. Ich hatte das Gefühl, dass mich einfach niemand brauchen würde. Dann habe ich dann…

Alkoholproblem; Patientin (P):

- -- Ich hatte zwischendurch einmal noch ein Alkoholproblem.
- --- Das weiß Frau L. (Psychotherapeutin).
- -- Ich hatte mich aber in letzter Zeit auch relativ gut im Griff.
- --- Ich trank nichts mehr während dem Tag.
- --- Und am Abend trank ich nur so viel, dass ich gut einschlafen konnte, dass ich abschalten konnte.
- -- Aber das nützt ja auch nichts.
- --- Am nächsten Tag wird man mit allem wieder von neuem konfrontiert.
- -- Ich hatte mich nun in letzter Zeit wirklich gut im Griff.
- Handlung P: Aber dann öffnete ich die Flasche und…
- Gefühl P: Dann kam das große Elend über mich.
- Gefühl P: Ich fing an zu weinen.
- Kognition P: In diesem Moment ist man einfach nur noch sehr wenig weit davon entfernt…
- Kognition P: Ich kann dieses Gefühl schlecht beschreiben.

- Gefühl P: Man fühlt sich verlassen in einem solchen Moment.
- -- Kognition P: Man weiß nicht, wie es nun weiter gehen soll

Handlung vor dem zweiten Suizid; Patientin (P):

Handlung P: Dann fing ich an Alkohol zu trinken.
Handlung P: Ich trank schon eine ganze Flasche. Eine Flasche Rosé – Wein.
Kognition P: Bei mir braucht es nicht viel, dass ich es spüre. Ich sah einfach den Sinn hinter all dem nicht mehr.
Kognition P: Mit dem Trinken, kam mir alles wieder in den Sinn.
Kognition P: In diesem Moment waren auch die Kinder nicht mehr da.
Gefühl P: Ich hatte einfach das Gefühl, dass mich niemand brauchen würde.
Kognition P: Ich fragte mich nach dem Sinn meines Daseins.
Handlung P: Dann ging ich ins Bad.
Kognition P: Ich fragte mich, ob ich dies nun machen soll oder nicht.
Kognition P: In diesem Moment ist die Hemmschwelle, die man noch überschreiten muss, so klein.
Kognition P: Ich muss aber auch sagen, dass wenn ich keinen Alkohol getrunken hätte, dass ich es nicht gemacht hätte. Das ist ja das gleiche wie mit Drogen und Tabletten. Man erreicht dann einen gewissen Pegel, an dem einem alles gleichgültig erscheint.

Zweite Suizidhandlung; Patientin (P), Sohn (S), seine Freundin (Fr):

Kognition P: Aber dann eine Woche später… Ich weiß auch nicht…
Handlung P: Ich habe nichts … Ich schnitt mich mit einer Rasierklinge. Ich nahm keine Tabletten ein.
Kognition P: Das müsste man ja auch vorbereiten… Man müsste sammeln…
Kognition P: Ja, dass man dann genug für die Tat hätte.
Kognition P: Das war schon spontan. Das war so wie eine Kurzschlussreaktion. Ich habe das nicht irgendwie … Ich dachte überhaupt nicht daran – auch während des Tages. Das kam plötzlich. In diesem Moment kam einfach alles auf mich zu. Da stürzt alles über mir ein.
Kognition P: Ich sah nirgends mehr einen Ausweg, einen Sinn in all dem…
Handlung P: Ja – daher ging ich dann einfach ins Bad eine Rasierklinge holen.
Handlung P: Dann übte ich in der Küche.
Kognition P: Aber das ging nicht so wie ich wollte. Sie war irgendwie stumpf.
Handlung P: … schneiden, hier am Handgelenk. Aber es muss ja ein sehr tiefer Schnitt sein, dass man stirbt. Da war ich also so am Üben in der Küche.
Kognition P: Es blutete auch schon sehr stark.

Der kritische Handlungsschritt der zweiten Suizidhandlung; Patientin (P), Sohn (S), Freundin (Fr):

Kognition P: Als diese Klinge einfach nicht schnitt fragte ich mich auch, was ich nun hier machen würde. Ich fragte mich, ob ich nun eine neue holen gehen müsse, welche besser schneidet. Im Bad hatte ich noch mehr Klingen ich hatte einfach gerade die Klinge aus dem Rasierer genommen.

Handlung S, Fr: Und in dem Moment, in dem ich mir das überlegte, kamen die Kinder zur Tür herein.

Kognition P: Aber sie haben mir gesagt, dass sie nicht nach Hause kommen würden. Sie sagten mir, dass sie bei ihr zu Hause schlafen würden.

Kognition P: Das war etwa nachts um 12.30 Uhr.

Kognition S, Fr: Das gab den beiden fast den Schlag.

Die Zeit nach der unterbrochenen zweiten Suizidhandlung; Patientin (P), Sohn (S), seine Freundin (Fr):

Gefühl P: Ich fing an zu heulen.

Handlung P: Ich fragte sie, warum sie nun schon nach Hause kommen würden. Sie hätten doch gesagt, dass sie gar nicht nach Hause kommen würden.

Gefühl S: Der der Sohn erschrak sehr fest.

Handlung Fr: Sie verband mir dann das Handgelenk.

Gemeinsame Handlung P, S, Fr: Dann sprachen wir zu dritt über all das.

Kognition P: Ich muss sagen, dass die Freundin meines Sohnes ein ganz flottes Mädchen ist.

Handlung P: Ich sagte ihr dann, dass ich mich einfach manchmal wirklich sehr alleine gelassen fühle.

Kognition P: Ich bin mich auch nicht gewöhnt alleine zu sein. Ich war nie alleine in meinem Leben. Ich habe schon noch meine zwei Kinder. Aber diese sind schon mehr oder weniger nicht mehr zu Hause.

Das Gespräch mit Sohn und seiner Freundin nach dem zweiten Suizidversuch; Patientin (P), Sohn (S), Freundin (Fr):

Gefühl P: als die beiden nach Hause gekommen sind – Im Moment war ich wütend.

Kognition P: Sie kamen, obwohl sie gesagt hatten, dass sie nicht kommen würden.

Handlung P: Ich schnauzte sie dann an, warum sie nun gekommen seien.

Handlung Sohn: Er antwortete mir nur, dass sie nun einfach hier seien.

Handlung P: Dann sagte ich, dass ich das sehen würde.

Handlung P: Ich fragte sie dann, warum sie nicht geblieben seien.

Gefühl P: Dann weinte ich nur noch.

Handlung P: Ich erzählte die ganze Zeit…

Gefühl P: Nun bin ich froh, dass die beiden zu diesem Zeitpunkt gekommen sind.

Kognition P: Ich dachte hinterher einfach… ich mache ja all ihnen Kummer, wenn ich sterbe. Ich weiß auch nicht.

Handlung Sohn, Freundin: Sie sagten mir in diesem Moment auch immer, dass sie mich brauchen würden, dass ich nicht einfach gehen könnte. Die beiden blieben dann auch bei mir.

Handlung S, Fr: Sie blieben einfach bei uns zu Hause in dieser Nacht – seine Freundin und er.

Handlung P: (Nachdem) Sie mein Handgelenk verband ging ich in mein Bett schlafen.

Suizidvorsatz zum ersten Suizidversuch vor einer Woche; Patientin (P):

Kognition P: Am letzten Samstag vor 8 Tagen wollte ich Schlaftabletten einnehmen.

Kognition P: Diese sind sehr stark. Am Wochenende bin ich meistens auch alleine. Die Söhne sind nicht mehr zu Hause.

- Kognition P: Der ältere hat eine Freundin. So bleibt er meistens gleich bei ihr zum Schlafen.
- Kognition P: Bei uns ist das Familienleben einfach zerrüttet.
- Emotion P: Das schmerzt mich, wenn wir nie mehr zusammen am Tisch sitzen, nie mehr alle zusammen sprechen.
- Kognition P: Er geht dann lieber zu ihr nach Hause. Dort ist etwas los. Dort hat es auch noch einen Vater zu Hause. Seine Freundin hat auch noch zwei kleinere Brüder. Dort ist es einfach anders. Er findet darin eine Abwechslung. Das ist wichtig für ihn, da er ja sonst nicht gut beieinander ist.
- Kognition P: Und der jüngere Knabe ist auch immer unterwegs mit seinen Freunden.

Kognition P: Daher wollte ich mir einen schönen Fernsehabend machen.

Emotion P: Aber dann fiel alles über mir zusammen...

Handlung P, Kognition P: (Suizidversuch): Ich hatte die Tabletten schon in meiner Hand, als das Telefon klingelte.

- Gespräch mit einer Bekannten; Bekannte (K), Patientin (P):
- Kognition P: Es war eine Bekannte, welche auf dem Weg von Z. nach Hause bei B. vorbei fuhr.
- Handlung K: Sie fragte mich nach meinem Wohlbefinden.
- Handlung P: Ich sagte, dass es mir nicht so gut gehe.
- Handlung K: Da sagte sie, dass ich warten solle, und dass sie sogleich vorbeikommen werde. Sie ist ansonsten wirklich...
- Handlung P: Ich sagte es ihr dann.
- Handlung K: Sie sagte mir, dass ich ihr immer ungeniert telefonieren könne in solchen Momenten.

- Kognition P: Ich habe wirklich viele Menschen welche mich kennen. Ich habe viele gute Freunde und Freundinnen und Bekannten. Aber ich kann das manchmal einfach auch nicht. Ich kann nicht immer einfach jemand anderem telefonieren und sagen, dass es mir schlecht gehe. Im Moment geht es mir ja einfach immer ohne Ende schlecht. Da denke ich doch, dass ich meinen Mitmenschen damit auf die Nerven gehen würde.
- Kognition P: Die Knaben können es mit der Zeit auch nicht mehr ertragen, dass ich weder ein noch aus weiß. Ich nehme mich schon zusammen von Zeit zu Zeit. Ich kann mich daher einfach nicht so fallen lassen wie ich es gerne möchte. Da sind auf der einen Seite die Kinder und auf der anderen Seite auch das Arbeiten.
  - Kognition P: Da muss ich einfach gehen und anwesend sein. Ich muss mit den Kunden umgehen, ich muss freundlich mit ihnen sein. Die Kunden können niemanden brauchen, der neben den Schuhen steht. Wenn das der Fall ist kommen sie einfach nicht mehr. Daher muss ich immer einfach allen etwas vormachen. Zwischendurch fliegt dann einfach alles zusammen. Ich weiß nun nicht mehr…
- Abbruch der ersten Suizidhandlung:
- Handlung K: Die Bekannte kam ja dann vorbei. Diese rief ja zu diesem Zeitpunkt an.
- Kognition P: Sie war bei mir und wir hatten es wirklich noch schön zusammen.
- Handlung K: So um 11.00 Uhr ist sie dann gegangen.
- Handlung P: Ich rief sie dann noch an und sagte ihr, dass ich froh sei, dass sie gekommen sei aus dem und dem Grund.
- Handlung K: Sie sagte mir auch, dass sie am Telefon gemerkt habe, dass etwas gar nicht gut sei mit mir. Das sei auch der Grund, warum sie gekommen sei.

Das Gefühl „verlassen werden" im Leben der Patientin; Patientin (P):
Kognition P (sich verlassen fühlen): Seit ich auf der Welt bin werde ich einfach nur immer von allen verlassen. Zuerst verließ mich mein Ex-Mann, dann mein Ex-Freund. Und nun hat auch noch der älteste Sohn die Koffer gepackt und will mich verlassen. Er macht mir nun Vorwürfe, dass ich ihn zu wenig zu Selbstständigkeit erzogen hätte. Ich bin nun einfach schuld daran, dass er nun so sei.

Gespräch mit Therapeutin; Patientin (P), Psychotherapeutin (Ps):
Handlung P: Die Woche darauf musste ich zu Frau L. gehen. Ich bin bei ihr schon seit Januar in der Gesprächstherapie.
Handlung Ps: Und sie fragte mich dann, ob man dieses Ereignis nicht hier aufnehmen könnte…
Handlung P: Ich sagte ihr dann, dass das schon klar gehe.
Handlung Ps: Sie sagte mir auch, dass ich ihr jederzeit telefonieren könne – dass ich Tag und Nacht in die Klinik anrufen könne.

Kognition P: Aber in solchen Momenten dankt man gar nicht daran. In solchen Momenten will man ja mit dem Leben Schluss machen. Da ruft man sicherlich nicht noch jemanden an, welcher die Tat verhindern will.

Kognition P: Ja. Ich wollte wirklich sterben. Ich hatte in diesem Moment wirklich das Gefühl, dass ich nun sterben wolle und nichts mehr... Ich wollte nichts mehr wissen, hören, sehen, ... ich konnte einfach nicht mehr.

Schmerz P: Der Arm schmerzt immer noch.

Suizidgedanken im Leben der Patientin; Patientin (P):

Kognition P: Durch den Kopf ging es mir schon einige Male. Immer wenn es mir so schlecht ging, wünschte ich mir, nicht mehr leben zu müssen. Das Leben machte für mich in solchen Momenten einfach gar keinen Sinn mehr.

Kognition P: Ich hatte diese Gedanken immer wieder den ganzen Sommer lang. Ich hätte es aber zu dieser Zeit nicht gemacht. Aber ich hatte einfach immer das Gefühl, dass mein Leben keinen Sinn mehr hat.

Andere Suizidhandlungen in der Vorgeschichte; Patientin (P):

Scheidung:

Kognition P (Erinnerung P): Das war während meiner Scheidung. Da hatte ich auch einen Nervenzusammenbruch.

Trennung vom ersten Freund; Patientin (P):

Kognition P (Erinnerung P): Aber das war ... Mit meinem ersten Freund – damals war ich im Spital. Das war mit meinem ersten Freund, den ich drei Jahre lang hatte.

Ich war 19 Jahre alt. Wir waren drei Jahre zusammen.

Handlung P: Dann lernte ich meinen Ex-Mann kennen.

Kognition P: Von diesem Moment an wusste ich einfach, dass ich den anderen nun nicht mehr will. Das war einfach Liebe auf den ersten Blick. Da fand ich einfach, dass es nun dieser sein muss und kein anderer.

Handlung P: Ich sagte das dann meinem damaligen Freund.

Kognition P: Dieser war eine sehr jähzornige Person. Das ging bis zur Ohrfeige.

Kognition P: Ich fragte mich einige Zeit lang, ob das nun das Leben sei, welches ich mir vorstellen würde. – Ob ich nun ein Leben lang mit dieser Person zusammen leben wolle.... Kognition P: Und ich wusste schon einige Zeit, dass es das einfach nicht sein konnte.

Kognition P: Aber ich konnte mich einfach nicht zum Verlassen aufraffen und von ihm weg gehen.

Kognition P: Aber als ich dann meinen Ex-Mann kennenlernte, da hatte ich den Mut, ihn zu verlassen.

Kognition P: Das ist ja noch oft so. Das war alles so...

Handlung Anderen: Alle sagten mir, warum ich nun diesen verlassen habe. Alle sagten mir, dass ich zu ihm zurückgehen solle, dass dieser einen guten Beruf habe. Alles sprach auf mich ein. Wir seien nun auch schon drei Jahre lang zusammen.

Kognition P: Aber ich wusste einfach, dass ich das nicht will. Er bedrohte mich dann auch noch. Ich wollte damals meine Sachen in unserer gemeinsamen Wohnung holen gehen. Und in diesem Moment bedrohte er mich mit einem Gewehr – oder ich weiß auch nicht mehr. Er wollte mich erpressen.

Kognition P: Aber ich war mir sicher, dass wenn ich den anderen nicht haben könnte, dass ich zu diesem nie mehr zurückgehen würde. Eher wollte ich sterben.

Handlung P: Damals nahm ich Tabletten ein.

Handlung Ärzte: Da pumpten sie mir dann den Magen aus. Ich kam dann ins Spital. Das stimmt…

Da war ich etwas 21 Jahre alt.

Ehekrise und Trennung; Patientin (P):

Kognition P: Ja. Es handelt sich also immer so um die Thematik verlassen und verlassen werden.

Gefühl P: Als mein Ex-Mann mich verlassen hatte, da ging es mir auch sehr schlecht.

Kognition P: Dieser war Alkoholiker. Ich hatte immer das Gefühl, dass ich ihm helfen könnte. Aber ich konnte dennoch nicht. Aber zu diesem Zeitpunkt waren die Kinder noch so klein. Ich hatte nie den Gedanken an Selbstmord. Das konnte ich einfach nicht. Der ältere Sohn war 7 und der jüngere 5 Jahre alt als wir dann endlich geschieden waren. Aber es herrschte schon während drei Jahren eine Krise in der Familie.

Kognition P: Die Kinder hielten mich von der Tat ab. Ich wusste einfach, dass das meine Aufgabe ist. Ich wollte diese Kinder – sie kamen zwar schon unverhofft. Aber ich wollte schon immer in meinem Leben Kinder haben.

Ursprungsfamilie; Patientin (P):

Kognition P (Kindheit): Wir sind fünf Geschwister – vier Mädchen und ein Knabe.

Vater und seine Selbstmorddrohungen:

Kognition P: Mein Vater ist ein unmöglicher Typ. Das ist genau das. Mein Vater hat einfach noch und noch seine Selbstmordversuche…. Er drohte uns immer damit, dass er sich umbringen werde. Schon als Kleine… Er drohte einfach immer. Wir litten alle sehr stark darunter. Aber unternommen hat er nie etwas. Er machte nie einen Selbstmordversuch. Er drohte nur immer, dass er sich nun dann erschießen, erhängen, … würde. Das hörte bis heute nicht auf. Da kamen wir Kinder immer in ein riesiges Durcheinander. Er ist einfach ein sehr großer Egoist. Er denkt nur an sich und an niemanden anderen. Und das ist bis heute so. Klar hat er ein schweres Leben mit seiner Krankheit. Er kann schon lange nicht mehr arbeiten. Er musste sein Bein amputieren. Er hat auch Probleme mit dem Hüftgelenk und dazu hat er auch noch einen hohen Zuckerspiegel. Er kommt nun auch zwei bis drei Mal pro Woche hier in das Krankenhaus zur Dialyse. Es ist einfach…

Schwester und ihre Beziehung zum Vater:
Kognition P: Meine Schwester, das ist noch interessant. Sie leidet noch mehr unter ihm. Sie hat… Ich weiß auch nicht. Sie heiratete einen Mann, um zu Hause ausbrechen zu können. Das war wie eine Flucht. Aber sie heiratete einen 10 Jahre älteren Mann. Das ist ja fast wie ein Ersatz. Aber das funktionierte auch nicht…

Beziehung zum Vater und die Zeit nach dem Suizidversuch vor mehr als zwanzig Jahren:
Kognition P: Dieses Thema verfolgt mich schon ein ganzes Leben lang. Das ist genauso. Ich kann mich noch erinnern. Als ich im Krankenhaus war nach der Tabletteneinnahme… Das sehe ich noch heute vor mir. Wer stand oben an meinem Bett als ich erwachte? Es war mein Vater. Und dieser hat mich als erstes aus vollem Rohr beschimpft. Da schloss ich gleich wieder die Augen und sagte ihm, dass ich einfach nichts mehr hören wolle von ihm.

Familie beansprucht mich über Gebühr:
Kognition P: Ich habe nun im Moment auch keinen Kontakt mit ihm. Ich habe einfach keine Lust. Es geht auch darum, dass man ihn immer hin und her führen sollte – in die Dialyse und wieder zurück. Vor vier Jahren hatte ich das Bein im Gips. Er war damals auch im Spital. Ich ging ihn zu dieser Zeit immer besuchen, fuhr ihn herum, sorgte für die Mutter… Und diesen Sommer fing das alles wieder von Neuem an. Er musste wieder ins Spital gehen. Dann hatten sie das Gefühl, dass ich ja nun Zeit habe, da mein Freund mich ja verlassen habe… Da fing alles wieder von vorne an. Sie wollten mich nun einfach wieder einspannen. Ich hätte die Mutter am Morgen holen sollen und sie zum Vater ins Spital fahren zu können. Am Abend um 17.00 Uhr hätte ich sie wieder holen sollen um sie nach Hause zu fahren. Aber da weigerte ich mich einfach. Ich sagte ihnen, dass ich das nun einfach nicht mehr mitmache. Ich sagte ihnen, dass ich noch vier weitere Geschwister habe. Sollen doch diese auch einmal etwas machen.

Neue Gespräche mit Freund; Patientin (P), Freund (F), Bekannte (K):

Kognition P: Es geht mir nicht schlecht. Gerade das mit dem Sohn… Am letzten Montag habe ich gerade wieder ein Bisschen… Das war auch wieder so etwas… An diesem Samstag, an dem ich es gemacht habe, wusste ich, dass mein ehemaliger Freund am Mittwoch darauf abfliegen wird ins Übersee. Es sagte mir, dass er mich davor noch anrufen werde um sich zu verabschieden. Das war bevor ich ihm gesagt habe, dass ich keinen Kontakt mehr mit ihm wolle. Aber ich sagte ihm, dass das nicht nötig sei, dass er mir nie mehr telefonieren müsse. Dann rief er eine Bekannte von mir an um ihr auf Wiedersehen zu sagen. Mich dürfe er ja nicht mehr anrufen. Er flog dann am Mittwoch ab. Aber am Freitag rief er schon wieder meiner Bekannten an. Aber sie hörte das Telefon nicht und hat es deswegen nicht abgenommen. Am Sonntag rief er sie wieder an. Sie fragte ihn dann wie es ihm gehen würde. Er sagte ihr dann, dass es ihm nicht so gut gehen würde. Sie fragte ihn dann nach dem Grund. Er sagte ihr, dass er jemanden stark vermissen würde. Sie fragte ihn, nach was er sich sehne. Er sei ja im Übersee, habe Sonne… und wir in der Schweiz haben so schlechtes Wetter. Dann fragte sie ihn, ob er mich vermissen würde. Da sagte er ja und fing an zu weinen. Da dachte ich einfach, dass das doch nicht wahr sein könne. Er sprach mir dann am gleichen Abend noch auf den Beantworter. Er sagte mir, dass ich das doch einfach nicht so machen könne, dass wir doch nicht so auseinander gehen können. Er wollte wissen, wie es bei mir weiter gehe. Ich habe gerade eine Ausbildung abgeschlossen und gebe nun einige Stunden im Fitnesscenter. Ich hatte am Sonntag meine erste Stunde. Er sagte mir dann, dass er mich noch einmal anrufen werde. Da wusste ich einfach nicht mehr was sagen. Das ist für mich einfach… Am Montagmittag ging das Telefon und die Nummer war nicht auf dem Display. Da nahm ich es ab und es war wieder er. Ich wollte eigentlich am Anfang gleich wieder aufhängen, konnte es aber doch nicht. Er sagte mir, dass er so Heimweh habe. Ich sagte ihm, dass er nun doch drei Wochen Ferien habe – das könne doch nicht sein, dass er nun schon Heimweh habe. Dann sagte er mir, dass ihn die Worte, welche ich auf den Beantworter gesprochen hatte und ihm geschrieben hatte, bis ins Innerste getroffen hätten. Da sagte ich ihm, dass ich das damit beabsichtigt habe. Ich wollte nun einfach diesen Kontakt abbrechen.

Handlung P: Ich sagte ihm, dass er sich nicht entscheiden konnte.

Handlung P: Ich sagte ihm, dass er sich bin Ende April definitiv entscheiden müsse.

Handlung P: Ich sagte ihm auch, dass wenn ich nun nichts mehr von ihm hören würde, dass es klar für mich sei und dass ich dann auch nie mehr etwas von ihm hören wolle.

Handlung F: Aber er sagte mir, dass ich ihm die Entscheidung ja schon letzten Freitag abgenommen habe.

Handlung P: Ich sagte dann, dass es daher wohl besser sei, den Kontakt abzubrechen.
Handlung F: Er wollte widersprechen.
Handlung P: Aber ich sagte ihm, dass ich es einfach so machen müsse, dass ich, wenn nicht, kaputt gehen werde.

Gegenwart/Zukunft:
Kognition P: Ich hatte auch das Gefühl, dass ich nun zwei Wochen lang irgendwohin gehen sollte, um von allem Abstand zu haben. Ich habe das Gefühl, dass mir dies gut tun würde. Ich weiß nicht – in irgendeine Kur… Aber ich muss natürlich auch sehen, wer das alles bezahlen wird.
Handlung P: Ich muss einfach sagen, dass es mir im Moment nicht schlecht geht.
Kognition P: Aber ich weiß einfach nicht wie es sein wird, wenn er wieder in der Schweiz ist. Ich sage mir einfach, dass ich das Telefon aufhängen werde. Aber wie ich im konkreten Fall reagieren werde, das weiß ich nicht. ◄

▶ **Zusammenfassung**
1. Innerhalb der langfristigen und mittelfristigen Anliegen und Zielen schildert die Patientin eine Reihe von unterschiedlichen Handlungen in verschiedenen Handlungsbereichen und mittelfristigen Projekten.
2. Im Anschluss schildert sie die Handlungen am Tag vor dem zweiten Suizidversuch, das letzte Gespräch vor dem zweiten Suizidversuch, gemeinsame Handlungen im zweitem Suizidversuch, Handlungen am Abend vor dem zweiten Suizidversuch, sie schildert ihre enttäuschte Hoffnung als Grund der zweiten Suizidhandlung, beschreibt Telefongespräche mit ihrem Freund, und stellt dar, wie sich ihr Freund Hintertürchen offen halte, listet Handlungen und Gedanken auf, die das Loslassen der Kinder zum Gegenstand haben, beschreibt Handlungen in der Krise des älteren Sohnes, Handlungen welche die Krise der Familie verdeutlichen, beschreibt weitere Details der Handlungen vor und während des zweiten Suizidversuchs und die Zeit nach dem zweiten Suizidversuch, wie auch die Handlungen des Gesprächs nach dem Suizidversuch. Sie schildert den Suizidvorsatz zum ersten Suizidversuch einer Woche vor dem zweiten Suizidversuch, sowie das Gespräch mit ihrer Bekannten, das zum Abbruch des ersten Suizidversuchs führte.
3. Sie erzählt von ihrem Gefühl „verlassen zu werden" in ihrem Leben und die entsprechenden Handlungen, ihrem Gespräch mit ihrer Psychotherapeutin, den Suizidgedanken und -handlungen in ihrem Leben, ihrer Scheidung vor vielen Jahren und der Trennung vom ersten Freund, wie auch von ihrer Ehekrise. Sie stellt dann ihre Ursprungsfamilie in einigen Handlungen dar, ihre Schwester und ihre Beziehung zum Vater sowie die Handlungen nach ihrem Suizidversuch vor mehr als zwanzig Jahren.

4. Zuletzt spricht die Patientin von den Handlungen ihrer Überbeanspruchung durch ihre Familie, ihren kürzlich geführten Gesprächen mit dem Freund und äußert sich über ihre gegenwärtige Situation und ihre zukünftigen Pläne.

9.2.2 Probleme der Handlungsorganisation

Wie bereits bei der Diskussion der langfristigen Anliegen der Frau offensichtlich wurde, kam dem Anliegen, „zu leben" nur eine untergeordnete Bedeutung zu und wurde an bestimmte Bedingungen geknüpft, wie „die Partnerschaft muss stimmen", „die Familie muss zusammen gehalten werden", „die Söhne sollen glücklich sein", etc. Es ist denkbar, dass die Patientin von ihrem Vater lernte, dass sich zu suizidieren eine Lösungsoption bei verschiedenen Problemen sei. Und so wurde aus einem ultimativen Ziel jeder Person, „zu leben" nur ein Mittel zum Zweck; da erbot sich die Alternative zu sterben als eine Problemlösemöglichkeit. Dies ist ein Problem der Handlungsorganisation bei langfristigen Prozessen. Allerdings setzte die Patientin diese Möglichkeit (zu sterben) nicht nur als eine Lösung von existenziellen Problemen, wie „mein Leben ist und wird nicht mehr gut und so beende ich es" ein, sondern sie versucht sich das Leben zu nehmen, um gewisse kurzfristige Probleme zu lösen, wie „ich fühle mich verlassen, meine Söhne (verlassen) das Haus" (eine Tatsache, die alle Eltern akzeptieren müssen, und die sich nur in ihrer Aktualität sehr schwer erträglich darstellt), oder wie auch „mein junger Freund verließ mich und ich fühle mich einsam", oder „es gibt finanzielle Probleme" etc. Diese Verwirrung in der Ordnung der lang- und mittelfristigen Ziele und Anliegen überrascht bei dieser Frau. Denn sie berichtet, wie sie als junges Mädchen eine längere Beziehung aufgab, um der Liebe ihres Lebens zu folgen, wie sie sich trotz des heftigen Widerstandes des damaligen Partners durchgesetzt hatte, wie sie dann trotz des Alkoholismus ihres Mannes eine Familie gründete und durchbrachte, wie sie dann, als er sie verließ eine selbstständige berufliche Existenz aufbaute, eine neue Beziehung einging und diese elf Jahre lang pflegte. Dies alles weist darauf hin, dass die Frau die wichtigsten Probleme des selbstständigen Lebens gut meistern kann und sich durchaus selbstbestimmt zeigt. Allerdings erzählt sie, wie sie zu einer Medikamenten-Überdosis griff, als der erste Partner Widerstand leistete und sie nicht gehen lassen wollte. Als sie dann von ihrem Mann mit zwei kleinen Kindern alleingelassen wurde, erlebte sie dies als schwere existenzielle Krise, in der sie nur deshalb nicht suizidal war, weil sie ihre kleinen Kinder nicht verlassen wollte. Als dann ihr Freund nach elf Jahren die Beziehung beendete, versuchte sich die Frau wieder zu suizidieren. Es gibt also gewisse Problembereiche, in denen die Patientin ihre Handlungsordnung aufgibt, bzw. ihr diese nicht zugänglich ist. Dies geschieht nicht während einer kühlen Überlegung und Problemlösungssuche, sondern findet in einer Emotionalität (Verliebtheit im ersten Falle, Einsamkeitsgefühle in der gegenwärtigen Krise) oder in einer Abschwächung der Entscheidungsrationalität durch Alkoholkonsum statt. Wir können vermuten, dass

9.2 Suizidanalyse: Ich sah hinter all dem einfach keinen Grund mehr

dies viel mit der Erfahrung der Patientin mit ihrem Vater zu tun hat, der, nach ihren Angaben, häufig mit Suizid drohte. Die Patientin berichtete selbst, wie sie das durcheinander brachte. Wir können dieses „Durcheinander" so verstehen, dass die Kinder, in der Zeit als sie ihre Problemlösefähigkeiten und die Fähigkeit zur verantwortungsvollen Entscheidung lernten, durch diese Handlungsalternative „Suizid" von einer emotional relevanten Person – dem Vater – in ihrer rationalen Entscheidungsfähigkeit verunsichert wurden.

Die Patientin schildert eine Reihe von Krisen – Anliegen, die nicht ihrem Wunsch entsprechend verlaufen -, konstatiert dann „es habe keinen Sinn", vertieft sich in ihrem Gefühl der Verzweiflung und versucht ihrem Leben ein Ende zu setzen. Diese Abfolge von Handlungen oder Handlungsschritten ist nicht unüblich bei Suizidprozessen. Dennoch zeigt sie eine tiefe Störung der Handlungsorganisation. Anstatt sich ein Problem vorzunehmen, sich seine Lösung als Ziel setzen, sich auf das entsprechende Projekt und die entsprechenden Handlungen vorzubereiten („sich im Ziel zu verankern") entwickelt die Patientin das Gefühl der Verzweiflung weiter und sucht andere Krisen, die diesem Gefühl entsprechen. So „verankert" sie sich in einem Gefühl, das sie durch den Wechsel der Aufmerksamkeit zu immer neuen Themen und Problemen „am Leben" erhalte. Wir wissen, dass zu einem Gefühl auch physiologische Prozesse gehören, die sich nach 20–30 min erschöpfen und das Gefühl verflacht. Durch Zuwendung zu anderen Themen, die mit demselben Gefühl verbunden sind, z. B. Furcht, kann das Gefühl jedoch wesentlich länger aktiv und wirksam gehalten werden. Die Verankerung in einem Gefühl, anstatt in einem Ziel, das die Lösung eines Problems ermöglicht, legt andere Handlungen nahe, wodurch die Handlungs- und Projektorganisation gestört wird. Die langfristigen Anliegen werden nicht in mittelfristige Projekte umgesetzt und diese dann auch nicht in optimale Handlungen materialisiert. So werden weder benötigte Handlungen zum Problemlösen, noch Handlungen zum Abbau von intensiven Gefühlen vorgenommen (Ziele, die eine realistische Zielordnung oder Hierarchie darstellen), sondern es werden Handlungen eingeleitet, die diese Hierarchie unberücksichtigt lassen. Dazu gehört auch das Ziel, aus dem Leben zu scheiden, damit gewisse Probleme gelöst werden, oder als Antwort auf die festgestellte Sinnlosigkeit des Lebens.

Schließlich deutet auch der Handlungsablauf der Suizidhandlung auf die Probleme der Handlungsorganisation hin. Die Patientin entschließt sich zu sterben, richtet die Medikamente zur Überdosierung her, ihre Bekannte ruft an und besucht sie, wodurch sie von ihrem Vorhaben ablässt. Während es sehr lobenswert ist, dass die Patientin in dieser kurzen Begegnung von ihrer momentanen suizidalen Absicht abgekommen ist, ist es dennoch überraschend, wie wenig eine solch wichtige Entscheidung „Leben oder Tod" in einem Zielsystem verankert war. Die Patientin bezeichnete ihre Suizidhandlung als Kurzschlussreaktion. Dies zeugt aber weniger von einer „kurz-geschlossenen" Reaktion, sondern von der Unzugänglichkeit der ganzen Handlungsorganisation der suizidalen Prozesse für die Patientin. Sie war sich weder ihrer suboptimalen Problemlösegewohnheiten, noch ihrer existenziellen Bedrohungsgefühle des „Verlassenwerdens" bewusst, die ihr dann andere als rational überlegte Ziele nahelegten. Sie handelte so, als ob diese Bedrohungsgefühle ihre Lebenssituation adäquat abbilden würden.

▶ **Zusammenfassung**
1. Die Probleme der Handlungsordnung beziehen sich auf die Hierarchie der Ziele in langfristigen, mittelfristigen und kurzfristigen zielgerichteten Prozessen. Zudem betreffen sie das Durcheinander der Steuerungs-, Kontroll- und Regulationsprozessen, sowie eine Hierarchie im Handlungssystem.
2. Wie bei jeder Suizidhandlung sinkt das Anliegen „zu leben" auch bei dieser Patientin in der Bedeutungshierarchie der Ziele ab. Die Partnerschaft muss stimmen, die Familie muss zusammengehalten werden, die Söhne sollen glücklich sein und auch andere Ziele werden als wichtiger betrachtet. Sofern diese Ziele nicht erreicht werden, wird das Leben bedeutungslos.
3. Die Patientin lernte von ihrem Vater, der immer wieder mit Suizid drohte, dass das Leben nur ein Mittel zum Zweck sei und nicht ein Wert an sich. Daher zieht auch sie Suizid als Problemlöseoption immer wieder in Betracht.
4. Die Probleme in der Zielhierarchie sind nicht in einer uninformierten Rationalität verankert, sondern in den bedrohlichen Gefühlen, welche die Patientin mit gewissen Problemen verbindet (ich fühle mich verlassen, ich fühle mich einsam) und die sie dann im Alkoholkonsum vertieft. Dadurch kann sie auch die übliche Handlungsordnung der kurzfristigen Handlungen aufheben und destruktive Ziele generieren.

9.2.3 Suizidhandlung: Bewusst vorbereitet oder spontan vorgenommen?

Mit diesen Überlegungen beschäftigen wir uns schon mit der Frage „top down" oder „bottom-up" der Handlungssteuerung, bzw. wurde die Handlung bewusst angestrebt, oder reaktiv durchgeführt? Auch wenn die Patientin durch ihre Tat nicht überrascht war und gute Gründe zum Suizid anführte (keinen Sinn, niemand braucht mich etc.) stellte sie dennoch fest, dass es sich um eine Kurzschlussreaktion handelte. Wir führten oben aus, dass sie sich eher nicht der Zielhierarchie ihres Tuns bewusst war, denn sie eignete sich einige Voraussetzungen für den Suizid an. Sie erlernte von ihrem Vater diese Handlungsalternative „am Modell". Zudem lernte sie auch, negative Emotionen durch Bewusstmachen von Problemen zu verstärken, anstatt sich dieser Probleme einzeln in Problemlöseabsicht anzunehmen. Diese Vorgehensweise der Patientin ist in der Gestaltung ihrer Erzählung über ihre suizidale Krise wiederzufinden. Die Patientin evoziert ihre Gefühle der Überforderung, der drohenden Vereinsamung etc. in der

Behandlung eines Problems und schwenkt dann zu einem anderen Problem, mit dem sie wieder diese Gefühle verbindet. Als sie die Schilderung ihrer wichtigsten Probleme beendete, fängt sie wieder beim ersten Problem an.

Die Patientin erfasst mit der Charakterisierung ihrer Suizidhandlung aber die Tatsache, dass ihr Wert- und Zielsystem nicht diese Lösung „bereitstellen" würde, sondern, dass diese Handlungsalternative (Suizid) aufgrund von anderen Mechanismen angenommen wurde. So wurde diese Suizidhandlung als eine zielgerichtete Handlung ausgeführt. Das Umschalten von einem lebensbejahenden Projekt zum Suizidprojekt geschah aufgrund der Verbindung gewisser Gefühle, die als existenziell bedrohlich erlebt wurden, mit der Handlungsalternative „Suizid", welche die Patientin von ihrem Vater erlernte. Die Patientin konnte in einem Gespräch mit ihrer Bekannten das Suizid-Ziel, wenn nicht aufgeben, so doch zumindest für eine Woche zurückstellen. Die stumpfen Rasierklingen, mit denen sie erfolglos versuchte, ihre Pulsadern aufzuschneiden, bewegte sie nur zur Aufgabe der stumpfen Rasierklinge und zur Absicht, im Badezimmer eine neue zu holen, nicht aber zur Aufgabe des destruktiven Ziels, ihrem Leben ein Ende zu setzen. Eine solche Überlegung stellt aber die These der Kurzschlussreaktion infrage. Wir können vermuten, dass eine Kurzschlussreaktion unbewusste Regulation zulässt, nicht aber eine Handlungsschrittalternative aufgrund von bewussten Kontrollprozessen, wie „die Rasierklinge ist stumpf, weil ich mit ihr nicht das Gewünschte erreiche. Ich gehe mir eine andere holen". Die Patientin sah keinen Ausweg in ihrem Leben und ging dann ins Badezimmer, um eine Rasierklinge zu holen. Sie sagte nicht, dass sie keinen Ausweg mehr sah und dann im Badezimmer Rasierklingen sah, die sie auf den Gedanken sich zu suizidieren brachten. Die Wiederholung des Suizidversuchs nach einer Woche zeugt von einem persistierenden Ziel, bzw. der Verbindung zwischen der Art, wie die Patientin ihre existenziell bedrohlichen Gefühle des „Verlassenwerdens" hervorholt, wie sie das Gefühl mit der Aktualisierung anderer Probleme aufrechthält, und der Handlungsalternative „Suizid". Diese Verbindung ist ebenfalls durch den bereits vor Jahren vorgenommenen ernsthaften Suizidversuch verfestigt, ein Zusammenhang, den auch die Forschungsdaten bestätigen.

▶ **Zusammenfassung**
1. Die Patientin nennt gute Gründe zum Suizid, bezeichnet die Suizidhandlung selbst aber als Kurzschlussreaktion, also etwas, das nicht vor langer Hand vorausgeplant wurde.
2. Die Umstellung von einem lebensbejahenden Projekt zum Suizidprojekt geschah nicht durch das Vorausplanen, sondern durch gewisse Gefühle, die sie als existenziell bedrohlich erlebte und die sie vom Vater als Suizidgrund erlernte.
3. Die Wiederholung des Suizidversuchs nach einer Woche zeugt von einem persistierenden Suizidziel.

9.2.4 Probleme der Handlungsüberwachungsprozesse

Die Handlungsüberwachung in Form von Schmerz, Emotionen und Bewusstsein/Aufmerksamkeit zeigt sich in Suizidprozessen oft als problematisch. Diese Patientin sprach nicht von außergewöhnlichen Veränderungen ihres Schmerzempfindens, wie viele andere Personen nach einem Suizidversuch, obwohl sie nicht über Schmerzen berichtete, die sie während des Schneidens sicher empfand. Das emotionale Monitoring der Patientin zur Zeit des Suizids wurde bereits oben angesprochen. Das wichtigste Problem in dieser Beziehung scheint die Gefühlserinnerung des „Verlassenwerdens". Die Patientin erwähnt selbst: „Seit ich auf der Welt bin werde ich einfach nur immer von allen verlassen". Sie erkennt auch, dass dies eine entscheidende Rolle in der Suizidhandlung spielte „Ja. Es handelt sich also immer so um die Thematik verlassen und verlassen werden". Das Problem des Handlungsmonitorings, in dem dieses Gefühl eine bedeutende Rolle spielt, ist, dass diese Gefühlserinnerung das laufende Situationsmonitoring ersetzt. Dies ist ein substanzielles Problem, denn der Mensch handelt dann aufgrund dieser Falschmeldung und nicht aufgrund der Situationsspiegelung. Dies betrifft nicht die Frage der Objektivität, denn jede Betrachtung ist persönlich, d. h. subjektiv. Allerdings besitzt ein Gefühl, das aus einer Gefühlserinnerung stammt nur wenig Beziehung zur aktuellen Situation und ist, vor allem in seiner Intensität, die oft das Niveau einer existenziellen Bedrohung erreicht, irreführend. Ein Vater, der seinen Kindern droht, sich umzubringen und sie damit zu verlassen, was für ein Kind existenziell bedrohlich ist, kann dazu beitragen, dass das Kind und die erwachsene Person später auf diese Gefühlserinnerung rekurriert, wenn sie eine Situation des „Verlassenwerdens" erlebt. Diese Patientin erlebte diese Situation mehrmals und beantwortete dieses Gefühl auch wiederholt mit einem Suizidversuch. Wie weit wurde auch das kognitive Monitoring mittels Bewusstseins und Aufmerksamkeit gestört? Die Patientin wusste, was sie tat, allerdings erwähnten wir bereits oben, dass ihr die Einsicht in die Zielzusammenhänge ihres Suizids fehlten. Dies ist nicht eine Frage des Unbewussten, das in jedem Handeln vorhanden ist; in einer optimalen Handlung ist nur die tiefste Ebene der Handlungsorganisation, die Handlungsregulation unbewusst. Das bedeutet, der Bewegungsablauf einer habitualisierten Handlung verläuft meist unbewusst, wie die Bewegungen beim Radfahren. Auch diese Ebene der Handlungsorganisation kann bewusst werden, wenn wir z. B. einen neuen Bewegungsablauf lernen, wie im Sport, beim Tanzen oder ähnlichen Fertigkeiten. Auf der anderen Seite sind uns die Quellen unserer umfassenden Ziele und Werte nicht immer bewusst, da wir diese in unserem Sozialisationsprozess erwarben. Zwischen diesen umfassenden Präferenzen und der Handlungsregulation auf der niedrigsten Ebene der Handlungsorganisation versuchen wir unser Handeln in lang-, mittel- und kurzfristigen Bestrebungen und Handlungen bewusst zu ordnen und aufeinander zu beziehen. Dies scheint bei der Patientin, wie sie offenbarte, problematisch zu sein. Sie ließ uns verstehen, dass sie keine Einsicht in die Zielzusammenhänge ihrer Suizidhandlung hatte, und ihr die Suizidhandlung daher als Kurzschlussreaktion erschien.

▶ **Zusammenfassung** Die Gefühlserinnerung des „Verlassenwerdens" spielt eine entscheidende Rolle in der Suizidhandlung. Diese Gefühlserinnerung ersetzt das laufende Situationsmonitoring.

9.2.5 Probleme der Handlungsenergetisierung

Die Patientin beschreibt ihre Situation unmittelbar vor ihrem Suizid als „ich sah keinen Ausweg" und nicht „ich konnte nicht mehr", was auf ein Energiemangel hinweisen würde. Es fehlte also eine valable Alternative und nicht die Energie, um ihre Probleme anzugehen. Den Energiemangel beklagt sie lediglich hinsichtlich ihrer Arbeit, die von ihr Kraft und Energie verlangt, nicht aber hinsichtlich ihres Lebens: „Ich war zu diesem Zeitpunkt nicht mehr fähig meine Arbeit auszuüben. Ich bin Masseurin. Dazu braucht man viel Kraft und Energie. Aber dies hatte ich einfach nicht mehr." Dennoch muss man auch gewisse Probleme der Handlungsenergetisierung in der Suizidhandlung annehmen. Vor allem die Energie, eine aufkommende Handlungsalternative – Suizid – aufgrund der fatalen Konsequenzen zu verwerfen und Problemlösestrategien in Form von relevanten Handlungen einzuleiten. Das Bewirken einer Handlungs- und Zieländerung durch ihre Bekannte in einem relativ kurzen Gespräch zeugt vom niedrigen Energielevel im Moment der Suizidhandlung, mit dem keine eigene Ziel- und Handlungsumstellung mehr möglich war.

▶ **Zusammenfassung** Die Patientin zeigte Probleme der Handlungsenergetisierung. Sie konnte die Energie, eine aufkommende Handlungsalternative – Suizid – aufgrund der fatalen Konsequenzen zu verwerfen, und Problemlösestrategien in Form von relevanten Handlungen einzuleiten, nicht aufbringen.

9.2.6 Suizid und das interaktive und gemeinsame Handeln

Kann das suizidale Handeln dieser Patientin auch aus dem gemeinsamen Handeln mit anderen verstanden werden? Die Patientin spricht von mehreren Beziehungen, die sie im Zusammenhang mit ihrem Suizidversuch sieht. Es ist zunächst die Beziehung zu ihrem jungen Freund und Partner, der sie nach einer elfjährigen Beziehung verlässt. Ihr Ziel war es offensichtlich, die Beziehung fortzusetzen und anstehende Probleme zu besprechen. Beides wurde enttäuscht. Dabei spielte sicher eine Rolle, dass der Partner die Patientin plötzlich und ohne Vorwarnung einer anderen Frau wegen verließ und sich weigerte, die bestehenden Probleme zu besprechen. Zudem rief er die Patientin über mehrere Monate hinweg immer wieder an, um ihr zu klagen, wie unglücklich er sei. Als sich dann die Patientin Hoffnungen machte, dass er zurückkommen könnte, wies er dieses Anliegen kategorisch zurück. Zur gleichen Zeit erlebt die Patientin, wie ihr neuzehnjähriger Sohn mit Unsicherheit, beruflicher Unzufriedenheit, Unselbstständigkeit und Abhängigkeit von seiner Mutter kämpft und zu seiner Freundin ziehen will. Die Patientin wünscht, dass ihr Sohn ein zufriedenes Leben lebt, allmählich seine Selbstständigkeit aufbaut und erst in Absprache mit seiner Mutter seinen Lebensmittelpunkt verlagert. Auch dies konnte sie bisher nicht erreichen. Von ihrem jüngeren Sohn wünscht sich die Patientin, er möge öfter zu Hause und nicht ständig mit seinen Freunden unterwegs sein. Sie fühlte sich von diesen nahen Personen verlassen und beklagt, dass sie sich lange für sie aufopferte, letztendlich aber niemand für sie da ist. Sie wolle sich auch einmal anlehnen können. Sie arbeitet zusammen mit der Psychiaterin aus, dass das Thema „verlassen und verlassen werden" sehr wichtig in ihrem Leben ist, und auch beim Suizidversuch eine entscheidende Rolle spielte. Die Begegnungen mit anderen waren zwar oft belastend, manchmal aber auch lebensrettend. Die Patientin berichtet, wie sie im Moment, als sie bereit war sich durch Medikamentenüberdosierung zu suizidieren, von einer Bekannten angerufen wurde, die sie dann auch zu Hause besuchte und den Abend mit der Patientin verbrachte. Auch beim zweiten Suizidversuch eine Woche später, als sie sich ihre Pulsadern aufzuschneiden versuchte, kam ihr Sohn mit seiner Freundin um Mitternacht unangekündigt nach Hause und rettete damit ihr Leben. Die Patientin erzählt auch von anderen Beziehungen und Begegnungen, die sie mit ihren Suizidversuchen verbindet. Dies war zunächst die Beziehung zu ihrem Vater, der oft mit Suizid drohte, was die Kinder überforderte. Als sich die Patientin mit einundzwanzig Jahren verliebte, aber bereits in einer längeren Beziehung lebte und ihr Freund sie bedrohte, wenn sie ihn verlassen würde, nahm sie eine Überdosis Medikamente. Wir wiesen bereits darauf hin, dass der Umgang ihres Vaters mit Suizid auch den Umgang der Patientin mit diesem Thema geprägt hat. So konnte sie auch der Alkoholismus ihres Mannes, mit dem sie zwölf Jahre verbrachte, zum übermäßigen Alkoholkonsum verleiten. Nicht zuletzt ist auch die Beziehung der Patientin zu ihrer Psychotherapeutin zu erwähnen, die sie in ihrer bereits einige Zeit andauernden Psychotherapie genießt. Es ist daher naheliegend, dass die Patientin eine wertschätzende Beziehung zu ihrem Leben erarbeiten müsste, den Sinn ihres Leben in durch eigenes Tun erreichbare Nähe sehen sollte und schließlich auch ihre Beziehungsgestaltung ändern müsste, sodass ihre Ziele und Erwartungen in den gemeinsamen Projekten und Prozessen sichtbar und verwirklichbar werden.

▶ **Zusammenfassung**
1. Die Patientin erzählt im Zusammenhang mit ihren Suizidversuchen von mehreren wichtigen Beziehungen und gemeinsamen Handlungen mit anderen Menschen.
2. Als entscheidend bezeichnet sie die abgebrochene Beziehung zu ihrem Exfreund. Sehr besorgt ist sie um ihren Sohn, der mit viel Unsicherheit, beruflicher Unzufriedenheit, Unselbstständigkeit und Abhängigkeit von seiner Mutter kämpft und zu seiner Freundin ziehen will.

3. Andere Beziehungen und Begegnungen erwiesen sich als lebensrettend. Im Moment, in dem die Patientin bereit war, sich durch Medikamentenüberdosierung zu suizidieren, wurde sie von einer Bekannten angerufen, die dann den Abend mit der Patientin verbrachte. Beim zweiten Suizidversuch eine Woche später kam ihr Sohn mit seiner Freundin unerwartet nach Hause und rettete dadurch ihr Leben.
4. Die Patientin bezeichnet auch Beziehungen und gemeinsame Handlungen aus ihrer Jugend als wichtig für das Verstehen ihrer Suizidversuche. Von der Beziehung zu ihrem Vater, der oft mit Suizid drohte, fühlte sie sich überfordert. Als sie sich mit einundzwanzig Jahren in einen anderen Mann verliebte und ihr damaliger Exfreund ihr drohte, nahm sie eine Überdosis Medikamente.

9.2.7 Das Gespräch der Frau mit einer Psychiaterin

Die junge Psychiaterin informiert die Patientin, dass sie nur ihren Namen wisse und die Patientin ihr doch erzählen möge, wie es zu ihren selbstschädigenden Handlungen kam („…ob Sie mir erzählen könnten, wie es aus Ihrer Sicht so weit kommen konnte"). Die Patientin meint zunächst, dass es nicht einfach sei, erzählt dann aber flüssig, ausführlich und engagiert alles, was sie mit diesen Handlungen verbinde.

In der **1. gemeinsamen Handlung** formuliert die Psychiaterin die gemeinsame Aufgabe, die Patientin nimmt diese an und berichtet ausführlich von ihren Erlebnissen, die zu der Absicht „zu sterben" führten. Sie berichtet von ihren zwei Söhnen, von ihrem Partner, der sich nach elf gemeinsamen Jahren von ihr trennte, wie schwer sie daran trug und wie sie das Verhalten ihres Freundes quälte. Nach 882 Wörtern fragt die Psychotherapeutin, ob die Patientin jetzt von ihrem Sohn oder ihrem Freund spreche. Nach weiteren 845 Wörtern rekapituliert die Psychiaterin, dass die Patientin alles dies ihrem Freund aufs Band sprach, was die Patientin bestätigt und leitet zur zweiten gemeinsamen Handlung über.

In der **2. gemeinsamen Handlung** beschreibt die Patientin ihre Befindlichkeit vor der Suizidhandlung, wie sie das Gefühl hatte, dass sie „…so oder so niemand mehr brauche, dass in meinem Alter das Leben einfach vorbei sei. Dann hatte ich das Gefühl… Ich weiß auch nicht. Ich sah, wie gesagt, einfach den Sinn hinter all dem nicht mehr. Ich wusste nicht, warum ich noch weiter machen soll."

Hier initiiert die Psychiaterin die **3. gemeinsame Handlung,** in dem sie fragt, wie dies genau an diesem Tag ablief. Sie fragt gezielt nach, ob dies am Morgen oder am Abend war, als die Patientin ihrem Freund aufs Band sprach, ob sie den Wunsch, den Kontakt zu ihrem Freund abzubrechen an diesem Tag das erste Mal aussprach, ob alle diese Details auch wirklich aufs Band gesprochen worden sind, ob das Nicht-Wissen, woran sie mit ihrem Freund sei das Schwierigste an der Beziehungskrise war, und ob die Patientin wirklich einen Schlussstrich unter diese Beziehung ziehen wollte. Die

Psychiaterin konfrontierte die Patientin mit ihrem Eindruck, dass zwar der Schlussstrich eine Erleichterung hätte sein können, was aber offensichtlich nicht der Fall war, und leitet damit zur vierten gemeinsamen Handlung über.

In der **4. gemeinsamen Handlung** berichtet die Patientin vom kritischen Abend, wie sie dachte, dass ihr Freund nie mehr anrufen würde und begann Alkohol zu trinken. Die Psychiaterin eruiert, wie viel und was die Patientin trank. Im zweiten Teil dieser Handlung berichtet die Patientin, wie stark sie in diesem Moment auch die Gedanken an die Probleme ihres Sohnes belasteten.

In der **5. gemeinsamen Handlung** greift die Psychiaterin das Gefühl auf, dass die Patientin als „sich alleine gelassen und verlassen fühlen" beschrieb, was die Patientin zur Feststellung führte, dass „(s)eit ich auf der Welt bin, werde ich einfach nur immer von allen verlassen." Die Patientin wollte eine Überdosis Tabletten nehmen, aber wurde von einer Bekannten angerufen, die spürte, dass es der Patientin nicht gutging, sie besuchte und den ganzen Abend bei ihr blieb. Die Patientin versuchte es nach einer Woche wieder. Sie schnitt mit Rasierklingen an ihrem Handgelenk herum, bis sie von ihrem Sohn und seiner Freundin überrascht wurde. Sie beschrieb dann ihre Gespräche und wie sie von den jungen Leuten umsorgt wurde.

Die **6. gemeinsame Handlung** eröffnet die Psychiaterin mit der Frage, wie die Patientin anschließend in die Klinik kam. Die Patientin berichtete von ihrer Psychotherapie, die sie bereits vor der Suizidhandlung begann und erwähnt ihre Hemmungen, in Krisenmomenten professionelle Hilfe aufzusuchen.

In der **7. gemeinsamen Handlung** diskutieren die Frauen die Schlüsselfragen der Suizidkrise, dass die Patientin wirklich sterben wollte und dass noch heute Schmerzen am Handgelenk hat. Die Patientin rekapituliert die entscheidenden Momente der Suizidhandlung.

Die **8. gemeinsame Handlung** entwickelt sich um die Beantwortung der Frage nach den Suizidgedanken der Patientin im vergangenen Jahr und auch insgesamt im Leben der Patientin, wobei die Psychotherapeutin die wichtigste Problematik der Patientin „verlassen und verlassen werden" formuliert.

In der **9. gemeinsamen Handlung,** welche die Psychotherapeutin mit einer Frage nach der Kindheit der Patientin einleitet, berichtete diese über die Suizidandrohungen ihres Vaters und wie sie noch jetzt Probleme habe, wenn sie sich von der Ursprungsfamilie besser abgrenzen wolle.

Die **10. gemeinsame Handlung** widmen die zwei Frauen dem gegenwärtigen Zustand der Patientin. Diese erzählt von ihrem Sohn und auch ausführlich von weiteren Erlebnissen mit ihrem Freund, der sich immer wieder melde, wenn auch nur über ihre Bekannten und Freundinnen. Die junge Ärztin spricht dann die Zusammenarbeit der Patientin mit ihrer Psychotherapeutin an.

In der **11. gemeinsamen Handlung** wird der Abschluss des Gesprächs eingeleitet und ausgeführt.

▶ **Zusammenfassung**
1. Das Gespräch der zwei Frauen spielt sich in einer vertrauensvollen Atmosphäre ab, in der sich die Patientin sehr ausführlich über ihre Suizidhandlungen und ihre Befindlichkeit zu sprechen traut.
2. In der 1. gemeinsamen Handlung etablieren sie die gemeinsame Aufgabe, und die Patientin erzählt von ihren Erlebnissen, die zur Absicht „zu sterben" führten, von ihren zwei Söhnen, und ihrem Partner, der sie verließ. In der 2. gemeinsamen Handlung beschreibt sie ihre Befindlichkeit vor der Suizidhandlung, wie sie das Gefühl hatte, in ihrem Alter sei das Leben vorbei. So fragt die Psychiaterin in der 3. gemeinsamen Handlung, was genau an dem kritischen Tag geschah. In der 4. gemeinsamen Handlung erzählt die Patientin, wie sie sich an dem Tag fühlte und daher Alkohol trank. In der 5. gemeinsamen Handlung beschreibt sie dann, dass sie sich alleine gelassen und verlassen fühlte, seitdem sie auf der Welt sei – wie sie immer von allen verlassen würde. Die Patientin wollte eine Überdosis Tabletten nehmen, wurde aber von einer Bekannten davon abgehalten. Eine Woche später wollte sie dann durch Aufschneiden der Pulsadern sterben, und wurde dabei von ihrem Sohn und seiner Freundin überrascht. In der 6. gemeinsamen Handlung erzählt sie von ihren Hemmungen, bei Problemen Hilfe von anderen in Anspruch zu nehmen. In der 7. gemeinsamen Handlung diskutieren die Frauen die Schlüsselfragen der Suizidkrise, und die Patientin rekapituliert die entscheidenden Momente ihrer Suizidhandlung.
3. In der 8. gemeinsamen Handlung diskutieren sie die Suizidgedanken im Leben der Patientin, und die Psychotherapeutin formuliert die wichtigste Problematik der Patientin, „verlassen und verlassen werden". In der 9. gemeinsamen Handlung spricht die Patientin über ihre Kindheit und schildert die Suizidandrohungen ihres Vaters.
4. In der 10. gemeinsamen Handlung kommt der aktuelle Zustand der Patientin zur Sprache. Sie erzählt von ihrem Sohn und von weiteren Erlebnissen mit ihrem Freund.

9.2.8 Selbstkonfrontations-Interview

Der Interviewer fragt die Patientin zunächst nach ihrem Empfinden, als sie sich im Video sah („Wie ist es Ihnen ergangen, als Sie die erste Sequenz auf Video gesehen haben?"). Die Frau ist zunächst unschlüssig, meint, es sei ein komisches Gefühl, sich sprechen zu hören und sich auf dem Bildschirm zu sehen. Sie bezeichnet es als befremdend, aber nicht unangenehm.

Anschließend fragt der Interviewer die Frau, wie auch die anderen Teilnehmer der Studie, wie es für sie war, als sie es erzählt habe, was sie im Moment des Erzählens fühlte und wie es ihr beim Erzählen ging. Die Patientin berichtet **im 1. Abschnitt,** dass sie beim Erzählen starke Gefühle erlebte („Es nimmt mich mit, wenn ich es erzähle"), dass sie Schmerzen dabei hatte („Es schmerzt mich immer noch") und es auch kognitiv, also gedanklich nicht nachvollziehen kann („Es ist für mich immer noch unverständlich. Für mich ist es unbegreiflich, dass man so handeln kann"). Die Frau erzählt in der Selbstkonfrontation über alle Monitoringsysteme, wie sie beim narrativen Interview beansprucht wurden. Unbegreiflich ist für sie, dass ihr Freund sie verließ, ohne mit ihr darüber zu sprechen. Sie beschreibt anschließend, wie er ihre Versuche, mit ihm über ihre Beziehung zu reden immer wieder ausschlug. Wir erfahren in der Selbstkonfrontation weitere Details über ihren Freund und ihr Zusammenleben. Sie sei zehn Jahre älter, und er war dreiundzwanzig als ihre Beziehung begann. Sie erzählt, wie sie ihn nach der Arbeit in der Stadt oft nach Mitternacht mit dem Auto abholte und dabei auch seine Arbeitskollegin kennenlernte, mit der er später eine kurze Beziehung anfing. Für diese verließ er die Patientin nach elf Jahren des Zusammenlebens. Sie erwähnt noch kurz ihre Arbeit, die sie eigentlich nicht weiter machen möchte, wie sie gegenwärtig zu schwach sei dafür. Gefragt, wie es für sie war, über ihren Suizidversuch zu sprechen, charakterisiert sich die Patientin als aufgeschlossenen Menschen, sehr willensstark und zielbewusst („Wenn ich ein Ziel im Kopf habe, dann will ich das auch erreichen. Ich bin nicht eine Person welche etwas anfängt und es dann auf halbem Weg aufgibt. Ich schaue einfach, dass ich meine selbstgesteckten Ziele erreiche."). Die Frau gibt uns jedoch auch zu verstehen, dass diese Zielstrebigkeit oft von außen von ihr erwartet und an sie herangetragen wurde, und sie gegenwärtig nicht mehr könne („Aber ich bin nun einfach an einem Punkt angelangt, an dem ich nicht mehr die Kraft dafür habe. Ich weiß nicht... Es wurde von mir ein ganzes Leben lang immer verlangt, dass ich es so mache, dass ich alles so durchziehen kann. Meine Eltern, meine Kinder, mein Ex-Mann und er nun auch... – Sie alle sind überzeugt, dass ich es nun einfach weiterziehe, dass ich weiterhin alles alleine schaffen werde. Er (Exfreund) sagt, dass das gar kein Problem für mich sei. Ich habe ja immer alles in meinem Leben erreicht. Also werde ich es auch weiterhin erreichen. Aber es hat niemand gemerkt, dass ich auch jemanden brauche, bei dem ich anlehnen kann, der einmal auch etwas für mich macht. Es muss auch einmal jemand zu mir schauen. Ich kann einfach nicht immer.". Dies nimmt sie, Mitte Vierzig, als existenzielle Lebenskrise wahr: „Nun bin ich an einem Punkt, an dem ich nicht mehr weiter kann. Ich sehe einfach keinen Ausweg mehr. Das liegt auch mit meinem Alter zusammen. Das Leben ist nun schon vorbei für mich.". Die Patientin berichtet noch weiter, dass sie einmal zum Arzt ging, Antidepressiva verschrieben bekam, die sie aber nicht vertrug, sich erbrach und eine Woche lang zu Hause blieb.

2. Abschnitt: In diesem Abschnitt vergaß der Interviewer völlig seine Aufgabe, nach den Gedanken, Gefühlen und Empfindungen während des gezeigten Abschnitts zur Zeit des Gesprächs zu fragen. Anstatt dessen frage er nach den Gedanken der Patientin in ihrer Auseinandersetzung mit ihrem Freund. Sie berichtet, wie sie ihrem Freund klarzumachen versuchte, dass sie nach seinem Aufgeben der Beziehung keine Beziehung mehr pflegen wolle und auch nicht mit ihm sprechen möchte. Sie wolle einen neuen Anfang.

Danach erkundigt sich der Interviewer nach ihrem Sohn und die Patientin führt ihre Sorgen und ihre Erfahrungen mit ihrem Sohn weiter aus. Sie lässt uns auch an ihrer Zerrissenheit in der Beziehung zum Sohn teilnehmen. Einerseits wünscht sie dem neunzehnjährigen jungen Mann große Selbstständigkeit. Auf der anderen Seite droht sie ihm, als er ankündigt, dass er aus der gemeinsamen Wohnung ausziehen möchte, er dürfe sich dann zu Hause nicht mehr zeigen.

Das Selbstkonfrontations-Interview wird abgebrochen, weil die Patientin einen anderen Termin wahrnehmen musste.

▶ **Zusammenfassung**
1. In den zwei Abschnitten des Selbstkonfrontations-Interview bietet die Patientin viele zusätzliche Informationen in ihrer ausführlichen Erzählung an.
2. Sie gibt an, dass sie beim Erzählen starke Gefühle erlebe, Schmerzen dabei habe und auch gedanklich nicht nachvollziehen könne, was sie gemacht habe und erzählt so in der Selbstkonfrontation über alle Monitoringsysteme.
3. Wir erfahren in der Selbstkonfrontation weitere Details über ihren Freund und ihre Beziehung.
4. Der Forschungsassistent fragt nicht nach den Gedanken, Gefühlen und Empfindungen während des gezeigten Abschnitts zur Zeit des narrativen Interviews, sondern erkundigt sich nach den Gedanken der Patientin in der Auseinandersetzung mit ihrem Freund.

Fall 8

10.1 Suizidgeschichte: René

Annette Reissfelder

Sein Freund Peter hatte gesagt, dass Männer nicht verstünden, was Frauen wollten, das sei ja bekannt. René hatte immer geglaubt, dass er sehr wohl wusste, was Frauen wollten. Einer guten Frau musste man etwas bieten können, ein schönes Heim, finanzielle Sicherheit, Urlaub, und ein harmonisches Familienleben.

Er hatte eine gute Frau. Er hatte überhaupt schon vieles erreicht im Leben. Er genoss den Respekt sowohl von Kollegen als auch Mitarbeitern, und sein Chef vertraute ihm. Er legte Wert auf Professionalität, und war engagiert, wahrte aber immer seine professionelle Distanz. Vor allem mit den Mitarbeitern war das entscheidend. Manche fanden ihn zu genau und gründlich, das wusste er. Aber der Erfolg gab ihm Recht. Sein Restaurant bekam beste Bewertungen, nie gab es Qualitäts- oder Hygieneprobleme, und die Kunden waren zufrieden. Das war schließlich seine Aufgabe, der er seine ganze Kraft widmete. Das war schon immer so gewesen, auch in früheren Positionen. Inzwischen hätte er sich aussuchen können, wo er arbeiten wollte, an Anfragen mangelte es gewiss nicht. Der nächste Schritt wäre, ein größeres Restaurant zu leiten, vielleicht an einem anderen Ort, wo es auch die Familie gut haben würde.

Seine Frau brauchte nicht zu arbeiten, das war ihm wichtig. Rita war eine vernünftige Frau und hielt das Geld zusammen. Sie kam mit dem Haushaltsgeld aus, und konnte meist sogar noch etwas zur Urlaubskasse beisteuern. Sie führte den Haushalt genauso, wie es seinen Vorstellungen entsprach. Ein gut eingespieltes Team, hatte er immer gesagt.

Rita und er kannten sich seit sieben Jahren, fünf davon waren sie verheiratet. Sie hatten sich erst einmal richtig kennengelernt, bevor sie geheiratet hatten, und anfingen, über ein Kind nachzudenken. Das war ihm wichtig gewesen. Nach der Hochzeit war Rita bald schwanger geworden. Er liebte sie nach all den Jahren immer noch wie früher. Und jetzt hatte er sie verloren. Konnte je wieder alles so werden wie vorher, nachdem sie ihn betrogen hatte?

Er mochte es, wenn die Dinge so liefen wie geplant. Routineabläufe beruhigten ihn. Dann hatte er das Gefühl, alles unter Kontrolle behalten zu können. Wie wichtig Kontrolle und Disziplin waren hatte er schon als Kind gelernt. Andere Jungen hatten viel größere Probleme mit ihrem Diabetes. Sie kamen nicht mit der Einstellung zurecht, und dann ging es ihnen schlecht. Er dagegen wusste immer genau, was er sich noch leisten konnte. Seine Routineabläufe funktionierten.

In der letzten Zeit gab es eine Menge, was sich nicht mehr in Routineabläufe hatte bringen lassen. Deshalb musste er auch immer mehr arbeiten. Er hatte auch vorher viel gearbeitet, und kannte es gar nicht anders. Für einen guten Restaurantmanager gab es immer etwas zu tun. Rita konnte das nicht verstehen. Ihre Eltern hatten auch nie eine verantwortliche Stellung. Die Mutter war Kindergärtnerin, der Vater Schalterbeamter. Ja, da konnte man immer zur gleichen Zeit nachhause gehen. Aber er musste sich um alles kümmern, was sonst niemand sah oder entscheiden konnte – und ständig gab es unvorhergesehene Probleme, manchmal kam er während der Arbeitszeit gar nicht zu seinen Aufgaben. Vor allem die Mitarbeiter und Aushilfen machten Arbeit; sie wurden krank, mussten plötzlich zum Arzt, ihr Kind abholen, oder die Mutter begleiten. Sie machten Fehler, die dann jemand nacharbeiten musste, nicht selten er selber. Sie wollten Vorschüsse, unbezahlten Urlaub, oder wechselten die Schicht, manchmal sogar ohne es mit ihm abzustimmen – der reinste Sack Flöhe. Und die Gäste waren auch nicht immer einfach. Kürzlich war ein Gast ohnmächtig geworden, und manchmal mussten sie mehrmals am Tag Kassensturz machen, weil ein Gast behauptete, er hätte sein Wechselgeld nicht richtig herausbekommen. Schlussendlich musste er dafür gerade stehen, dass alles in ruhigen Bahnen lief, alles am vorgesehenen Ort war, und die Kunden perfekt bedient wurden. Er hatte niemanden in seinem Team, auf den hundertprozentiger Verlass war. Das konnte seine Frau nicht verstehen, sie sah ja nur das Ergebnis. Und fand dann noch, dass er für die viele Zeit, die er arbeite, zu wenig verdiente.

Manchmal schien sie zu denken, er arbeite so viel, um nicht zu Hause zu sein. Dabei arbeitete er so viel, um ihr und dem Jungen ein schönes Leben zu bieten! Ihnen fehlte es an nichts – nur wie hätte er das alles als kleiner Angestellter erwirtschaften sollen! Von nichts kommt nichts, sagte er immer, was gab es daran nicht zu verstehen! Ihre Eltern hatten jahrelang beide gearbeitet, nachdem Rita in die Realschule gekommen war, und wohnten dennoch in einer kleinen Mietswohnung. Die Eltern waren auch selten im Ausland gewesen. Sie dagegen waren schon am Gardasee und in Paris, und planten jetzt zwei Wochen am Mittelmeer; das war dank der Prämie möglich, die er im Juli ausbezahlt bekommen würde – deshalb war es gerade in den letzten Monaten so wichtig gewesen, dass alles so glatt wie möglich lief.

Er hatte so gehofft, sie könnten einen neuen Anfang machen. Es hätte so schön sein können – gerade jetzt, wo der Urlaub bevorstand! Er hatte sich entschieden, dieses Jahr

10.1 Suizidgeschichte: René

keine Sondertilgung zu machen, sondern alles in einen schönen Urlaub zu investieren. Hotel am Meer, sogar einen Balkon mit Meerblick hatte er gebucht. Er hatte es sich so schön vorgestellt, abends ein Glas Wein mit seiner Rita zu trinken, und so vielleicht wieder in Kontakt zu kommen, auch erotisch. Rita wollte schon lange nichts mehr von ihm wissen, sie war entweder müde oder wies ihn direkt zurück. Seit einem Jahr versuchte er es gar nicht mehr. Und dann hatte er sich diesen Urlaub überlegt. Rita hatte sich zwar gefreut, aber nicht ganz so, wie er sich erhofft hatte. Aber immerhin – sie würden Zeit miteinander verbringen, ganz ohne Arbeit, und sie würden sich wieder näher kommen.

Deshalb war es ein schwerer Schlag, als er ihre Untreue bemerkte. Aber er hatte es nicht nur sofort gespürt an dem Abend, sondern es ihr auch auf den Kopf zugesagt und nicht lockergelassen – bis sie es zugegeben hatte. Ein Ausrutscher, eine einmalige Sache. Mit einem Mann, der sie sexuell anzog. Und mit dem sie dann all das tat, was sie mit ihm nicht tun mochte. Es war einfach erniedrigend. Warum musste ausgerechnet ihm so etwas passieren!

So hoffnungslos hatte er sich nicht gefühlt, seit er als Junge mit 15 oder 16 erfuhr, dass er nicht einmal Fluglotse, geschweige denn Flugzeugführer werden konnte wegen seines Diabetes. Damals war eine Welt für ihn zusammengebrochen. Er hatte sich seine ganze Jugend lang nur für Flugzeuge interessiert, hatte jeden Bausatz, kannte jeden Flugzeug- und Hubschraubertyp. All seine Freizeit hatte er auf dem Flugplatz verbracht. Flugzeugmechaniker hätte er werden können, aber das hätte ihn den ganzen Tag daran erinnert, dass er nicht fliegen durfte. Außerdem war ihm der Geruch von Maschinenöl unangenehm.

Er hatte sich damals in einem Moment der Schwäche eine Überdosis Insulin gespritzt, aber hatte sich gleich wieder gefangen und eine Menge Zucker gegessen, um nicht in die Unterzuckerung zu gleiten. Niemand hatte etwas bemerkt. Er hatte von einem Tag auf den anderen aufgehört, sich mit den Flugzeugen zu beschäftigen. Das war jetzt etwa zehn Jahre her. In all der Zeit hatte er nie wieder solche Gedanken gehabt.

Was er heute erfahren hatte, wäre für jeden Mann eine schwere Kränkung gewesen. Aber es hatte keine Alternative gegeben – er hatte wissen müssen, was sie gemacht hatte. Die Ungewissheit der letzten Woche hatte ihn geradezu aufgefressen. Seine Gedanken waren immer wieder um seine Frau und diesen Mann gekreist, er hatte es einfach nicht aus dem Kopf bekommen. Entsprechend abwesend und unkonzentriert war er bei der Arbeit gewesen. So konnte er nicht weitermachen.

Es gelang ihm nicht, sich zu beruhigen. Er lag einfach im Bett und weinte. Egal was er in der letzten Woche für sie getan hatte, seit er sie zur Rede gestellt hatte, sie hatte nicht reagiert. Er hatte versucht zu zeigen, dass er da war, war auf sie zugegangen und sie war wie erstarrt. Er konnte sie nicht mehr erreichen. Wenn das so war, hatte er das Wichtigste im Leben verloren, seine feine und empfindsame Frau, die er über alles liebte. Er wusste, was jetzt zu tun war.

10.2 Suizidanalyse: Es brauche mich auf dieser Welt nicht mehr

Ladislav Valach

Befragt vom Psychiater zum „…wann das war und wie es so weit gekommen ist…" des Suizidversuchs, beschreibt der junge Mann die Woche, an deren Ende er sich (erkrankt an Diabetes) eine tödliche Überdosis an Insulin pumpte. Diese Tat sieht er nicht nur als Antwort auf die Untreue seiner Frau am Anfang dieser Woche, sondern er bettet sie in ihre Beziehung ein, die er aus der Sicht seiner Frau schildert „Sie sagte mir einfach, dass sie (seit einem Jahr) keine Gefühle mehr mir gegenüber entwickeln konnte. Sie sagte mir, dass ich seither nie mehr zu Hause gewesen sei. Ihr fehlen einfach die Gefühle zu mir – die sexuellen Gefühle zu mir. Es ist nicht so, dass sie mich nicht mehr liebe, aber es fehlen ihr einfach die sexuellen Gefühle zu mir." Die eheliche Beziehung ist nicht das einzige mittelfristige und langfristige Anliegen, über das der Patient im Zusammenhang mit seinem Suizidversuch spricht.

10.2.1 Langfristige und mittelfristige Anliegen und kurzfristige Handlungen

10.2.1.1 Mittelfristige („Projekte") und langfristige Anliegen

Bereits in dieser „ehelichen Beziehung" gab es mehrere langfristige Prozesse, die der Patient, wie auch seine Frau voneinander trennte. Es gab die „gegenseitige Liebe", „die sexuellen Gefühle und die sexuelle Beziehung", wie auch „die elterliche Fürsorge und Liebe" zu ihrem kleinen Sohn. Für den Patienten zeigten sich zudem weitere Anliegen wichtig, wie die „berufliche Laufbahn", die „Arbeitsethik", die „Beziehung zum Bruder", „Beziehung zu Eltern" und vor allem „Bewältigung der Diabeteserkrankung", das „Leben", „sich unter Kontrolle haben", „Reziprozitätserwartungen", „eheliche Treue" und vieles anderes mehr.

10.2.1.2 Langfristige Anliegen

Zu den langfristigen Anliegen des jungen Mannes gehört neben der „Beziehung zu seiner Frau", die sich über mehrere Jahre erstreckt auch seine Auseinandersetzung mit seiner „Diabeteserkrankung" und ihren Folgen. Er erzählt, dass er sich mit etwa fünfzehn Jahren, als er die Lehre für seinen Lieblingsberuf der Erkrankung wegen nicht ergreifen konnte, eine Insulinüberdosis pumpte. Damals konnte er jedoch bereits während des Suizidversuchs seine Absicht ändern und rettete sich, indem er viel Zucker aß. Damit ist auch ein Anliegen angesprochen, das er abrufen konnte: die „Suizidlaufbahn". Ein weiteres Anliegen betrifft seinen „Arbeitseinsatz" und seine „Arbeitsethik", die er im Elternhaus kennenlernte. Seine Eltern waren Selbstständige und „…ich musste mich glücklich schätzen, wenn ich meinen Vater am Wochenende schnell sah."

Seit etwa einem Jahr, als er eine neue Stelle antrat, machte er das genauso: „Ich arbeitete 7 Tage die Woche, 12 bis 15 h am Tag. Ich sagte immer, je weiter man die Karriereleiter emporsteigt, je mehr Verantwortung man hat, desto mehr muss man leisten und arbeiten." Diesen Einsatz in der neuen Stelle sieht der Patient in engem Zusammenhang mit der ehelichen Beziehung und seinem Suizidversuch. „Und es ist auch so, dass sie seit einem guten Jahr absolut keine sexuellen Gefühle mehr mir gegenüber hat. Das kommt daher, weil ich einfach nie zu Hause bin." Der Patient beschreibt sein Anliegen der „Reziprozitätserwartung", die er vor allem in der Ehekrise einsetzte und die sich als nicht wirksam erwies, denn er habe seine Wünsche nicht kommunizieren können. Auch die „Beziehung zu seinem Bruder" kommt vor allem in seiner Lebenskrise zu tragen, als seine Frau seinen Bruder um Hilfe bat, dieser unmittelbar danach kam, den Patienten energisch aufrüttelte und ins Krankenhaus brachte. Diese Reziprozitätserwartung und das „nicht Kommunizieren eigener Wünsche" zeigt sich ebenfalls in seiner Suizidbegründung („gebraucht werden"), als er meint: „Ich war einfach so am Boden, so kaputt, dass ich gesagt habe, dass es mich auf dieser Welt nicht mehr brauche." Damit begründet er auch seine Verfügung über das eigene Leben. Seine Unterordnung des eigenen Lebens unter andere Anliegen stellt er nicht so dar, dass er ohne die Frau, die er liebe nicht leben könnte, sondern „… es kam von meiner Frau nichts zurück… das zerstörte mich… das brachte mich dann schlussendlich auch dazu, diese Tat zu begehen", „ich habe alles erreicht, dass ich nun gehen kann…", „… mich beschäftigte nicht das Problem, dass sie fremdgegangen war… Mich beschäftigte einfach, was sie bei diesem Mann empfinden konnte und bei mir nicht…", „… mir kam dann immer die Frage, was sie denn mit dem anderen Mann gehabt hatte. Das war einfach der Punkt, welcher mich kaputt machte, welcher mich zu all dem getrieben hatte", „… ich studierte und weinte wie ein Schlosshund…", „… ich habe nichts mehr auf dieser Welt zu suchen…", „… das alles hat keinen Sinn mehr…", „Ich habe ein Kind, welches ich über alles in der Welt liebe. Ich habe einen hervorragenden Arbeitsplatz. Ich bin auch sehr gefragt auf meiner Arbeit. In diesem Moment musste ich einfach sagen, dass ich alles erreicht habe, dass ich nun gehen kann." Als ihm sein Bruder nahelegt „…es gäbe keine Frau auf der Welt, für die es sich lohnen würde, sein Leben aufzugeben" widersprach ihm der Patient dennoch: „Da sagte ich ihm, dass das nicht stimmen würde.". Ein weiteres, wenn auch nicht sehr explizites Anliegen des Patienten war, „den Chef zufrieden zu stellen". Mit einem Arbeitstag von 12–15 h im letzten Jahr war sich der Patient bewusst, dass er seine Frau vernachlässige. Dennoch: „Ich wäre schon bereit, weniger zu arbeiten. Aber wie sieht das mein Chef? Das sind einfach zwei paar Hosen… Das ist so in der heutigen Zeit. Man kann dem Chef nicht einfach sagen, dass man nun nach Hause geht." Ein sehr wichtiges Anliegen des Patienten ist seine Liebe zu seinem Sohn, die er tragischer Weise nicht in dem gebührend langfristigen Zeithorizont sieht. Er meinte zwar, „ich liebe meinen Sohn über alles", aber denkt, dass er nach einem Abend Spielen mit dem Sohn eine gute Erinnerung hinterlassen kann, sodass er sich suizidieren könne: „Mein Sohn hätte mich noch in schöner Erinnerung. Ich hatte ja noch mit ihm gespielt an diesem Abend."

▶ **Zusammenfassung**
1. Der Patient erzählt von seiner gegenwärtigen und der vergangenen Suizidhandlung, die auf dieser Art ohne seine „Diabeteserkrankung und seinem Anliegen, diese Erkrankung zu kontrollieren", nicht denkbar wäre. Bei der ersten Suizidhandlung spielte die Erkrankung eine entscheidende Rolle, weil er durch sie seinen Lieblingsberuf nicht ergreifen konnte. Dieses Anliegen ist dadurch mit seinem anderen lebenslangen Anliegen „zu leben" eng verbunden.
2. Seine anderen langfristigen Anliegen betreffen die „berufliche Laufbahn", seine „Arbeitsethik", die „Beziehung zum Bruder" und die „Beziehung zu seinen Eltern".

10.2.1.3 Mittelfristige Anliegen – „Projekte"

Innerhalb dieser längerfristigen Anliegen verwirklichte der junge Mann einige von seinen mittelfristigen Vorhaben. Den offensichtlichen Konflikt zwischen seinem Anliegen „Engagement am neuen Arbeitsplatz" und der „Pflege der Beziehung zu seiner Frau" konnte er jedoch nicht angehen, sodass es zu einer Ehekrise kam, die er mit seinem Suizid beenden wollte. Er berichtete noch von einer „Beziehung zu einem Freund", der ihm eine „neue Stelle" in einer anderen Stadt anbot, dessen Vorschlag aber zu unverbindlich war, als dass der Patient in der Ehekrise dies als eine dargebotene Hand wahrnehmen konnte und es ihn daher nicht von seinem Suizidversuch abhielt. Ein anderes Anliegen, das sich erst jetzt anbahnt, ist die „Eheberatung oder -therapie", die das Ehepaar in Anspruch nehmen möchten. Der Patient erwartet aber, dass bereits in der ersten Sitzung klar wird, ob seine Annahme der neuen Stelle in einer anderen Stadt für die Ehe und den Patienten zuträglich sein wird und er daher die Entscheidung treffen kann, da er bereits demnächst die Kündigung der gegenwärtigen Stelle einreichen müsse. Zu seinen mittelfristigen Anliegen und Projekten gehört sein „Suizidversuch" sowie vor allem die „Ehekrise". Obwohl er beide Anliegen als plötzlich auftretend bezeichnet, waren beide Prozesse in ihrer Zuspitzung vorhersehbar. Der junge Mann wählte bereits die Methode der massiven Unterzuckerung mittels Insulineinnahme als es ihm nicht möglich war, aufgrund seines Diabetes seinen Lieblingsberuf zu wählen. Zum gleichen Mittel griff er auch in seiner Ehekrise. Dabei sind aber nicht die Mittel des Suizidversuchs entscheidend, sondern die Art, wie er die Projekte verstand, deren Schwierigkeiten er zu lösen hatte. Von diesem Verständnis konnte er sich nicht lossagen, sodass er auf die gleiche Art vorging, als sich die Ehekrise abzeichnete. Auch in diesem Anliegen ließ er lange Zeit verstreichen, ohne sich der vernachlässigten Sexualität in der Ehe zu widmen. Er spricht von einem bis drei Jahren, in denen sie ihre sexuelle Beziehung nicht pflegten, sodass seine Frau an ihrer eigenen Liebesfähigkeit zu zweifeln begann.

▶ **Zusammenfassung**
1. Unmittelbar suizidrelevant ist die Ehekrise des Patienten. Dazu gehört auch sein Konflikt zwischen „Engagement am neuen Arbeitsplatz" und der „Pflege der Beziehung zu seiner Frau".
2. Eine Rolle spielt auch seine „Beziehung zu einem Freund" mit dem er auch über die Möglichkeit einer „neuen Stelle" sprach, von der er sich auch eine Lösung des Eheproblems versprach.

10.2.2 Kurzfristige Handlungen

Ehekrise; Patient (P), Ehefrau (E), Schwiegereltern (Sch), Kollege (K):

Kognition P: Es (Suizidhandlung) passierte am Abend.
Handlung E: Dazu gekommen ist es, weil vor einer Woche meine Frau fremdging.
Handlung P, E: Ich konnte ihr das noch in der gleichen Nacht sagen.
Kognition P: Und da fingen dann meine Probleme an… – Warum? Wieso meine Frau? Was habe ich falsch gemacht?
Kognition P: Ich spürte das einfach. Am Sonntagmorgen, als sie sich angezogen hatte…
Handlungen P, E, Sch: Den Tag hindurch waren die Schwiegereltern bei uns auf Besuch.
Handlung E: Am Abend wollte sie dann unbedingt eine Freundin besuchen gehen. Sie sagte, dass die Freundin so alleine sei, dass ihr Freund sie im Stich gelassen hätte.
Handlung P: Ich sagte ihr dann, dass sie nun einfach mich und den Kleinen alleine lasse.
Handlung E: Sie sagte mir dann, dass sie uns ja immer wieder sehen werde.
Kognition P: In diesem Moment spürte ich einfach, dass etwas nicht stimmen konnte.
Handlungen P: Ich fuhr ihr dann also mit dem Auto nach.
Kognition P: Und als Sie in A. von der Autobahn abging anstelle nach B. zu fahren, da musste ich einfach sagen, dass da wohl wirklich etwas nicht gut läuft.
Handlung P: Ich schrieb es ihr dann in der Nacht noch auf einen Zettel.
Handlung P-: Ich konnte dann die Nacht durch nicht mehr schlafen.
Handlung P: Aber ich stellte mich einfach schlafend als sie nach Hause gekommen war.
Kognition P: Ich versuchte das alles einfach zuerst einmal für mich selber zu verarbeiten.
Handlung P: Ich schrieb ihr es einfach einmal auf einen Zettel. Ich schrieb ihr, dass ich das Gefühl habe, dass sie mich nun gerade betrogen habe, und dass sie sich nun einmal darüber Gedanken machen solle.

Gemeinsame Handlung P, E: Ich rief sie dann am Morgen an. Aber da sagte mir immer noch, dass sie nur bei der Freundin gewesen sei. Aber ich sagte ihr einfach, dass sie, wenn ich dann am Abend nach Hause kommen werde, es mir sagen solle.

Handlung P: Als ich zu Hause ankam nahm ich noch ihre Tasche, welche sie an diesem Abend dabei hatte, mit hoch.

Handlung E: Da gab sie es dann zu.

Kognition P: In diesem Moment kamen dann all meine Gedanken – Warum meine Frau? Was habe ich falsch gemacht? Ich versuchte dann die Probleme herauszufinden.

Handlung E: Sie sagte mir einfach, dass sie keine Gefühle mehr mir gegenüber entwickeln konnte, seit ich bei M. arbeitete.

Handlung E: Sie sagte mir, dass ich seither nie mehr zu Hause gewesen sei. Ihr fehlen einfach die Gefühle zu mir – die sexuellen Gefühle zu mir.

Handlung E: Es ist nicht so, dass sie mich nicht mehr liebe, aber es fehlen ihr einfach die sexuellen Gefühle zu mir.

Kognition P: Da fragte ich mich einfach, warum wir es nie gemacht haben.

Handlungen P: Ich versuchte ihr dann während der Dauer einer Woche diese Liebe zu geben.

Handlungen P: Wenn ich ihr sagte, dass ich um 16.00 Uhr zu Hause sei, da war ich dann auch um 16.00 Uhr zu Hause. Vielleicht wurde es einmal 16.05 Uhr. Aber es war nicht so wie vorher, als ich jeweils erst um 20.00 Uhr nach Hause kam und zudem noch die Arbeit mit nach Hause nahm.

Gemeinsame Handlung P, E-: Ich bekam nie etwas retour in dieser ganzen Woche. Ich steckte all meine Energie in unsere Beziehung.

Kognition P: Ich hatte immer das Gefühl, dass doch etwas zurück kommen sollte.

Handlung P: Am Montagabend war es so, dass ich ihr die Füße und Beine massierte, weil sie Schmerzen hatte.

Handlung E-: Auch in diesem Moment kam nichts retour.

Gemeinsame Handlung P, K: Am Abend rief mich dann noch ein Kollege an um mich zu fragen, ob ich nun für ihn arbeiten wolle oder nicht. Er wollte mich sehr gerne in der Firma haben.

Kognition P: Da war ich dann an dem Punkt, an dem ich sagen musste… Von der Frau kam einfach nichts zurück. Ich habe zwar auch eine Familie. Ich habe ein Kind, welches ich über alles in der Welt liebe. Ich habe einen hervorragenden Arbeitsplatz. Ich bin auch sehr gefragt auf meiner Arbeit. In diesem Moment musste ich einfach sagen, dass ich alles erreicht habe, dass ich nun gehen kann.

Suizidhandlung P:

Emotion P: Ich war einfach so am Boden, so kaputt, dass ich gesagt habe, dass es mich auf dieser Welt nicht mehr brauche.

Handlung P: Da spritzte ich mir dann Insulin.

Kognition P: Ja. Wenn sie mich nicht gefunden hätten, dann wäre diese Dosis tödlich gewesen.

Die Eheprobleme/-krise; Patient (P), Ehefrau (E):
Kognition P: Wir hatten das Gefühl, dass wir zusammen drüber sprachen.
Kognition P: Mich beschäftigte auch nicht das Problem, dass sie fremdgegangen war.
Handlung P: Ich sagte einfach, dass sie es mir nicht anders sagen konnte.
Handlungen P-: Ich war einfach nie zu Hause, einfach immer nur unterwegs.
Handlung E, P: Sie versuchte es mir einfach auf eine andere Art zu sagen. Diese Tat stellte einfach einen Ausrutscher dar, welcher jedermann passieren kann.
Kognition P: Wir hatten das Gefühl, dass wir zusammen darüber gesprochen hatten.
Handlung P, E-: Aber über den Punkt, welcher mich wirklich beschäftigt hatte, sprachen wir nie.
Kognition P: Mich beschäftigte einfach, was sie bei diesem Mann empfinden konnte und bei mir nicht.
Handlung E-: Das sagte sie mir nicht bis gestern.

Gemeinsame Handlungen; P, E: Streitgespräch:
Gemeinsame Handlung P, E: Gestern fuhren wir auf der Autobahn nach Hause. Wir waren bei meinen Eltern zu Hause.
Handlung P: Ich verließ die Autobahn in A. und sagte meiner Frau, dass sie mir nun sagen solle, wo ich durchfahren müsse.
Handlung P: Ich sagte ihr einfach, dass ich nun alles wissen wolle.
Handlung E-: Sie wollte mir in diesem Moment auch zuerst wieder nichts sagen.
Emotion P: Ich flippte dann relativ stark aus.
Handlung P: Daher fuhr ich wütend nach Hause.
Handlung P: Ich stieg dann zu Hause aus und sagte einfach, dass ich nun nicht mehr wolle und nicht mehr könne.
Handlung P: Ich sagte ihr, dass ich sie nun nicht mehr sehen wolle.
Gemeinsame Handlung P, E: Wir führten dann dennoch noch ein Gespräch zusammen.
Handlung P: Ich sagte ihr einfach, dass sie mir sagen solle, was vorgefallen war. So müsse ich mir nicht einfach irgendetwas vorstellen, sondern wisse die Wahrheit.
Handlung P: Ich sagte ihr einfach, dass ich die Wahrheit wissen wolle, dass ich mir nicht nur Fantasieversionen ausdenken wolle, welche mich am Ende noch auffressen würden.
Handlung E: Sie sagte mir dann die Wahrheit.
Emotion P: Am Anfang schmerzte dies sehr. Das ist auch logisch so.
Emotion P: Aber zum heutigen Zeitpunkt muss ich sagen, dass ich froh bin, dass sie es mir gesagt hat.

Die Tage nach dem Streitgespräch; Patient (P), Ehefrau (E), Freund (F):

Handlung P: Ich konnte zum ersten Mal nach eineinhalb Wochen wieder einmal in der Nacht schlafen. Ich konnte die Nacht nicht ganz durchschlafen. Aber ich konnte am Morgen dennoch sagen, dass ich nun einmal zwei bis drei Stunden schlafen konnte, ohne mich schweißgebadet immer im Bett hin und her werfen zu müssen.

Handlung P, E: Aber so zusammen gesprochen, wie wir es wahrscheinlich schon vor einem Jahr hätten machen müssen, haben wir erst gestern.

Kognition P: Das ist richtig (es war dann auch die Ungewissheit, welche zu dieser Tat geführt hat).

Gemeinsame Handlung E, P: Es war schlussendlich so, dass ich meine Frau nicht mehr berühren durfte.

Handlung E: Sie sagte immer gleich, dass ich es einfach nie lassen könne.

Kognition P: Mir kam dann immer die Frage, was sie denn mit dem anderen Mann gehabt hatte. Das war einfach der Punkt, welcher mich kaputt machte, welcher mich zu all dem getrieben hatte.

Kognition P: Diese Frage führte mich so weit, dass ich am Montagabend sagen musste, dass ich nun alles erreicht habe, und dass ich nun gehen könne.

Handlungen P: Ich arbeitete 100 %. Aber man kann sagen, dass ich einfach nur anwesend war und nicht mehr. Ich brauchte für eine Arbeit, für welche ich normalerweise 5 min benötigte, 15 min.

Kognition P: Ich dachte einfach die ganze Zeit über das Vergangene nach.

Gemeinsame Handlung P, F: Am nächsten Tag verreiste ich für zwei Tage geschäftlich mit einem guten Freund.

Gemeinsame Handlung F, P: Dieser sprach während dieser Zeit mit mir. Aber er konnte mir das Problem nicht lösen. Er wusste auch gar nicht was vorgefallen war.

Kognition P: Schlussendlich musste ich dann einfach sagen, dass es nun so nicht mehr weiter geht.

Handlungen P: Ich arbeitete den ganzen Samstag.

Gemeinsame Handlung P, E, Schwiegereltern (Sch): Am Sonntag hatten wir, … die Schwiegereltern zu Besuch. Ich hatte… am Sonntag frei.

Handlungen P: Am Montag arbeitete ich wieder. Um 16.00 Uhr kam ich nach Hause.

Handlungen P, Kind (K): Ich verbrachte den Rest des Nachmittages mit meinem Kind.

Kognition P: Ich hatte zu dieser Zeit immer das Gefühl, dass nun etwas kommen muss und auch wird. Aber es kam nie etwas. Das zerstörte mich. Das brachte mich dann schlussendlich auch dazu, diese Tat zu begehen.

10.2 Suizidanalyse: Es brauche mich auf dieser Welt nicht mehr

Suizidintention; Patient (P):

Kognition P: Ja. Es hätte einfach etwas von der Seite meiner Frau aus kommen müssen – ein Entgegenkommen irgendeiner Art. Ich wartete einfach auf irgendetwas. Ich stand schon bis zum Kopf im Wasser. Sie hätte mir nur ihre Hand reichen müssen. Aber es wurde mir keine Hand gegeben. Ich hatte auch das Gefühl, dass wir alles zusammen besprochen hatten. In meinen Augen konnte man gar nicht mehr darüber sprechen. In diesem Moment musste ich dann einfach sagen, dass ich nun diese Welt verlassen werde…

Handlung P: Ich ging dann in die Küche und kochte etwas Feines zum Abendessen.

Gemeinsame Handlung P, E, Kind (K): Wir aßen dann alle drei zusammen.

Kognition P: Ich wollte ihr einfach wieder zeigen, dass ich für sie da bin.

Gemeinsame Handlungen P, E, Kind (K): Danach brachten wir den Kleinen ins Bett – das normale Ritual: Anziehen des Pyjamas, Richten des „Schoppens"…

Handlungen P, E: Danach gingen wir duschen und setzten uns dann vor den Fernseher. Da massierte ich ihre Füße und Beine. Dazu schauten wir einen Film.

Gemeinsame Handlungen P, E: An diesem Abend passierte eigentlich all das, was an jedem Abend die ganze Woche lang passiert war. Wir duschten, spielten zusammen Karten oder tranken ein Glas Wein zusammen. Wir machten einfach irgendetwas zusammen.

Gemeinsame Handlung P, E-: Aber in dieser ganzen Zeit kam einfach nie eine Hand, an welcher ich mich halten konnte.

Handlungen P: Ich ging dann ins Badezimmer und putzte mir die Zähne. Danach ging ich ins Bett.

Kognition P: Ich hatte gar nichts geplant gehabt.

Emotion P: Nach dem Telefon war ich schon enttäuscht.

Handlung E-: Auch nach der Bein- und Fuß Massage kam einfach nichts zurück.

Kognition P: In dem Moment empfand ich es als gut, dass das Telefongespräch kam. Ich dachte, dass mich dieses ein bisschen von all dem ablenken könnte.

Handlung P: Aber nach dem Gespräch ging ich einfach ins Bad und richtete mich für das Bett.

Handlung P: Ich sagte ihr, dass ich nun einfach nicht mehr könne, dass ich schlafen gehe.

Projekt: neue Stelle; Patient (P), Ehefrau (E), Kollege (K):

Handlung P, K: Dann wurde ich von meinem Kollegen angerufen.

Kognition P: Der Kollege, welcher mich anstellen möchte in seinem Restaurant. Aber bis zu diesem Zeitpunkt kam einfach nie etwas, an dem ich mich hätte festhalten können. Auch das Arbeitsangebot konnte mich nicht halten. Ich habe diese Position schon inne. Ich bin gefragt auf meinem Beruf – und auch noch in anderen Betrieben. Ich bekam einfach keine Hand, an welcher ich mich hätte heraufziehen können.

Gemeinsame Handlung P, E: Sie fragte mich, wer es gewesen sei. Ich sagte, dass es der P. gewesen sei und erzählte ihr, dass ich die Möglichkeit hätte, auf D. arbeiten zu gehen.

Gemeinsame Handlung P, E: Ich fragte sie dann, ob sie Lust hätte und einverstanden wäre, mit mir mitzukommen. Da sagte sie mir, dass wir jetzt ja schon Probleme zusammen hätten. Wie sollte es dann nach einem Umzug nach D. aussehen.

Kognition P: Sie war am Anfang eher negativ darauf eingestellt.

Handlung P: Ich sagte aber in diesem Moment, dass ich nun auch einmal an mich denken muss. Ich kann nicht nur immer an sie denken. Ich muss auch sehen, dass ich irgendwo Kraft bekommen kann. Daher sagte ich, dass ich nach D. gehen werde.

Kognition P: Die definitive Entscheidung wird morgen gefällt. Das kommt daher, dass wir morgen noch in der Eheberatung sind. Wir haben das Gefühl, dass wenn sie uns morgen sagen wird, dass wenn wir das und das und das machen werden, dass dann alles wieder ins Lot kommen werde, dass dann die Entscheidung klar ist. Wenn sie sagen wird, dass es nicht sehr schlau sei, nun in diesem Moment nach D. zu gehen, dann werde ich natürlich zu Hause bleiben. Aber wenn sie mir sagen wird, dass es vielleicht gar nicht das Dümmste wäre, wenn etwas Distanz zwischen uns liegen würde, dann werde ich sicherlich nach D. gehen.

Kognition P: Es war nicht das erste Mal, dass ich mit ihm darüber gesprochen hatte.

Handlungen P, K: Ich war schon im November vor einem Jahr mit ihm in einem Kurs.

Handlungen P, K: Im letzten März besuchte ich ihn an seinem Hauptsitz in Z.

Handlungen P, K: Da diskutierten wir darüber, dass ich ein neues Restaurant in Z. hätte übernehmen sollen.

Kognition P: Darüber war meine Frau positiv eingestellt.

Handlung E: Sie sagte mir, dass sie mit mir nach Z. kommen würde.

Kognition P: Für mich stand eher der Neuanfang im Vordergrund.

Handlung P, E: Aber als ich ihr gesagt hatte, dass es nun D. sei und nicht Z… Sie lebte schon einmal während vier Jahren in D. Es wäre nichts Neues für sie.

Kognition P: Aber ich denke, dass die Distanz vielleicht nicht einmal das Dümmste wäre für unsere Situation. So könnte ich wenigstens einmal etwas abschalten, das Geschehene vergessen und etwas Neues aufbauen. Ich könnte eine neue Einstellung unserer Beziehung gegenüber entwickeln. Ich glaube, dass wenn ich weiter weg wohnen würde, dass dann die Chance, dass ich so eine Tat wie am Montag wieder machen würde, doch kleiner wäre. Das Problem, das jedoch immer da sein wird, ist die Ungewissheit. Was macht sie? Was passiert? Das ist sicherlich ein Problem. Aber anders herum habe ich auch Probleme…

Suizidhandlung; Patient (P), Ehefrau (E):
Handlung P: Ich lag im Bett,
Kognition P: studierte
Emotion P: und weinte wie ein Schlosshund.
Kognition P: Ich weinte zum ersten Mal während all dieser Zeit.
Kognition P: Als ich dann so weinte musste ich mir einfach sagen, dass es das Schlauste ist, wenn ich nun gehe. Mein Sohn hatte mich noch in schöner Erinnerung. Ich hatte ja noch mit ihm gespielt an diesem Abend. Und alles andere ist doch eh…

Suizidhandlung; Patient (P), Ehefrau (E), Bruder (B), Ärzte (Ä):
Handlungen P: Ich fing dann an mit der Insulinpumpe zu pumpen.
Kognition P: Ja. Es hat ein Depot von Insulin. Dieses muss ich einfach immer wieder auffüllen, wenn es leer ist. Ich habe das Depot gerade am Vorabend aufgefüllt gehabt. Daher war es noch fast voll. In diesem Moment sagte ich mir einfach, dass ich nun alles in mich hineinpumpe, was noch da ist.
Emotion P: Ich weinte einfach nur die ganze Zeit.
Handlung E: Sie kam dann ins Zimmer und versuchte mich zu trösten.
Handlung P: Ich sagte ihr aber, dass ich einfach allein sein wolle, und dass ich nun ganz lang schlafen werde.
Kognition P: Ich denke, dass ich im Hinterkopf dennoch wollte, dass sie merkte, was ich vorhatte.
Handlung E: Sie fragte dann, was das heißen soll, dass ich ganz lange schlafen werde.
Handlung P. Ich sagte ihr nur, dass sie mich nun schlafen lassen solle und mich nicht mehr aufwecken solle.
Kognition E: Und da merkte sie es.
Handlung E: Sie versuchte meine Eltern zu erreichen. Aber meine Mutter war nicht zu Hause und mein Vater war im Garten und hörte das Telefon nicht.
Handlung P: Während dieser Zeit konnte ich immer weiter und weiter pumpen.
Handlung E: Sie rief dann meinen Bruder an.
Handlung B: Dieser fuhr dann gleich direkt von zu Hause zu uns.
Handlung P: Ich konnte während ¾ Stunden weiter Insulin in mich hineinpumpen.
Kognition E: Meine Frau wusste schlussendlich nicht mehr, was sie mit mir machen sollte.
Emotion E: Sie hatte große Angst um mich.
Handlung E: Sie rief immer wieder meinen Bruder auf sein mobiles Telefon an und fragte, wann er dann endlich eintreffen werde.
Handlung E: Sie versuchte auch während der ganzen Zeit meine Eltern und meine Schwester zu erreichen. Aber sie erreichte nur den Bruder.

Kognition E: Sie wusste in diesem Moment einfach nicht mehr was machen.
Emotion E: Sie kam regelrecht in Panik.
Kognition P: Ich dachte, dass das auch gut so sei – wenn sie in Panik ist, dann kann sie mich auch nicht holen kommen. Daher dachte ich, dass ich nun wirklich einschlafen könne, und ich dann auch weg sein werde. So hätte ich dann auch niemandem mehr sagen müssen, wie viel ich in mich hinein gepumpt hatte.
Kognition P-: Zwischendurch wurde ich bewusstlos – ich kam in die Hypoglykämie hinein.
Handlung B: Da kam dann einmal mein Bruder. Dieser verpasste mir zuerst einmal eine Ohrfeige.
Handlung B: Dann sagte er, dass wir nun zusammen sprechen können.
Handlung B: Dann sprach er etwa eine halbe Stunde lang mit mir.
Kognition P-: Ich glitt immer weiter weg.
Handlung B: Dann sagte mein Bruder, dass ich nun aufstehen und Zuckerwasser trinken soll.
Handlung P: Ich nahm also schon zu Hause 20 Würfel Zucker zu mir.
Handlung B: Er sagte dann, dass wir nun zu meinen Eltern fahren würden.
Handlung P: Ich sagte ihm aber, dass die Zeit dafür nicht mehr reiche. Er solle mich ins Krankenhaus fahren.
Kognition P-: Dann war ich weg. Zwischendurch kam ich wieder und glitt wieder weg – immer hin und her.
Handlung Ä, P: Im Krankenhaus bekam ich dann direkt eine 20 % – Glukoseinfusion.
Kognition P: Ich lag dann bis am Morgen um 04.00 Uhr mit einem tiefen Blutzuckerspiegel.
Kognition P: Wichtig – ich muss einfach sagen… Er fragt mich schon, ob ich das Gefühl habe, dass so etwas wieder passieren könne. Heute muss ich einfach sagen, dass ich in dieser Situation, wie sie im Moment vorherrscht, es nicht mehr machen würde – ganz sicher nicht mehr. Aber ich muss auch sagen, dass ich nicht weiß, wie ich reagieren würde, wenn meine Frau und ich nicht mehr zusammenkommen würden. Ich weiß einfach nicht, wie dann die Situation wäre. Ich weiß nicht, wie weit ich dann hinunterfallen würde. Entweder würde ich sagen, dass es nun einmal so ist, und dass das Leben weitergehen muss. Oder die Welt würde über mir zusammenbrechen. Ich muss hier an dieser Stelle einfach sagen, dass ich nicht weiß, wie ich reagieren würde.

Erste Suizidhandlung; Patient (P):
Kognition P: Ich muss es so sagen… Als ich 17 Jahre alt war – oder war ich erst 15 Jahre alt… Das ist ja nicht so wichtig.
Handlung P: Ich machte damals das gleiche, was ich nun gemacht habe. Damals rettete ich mich aber aus eigenem Antrieb.

Kognition P: Ich musste damals einfach sagen, dass das Leben zu schön ist, um es einfach so wegzuwerfen.

Kognition P: Seither hatte ich eigentlich nie mehr einen Gedanken daran gehabt.

Kognition P: Aber am letzten Montag war ich einfach wieder so tief unten... Aber in der Zeitspanne zwischen dem Sonntag vor einer Woche und dem Montag hatte ich zum ersten Mal am Montag diesen Gedanken.

Kognition P: Das Schlimme kommt erst jetzt. Ich dachte immer, dass man das selber bewältigen kann. Aber das ist ein Problem das man nicht selber bewältigen kann.

Kognition P: Ich flog einfach bis zuunterst – ich ließ mich fallen. Ich grub das Loch sogar noch etwas tiefer, damit ich noch tiefer fallen konnte.

Kognition P: Ich bin jetzt einfach wirklich zuunterst. Ich muss nun sehen, dass ich wieder hoch komme. Ich versuche wieder alles aufbauen zu können.

Gemeinsame Handlungen Gestern; Patient (P), Ehefrau (E):

Handlung P, E: Gestern reagierte sie, weil ich ihr ganz klar gesagt hatte, dass ich nun wissen wolle, was sie mit wem und wie gemacht hat.

Handlung P: Ich sagte, dass ich doch einfach ein Recht darauf habe, es zu erfahren. Es würde mir dann einfacher fallen und für sie würde es auch leichter sein, weil ich nicht immer nachfragen würde. So würde ich es dann wissen. Dann wäre dies für mich abgeschlossen.

Handlung E-: Aber sie wollte es mir am Anfang nicht sagen. Von dem her gesehen reagierte sie zuerst negativ.

Handlung E: Sie sagte mir, dass ich doch spinne, so etwas zu machen. Ich habe ja ein Kind und dazu habe ich noch sie. Ich könne ja immer mit ihr sprechen.

Handlung P: Da musste ich ihr aber sagen, dass ich meine Frau schon verloren habe. Ihre Reaktion ist im Moment immer noch die gleiche.

Handlung P, E: Sie kam zwar nun heute mit mir hierher und kommt auch morgen mit mir in die Eheberatung.

Abschließende Beurteilung Patient (P):

Kognition P: Da sehe ich schon einen Lichtblick. Wir werden nun einfach sehen, ob wir noch einmal zusammenfinden werden oder nicht.

Handlung E: Aber das ist die einzige Sache, welche sie im Moment macht.

Kognition P: Aber auf der anderen Seite muss ich auch sagen, dass sie wohl gleich stark leidet wie ich für all den Müll, den sie gemacht hat.

Kognition P: Aber ich denke, dass sie nicht so stark ist wie ich es bin. Sie kann nicht einfach sagen, dass das nun passiert ist und dass man nun einfach weiter gehen muss. Die Zeit wird einfach zeigen, was die Zukunft bringen wird. ◀

▶ **Zusammenfassung**
1. Der Patient beschreibt eine Reihe von Handlungen aus seinen wichtigsten Projekten. Sie betreffen die Ehekrise, seine Suizidhandlung, das Streitgespräch mit der Ehefrau, die Handlungen einige Tagen nach dem Streitgespräch, seine Suizidintention, die Handlungen im Projekt der neuen Stelle, ergänzt weitere Handlungen in der Suizidsituation, spricht über die Hilfe, die er von seinem Bruder und den Ärzten erhielt, und erzählt von seiner ersten Suizidhandlung vor 10 Jahren.
2. Der Patient beschreibt dann gemeinsame Handlungen mit seiner Ehefrau nach seinem Suizidversuch und fasst anschließend die gegenwärtige Situation in Gedanken und Handlungen zusammen.

10.2.3 Probleme der Handlungsorganisation

Handlungsorganisation betrifft die Ordnung von Handlungen, Projekten und langfristigen Anliegen. Wir zeigten in wissenschaftlichen Publikationen, dass die Handlungsorganisation bei Suizidprozessen gestört und fehlerhaft ist. Auch bei diesem Patienten sticht ins Auge, dass er die höchsten Anliegen, wie „Lebenserhaltung" und „Sorgen für das eigene Kind" für andere, meistens kurzfristige und keineswegs existenziell bedeutsame Anliegen aufgab. Zudem zeigt er in seinen Überlegungen in dieser Krise, wie er die kurzfristigen Anliegen und Handlungen in ihrer Rolle für langfristige Projekte und Laufbahnen falsch einschätzt, wenn er meint, dass sein etwa dreijähriger Sohn ihn, den Vater, nach einem gemeinsamen Spiel-Nachmittag nach seinem Suizid in guter Erinnerung behalten werde. In einer vergleichbaren Weise erwartet der junge Mann, dass die Eheberaterin ihm nach nur einer Sitzung seine Verantwortung für die Entscheidung, die neue Stelle außerhalb seines Wohnortes anzunehmen oder abzulehnen, abnehmen könnte. In einem ähnlichen Zusammenhang könnten wir auch sein völliges Auseinanderhalten der alltäglichen Pflege oder Vernachlässigung der Ehebeziehung und sein Erwarten der funktionierenden Ehe sehen. Seine junge Frau begann nach Jahren der sexuellen Enthaltsamkeit an ihrer Liebesfähigkeit zu zweifeln und suchte sich diesbezüglich Bestätigung in einer außerehelichen Beziehung. Darüber hinaus stellte er seit einem Jahr seine beruflichen Anliegen, seine Beziehung zum Chef, seine berufliche Laufbahn weit über sein Familienleben und arbeitete 12–15 h täglich und ließ seine junge Frau oft allein. Von einer weiteren Verschiebung von seinen Zielen und Anliegen zeugt auch seine Aussage in der Suizidkrise: „am Montagabend musste ich sagen, dass ich nun alles erreicht habe, und dass ich nun gehen könne. Ich habe ein Kind, welches ich über alles in der Welt liebe. Ich habe einen hervorragenden Arbeitsplatz. Ich bin auch sehr gefragt auf meiner Arbeit. In diesem Moment musste ich einfach sagen, dass ich alles erreicht habe, dass ich nun gehen kann." Man könnte sich denken, dass dieser junge Mann seine Erfolge nicht für sein Leben zu erreichen suchte, um sie zu genießen, um sich das Leben angenehm und glücklich zu gestalten, sondern annahm, dass sein Leben zum Erreichen dieser Erfolge da sei und danach keinen Sinn mehr habe. Diesen Gedanken hatte er auch unmittelbar vor der Suizidhandlung „…es brauche mich auf dieser Welt nicht mehr…" Sein Anliegen „zu leben" sieht der junge Mann als untergeordnet dem Anliegen „gebraucht zu werden". Die Probleme in der Handlungsorganisation des jungen Mannes, wie auch des Paares können wir auch in der Art orten, wie und ob sie ihre Wünsche kommunizieren. Wir wissen, dass die Kommunikation in der gemeinsamen Handlung dem Denken, den kognitiven Prozessen, in der individuellen Handlung entspricht. In der kritischen Situation der Suizidhandlung möchte der Patient die Zuwendung seiner Frau erfahren, aber er kann seine Wünsche nicht anders kommunizieren, als dass er ihr zeige, er sei bereit zu sterben. Als sie ihm zu verstehen gibt, dass sie seine Absicht, sich zu suizidieren sieht, bringt sich der Patient umso eifriger in einen Zustand der Hilflosigkeit. Als wolle er sie mit seinem Tod „für all den Müll, den sie gemacht hat…" bestrafen. Das Anliegen, „sie zu bestrafen" ist ihm wichtiger als das Anliegen „zu leben". Als der Patient seiner Frau im Auto nachfährt, weil er misstrauisch ist, zeigt er, dass sein Anliegen „die Ehefrau zu kontrollieren" und „die Ehefrau in ihren schlechten Taten vorzuführen" ihm wichtiger ist, als „mit der Ehefrau zu kommunizieren", „die Bedürfnisse und Wünsche der Ehefrau kennenzulernen".

Diese und andere Probleme der Handlungsordnung, vor allem aber die Würdigung des wichtigsten Anliegens „zu leben" müssten angegangen werden, um mit ihm eine lebensorientierte Haltung aufzubauen.

▶ **Zusammenfassung**
1. Wenn „Lebenserhaltung" und „Sorgen für das eigene Kind" für andere, meistens kurzfristige und keineswegs existenziell bedeutsame Anliegen aufgegeben werden, dann zeugt dies von Problemen der Handlungsordnung in der Hierarchie der mittel- und langfristigen Ziele.
2. Das Anliegen, „die Ehefrau darf keinen Ehebruch begehen" höher zu stellen als das Anliegen „zu leben", „dem Kind ein guter Vater zu sein" etc. entbehrt jeder rationalen Grundlage und ist demnach als ein Problem des Patienten in seiner Ordnung der Zielhierarchie, der Handlungsordnung zu sehen.
3. Das völlige Trennen der alltäglichen Pflege bzw. der Vernachlässigung der Ehebeziehung des Patienten und seiner Erwartung der funktionierenden Ehe weisen auf ein anderes Problem in seiner Handlungsorganisation hin.
4. Auch sein Fortsetzen seiner Suizidhandlung, während er sieht, wie die Ehefrau in Panik gerät und darin so etwas wie ihre Bestrafung sieht, ist ähnlich einzuordnen.

10.2.4 Bewusst vorbereitet oder spontan vorgenommen?

Hinter dieser Frage steckt die Vorstellung, dass die Umstellung von einem lebensorientierten Projekt zu einem Suizidprojekt, in dem dann die Suizidhandlung vorgenommen wird, entweder auf einer geplanten zielgerichteten Art vorgenommen wird, oder als Reaktion auf z. B., das Vorhandensein von Medikamenten etc. geschieht. Die Suizidhandlung selbst wird dann aber dennoch als eine zielgerichtete Handlung aufgefasst, egal ob sie berechnend oder emotional vonstatten geht. Der Patient sah sich in einer Beziehungs- oder sogar Lebenskrise, musste dann das erste Mal im Bett weinen und pumpte sich eine Überdosis an Insulin. Der Patient ging nicht ins Bett mit der Absicht sich dort zu suizidieren, sondern er dachte dort nach, bilanzierte sein Leben und beschloss, sich zu töten. Auch wenn er sehr emotional wurde, kann seine Suizidhandlung nicht als plötzliche Eingabe verstanden werden, die ein paar Minuten später nicht hätte stattfinden können. Der Patient pumpte sich über 45 min lang eine Überdosis Insulin, und auch die Anwesenheit seiner Frau im Schlafzimmer bzw. ihre Verzweiflung konnte ihn davon nicht abhalten. Den Griff zur Insulinüberdosis erleichterte gewiss auch seine Suiziderfahrung, die er etwa 10 Jahre zuvor gemacht hatte, als er sich auf die gleiche Art suizidieren wollte.

▶ **Zusammenfassung**
1. Nachdem der Patient in einer Ehe- und Lebenskrise das erwartete Entgegenkommen von seiner Frau nicht erhielt, pumpte er sich im Bett eine Überdosis an Insulin. Er ging nicht ins Bett mit der Absicht sich zu töten, sondern beschloss dies erst nach einer Bilanzierung seines Lebens, die ihn emotional sehr bewegte. Es spricht allerdings von einer Beharrlichkeit in seinem Suizid, denn er pumpte sich die Überdosis an Insulin etwa 45 min lang ungeachtet der Anwesenheit seiner Frau.
2. Der Patient hatte bereits etwa 10 Jahre zuvor auf die gleiche Art versucht, sich zu suizidieren.

10.2.5 Probleme der Handlungsüberwachungsprozesse

Neben den Problemen der Handlungsorganisation müsste der Patient jedoch auch die Probleme der Handlungsüberwachung, die er in seiner Suizidalität, seiner Suizidhandlung offenbarte, lösen. Aufmerksamkeit und Bewusstsein, Emotion und Schmerz sind ebenfalls Prozesse, die bei Suizidpatienten in Suizidhandlungen viele Abweichungen zeigen. Betrachten wir eine seiner Aussagen: „…ich hatte ihr (der Ehefrau) ganz klar gesagt, dass ich nun wissen wolle, was sie mit wem und wie gemacht hat. Ich sagte, dass ich doch einfach ein Recht darauf habe, es zu erfahren. Es würde mir dann einfacher fallen, und für sie würde es auch leichter sein, weil ich nicht immer nachfragen würde. So würde ich es dann wissen. Dann wäre dies für mich abgeschlossen." Das

10.2 Suizidanalyse: Es brauche mich auf dieser Welt nicht mehr

Monitoring einer gemeinsamen Handlung durch Kommunikation, wie das Monitoring einer individuellen Handlung durch Bewusstwerden, Fühlen und Schmerz ist wichtig für adäquates Handeln. Die Kommunikation über die Untreue der Ehefrau mag zwar zur Gestaltung des optimalen gemeinsamen Handelns in der Ehe beitragen, das Überwachen des intimen Handelns, welche die Frau außerhalb der Ehe Erlebte ist es nicht. Hier verwechselt der junge Mann das Überwachen des eigenen Handelns mit dem Überwachen des Handelns der Ehefrau. Es ist nicht nur, dass er dies wissen wollte, was sie mit dem anderen Mann gemacht habe, sondern vor allem das, dass er nicht schlafen konnte, bis er es erfuhr. Wie er diese umfassende, sein eigenes Handeln übergreifende Handlungsüberwachung entwickelte, können wir auch anhand seiner Aussage zur ersten Suizidhandlung nachvollziehen: „Als ich 17 Jahre alt war – oder war ich erst 15 Jahre alt... Ich machte damals das gleiche, was ich nun gemacht habe (Suizidversuch durch Insulinüberdosierung). Damals rettete ich mich aber aus eigenem Antrieb." Wir wissen, dass er beim letzten Suizidversuch eine Rettung von anderen erwartete. Gab er diesbezügliches Handlungsmonitoring des eigenen Handelns auf für die Handlungsüberwachung von anderen? Demzufolge konnte er sich damals aus eigenem Antrieb retten, was diesmal nicht mehr möglich war. Dabei war das Grundproblem beim Suizidversuch vergleichbar. Damals wurde ihm die Erwartung seines Lieblingsberufs versagt, diesmal wurde seine Erwartung der Treue der Ehefrau verletzt. Mit diesem Thema, dass die Verletzung seiner Erwartungen als dermaßen existenziell bedrohlich erlebt wurden können wir uns der Angemessenheit seines kognitiv-emotionalen Monitoring dieser Situation widmen. Wir wissen, dass eine Gefühlserinnerung, besonders eine sehr schmerzhafte oder existenziell bedrohliche, das gegenwärtige Gefühlsmonitoring ersetzte, was ein Problem des Handlungsmonitorings ist. Der Patient berichtet, dass er in einer Familie von selbstständig Tätigen aufwuchs, wo das Arbeiten und der Arbeitseinsatz erste Priorität besaßen. Wir wissen nicht, wie intensiv seine Betreuung durch die Mutter war und wie sich ihre Beziehung gestaltete, wie wissen aber „Meine Eltern waren selbständig. Ich musste mich glücklich schätzen, wenn ich meinen Vater am Wochenende schnell sah." Anhand dieser Erzählung des Patienten können wir mutmaßen, dass dem Patienten einerseits das Berufliche sehr wichtig erschien, auf der anderen Seite, dass die Zeit mit den Eltern sehr knapp bemessen war, was oft bei kleinen Kindern zu einer unsicheren Bindung führt. Mit solchen Erfahrungen sind Menschen manchmal später durch Gefühle der Ablehnung und des Liebesentzugs überfordert. Ein Suizidversuch des jungen Mannes bezog sich auf die Verletzung einer Berufserwartung, der andere geschah nach einer Verletzung einer Beziehungserwartung. Neben diesen Problemen des Handlungsmonitorings gibt es auch andere, z. B., dass gewisse Prozesse nicht mit den entsprechenden Monitoringsystemen gespiegelt werden, sondern dass andere Monitoringsysteme vorgeschoben werden. Ein Gedanke wird als Gefühl erlebt oder eine Emotion wird als Schmerz empfunden. Der Patient berichtet nicht, dass er Enttäuschung empfand, sondern sagt: „Sie (seine Frau) sagte mir dann die Wahrheit. Am Anfang schmerzte dies sehr." „...Und ich denke auch, dass es nicht normal wäre, wenn es mich nicht schmerzen würde. Klar wäre es gut, wenn ich keine innerlichen Schmerzen hätte." „...Sie machte einfach etwas, was nicht normal ist und was mich schmerzt. Mich schmerzte, dass sie mit ihm Sachen machte, welche sie mit mir nie gemacht hätte, welche sie bei mir nicht ausstehen konnte." Dieses Monitoringproblem kann dazu führen, dass die inneren Schmerzen durch körperliche Schmerzen bekämpft werden, durch Selbstverletzung oder in einer Suizidhandlung.

▶ **Zusammenfassung**
1. Probleme des Bewusstseinsmonitorings erwähnt der Patient nur im Zusammenhang mit seiner Hypoglykämie, seiner Unterzuckerung.
2. Er lässt uns jedoch an seinen Problemen der Handlungsüberwachung teilnehmen, als er von seiner Verwechslung der Monitorings des gemeinsamen Handelns und des individuellen Handelns spricht. Dies ist der Fall, als er von seiner Frau verlangt, ihm alles zu beschreiben, was sie an sexuellen Handlungen in ihrer außerehelichen Beziehung vornahm.
3. Die Erfahrungen, welche zu seinem ersten Suizidversuch führten, lassen sich mit den Erfahrungen vor seinem zweiten Suizidversuch vergleichen. Dass solche Erfahrungen – Verletzung seiner Erwartungen – als dermaßen existenziell bedrohlich erlebt wurden zeugt von mangelnder Angemessenheit seines kognitiv-emotionalen Monitoring dieser Situation. Der Patient erwähnt, dass in der Kindheit die Zeit mit den Eltern, vor allem dem Vater, sehr eingeschränkt war. Mit solchen Erfahrungen sind manche Menschen später durch die Gefühle der Ablehnung und des Liebesentzugs überfordert. Hier wird die emotionale Spiegelung der gegenwärtigen Situation durch eine Gefühlserinnerung ersetzt.
4. Auf die Frage was er im Moment des Suizids empfand antwortete er „Nichts… Ich weinte einfach nur die ganze Zeit." Sich der Gefühle nicht bewusst zu sein und sie nicht benennen können zeugt auch von seinen Monitoringproblemen.
5. Gewisse Prozesse werden nicht mit den entsprechenden Monitoringsystemen gespiegelt, sondern werden durch andere Monitoringsysteme ersetzt. Ein Gedanke wird als Gefühl erlebt oder eine Emotion wird als Schmerz empfunden. Der Patient berichtet nicht, dass er Enttäuschung empfand, sondern sagt, es schmerzte ihn. Dieses Monitoringproblem kann dazu führen, dass die inneren Schmerzen durch körperliche Schmerzen bekämpft werden, und da sind Selbstverletzung oder Suizid naheliegend.

10.2.6 Probleme der Handlungsenergetisierung

Mit welchen Problemen der Handlungsenergetisierung durch Emotionen musste der junge Mann kämpfen? Er erzählt, wie er an Liebesgefühlen in der Beziehung zu seiner Frau die Woche vor seiner Suizidhandlung arbeitete, denn er spürte, dass dieses Gefühl ihr gemeinsames Leben energetisieren könnte „Ich versuchte ihr (seiner Frau) dann während der Dauer einer Woche diese Liebe zu geben. Wenn ich ihr sagte, dass ich um 16.00 Uhr zu Hause sei, da war ich dann auch um 16.00 Uhr zu Hause. Vielleicht wurde es einmal 16.05 Uhr. Aber es war nicht so wie vorher, als ich jeweils erst um 20.00 Uhr nach Hause kam und zudem noch die Arbeit mit nach Hause nahm. Ich bekam nie etwas retour in dieser ganzen Woche. Ich steckte all meine Energie in unsere Beziehung." Unglücklicherweise nahm er an, dass ein paar Handlungen eine lange Beziehung von heute auf morgen umgestalten können: „Ich hatte immer das Gefühl, dass doch etwas zurück kommen sollte."

Der junge Mann erzählt auch von anderen Handlungen, die er mit starken Emotionen energetisierte „Ich flippte dann relativ stark aus. Daher fuhr ich wütend nach Hause. Ich stieg dann zu Hause aus und sagte einfach, dass ich nun nicht mehr wolle und nicht mehr könne. Ich sagte ihr, dass ich sie nun nicht mehr sehen wolle." Das war nicht nur der Fall in einigen Aussprachen mit seiner Frau, sondern auch unmittelbar vor seiner Suizidhandlung. Er spricht zunächst von einem Gefühl der Ungewissheit – „Das ist richtig. Es war dann auch die Ungewissheit, welche zu dieser Tat geführt hat. Es war schlussendlich so, dass ich meine Frau nicht mehr berühren durfte. Sie sagte immer gleich, dass ich es einfach nie lassen könne. Mir kam dann immer die Frage, was sie denn mit dem anderen Mann gehabt hatte. Das war einfach der Punkt, welcher mich kaputt machte, welcher mich zu all dem getrieben hatte."

„Diese Frage führte mich so weit, dass ich am Montagabend sagen musste, dass ich nun alles erreicht habe, und dass ich nun gehen könne." Zu den die Suizidhandlung energetisierenden Emotionen kam auch noch seine Enttäuschung aus der verletzten Erwartung an seine Frau „Ich hatte zu dieser Zeit immer das Gefühl, dass nun etwas kommen muss und auch wird. Aber es kam nie etwas. Das zerstörte mich. Das brachte mich dann schlussendlich auch dazu, diese Tat zu begehen." Zu seinen Emotionen unmittelbar vor der Suizidhandlung gehörte auch seine Einschätzung seiner Befindlichkeit: „Ich war einfach so am Boden, so kaputt, dass ich gesagt habe, dass es mich auf dieser Welt nicht mehr brauche. Da spritzte ich mir dann eine Überdosis an Insulineinheiten." Diesen Zustand detailliert er noch weiter „Ich lag im Bett, studierte und weinte wie ein Schlosshund." „Ich weinte zum ersten Mal während all dieser Zeit." „Als ich dann so weinte, musste ich mir einfach sagen, dass es das Schlauste ist, wenn ich nun gehe. Mein Sohn hatte mich noch in schöner Erinnerung. Ich hatte ja noch mit ihm gespielt an diesem Abend. Und alles andere ist doch eh…" „Ich war zu dieser Zeit im Schlafzimmer. Ich fing dann an mit der Insulinpumpe zu pumpen." Übrigens, dieses „Weinen", dieses „am Boden geschlagen zu sein", „kaputt zu sein" war für den jungen Mann schwierig in Emotionsbegriffen zu beschreiben. Auf die Frage „Was empfanden Sie?" antwortete er „Nichts… Ich weinte einfach nur die ganze Zeit." Sich der Gefühle nicht bewusst zu sein und sie nicht benennen können macht es schwierig, mit bedrohlichen Emotionen umzugehen und sie abzuarbeiten, bevor diese destruktiv handlungswirksam werden können.

▶ **Zusammenfassung** Man könnte vermuten, dass der Patient entweder rationale Handlungen energetisiere (Pflichterfüllung, ein Geben und Nehmen, etwas leisten), oder dann überbordende Energieschübe durch nicht dosierbare Gefühle erlebt.

10.2.7 Suizid und das interaktive und gemeinsame Handeln

Wir zeigten, dass Suizid in seinen relationalen Aspekten, in seiner Bezogenheit auf andere Menschen gesehen werden muss, damit eine wirksame Suizidprävention gelingt. In vielen Fällen, wie auch bei diesem jungen Mann, ist dies sehr offensichtlich. Er selbst begründete seinen Suizidversuch mit den enttäuschten Beziehungserwartungen. Sein Bruder mahnte ihn, „es gäbe keine Frau auf der Welt, für die es sich lohnen würde, sein Leben aufzugeben."

Was der junge Mann verneinte: „Da sagte ich ihm, dass das nicht stimmen würde."

Seine Frau sei ihm sexuell untreu geworden, und seine mehrtägige Bemühung um die Beziehung fruchtete nichts. Zudem verabreichte er sich die Insulinüberdosis zu Hause, im ehelichen Schlafzimmer, als seine Frau und sein Kind zu Hause waren. Seine Frau fand ihn glücklicherweise sehr bald, erkannte seine Absichten und rief seine Eltern, seine Schwester und schließlich erfolgreich seinen Bruder an, der bald kommen konnte und den suizidalen Ehemann ins Krankenhaus brachte. Kurz vor der Suizidhandlung führte der junge Mann ein Telefongespräch mit seinem Freund oder Bekannten, der ihm eine Stelle in einer anderen Stadt anbot. Allerdings war diese Stelle für den Patienten nicht sehr attraktiv, sodass er sich von seinem sich anbahnenden Suizidanliegen nicht trennen konnte. Eine weitreichende und vom Patienten als wirksam für seinen Suizidversuch bezeichnete Beziehung ist die Beziehung zu seinen Eltern. Er lernte zu Hause, dass das Berufsleben, die eigene Firma, die erste Priorität im Leben eines Menschen einnehmen sollte. „Ich arbeitete 7 Tage die Woche, 12 bis 15 h am Tag. Ich sagte immer, je weiter man die Karriereleiter emporsteigt, je mehr Verantwortung, dass man hat, desto mehr muss man leisten und arbeiten. Aber sie konnte das nicht verstehen."

Er erklärte die unterschiedlichen Erwartungen an das Familienleben von ihm und seiner Frau durch die unterschiedlichen Erfahrungen in der Ursprungsfamilie. Er berichtete, dass die Eltern seiner Frau als Angestellte den Feierabend bereits um 17 Uhr genießen konnten, während seine Eltern selbstständige Unternehmer seien und er daher seinen Vater nur kurz am Sonntag sehen konnte.

Kern des erfolgreichen gemeinsamen Handelns ist Kommunikation, die handlungsrelevant und handlungsbegünstigend ist. Im Selbstkonfrontations-Interview, als der Patient sich mehr auf seine Einsichten einlassen konnte, führte er aus: „Das war sicherlich auch schwer für sie. Sie wusste nie, ob ich nun auch etwas erwarte oder nicht. Ich sagte ihr nie, dass sie auch ein bisschen auf mich zukommen solle, dass wenn ich auf sie zugehe, dass sie dann auch auf mich zugehen könne. Ich erwartete, dass zumindest einfach ein kleiner Teil von all dem was ich gegeben hatte, jeweils zurückkommen würde.

Es muss ja nicht immer Gleiches mit Gleichem vergolten werden. Aber das sagte ich ihr nie. Ich denke, dass dies wohl das größte Problem der heutigen Gesellschaft darstellt. Man spricht nicht miteinander. Man sagt nicht was man im Moment fühlt. Wenn man wütend ist, dann sagt man nicht gleich, dass man nun wütend sei. Man zeigt es mehr nonverbal. Man verzieht dann einfach das Gesicht und schaut böse und traurig in die Welt." Welche Rolle das gemeinsame Handeln und die Beziehung zu seiner Ehefrau in der zukünftigen Suizidalität des Patienten spielen könnte offenbart er in einer Überlegung, die er in der Schlussphase des Gesprächs formuliert „Er (Bruder) fragt mich schon, ob ich das Gefühl habe, dass so etwas wieder passieren könne. Heute muss ich einfach sagen, dass ich in dieser Situation, wie sie im Moment vorherrscht, es nicht mehr machen würde – ganz sicher nicht mehr. Aber ich muss auch sagen, dass ich nicht weiß, wie ich reagieren würde, wenn meine Frau und ich nicht mehr zusammen kommen würden. Ich weiß einfach nicht, wie dann die Situation wäre. Ich weiß nicht, wie weit ich dann hinunter fallen würde. Entweder würde ich sagen, dass es nun einmal so ist, und dass das Leben weiter gehen muss. Oder die Welt würde über mir zusammenbrechen. Ich muss hier an dieser Stelle einfach sagen, dass ich nicht weiß, wie ich reagieren würde."

▶ **Zusammenfassung**
1. Der Suizidversuch des Patienten ist eingebettet in das gemeinsame Handeln. Der Patient schildert seinen Suizidversuch in engem Zusammenhang mit seiner Ehekrise – er suizidierte sich in seiner Wohnung, in der auch seine Frau und sein Sohn anwesend waren.
2. Kurz vor seinem Suizidversuch war er noch in Verhandlung mit einem Bekannten über eine neue Stelle.
3. Während seines Suizidversuchs rief seine Frau seinen Bruder an, der dann den Patienten ins Krankenhaus brachte.
4. Der Patient erwähnt auch die Quelle des unterschiedlichen Verstehens des Berufslebens von ihm und seiner Frau – das Vorbild der Eltern. Insofern war auch die Beziehung zu den Eltern ein wichtiger Teil seines Suizidversuchs.

10.2.8 Das Gespräch des jungen Mannes mit einem Psychiater

Der junge Arzt eröffnete das Gespräch mit einer Frage, in der er auch die Aufgabe des Gesprächs formulierte „Ich weiß einfach, dass Sie einen Suizidversuch gemacht haben. Aber ich weiß nicht wann das war und wie es so weit gekommen ist." In der **1. gemeinsamen Handlung** nimmt der Patient diese Aufgabe an und berichtet nach ein paar Nachfragen ausführlich über die kritische Woche, die er als entscheidend für seinen Suizidversuch betrachtet. Er fängt an mit dem gemeinsamen Sonntag, als er misstrauisch wurde und seiner Frau nachstellte, die zu einem anderen Mann fuhr. In einem Gespräch offenbarte ihm seine Frau, dass sie keine sexuellen Gefühle mehr zu ihm habe. Er bemühte sich dann die Woche für die Familie da zu sein und die Abende nicht am Arbeitsplatz, sondern zu Hause zu verbringen. Seine Erwartungen eines Entgegenkommens wurden jedoch enttäuscht. Als ihm ein Bekannter eine neue Stelle anbot, die aber den Erwartungen des Patienten nicht entsprach, kam er zum Schluss, dass er nicht gebraucht werde, und begann sich eine Insulinüberdosis zu verabreichen. In der **2. gemeinsamen Handlung** klärt der Patient mit dem Arzt die Woche, die zwischen der Erkenntnis des Patienten, dass seine Frau eine außereheliche Beziehung hatte, und seinem Suizidversuch verstrich. Welche Gedanken den jungen Mann bewegten, wie das Ehepaar darüber sprach, welche Emotionen den Patienten am meistens belasteten, wie er mit dieser Belastung arbeiten konnte und wie die Familie das letzte Wochenende vor dem Suizidversuch am Montag verbrachte. Unmittelbar nach dem Telefongespräch über die angebotene Stelle begab sich der Patient ins Schlafzimmer, wo er dann später die Insulinüberdosis pumpte. In der **3. gemeinsamen Handlung** berichtet der Patient über sein Gespräch mit seiner Frau, über das Stellenangebot und die Möglichkeit eines Wohnortwechsels. Solche Situationen gab es bereits früher, aber gegenwärtig würde dies eine neue Option in der Lösung des Eheproblems bieten. In der **4. gemeinsamen Handlung** beschreibt der Patient den Montagabend und schilderte die Situation und den Verlauf seines Suizidversuchs, wie er im Bett weinte, sich die Insulinüberdosis pumpte, was er alles machen musste, um die benötigte Insulinmenge bereitzustellen, wie ihn seine Frau entdeckte, seine Familie telefonisch zu erreichen versuchte und wie schließlich sein Bruder kam und ihn ins Krankenhaus brachte, wo man ihn entsprechend behandelte. In der **5. gemeinsamen Handlung** bietet der Arzt dem jungen Mann die Möglichkeit das, was ihn noch beschäftige, anzusprechen. Der Patient erzählt dann von seinem ersten Suizidversuch in seiner Jugend und über die Gegenwart, in der die belastenden Probleme immer noch bestehen. Mit der Feststellung, man müsse es Tag für Tag nehmen verabschieden sie sich.

▶ **Zusammenfassung**
1. In der 1. gemeinsamen Handlung schildert der Patient die kritische Woche vor seinem Suizidversuch. Von der Zeit, als er entdeckte, dass seine Frau eine außereheliche Beziehung habe bis zum Zeitpunkt seiner Insulinüberdosis. In der 2. gemeinsamen Handlung klären sie Details dieser Geschehnisse. In der 3. Handlung gehen sie noch auf die Verhandlung des Patienten über eine neue Stelle ein.
2. In der 4. gemeinsamen Handlung beschreibt der Patient detailliert die eigentliche Suizidhandlung und wie sein Bruder ihn ins Krankenhaus brachte.
3. In der 5. gemeinsamen Handlung berichtet der Patient über seinen ersten Suizidversuch in der Jugend und spricht auch über seine gegenwärtige Situation und seine Pläne.

10.2.9 Das Selbstkonfrontation-Interview

Im 1. Abschnitt schildert der junge Mann seinen ersten Eindruck während der Sichtung des Videos seines Gesprächs „Es rumort in mir. Ich frage mich immer wieder „warum?" und „wieso?"… Ich bin innerlich eine sehr unruhige Person. Innerlich erlebe ich alles was ich erzähle noch einmal. Wenn ich nun das Wort „fremdgehen" in den Mund nehme, dann schüttelt es mich einfach. Das gleiche geschieht, wenn ich nun das Videoband ansehe."

Auch nachdem der Patient **den 2. Abschnitt** der Videoaufzeichnung des Gesprächs sah, meinte er „Ich fühle mich „verschissen"… Da kommt einfach immer wieder alles in mir hoch. Das ist auch jedes Mal, wenn ich bei A. und C. vorbeifahre so. Da sehe ich jeweils immer „rot".". Zudem konnte er in dem Selbstkonfrontations-Interview seine Verhaltensweise schildern, die er im ersten Gespräch nicht erwähnte, und auf die er nicht stolz ist „…Sie wollte es mir nicht sagen…. Da schrie ich sie an und musste ihr auch sagen, dass sie feige sei. Ich sagte ihr, dass sie nun diesen „Müll" gemacht habe, und nun auch dazu stehen müsse. Ich forderte sie dazu auf, uns dadurch noch einmal eine Chance einräumen zu können. Ich schrie sie einfach an. Aber ich wurde nicht tätlich. Das werde ich nie. Soweit habe ich mich immer unter Kontrolle. Ich würde meine Frau nie schlagen. Aber ich schrie sie einfach an. Ich fuhr dann trotz Abendverkehr und allem bei A. mit vollem Tempo an der Baustelle vorbei."

Beim Sehen **des 3. Abschnitts** äußert der Patient einen Gedanken, der ihn von seiner Opfer- und Erwartungshaltung wegbringt: „…es ist nie etwas zurückgekommen von ihrer Seite her. Es gibt einfach nichts, an dem ich mich festhalten könnte. Aber nun muss ich auch sagen, dass sie gar nichts zurückgeben kann! Sie steht selber bis zum Kopf im Wasser. Ich denke, dass wir einfach beide zusammen für den anderen da sein müssen. Wir müssen einander helfen und dem Gegenüber genügend Zeit lassen." Dies verbindet er im **4. Abschnitt** mit der Absicht, mehr und besser zu kommunizieren und seine Wünsche zu äußern, denn „…Das war sicherlich auch schwer für sie. Sie wusste nie, ob ich nun auch etwas erwarte oder nicht. Ich sagte ihr nie, dass sie auch ein Bisschen auf mich zukommen solle, dass wenn ich auf sie zugehe, dass sie dann auch auf mich zugehen könne. Ich erwartete, dass zumindest einfach ein kleiner Teil von all dem was ich gegeben hatte, jeweils zurückkommen würde. Es muss ja nicht immer Gleiches mit Gleichem vergolten werden. Aber das sagte ich ihr nie."

Als er diesen Abschnitt sah, erzählt er, dass es ihm im Gespräch bereits besser ginge als am Anfang „…Hier bekam ich das Gefühl, dass auch wenn die Beziehung nicht mehr zustande kommen würde, dass dann das Leben dennoch weiter gehen würde. Hier war ich auch innerlich nicht mehr so…" „Ich musste einfach sagen, dass das Leben weiter gehen wird. Vielleicht wird es ohne meine Frau weitergehen. Aber ich habe ein Kind. Allein schon diese Tatsache ist es wert, das Leben zu ertragen."

Im 5. Abschnitt führt der Patient das Thema der neuen Stelle weiter aus, das er im Gespräch mit dem Arzt ansprach. Er erwarte zudem von der ersten Sitzung bei der Eheberatung, dass er einen Ratschlag bekomme, ob er die Stelle annehmen solle oder nicht:

„Meine Erwartungen, welche ich in das morgige Gespräch stecke, sind, dass sie (die Eheberaterin) mir sagen kann, ob es sinnvoll ist, wenn ich nach D. gehe, oder ob ich damit alles noch schlimmer machen werde." Nach der Sichtung des **6. Abschnitts,** in dem der Patient die Suizidhandlung schilderte meinte er „Da kommen Emotionen und Gefühle in mir hoch." Zudem erklärt er noch seine Motivation für die erste Suizidhandlung, wie er damals „sehr wütend auf meine Krankheit (war)". Er informierte auch über seine Emotionen während des Suizidversuchs „Ich hatte keine Angst vor dem, was ich gemacht hatte – ich hatte nur Angst vor der Ungewissheit." Seine Entschlossenheit zu sterben belegt er mit der Information über die Lebensbedrohlichkeit seines Zustandes: „… wenn ich nur eine halbe Stunde später eingeliefert worden wäre, dann wäre ich nicht mehr durchgekommen" sowie seinem Gespräch mit dem Bruder, der ihm zur Hilfe kam: „Mein Bruder sagte mir, dass er mich nun ins Krankenhaus fahren werde. Ich sagte ihm aber, dass er doch ganz genau wisse, dass er mich nicht gegen meinen Willen dorthin bringen könne. Ich sagte ihm auch, dass er doch wissen müsse, dass er 5 Männer brauche um mich heraus zu tragen, wenn ich unterzuckert sei. Da sagte er mir, dass er mir also zuerst einmal eine Ohrfeige verpassen werde. Und schon klatschte es auf meine Wange…". Der Patient konnte auch die Zeit nach dem Krankenhausaufenthalt noch schildern, wozu er im Gespräch mit dem Arzt keine Gelegenheit fand.

Nachdem der Patient auch den **7. Schlussabschnitt** sah, äußerte er sich doch noch in dem Sinn, dass es vielleicht besser wäre, wenn er die neue Stelle annehmen und dort alleine hinziehen würde. Es sei vier Autostunden entfernt und sie bekämen so die nötige Distanz.

▶ **Zusammenfassung**
1. Im Selbstkonfrontations-Interview bekommt der Patient eine Gelegenheit zu schildern, wie es ihm während des Gesprächs ging, was er jetzt denke und fühle und was er über das Ganze denke. Er erzählt, wie er die starken Gefühle der Suizidhandlung in Gespräch und auch im Interview wieder spüre. Er beschreibt auch den unkontrollierten Gefühlsausbruch seiner Frau gegenüber (1. und 2. Abschnitt).
2. Im 3. Abschnitt rückt er von seiner Leidenshaltung ab und stellt erste Ziele darüber auf, was sie gemeinsam tun sollen. Er spezifiziert weiter, dass sie vor allem besser kommunizieren müssen und lässt auch eine Akzeptanz der gegenwärtigen Situation durchblicken (4. Abschnitt).
3. Im 5. Abschnitt formuliert der Patient seine Erwartungen an die demnächst stattfindende Eheberatung.
4. Im 6. Abschnitt erzählt er über seine Suiziderfahrungen und seine Entschlossenheit zu sterben, wie auch über seine Auseinandersetzung mit seinem Bruder, der ihn retten wollte.
5. Im 7. und letzten Abschnitt kommt der Patient selbst zu einer Entscheidung, für die er keine Beratung braucht. Er meint, die Stelle in der entfernten Stadt anzunehmen wäre keine schlechte Idee.

Fall 9

11.1 Suizidgeschichte: Marie

Annette Reissfelder

11.1.1 Die Mutter

Sie hatte Mutter als Kind sehr geliebt. Natürlich verzieh sie ihr alles, sogar dass sie Marie oft geschlagen hatte. Sie wusste, dass es nur wegen Vater war. Ob ihre Mutter sie genauso liebte, das war nicht sicher. Die Mutter kümmerte sich um sie, aber war trotzdem nie ganz für sie da. Wie typisch, dass sie, genau wie die anderen, dachte, sie hätte die Glasscherben bloß wegen der vermasselten Prüfung gegessen. Sie hatte die ganze Zeit überhaupt nichts bemerkt… Das kannte sie ja schon, als Mittlere war für sie keine Aufmerksamkeit mehr übrig. Alle Kraft wurde von Petra und Ilonka aufgesogen. Aber das war jetzt nicht mehr wichtig. Heute brauchte sie gar nichts mehr von ihrer Mutter. Sie wollte eigentlich nicht einmal, dass sie etwas von ihr wusste. Was hätte es auch zu erzählen gegeben!

Selbst wenn Mutter sie selten richtig ernst nahm, war sie die einzige, mit der Marie gern in die Stadt ging. Seit Mutter jetzt die zweite Arbeit und einen Freund hatte, war sie noch weniger zu Hause und hatte kaum noch Zeit mit ihr in die Stadt zu gehen. Es hatte ihr nicht gefallen, dass Mutter von ihr verlangte, den Vater anzulügen. Sie sollte sagen, die Mutter sei mit einer Freundin aus, wenn sie in Wahrheit bei ihrem Freund war. Marie war dann mit Vater allein, jeder in seinem Zimmer. Petra war meist bei Ilonka, das heißt wenn Ilonka nicht gerade Probleme mit der Polizei oder ihrer Wohnung hatte. Dann waren alle zu Hause. Das war unerträglich. Wenn sie die Prüfung bestanden hätte, hätte sie vielleicht wirklich ausziehen können. Aber sie hatte sie nun mal nicht bestanden.

11.1.2 Regula

Regula war der Mensch, an dem sie am meisten hing. Dabei kannten sie sich gar nicht lange. Aber ihr konnte sie vertrauen. Sie hatte nur ihr erzählt, dass sie die Scherben gegessen hatte. Regula hatte sich richtig Sorgen um Marie gemacht, und war sogar mit ins Krankenhaus gekommen, als die chirurgische Ambulanz sie nicht hatte haben wollen, trotz der Kinder. Dennoch wusste sie nicht, wo sie mit ihr stand. Schließlich war Regula zehn Jahre älter und hatte eine Familie. Sie hatte nicht nur das Baby, sondern noch Max und Betty, die hatten immer Vorrang und funkten dazwischen, wenn Marie bei ihr war und sich mit Regula unterhalten wollte. Da blieb nur wenig Zeit übrig. Marie hatte die Kinder gern, aber sie wäre lieber manchmal mit Regula allein gewesen. Einmal hatte sie vorgeschlagen, ob sie nicht zusammen ins Eiscafé gehen wollten. Regula hatte nicht einmal geantwortet, aber sie behandelt, als hätte sie etwas Dummes gesagt. Marie hatte sich gefühlt wie im Büro und war ungeduldig geworden.

Ihr fiel auf, dass sie nach dem Büro oder am Wochenende eigentlich nie ausging. Seit Regula jetzt jede zweite Woche arbeitete ging sie unter der Woche noch weniger aus. Eigentlich nur einmal in zwei Wochen zu Regula. Darauf freute sie sich immer schon tagelang. Wie gern hätte sie Regula jeden Tag nach dem Büro besucht! Sie hätte ihr auch mit den Kindern helfen können. Aber Regula wollte das nicht.

11.1.3 Vreni

In der Berufsschule war es viel besser als in der Schule, schon wegen Vreni. Ihr Deutsch war nicht so gut, deshalb musste sie den Förderunterricht besuchen, aber kein Vergleich zu früher, als sie wegen ihres fremden Akzents gehänselt wurde. Jetzt war es ok, in die Schule zu gehen. Außerdem waren da die Pausen, die sie mit Vreni verbringen konnte, wenn Vreni nicht mit jemand anderem etwas zu besprechen hatte.

Im Büro machten sich alle darüber lustig, dass sie auch im Sommer langärmlige Sachen trug. Das war ja nur, damit es niemand bemerkte, wenn sie sich schnitt, nicht weil sie fror. Einmal, als Marie das Handgelenk verbunden hatte, hatte Vreni in der Pause ganz misstrauisch geschaut. Marie hatte gesagt, sie hätte sich die Hand verstaucht. Danach hatte sie sich zur Sicherheit aber einige Wochen nur an den Beinen geschnitten.

Vreni war unternehmungslustig. Letztes Jahr waren sie sogar zusammen nach Lanzarote gefahren. Aber es hatte nicht so gut geklappt im Urlaub, weil Marie es nie geschafft hatte zu sagen, was sie machen wollte, und Vreni keine Lust hatte, alles allein zu entscheiden, wenn es Marie dann nicht gefiel. Darauf hatte Marie nichts zu sagen gewusst, und Vreni war verärgert. Auf Vreni war Verlass, sie brachte Marie alles aus der Stadt mit, was sie so brauchte. Dann musste sie nicht selber unter Menschen gehen. Sie ging gar nicht gern in die Stadt, weil die Leute überall so anstarrten.

Wenn Vreni am Samstag nicht plötzlich im Schwimmbad aufgetaucht wäre, hätte sie nicht aufgeben müssen mit dem Versuch, sich zu ertränken. Im ersten Anlauf hatte es nicht geklappt – sie kam immer wieder an die Oberfläche, weil sie so husten musste. Als sie dann Vreni gesehen hatte war ihr klar, dass sie es anders machen musste. Das wollte sie ihr nicht antun. Ausgerechnet Vreni hatte immer gesagt, sie solle einfach denken, dass sie die Prüfung bestimmt schaffe. Dann hatte sie es irgendwann selbst geglaubt, und war schockiert, dass es doch nicht gereicht hatte.

11.1.4 Ilonka

Wie Ilonka nur darauf gekommen war, dass Marie ihre Lieblingsschwester sei. Aber sie hatte es wirklich gesagt. Eigentlich waren sie als Kinder gut ausgekommen, bis Marie gestört hatte, dass Ilonka ihr ständig vorschreiben wollte, was sie tun solle. Seit sie nicht mehr bei ihnen wohnte, machte Marie das ganz wild. Überhaupt war es immer schwieriger geworden, mit Ilonka auszukommen, seit sie mit den Drogen angefangen hatte – schon mit 16 oder 17 – war sie oft schlecht gelaunt, wenn sie nichts geraucht hatte. Ihre Launen ließ sie meistens an Marie aus. Später mit dem Heroin wurde es unerträglich, es machte Marie richtig kaputt.

Am schlimmsten war es, wenn Ilonas Freunde kamen und dann alle in Maries Zimmer waren, weil man ja sonst nirgends hinkonnte in der Wohnung. Mutter schloss das Wohnzimmer immer ab, wenn sie aus dem Haus ging. Marie hatte nur ihre Ruhe, wenn niemand da war. Wenn es nicht so schwer wäre, in die Stadt zu gehen, wäre alles einfacher. Ob Ilonka ihr übelnahm, dass Marie sich nie hatte hineinziehen lassen in ihre Lügen und Drogengeschichten?

11.1.5 Petra

Früher hatte sie oft Streit mit Petra, dennoch kamen sie miteinander aus. Als sie klein war, war sie ein bisschen neidisch, denn als Jüngste durfte Petra lange in Mamas Zimmer schlafen – die Eltern hatten seit sie auf der Welt war getrennte Schlafzimmer. Auch sonst war Petra einfach Mamas Sonnenschein. Sie war lustig und gesellig und brachte ihre Freunde mit nachhause. Da konnte Marie dann auch mit ihnen spielen, bis Petra anfing, sie nicht mehr dabeihaben zu wollen. Das war jetzt schon ein paar Jahre her, ungefähr als Ilonka angefangen hatte, Petra in ihre Drogengeschichten hinein zu ziehen. Jetzt beneidete sie Petra nicht mehr. Marie hatte versucht, ihr zu helfen, aber Petra hatte sie nur ausgelacht. Wegen Petra hatte Mutter vor einiger Zeit angefangen zu trinken, und zwei Nervenzusammenbrüche gehabt. Keiner wusste, was man mit Petra machen sollte. Mutter wollte nichts dazu sagen – außer dass Marie sich heraushalten solle. Das war wohl das Beste. Wenn sie jetzt nicht zu Hause wäre, wäre es leichter.

11.1.6 Der Vater

Als sie klein war, hatte sie Angst vor ihrem Vater. Damals war er noch Alkoholiker und kam oft betrunken nachhause. Besonders seit sie einmal mitangesehen hatte, dass er die Mutter ins Gesicht schlug, sodass sie Nasenbluten bekam, und die Kinder ins Zimmer einschloss. Mutter hatte sehr unter ihm gelitten, einmal hatte sie sogar Tabletten genommen. Der Vater hatte die drei damals nicht einmal ins Krankenhaus gelassen, um die Mutter zu besuchen. Heute rührte er keinen Alkohol mehr an. Für Marie existierte er trotzdem nicht. Damals, als sie ihn noch gebraucht hätte, war er nicht für sie da gewesen. Er hatte sich nie für sie interessiert. Jetzt war es zu spät – sie hätte ihm ja erst einmal verzeihen müssen, um mit ihm sprechen zu können. Soweit würde es noch kommen!

Sie hatte damals die Lehrstelle nicht gewollt, die er ihr besorgt hatte, aber Mutter hatte darauf bestanden, dass sie die Lehre machte. Also hatte Marie sie antreten müssen. Das einzige, was er heute noch hätte für sie tun können war sie zu finden, wenn sie Blut gespuckt hätte nach dem Versuch, die Glasscherben zu erbrechen. So hatte sie sich das vorgestellt, aber es hatte ja nicht geklappt. Vater war der einzige, der nicht wollte, dass sie auszog. Das war vielleicht, weil er Angst hatte, dann könne Mutter auch gehen. Nun sollte sie die Familie zusammenhalten.

11.1.7 Der Chef

Sie hatte von Anfang an gespürt, dass der Chef etwas Besseres war. Schließlich hatte er die Firma aufgebaut und konnte alles überblicken, was dort geschah. Vater hatte ihr eingebläut, dass er Marie nur deswegen genommen hatte, weil er einen Freund hatte, der den Chef aus der Armee kannte. Sie verstand manchmal gar nicht, was er von ihr wollte und kam sich dann sehr dumm vor. Selbst wenn sie es verstand ging es meistens schief. Mit den anderen hatte er keine Probleme, und die lobte er, wenn sie ihm etwas brachten. Marie hatte er noch nie gelobt. Es fiel ihr immer schwerer, sich zu konzentrieren, wenn sie einen Auftrag bekam. Die Angst, dass sie wieder einen Fehler machen würde, war sofort da. Ein paarmal war der Chef schon richtig wütend geworden.

Jetzt, als sie die Prüfung nicht bestanden hatte, wollte sie ja auf keinen Fall ins Büro am Montag. Aber als es ihr dann doch nicht schlecht genug ging um zu Hause zu bleiben, obwohl sie sogar noch ein zweites Mal von den Scherben gegessen hatte, schlug er gleich vor, dass sie sich eine neue Stelle suchen solle, statt das Jahr bei ihm zu wiederholen. Die Möglichkeit hatte er nicht einmal angeboten, was sie sehr deprimierte. Er wollte offensichtlich nichts mehr mit ihr zu tun haben.

11.1.8 Der Freund

Ihr Freund hatte immer gesagt, sie sei die einzige, die normal sei in ihrer Familie. Er hatte sie auch ermutigt, über ihre Gefühle zu sprechen – sie solle nicht alles in sich hineinfressen. Aber sie hatte es einfach nicht geschafft. Man konnte einfach nicht über solche Dinge sprechen. Nur so konnte es auch nicht weitergehen.

11.2 Suizidanalyse: Ich habe das eigentlich absichtlich gemacht

Ladislav Valach

Der Psychiater fragt die zierliche junge Frau: „Können Sie mir jetzt sagen, was überhaupt dazu geführt hat, dass Sie im Krankenhaus sind, was die Umstände waren?" Und die Frau schildert, wie sie nach einem ungenügenden Zeugnis und der Drohung, ihre Stelle zu verlieren am Montag nicht mehr zur Arbeit kommen wollte. Sie versuchte im Schwimmbecken zu ertrinken, wollte sich dann mit Glasscherben schneiden und schluckte schließlich das zerbrochene Glas aus einem Bilderrahmen.

11.2.1 Langfristige und mittelfristige Anliegen und kurzfristige Handlungen

11.2.1.1 Mittelfristige („Projekte") und langfristige Anliegen

Was zunächst nach einer Reaktion auf ungenügende Noten im Zeugnis und eine Vermeidung der negativen Erfahrung (Lehrstellekündigung) aussieht, zeigt sich im Gespräch mit der jungen Frau in einer Reihe von umfassenden, länger anhaltenden Prozessen und Anliegen der Frau eingebettet. Sie kämpfte lange mit großer Selbstunsicherheit und Ängsten, schnitt sich über mehrere Jahre an Armen und Beinen, versuchte ihre Schwestern aus der Drogenabhängigkeit zu retten, kämpfte um die Liebe und Aufmerksamkeit der Eltern, wünschte sich seit längerer Zeit zu sterben, fühlte sich von einer Bekannten vernachlässigt und vieles anderes mehr.

11.2.1.2 Langfristige Anliegen

Die junge Frau erzählt von der früheren Alkoholkrankheit ihres Vaters, der ihrer Mutter gegenüber gewalttätig war und der Patientin keine Aufmerksamkeit schenkte: „Als ich klein war, hat man mir immer gesagt, nein nicht gesagt… jedenfalls hatte ich immer das Gefühl, dass man mich nicht gerne hatte." „Die Liebe der Eltern zu gewinnen" war sicher ein wichtiges langfristiges Anliegen der jungen Frau. Jetzt lehnt sie jedoch den Vater ab, denn: „Ich hätte ihre Liebe als Kind gebraucht und jetzt brauche ich sie nicht mehr." Die Patientin bekam eine jüngere Schwester und fühlte sich von dem Moment an von der Liebe der Mutter ausgeschlossen: „Die kleinere Schwester war sehr lange mit meiner Mutter in einem Zimmer und ich war wie ausgestoßen." Ihr langfristiges Anliegen, die Liebe und Aufmerksamkeit der Eltern zu erhalten empfand sie als unerfüllt. Auch ihre Kompetenzen, eine altersgemäße Selbstsicherheit und Selbstständigkeit zu erwerben fand sie nicht erreicht „Meine Mutter hat mir auch immer gesagt, dass ich einkaufen gehen solle, was ich nicht konnte, auch wegen dem Selbstvertrauen, das man mir kaputtgemacht hatte. Wegen dem konnte ich nie zum Einkaufen gehen, worauf ich immer hörte, dass ich blöd sei, dass ich nichts könne." Die Bemühung „Selbstvertrauen zu haben" prägte das Handeln der Patientin.

Das Anliegen, „im Vergleich zu anderen Leuten gut abzuschneiden" blieb ebenfalls auf der Strecke: „…andere Leute sind besser als ich…vom Denken her, dass sie intelligenter sind oder ja, dass sie etwas können, und ich nicht." Da sie diese angestrebten Zustände und Prozesse nicht erreichen konnte, ängstigte sie sich und schämte sich vor anderen Menschen.

11.2.1.3 Mittelfristige Anliegen – „Projekte"

Nachdem auch die jüngere Schwester der Patientin drogenabhängig wurde, begann die Mutter der Patientin zu trinken. Die junge Frau wünschte sich, der unbefriedigenden Situation zu Hause, wo sich der Vater der Mutter gegenüber gewalttätig zeigte und die Mutter einen Suizidversuch unternahm, zu entrinnen: „… ich wollte…eine „eigene Wohnung", „ein Kind", „eine Familie", „Autofahren können" und auch „was… beruflich erreichen"…" Sie wollte eine „Lehre abschließen", „freundschaftliche Beziehungen pflegen", „Verständnis und Interesse bei anderen finden", ihrer „jüngeren Schwester aus der Drogenabhängigkeit helfen". Dazu kämpfte sie mit ihren Ängsten, ihrem Schamgefühl, ihrer Befürchtung nicht als „normal" gesehen zu werden, da sie sich seit 5 Jahren am Arm schnitt, was sie sorgfältig durch das Tragen von langärmligen Pullis auch im Sommer zu verstecken bemüht war.

▶ **Zusammenfassung**
1. Die Patientin schildert einige langfristigen Anliegen, die sie nicht erreichen konnte und daher aus dem Leben scheiden wollte. Sie wollte „Die Liebe der Eltern gewinnen", „Von der Mutter nicht ausgestoßen werden", mehr „Selbstvertrauen haben" und „Im Vergleich zu anderen Leuten gut abschneiden".
2. Die Probleme mit diesen langfristigen Anliegen beeinflussten, in ihrer Sichtweise, auch ihr schlechtes Abschneiden in einer Reihe von mittelfristigen Anliegen wie „eine eigene Wohnung" haben, „ein Kind", „eine Familie", „Autofahren können" und auch „was… beruflich erreichen"…" Sie wollte eine „Lehre abschließen", „freundschaftliche Beziehungen pflegen", „Verständnis und Interesse bei anderen finden", ihrer „jüngeren Schwester aus der Drogenabhängigkeit helfen".

11.2.2 Kurzfristige Handlungen im Selbstbestrafungsprojekt

11.2.2.1 Kurzfristige Handlungen im Suizidprojekt

Suizidhandlung; Patientin (P):
Kognition P: Ich habe das eigentlich absichtlich gemacht. ...

Suizidhandlungsanlass:
Kognition P: Am Freitag habe ich erfahren, dass ich die Abschlussprüfung nicht bestanden habe,
Kognition P: wobei ich der vollen Überzeugung war, dass ich es schaffen würde.
Kognition P: Nachher konnte ich am nächsten Montag einfach nicht zur Arbeit,
Kognition P: weil mein Chef mich schon ein halbes Jahr vorher auf meine Zeugnisnoten angesprochen hatte und gesagt hat, ob man das (Arbeitsverhältnis?) auflösen solle.
Kognition P: Da habe ich mir überlegt, dass ich etwas unternehmen musste, damit ich ja nicht gehen musste.

Suizidhandlung „Ertrinken":
Handlung P: Da bin ich dann am Samstag baden gegangen
Kognition P: und habe mir überlegt, mich dort zu ersäufen, d. h. zu ertrinken, einfach zu tauchen und dann das Wasser einzuatmen.
Handlung P: Das ist mir jedoch dann nicht gelungen.
Kognition P: Ich weiß auch nicht warum, jedenfalls hat mich der Mut verlassen.

Suizidhandlung „Pulsaderaufschneiden":
Handlung P: Am Sonntagabend bevor ich schlafen ging, war ich alleine in meinem Zimmer, eigentlich auch alleine zu Hause und da habe ich den Bilderrahmen gesehen, den ich am Freitag habe liegen lassen und der war eben kaputt gegangen, vielleicht weil er dort gelegen hatte und jemand darauf getreten ist oder weiß ich was.
Handlung P: Nachher habe ich das Glas gesehen und habe versucht, mir die Pulsadern aufzuschneiden, aber das hatte ich bereits öfters probiert und es hat nie geklappt.

Suizidhandlung „Glasschlucken":
Handlung P: Da habe ich dann versucht das Glas zu schlucken.
Kognition P: Das dies so schlimme Folgen haben könnte, habe ich nicht gewusst. Das habe ich erst später erfahren.

Empfindung P: Jedenfalls hatte ich das Gefühl, dass ich vielleicht erbrechen müsste, eventuell noch Blut erbrechen, sodass ich ins Krankenhaus käme und somit am Montag nicht zur Arbeit gehen müsste.

Gemeinsame Handlung „Gespräch mit Chef"; Patientin (P), Chef (Ch):
Handlung P: Montag morgen bin ich dann trotzdem zur Arbeit gegangen, weil nichts passiert war.
Empfindung P: Jedenfalls ging es mir schlecht, vielleicht wegen der Einbildung oder psychisch. Ich spürte den Glasgeschmack und hatte auch Magenschmerzen.
Gemeinsame Handlung P, Ch: Bei der Arbeit hatte ich ein Gespräch mit dem Chef,
Gefühl P: welches mich sehr deprimierte,
Handlung Ch: weil er mir sagte, ich solle Bewerbungen schreiben und ich nicht bei ihnen bleiben könne.
Handlung P: Da habe ich gefragt, ob ich gehen könne, weil ich mich nicht gut fühlte.

Gemeinsame Handlung „Freundin- und Krankenhausbesuch"; Patientin (P), Freundin (F):
Handlung P: Dann bin ich zu meiner besten Freundin gegangen
Handlung P: und habe ihr gesagt, dass ich Scheisse gemacht hätte, dass ich Glas geschluckt hätte und was nun.
Handlung F: Sie hat gesagt, dass wir in die Klinik gehen sollten, weil diese am nächsten war.
Kognition F: Dann kam ihr allerdings in den Sinn, dass dieses Krankenhaus nur chirurgisch war, dass es gar nichts mit innerer Medizin zu tun hatte.
Gemeinsame Handlung F, P: Dann haben wir einen anderen Arzt angerufen, einen Darmspezialist, und der hat dann gesagt, dass wir notfallmässig in das Krankenhaus gehen sollten.
Gemeinsame Handlung F, P: Das wollten wir aber nicht, weshalb wir noch einem anderen (Arzt) angerufen haben und der hat genau das gleiche gesagt.
Gemeinsame Handlung F, P: Dann sind wir eben am Mittag hierhergekommen.

Suizidkognition, Patientin (P):
Kognition P: (War es meine) Absicht ... mich zu töten?
Kognition P: Ich kann das nicht genau sagen.
Kognition P: Wenn man in so einem Loch ist, ist einem das egal und irgendwie will man auch nicht sterben, weil man nicht weiß, was einen erwartet oder dass man dann die beste Freundin vermisst und denkt, dass das noch nicht alles

gewesen sein kann. Zu sterben und sie dann alleine zu lassen… sie ist eigentlich die einzige Person, für die ich sozusagen noch lebe.

Kognition P: Ich glaube, das hat auch mit Mitleid zu tun, dass man das will, denn ich bin die Mittlere und immer, wenn wir untereinander Krach hatten, war ich die Schuldige.

Kognition P: Als ich klein war, hat man mir immer gesagt, nein nicht gesagt… jedenfalls hatte ich immer das Gefühl, dass man mich nicht gerne hatte.

Kognition P: Die kleinere Schwester war sehr lange mit meiner Mutter in einem Zimmer und ich war wie ausgestoßen.

Handlung Mutter: Meine Mutter hat mir auch immer gesagt, dass ich Einkaufen gehen solle,

Kognition P: was ich nicht konnte, auch wegen dem Selbstvertrauen, das man mir kaputt gemacht hatte.

Kognition P: Wegen dem konnte ich nie zum Einkaufen gehen, worauf ich immer hörte, dass ich blöd sei, dass ich nichts könne.

Kognition P: Und mit den Auslösern, die ich jetzt gemacht habe. vielleicht war das, weil ich sehen wollte, ob noch irgendjemand da ist, der… für mich irgendwie, ob mich noch jemand gerne hat.

Beziehungen zu Familie, Freundin:

Kognition P: (Ich bin nicht ganz sicher, ob man mich in der Familie gerne hat). Und auch bei meiner besten Freundin… also ich habe sie sehr gerne, aber ich weiß nicht, wie gerne sie mich als Freundin hat. Sie hat noch drei Kinder und hat deshalb nicht so viel Zeit für mich und hat eine neue Arbeitsstelle angetreten und dann sehe ich sie eine Woche und eine Woche nicht.

Kognition P: Ich wollte nie, dass sie (Familie) das (dass ich leide) erfahren.

Kognition P: Die haben das erst jetzt erfahren, als ich das Glas geschluckt habe und im Krankenhaus war. Aber die denken, dass das wegen den Abschlussprüfungen war, aber dass ich mir schon vorher das Leben nehmen wollte wissen sie nicht. Und ich will auch nicht, dass sie das wissen.

Kognition P: Für was. Ich hätte ihre Liebe als Kind gebraucht und jetzt brauche ich sie nicht mehr.

Kognition P: Das (ein bisschen Trotz) kann auch sein.

„Sich Schneiden":

Kognition P: Man hat mich nie darauf (Schneiden) angesprochen oder ich hatte auch im Sommer lange Pullover an, damit man das ja nicht sieht.

Kognition P: Auch auf der Arbeit immer mit langem Pullover, auch im Sommer und sie haben mir da gesagt, ob ich nicht noch eine Jacke anziehen wolle. Aber das war mir eigentlich egal.

Handlung P: Manchmal habe ich auch einen Verband angelegt, wenn es gerade frisch war

Gemeinsame Handlung P, Arbeitskollegen: und nachher haben sie mich gefragt, was passiert sei und ich habe geantwortet, dass es nur ein wenig verstaucht oder verbrannt sei.

Kognition P: Jedenfalls konnte ich auch die Fantasie... einfach erfinden und sagen, dass etwas passiert sei.

Kognition P: Ja. (Es ist sehr viel Widersprüchliches. Einerseits wollte ich Mitleid erregen und andererseits brauche ich die Liebe überhaupt nicht)

Kognition P: Weshalb nicht alles mitteilen? Vielleicht aus Angst, dass wenn sie das sehen würden, sie sagen würden, ich spinne wirklich.

„Psychotherapeutische Behandlung":

Handlung Ärzte: Man hat mir auch gesagt, ob ich nicht in die Psychiatrische Klinik... also ob ich heimgehen solle oder ob ich in die Psychiatrische Klinik gehen solle.

Kognition P: Das hat mich auch erschreckt, weil dass wenn man Probleme hat, man gerade abgeschoben wird als sei man wirklich blöd. Und wenn man draußen von der Psychiatrischen Klinik spricht, sagt man ja auch immer, dass nur die die spinnen dort sind.

Kognition P: (es gibt niemanden, der mich verstehen könnte. Ich habe das Gefühl, dass niemand da sei, der positive Gefühle für mich empfindet)

„Destruktive Handlungen":

Kognition P: Seit ich sehr klein bin – ich habe nie an Mord gedacht, daran, mich selber zu ermorden oder so – aber ich weiß, dass ich mir am Arm mit einer Schere die Haut abgeschnitten habe.

Kognition P: Ich weiß auch nicht wieso man das macht, aber vielleicht ist das so, wenn man sich selber hasst und man von sich denkt, dass man blöd ist und man etwas nicht erreichen konnte. Man hasst sich eben und macht sich so kaputt. Es ist auch nicht nur an den Armen, sondern auch an den Beinen.

Kognition P: (ich habe mich gehasst)

Kognition P: Etwa vor fünf Jahren (fing ich an mich zu schneiden).

Kognition P: (Ich hasse an mir) eben, dass ich kein Selbstvertrauen hatte, dass ich nicht selber zum Einkaufen gehen konnte oder alleine in die Stadt fahren konnte oder dass ich nichts konnte.

Kognition P: (Ich konnte das nicht, weil ich) Angst (hatte).

Kognition P: Ich habe mich geschämt vor Leuten, wie sie mich angeschaut haben.

Kognition P: Ich habe auch heute noch das Gefühl, dass die anderen Leute besser sind als ich.

Kognition P: Auch vom Denken her, dass sie intelligenter sind oder ja, dass sie etwas können und ich nicht.

Kognition P: Es ist auch so, dass meine beiden Schwestern abgestürzt sind und da hatten sie (die Eltern) auch Kummer und mussten sich viel mit ihnen abgeben.

11.2 Suizidanalyse: Ich habe das eigentlich absichtlich gemacht

Die Mutter hatte auch Nervenzusammenbrüche wegen den beiden und da hat man mich irgendwie vergessen.

Kognition P: Es ist auch so, dass ich der jüngeren Schwester helfen wollte aus dem heraus zu kommen und ich habe selber nie die Kraft gefunden, das zu erreichen, weil wenn sie selber nicht wollte, dann geht es nicht.

Kognition P: Die Ältere ist schon länger drogensüchtig und die hat dann die Jüngere mit reingezogen.

Kognition P: Und die Mutter weiß auch nicht, wie sie helfen soll. Ich habe ihr schon hundert Mal gesagt, dass sie sie wenn schon heimnehmen soll und sie hierlassen soll, statt sie bei ihnen zu lassen, denn sie (die ältere Schwester) hat selber eine Wohnung. Was mich auch kaputt macht, ist wenn die ältere Schwester bei uns ist, weil sie aufgrund der Drogen immer schlecht gelaunt ist und das bei mir abreagiert.

„Hyperventilieren":
Empfindung P: ich habe Mühe mit dem Atmen.

Kognition P: Das habe ich jetzt seit etwa einer Woche, aber sie haben mir auch gesagt, das sei, weil ich zu wenig Eisen im Blut hätte und dass das Blut auch Sauerstoff transportieren würde...wegen dem irgendwie.

Kognition P: Das ist vielleicht wegen der Aufregung oder weil ich nervös bin.

Kognition P: Also es nervt mich selber auch, weil ich zu wenig Luft in der Lunge habe und so einatmen muss.

Kognition P: (es ist eine Art Beengung in der Brust).

„Kommunikation zu Hause":
Kognition P: Die Mutter geht am Abend sehr spät in den Ausgang und trinkt, aber erst seit die

Kleinere (Schwester) mit reingezogen wurde, weil sie eben auch nicht weiß, wie sie helfen soll. Und der Vater... ich weiß auch nicht, wieso sie nichts gemacht haben.

Handlung P: Ich habe der Mutter schon hundert Mal gesagt, sie solle doch etwas machen.

Handlung Mutter: Da hat sie frech zu mir gesagt, ich solle mich nicht einmischen, das sei ihre Sache.

Kognition P: Ich spreche eigentlich... bereits als kleines Kind hatte ich Angst vor ihm (Vater). Ich weiß auch nicht, wieso ich Angst vor ihm hatte. Jedenfalls habe ich nicht mit ihm gesprochen. Auch als ich klein war, bin ich ihn nie etwas fragen gegangen, war immer alleine. Ich spreche auch jetzt nicht mehr mit ihm, weil irgendwie müsste ich ihm verzeihen, damit ich mit ihm sprechen könnte.

Kognition P: Er war früher Alkoholiker, was er heute nicht mehr ist. Er trinkt heute keinen Alkohol mehr. Vielleicht hatten wir Angst vor ihm, als er immer betrunken nach Hause gekommen ist.

Kognition P: … da ist ein Bild, welches zeigt, wie gemein er war, das mir sehr stark in Erinnerung geblieben ist: Er hat einmal wegen einer Kleinigkeit die Mutter geohrfeigt, welche nachher Nasenbluten hatte. Damit war die Sache beendigt. Er hat uns nachher ins Zimmer gesperrt, damit wir nichts mitbekamen. Da habe ich dann gesehen, wie stark sie unter ihm gelitten hat. Sie hat auch einmal versucht sich umzubringen und hat Tabletten geschluckt und Alkohol getrunken, wonach sie dann ins Krankenhaus kam. Wir durften sie nicht einmal besuchen und durften nicht erfahren, was passiert war und wurden wieder im Zimmer eingeschlossen.

„Suizidgedanken":
Kognition P: Es ist einfach vieles, das auf mich zukommt oder zugekommen ist besser gesagt, dass ich mir gesagt habe, dass ich nicht mehr konnte, dass es reichte.
Kognition P: (Ich kann nicht mehr heißt dann ich tue mir etwas an)
Kognition P: Es war sehr häufig. Jedenfalls habe ich mich auch dort wieder als Verliererin gefühlt, weil nie etwas wirklich geklappt hat.
Kognition P: weil ich es vielleicht nicht geschafft hatte, mir das Leben zu nehmen.
Kognition P: Alles ist mir egal. Man überlegt sich, was man machen könnte, damit es … ja, einfach auch. Wie soll ich das erklären. Wenn man psychisch Schmerzen in sich hat.
Kognition P: Alles ist egal. Man hat nur einen Ausweg und man probiert alles, was man hat, alle Möglichkeiten. Man ist wie in einem Loch, alles ist schwarz. Man sieht nichts mehr Farbiges in seinem Leben.
Kognition P: Ja, aber wenn man in dem Loch ist, wie ich dem sage, dann hat man eigentlich keine… Im Moment, wo man etwas macht, wie z. B. die Pulsadern aufschneiden, dann hat man keine Angst, aber nachher, wenn das Blut kommt macht es stopp, das kannst du nicht machen. Jetzt muss man nachdenken, sonst kommt man auf die andere Seite des Lebens.
Kognition P: Ich wurde oft verletzt, auch als Kind. Da hatte ich dann auch Angst, mich vor irgend jemandem zu öffnen und das zu sagen.
Kognition P: Ich hatte auch eine beste Freundin und die hat mich dann auch verarscht… also ja.
Kognition P: Und dann ist sie trotzdem nicht da, wenn man sie braucht.
Kognition P: Das (ich bin nicht so viel wert wie die anderen) wurde wahrscheinlich auch wegen der Gesellschaft so, also wegen den Leuten, die gedacht haben, sie seien etwas Besseres als ich.

„Misserfolge im Leben":
Kognition P: Erreicht habe ich in dem Sinne überhaupt nichts, wenn ich mir überlege, was ich bis jetzt wollte.

11.2 Suizidanalyse: Ich habe das eigentlich absichtlich gemacht

Kognition P: Was ich wollte. Eine eigene Wohnung, ein Kind, eine Familie, Autofahren können und auch was ich beruflich erreichen wollte, habe ich nicht geschafft. Ich habe ja noch Zeit, das stimmt.

Kognition P: (Ich will beruflich werden:) Säuglingsschwester, aber das wäre sehr schwierig gewesen für mich. Und was ich noch gerne geworden wäre, ist Polizistin, vielleicht um auf der Straße Ordnung zu schaffen und auch die Drogen verbieten, einfach alles verbieten, was hinten herum abläuft.

Kognition P: (Ich schaffe das nicht) Wegen der Schule, der Weiterbildung, weil ich auch denke, dass es schwierig ist für mich. Auch diese Gedanken mit dem „Loch" geben mir nicht die Hoffnung, dass ich mich auf etwas konzentrieren könnte.

Kognition P: (ich kann das nicht überwinden) Weil, zum Beispiel merke ich, dass ich da eine Schwäche habe, wenn ich für den Chef etwas erledigen muss. Wenn ich mich nach meinem Gefühl entscheiden muss, dann kommt es immer, immer falsch, wenn ich ihm etwas bringen muss. Dort sehe ich dann, dass ich mich nicht an meine Gedanken halten kann, weil es immer falsch kommt.

Kognition P: Wenn ich für ihn Blätter kopieren muss und er will zwei Mal je ein Exemplar und ich kopiere nur eins, dann wird er wütend. Oder einmal musste ich eine Telefonnummer für ihn ausfindig machen und auch das konnte ich nicht, weil… es ist komisch. Wahrscheinlich, weil ich nicht so gut bin in Deutsch und nicht gewusst habe, wie man das schreibt und es deshalb nicht gefunden habe.

Kognition P: dann musste ich auch wieder nachfragen und er wurde wütend, weil ich nicht einmal eine Telefonnummer finden konnte, von der er mir schon den Namen und die Ortschaft genannt hatte.

Handlung P: Ich gehe meistens weinen im WC, damit mich niemand sieht.

Kognition P: Es wäre vielleicht nicht schlimm, wenn mir der Fehler nur einmal passieren würde, aber es passiert mir jedes Mal. Und vielleicht auch die Angst, wenn er mir etwas zu tun gibt, dass ich dann durch die Angst Fehler begehe.

Kognition P: Ich weiß nicht, wie man das (die Angst zu beseitigen) erreichen könnte.

Kognition P: Die Angst kommt auch vielleicht auch, weil ich das Gefühl habe, er sei etwas Besseres als ich und ich deshalb alles richtig machen muss und ich versuche zu schauen, ob ich überhaupt etwas (wert) bin.

Kognition P: Nicht besser, aber damit ich einschätzen kann, wo ich liege, weil er ja der Oberboss ist und ihm die Firma gehört.

Kognition P: Ja, also weil es seine eigene ist und der sie aufgebaut hat und er Macht hat über die Leute, die dort arbeiten.

Kognition P: Ich weiß eben auch nicht wo ich bei ihr (Freundin) stehe, weil ich, ich habe sie wirklich gerne. Und manchmal, wenn ich zu ihr gehe, spricht sie nicht so viel mit mir, weil die Kinder an erster Stelle stehen. Als sie das mit den

Scherben erfahren hat, hat sie mir als erstes gesagt, dass ich spinne und dass sie niemals so etwas tun könnte. Einfach wieder... ja.

Kognition P: Sie hat es nicht als Vorwurf gemeint, sondern aus Angst um mich hat sie gesagt, dass ich spinne... ja; es hätte gefährlich werden können.

„Beziehung zu Freundin":

Kognition P: Diese Freundin hat drei Kinder ....

Kognition P: Sie hat eben vor einem Jahr das erste, eh nein, nicht das erste, das Bébé bekommen, also das letzte Kind. Ihr Patenkind ist mit meiner kleinen Schwester in die Schule gegangen. Und dieses Mädchen habe ich eben auch kennengelernt und weil diese wusste, dass ich Kinder mag, hat sie gesagt, ich solle ihre Tante besuchen, weil diese ein Kind bekommen hatte.

Handlung P: Nachher habe ich sie einmal besucht, nicht alleine, weil ich nicht Mal das konnte, sondern mit einer anderen Freundin, die ich auch kennengelernt hatte. Nachher sind wir eben zu ihr gegangen und ich durfte dann das Bébé in den Armen halten.

Gemeinsame Handlung Freundin, P: Man merkt auch, dass sie helfen will und sie sprach mit mir. An diesem Abend hat sie eben auch mit mir gesprochen und

Handlung P: ich habe ihr dann von meinen Kratzern erzählt, die ich mir zugefügt hatte. Und durch das, dass ich mit ihr sprechen konnte, habe ich sie liebgewonnen und wegen dem bin ich fast jeden Tag zu ihr gegangen.

Kognition P: Ich glaube, dass die Kinder mich mögen, weil das eine, ich glaube es ist dieses Jahr 8jährig geworden, ruft mich manchmal an, um zu fragen, ob ich mit ihm spielen komme. Und das freut mich, wenn ich einem Kind Freude bereiten kann, indem ich mit ich spielen gehe.

Kognition P: Ich habe einfach Freude an Kindern und ob mir etwas anderes Freude bereitet... nicht unbedingt.

Kognition P: Also, es kommt mir sonst nichts in den Sinn.

„Schwestern zu Hause":

Kognition P: Irgendwie bin ich auch froh, dass ich gestern raus gehen durfte, dass ich nach draußen durfte und nicht mehr eingesperrt war. Also eingesperrt war ich eigentlich nicht. Und manchmal denke ich, es ist schade, dass es nicht schlimmer rausgekommen ist.

Kognition P: Weil ich jetzt wieder heimgeschickt werde und die beiden Schwestern daheim sind und sie gehen nicht.

Kognition P: Ich habe die Mutter gefragt, weshalb sie sie nicht heimschickt und...

Kognition P: Sie (Schwester) hat selber eine Wohnung, aber sie hat Stromausfall oder irgendetwas und deshalb ist sie jetzt bei uns. Während dem Tag arbeiten meine Eltern und sie nehmen dann noch ihre Freunde mit nach Hause. Und es gibt nur einen Fernseher in meinem Zimmer, weil sie nicht ins Wohnzimmer gehen dürfen. Es ist abgeschlossen, wenn meine Mutter zur Arbeit geht.

Handlung P, Schwester, Freunden der Schw.: Dann bin ich eben mit ihnen zusammen und ihren Freunden und wenn sie wütend ist, schreit sie in der ganzen Wohnung herum und so kann ich einfach nicht daheim sein.

Kognition P: Ich weiß auch nicht wieso, aber nein… und auch letzte Nacht konnte ich nicht schlafen, weil die Mutter sie noch in mein Zimmer gesteckt hat. Und ich konnte die ganze Nacht nicht schlafen, jedenfalls haben sie den ganzen Abend zusammen gesprochen und

Handlung P: ich habe ihnen dann gesagt, sie sollen gehen, nach Hause, Ich wolle meine Ruhe und wolle schlafen.

Handlung Schwestern: Da war es für fünf Minuten ruhig und dann haben sie wieder miteinander gesprochen.

Kognition P: Wenn ich die Lehre geschafft hätte, habe ich überlegt von daheim auszuziehen, wenn ich eine Stelle hätte. Ich würde ganz bestimmt eine suchen, wenn ich die Lehre geschafft hätte.

„Prüfungen in der Schule":

Kognition P: Ich glaube auch, dass es (die Lehre nicht geschafft) mit diesen Problemen zusammenhängt, dass ich wegen dem irgendwie… ich glaube, dass die Gedanken, dass ich mich umbringen wollte daran schuld sind.

Kognition P: Ich habe mir am Anfang auch immer gesagt, dass ich die Prüfung nicht bestehen würde.

Handlung Freundin: Die Freundin hat gesagt, ich solle nicht negativ denken, ich solle positiv denken, dass ich es schaffe.

Kognition P: Zwei Wochen vor der Prüfung habe ich gedacht, dass ich die Prüfung unbedingt schaffen musste, für mich und auch um den anderen zu beweisen, dass ich etwas konnte. Und ich glaubte dann, dass ich es schafften würde und dann dieser Schock als ich erfahren habe, dass es nicht gereicht hatte.

Kognition P: Ja, also der Gesamtschnitt wäre genügend, aber ich habe zu viele ungenügende Noten. Man darf zwei haben und ich habe vier.

Kognition P: Die Fächer, in denen ich schlecht war, habe ich auch gelernt und da hatte ich auch keine ungenügenden Noten während der Prüfung.

Kognition P: Ich kann jetzt noch ein Jahr machen, aber erst wenn ich eine Stelle habe, um das Jahr zu repetieren.

Kognition P: (die ist noch nicht in Aussicht) Eben, das hat mich auch deprimiert als ich zum Chef ins Büro ging und er mir sagte, ich solle Bewerbungen schreiben.

„Berufliche Zukunft":

Handlung P-: (ich habe mich) Noch nirgends (beworben).

Kognition P: (ich bin zuversichtlich, dass ich das anpacken werde), weil ich trotzdem nicht will, dass die zwei Jahre für nichts waren, sonst muss ich noch einmal zwei Jahre machen und sonst hätte ich ein Jahr gewonnen.

Kognition P: Jetzt muss ich nur noch ein Jahr machen.

Kognition P: Ich finde es (eine Behandlung) gut, weil ... ich habe langsam genug von diesen Gedanken und es passiert trotzdem nichts. Und irgendwie will ich Hilfe, damit ich über all das hinwegkomme, über die Sachen. ◄

Zusammenfassung

1. Die Patientin beschreibt viele Handlungen aus unterschiedlichen Bereichen ihres Handelns, die Teile ihrer Projekte darstellen. Sie erzählt von ihrer „Suizidhandlung", dem „Suizidhandlungsanlass", von ihrer „Suizidhandlung durch Ertrinken", „Suizidhandlung durch Pulsaderaufschneiden" und dann von der letzten „Suizidhandlung durch Glasschlucken".
2. Sie spricht von Handlungen wie das „Gespräch mit Chef", ihr „Freundin- und Krankenhausbesuch", „Suizidkognition", Handlungen in der „Beziehungen zu Familie", Handlungen mit „Freundin", ihr „sich Schneiden", ihre „psychotherapeutische Behandlung", ihre „destruktiven Handlungen", erklärt ihr „Hyperventilieren" während des Gesprächs, erzählt über „Kommunikation zu Hause", „Suizidgedanken", ihre „Misserfolge im Leben", ihrer „Beziehung zur Freundin", beschreibt ihre „Bemühung um und mit den Schwestern" zu Hause, ihre missratenen „Prüfungen in der Schule" und ihre unsichere „berufliche Zukunft". ◄

11.2.3 Probleme der Handlungsorganisation

Die junge Frau offenbart in ihrer Erzählung eine Reihe von Problemen, die wir als Unzulänglichkeiten der Handlungsorganisation bezeichnen. Es sind Probleme innerhalb der Handlung, Probleme in der Organisation der Projekte und der langfristigen Anliegen, wie auch Probleme in der Organisation der Beziehungen zwischen diesen Prozessen. Wir erinnern uns, eine Handlung ist auf mehreren Handlungsebenen organisiert, die zueinander in Beziehungen eines hierarchischen Systems stehen. Ähnliches gilt für Projekte und langfristige Lebensanliegen. Jede Handlung erfolgt mit einem Ziel (oberste Handlungsorganisationsebene), in Handlungsschritten (mittlere Handlungsorganisationsebene) und in einzelnen Bewegungen (unterste Handlungsorganisationsebene). Jede Handlung kann mehreren Projekten zugeordnet werden (z. B., kompatible, d. h. zusammenpassende, komplementäre, d. h. sich ergänzende, oder konflikthafte Projekte). Zudem sind Ziele und Anliegen hierarchisch organisiert. Die junge Frau erfuhr von ihren misslungenen Prüfungen vor dem Wochenende und verglich dies mit der Information ihres Vorgesetzten, sie müsse sich einen anderen Betrieb suchen, wenn sie die Prüfungen nicht bestehe. Wenn sie also nach dem Wochenende zur Arbeit ginge, müsste sie in einem Gespräch mit ihrem Chef dessen Kündigung entgegennehmen. Es war jedoch der Patientin wichtig, ihre Ausbildung abzuschließen und sie wollte daher die Situation vermeiden, in der sie dies erfahren sollte. Bereits dieses Anliegen zeugt von einer Verwechslung in der hierarchischen Ordnung der Ziele. Die bekannten Zusammenhänge zwischen dem Nichtbestehen der Prüfungen und dem Beenden der Anstellung und die Konsequenzen der misslungenen Prüfungen werden durch das Vermeiden der Situation, in der der Vorgesetzte bestätigt, dass dieses „wenn-dann" eingetroffen ist, nicht ungeschehen gemacht. Die junge Frau kann sich höchstens emotional schützen, um diese Ablehnung nicht anhören zu müssen. Das Anliegen „sich emotional schützen" wird ihr wichtiger als andere rationale Anliegen, wie „die Regeln des Arbeitsvertrages einzuhalten" und „keine zusätzlichen negativen Konsequenzen" herbeiführen. Aber auch dieses Anliegen spielte in ihren anschließenden Handlungen eine Rolle. Anstatt der Arbeit einfach fern zu bleiben suchte sie zwingende Gründe, um den Vorwurf dieser Regelverletzung zu entgehen. Sie wollte sich im Schwimmbad ertränken, was ihr aber nicht gelang. D. h., auf der Ebene der Handlungsregulation funktionierten ihre Handlungsabläufe im Sinne des übergreifenden Zieles der „Lebenserhaltung". Es gelang ihr also nicht, diese auszuschalten. Zudem ist das Ziel „zu sterben", um der Konfrontation mit ihrem Vorgesetzten aus dem Wege zu gehen, völlig unangebracht und irrational, denn die emotionale Entlastung durch das Vermeiden des Gesprächs würde die Patientin nicht empfinden können, da sie dies nicht erleben würde. Eine rationale Überlegung nahm die Patientin vor, als sie die Option sich mit Schneiden am Arm zu suizidieren verwarf, da sie damit bereits enttäuschende Erfahrungen gemacht hatte. Sie versuchte ihr Ziel zu erreichen, indem sie Bruchglas schluckte. Hier ließ sie eine gewisse Ambivalenz ihrer Suizidabsicht gegenüber durchblicken, in dem sie meinte „Das dies so schlimme Folgen haben könnte, habe ich nicht gewusst. Das habe ich erst später erfahren... Jedenfalls hatte ich das Gefühl, dass ich vielleicht erbrechen müsste, eventuell noch Blut erbrechen, so dass ich ins Krankenhaus käme und somit am Montag nicht zur Arbeit gehen müsste." Hier berichtet sie von einer Zieländerung – nicht mehr sterben wollen, sondern nur krank sein, damit sie nicht zur Arbeit gehen müsste. Dabei berichtet sie später, dass es eine uninformierte Wahl der Mittel war, da sie sich durch das Verschlucken von Glasscherben mehr gefährden könnte als sie es beabsichtigte. Die junge Frau berichtete zudem noch von weiteren Problemen, die wir als Probleme in der Handlungsorganisation erkennen. Es ist verständlich, dass sie sich von ihrem Vater Aufmerksamkeit, Liebe und Zuneigung wünschte. Dieser aber litt unter Alkoholismus, als sie klein war und sie war Zeuge, wie er ihre Mutter blutig schlug. Durch sein unvorhersehbares Verhalten in betrunkenem Zustand und seine Aggressivität bekam die Patientin Angst vor ihm, sodass sie sich nicht traute, ihn anzusprechen. Jetzt lehnt sie ihn ab, obwohl er nicht mehr trinke. Sie berichtet trotzig, dass sie seine Liebe jetzt nicht mehr wolle, da sie sie nicht bekam als sie sie gebraucht hätte, aber sie lässt durchblicken, dass ihr auch seine Anerkennung wohltäte. Sie ängstig sich vor ihm und wahrscheinlich auch allgemein vor Autoritätspersonen. Sie trägt eine konflikthafte Haltung ihm und eventuell auch anderen Autoritätspersonen gegenüber. Mit dieser kognitiv-emotionalen Voraussetzung wird die Handlungskapazität der jungen Frau stark herabgesetzt. Sie schildert diese Erfahrungen wie folgt „... ich (habe) da eine Schwäche, wenn ich für den Chef etwas erledigen muss. Wenn ich mich nach meinem Gefühl entscheiden muss, dann kommt es immer, immer falsch, wenn ich ihm etwas bringen muss. Dort sehe ich dann, dass ich mich nicht an meine Gedanken halten kann, weil es immer falsch kommt… Wenn ich für ihn Blätter kopieren muss und er will zwei Mal je ein Exemplar und ich kopiere nur eins, dann wird er wütend. Oder einmal musste ich eine Telefonnummer für ihn ausfindig machen und auch das konnte ich nicht, weil… es ist komisch. Wahrscheinlich, weil ich nicht so gut bin in Deutsch und nicht gewusst habe, wie man das schreibt und es deshalb nicht gefunden habe…dann musste ich auch wieder nachfragen und er wurde wütend, weil ich nicht einmal eine Telefonnummer finden konnte, von der er mir schon den Namen und die Ortschaft genannt hatte." Auch in diesen Fällen kommen die einzelnen Anliegen, wie „die Angst kontrollieren", „sich vor der Autoritätsperson schützen", „sich nicht blamieren", „die Autoritätsperson nicht enttäuschen", „eigene Schwächen verbergen" der Ausführung der einfachen Aufgabe in die Quere und die junge Frau erledigt diese fehlerhaft. Ihr Vorgesetzter ist durch diese Fehler völlig überfordert und reagiert entsprechend mit Wut und Unverständnis, worauf die junge Frau zusammenbricht („Ich gehe meistens weinen im WC, damit mich niemand sieht").

Die Patientin wird dann in ihren Annahmen bestätigt und intensiviert ihre „Befangenheit" bei der nächsten Aufgabe noch mehr. Eine Handlungsherausforderung, die sich auf der tiefsten Ebene der Handlungsorganisation regulieren ließe, wird nicht nur die Handlungskontrolle auf der nächst höheren Ebene beeinträchtigen, sondern kann auch die Handlungsziele auf der höchsten Ebene der Handlungsorganisation prägen.

▶ **Zusammenfassung**
1. Die Patientin schildert ausführlich zwei Begebenheiten, die ihre Probleme in ihrer Handlungsorganisation in gewissen Situation offenbaren. Es ist zunächst das Problem der Hierarchie der Ziele. Nach der missratenen Prüfung will die Patientin eine emotional bedrohliche Situation vermeiden, nämlich das Kündigungsgespräch mit ihrem Chef. Zu diesem Ziel überlegt sie und versucht eine suizidale Handlung, um dies nicht erleben müssen. Als ihr dies nicht gelingt, will sie zumindest eine destruktive Handlung mit einem zwar nicht intendierten Ziel, aber dennoch einem möglichen Ausgang – Suizid, vornehmen. Naheliegend wäre eine Hierarchie der Ziele, wie „am Leben bleiben", „Gesundheit schützen", „neue Möglichkeiten in der beruflichen Ausbildung suchen", „sich emotional im Kündigungsgespräch schützen".
2. Eine andere Problematik in der Handlungsordnung wird aus ihrer Beziehung zum Vater und anderen Autoritätspersonen sichtbar. Sie hat Angst vor ihrem Vater, der Alkoholprobleme hatte und gewalttätig war. Jetzt lehnt sie ihn ab, obwohl ihr seine Anerkennung fehlt. Aufgrund dieser Erfahrung erlebt sie Ängste und Stress, wenn sie mit Autoritätspersonen, wie mit ihrem Vorgesetzten, zusammenarbeitet, kann daher ihre Fähigkeiten nicht voll entfalten und macht viele Fehler. So beeinflusst die Regulationsebene die Steuerung und Kontrolle ihres Handelns auf ungünstige Weise.

11.2.4 Bewusst vorbereitet oder spontan vorgenommen?

Die junge Frau spricht diese Frage selbst an: „Ich habe das eigentlich absichtlich gemacht…". Allerdings ist sie sich dessen weniger sicher als sie uns anfangs glauben lässt… Auf die spätere Frage des Psychiaters, ob es ihre Absicht war sich zu töten, meint sie: „Ich kann das nicht genau sagen…Wenn man in so einem Loch ist, ist einem das egal und irgendwie will man auch nicht sterben, weil man nicht weiß, was einem erwartet oder dass man dann die beste Freundin vermisst und denkt, dass das noch nicht alles gewesen sein kann. Zu sterben und sie dann alleine zu lassen… sie ist eigentlich die einzige Person, für die ich sozusagen noch lebe." Sie spricht damit genau die Problematik der Handlungsorganisation im Sinne der Beziehung der Suizidhandlung zu anderen Projekten und Lebensanliegen an. Die Suizidhandlung war in ihrem Handlungsziel bewusst, aber die Beziehung dieser Handlung zu anderen Projekten und langfristigen Anliegen war nicht bewusst reflektiert. Die Suche nach den passenden Mitteln für die Suizidhandlung (Ertrinken, Blutgefässe mit Glas aufschneiden, Glasscherben schlucken) zeugt von der beharrlichen Verfolgung des Ziels. Das Ziel wurde also nicht durch das Vorhandensein der passenden Mittel initiiert.

▶ **Zusammenfassung** Die Patientin gibt zwar eine feste Absicht an, für ihre destruktive Handlung zu sterben, äußert aber später eine gewisse Ambivalenz diesem Ziel gegenüber. Allerdings überlegte sich die Patientin ihre destruktive Handlung im Voraus und strebte zielgerichtet das Resultat an. Sie suchte nur die passenden Mittel, aber wurde nicht durch das Vorhandensein der Suizidmittel zur Tat motiviert. Die Suizidhandlung wurde aus dem Suizidprojekt abgeleitet (top down). Das Suizidprojekt wurde nicht mit dem Vorhandensein der Suizidmittel hervorgeholt (bottom-up).

11.2.5 Probleme der Handlungsüberwachungsprozesse

Welche Probleme erlebte die junge Frau in Bewusstseins-, bzw. Aufmerksamkeitsprozessen, Emotionen und Schmerzen in ihrer Handlungsüberwachungsfunktion? Die Patientin berichtet von diesen Prozessen nicht nur, wie sie sie erlebte, sondern formuliert ihre Aussage als allgemeingültig. Sie erachte die psychischen Schmerzen als ausschlaggebend „…Wenn man psychisch Schmerzen in sich hat… Alles ist egal. Man hat nur einen Ausweg und man probiert alles, was man hat, alle Möglichkeiten." Wir erinnern uns, die Patientin schnitt sich an Unterarm und Oberschenkeln und fand dabei Erleichterung, nicht warnende Schmerzen. Zudem melden sich auch keine warnenden Emotionen, wie Angst vor den Konsequenzen des eigenen Tuns „Im Moment, wo man etwas macht, wie z. B. die Pulsadern aufschneiden, dann hat man keine Angst…" Erst das kognitive Monitoring ermöglicht der Patientin das Bewusstwerdens des Handelns „… aber nachher wenn das Blut kommt macht es stopp, das kannst du nicht machen. Jetzt muss man nachdenken, sonst kommt man auf die andere Seite des Lebens." Wobei die andere Seite des Lebens den Tod bedeutet. Wenn wir das emotionale Erleben mit Farben verbinden, dann kann die Aussage der jungen Frau: „Man ist wie in einem Loch, alles ist schwarz. Man sieht nichts mehr Farbiges in seinem Leben" als Ausbleiben des emotionalen Monitorings gesehen werden. Die Probleme des emotionalen Handlungsmonitorings der Patientin beschränkten sich nicht nur auf das Nichtvorhandensein der Farben, sondern es wurden auch Angsterinnerungen mit Spiegelung der gegenwärtigen Situation verwechselt. Dem Vater, der nicht mehr trinkt, begegnet sie mit den gleichen Ängsten wie damals, als er in seiner Trunkenheit unbeherrscht zu Hause agierte. Den männlichen Vorgesetzten sieht sie mit diesen Erinnerungen an die Angst vor der Autoritätsperson, dem Vater. Die ihr von ihrem Vorgesetzten zugeteilten Aufgaben am Arbeitsplatz spiegelt sie emotional mit dem Erleben des vergangenen und zukünftigen Misserfolges, sodass sie diese nicht erfolgreich ausführen kann. In der eigentlichen Suizidsituation ist sie dermaßen von der Furcht vor der Begegnung mit ihrem Vorgesetzten überwältigt, dass sie das Monitoring in der Suizidhandlung mehrheitlich ausblendet. Ihre Absicht sich zu ertränken misslingt nur, weil die unbewussten Handlungsmechanismen es nicht zuließen, im Wasser zu untergehen. Es bedürfe Maßnahmen, die diese Mechanismen außer Kraft setzen würden, z. B., Gewichte, die einem nicht erlauben aufzutauchen, gebundene Hände und Füße, die das Schwimmen verunmöglichen, das Nichtbeherrschen des Schwimmens oder sehr weit hinauszuschwimmen aufs Meer, sodass die Strömung eine Rückkehr nicht zulässt. Als sie sich überlegt, ihre Pulsadern mit Glas aufzuschneiden, erinnerte sie sich an vergangene Misserfolge beim Schneiden mit Glas, d. h., sie überlegt, dass diese Mittel nicht geeignet sind für ihr Ziel, sich zu suizidieren, kann aber nicht überlegen, dass ihre Mittel, sich zu suizidieren, nicht geeignet sind, um den Montag emotional positiv zu erleben. Die Patientin schildert in ihrer Erzählung, dass sie Probleme mit dem Handlungsmonitoring nicht nur in der Suizidsituation erlebte, sondern dass sie solche Probleme bereits aus anderen Situationen kenne und diese ihr das Alltagsleben erschweren.

▶ **Zusammenfassung**
1. Die Patientin berichtet über Probleme des Handlungsmonitorings in allen Bereichen, Bewusstsein oder Aufmerksamkeit, Emotionen und Schmerz.
2. Ihr Monitoring durch Schmerz setzt aus, wenn sie psychische Schmerzen erlebt.
3. Ihr Monitoring durch Emotionen versagt, weil es durch Gefühlserinnerungen ersetzt wird.
4. Ihre Aufmerksamkeit wird massiv durch ihre Ängste reduziert.

11.2.6 Probleme der Handlungsenergetisierung

Die Patientin schildert ihre Suizidhandlung als ein Vorhaben, dass sie mit Entschlossenheit und Energie anging. Allerdings schildert sie viele Situationen, die sie zu vermeiden suchte und für deren Bewältigung sie keine ausreichende Energie empfand. Zudem beschrieb sie Momente, in denen sie sich wie in einem Loch fühlte. Wir können dies als Darstellung einer Situation sehen, in der die benötigte Energie zum Handeln weitaus die empfundene Energie übersteigt.

▶ **Zusammenfassung** Die Patientin energetisiert vor allem Handlungen des Vermeidens. Zum Gestalten des Alltagslebens fehlt diese Energie, weil sie durch Angst und mangelndes Selbstvertrauen zurückgehalten, bzw. nicht generiert wird.

11.2.7 Suizid und das interaktive und gemeinsame Handeln

Auch wenn die junge Frau allein war, als sie die Glasscherben schluckte ist das Handeln mit anderen für das Verstehen ihrer Suizidhandlung wichtig. Sie wollte die Begegnung mit ihrem Vorgesetzten vermeiden, die sie als unmittelbare Suizidmotivation angab. Nachdem sie die Glasscherben schluckte und sich am nächsten Tag von der Arbeitsstelle zurückzog, ging sie zu ihrer Freundin, um ihr das zu erzählen. Diese veranlasste, dass beide ins Krankenhaus gingen. Von dieser Person sagt die junge Frau „…sie ist eigentlich die einzige Person, für die ich sozusagen noch lebe". Auch wenn sie sich beklagt, dass diese Frau mit drei Kindern für sie weniger Zeit habe als sich die Patientin wünsche. Andere Beziehungen und gemeinsame Handlungen sind mit mehr Widersprüchen, Misserfolgen und Konflikten behaftet. Die junge Frau meint, dass ihr Anliegen, „ dass man sie gern habe" immer wieder enttäuscht wurde. Ihre Mutter behielt die jüngere Schwester der Patientin lange bei sich und die Patientin fühlte sich verstoßen. Der Vater trank und war gewalttätig, als sie klein war, und sie fand keinen Zugang zu ihm. Aufgaben, die sie von den Eltern und später an der Arbeitsstelle bekam konnte sie auch ihrer Ängste wegen nicht zufriedenstellend erledigen und erfuhr dadurch Ablehnung und Geringschätzung. Sowohl ihre ältere als auch ihre jüngere Schwester sind drogenabhängig, und die junge Frau erlebt die Beziehung zu ihnen als belastend. Die Ältere nimmt keine Rücksicht auf die Rechte, Ansprüche und Wünsche der Patientin, und mit der Jüngeren, die die Patientin aus der Drogenabhängigkeit herausholen möchte, erlebt die Patientin nur Misserfolge. Wie wichtig der Patientin Beziehungen und gemeinsames Handeln mit anderen sind, erfahren wir auch aus ihrer Erzählung über ihre Beziehung zu Kindern: „Ich glaube, dass die Kinder mich mögen, weil das eine, ich glaube es ist dieses Jahr 8jährig geworden, ruft mich manchmal an, um zu fragen, ob ich mit ihm spielen komme. Und das freut mich, wenn ich einem Kind Freude bereiten kann, indem ich mit ihm spielen gehe… Ich habe einfach Freude an

Kindern und ob mir etwas anderes Freude bereitet... nicht unbedingt... Also, es kommt mir sonst nichts in den Sinn." Auch aus ihren Lebenszielen geht dies hervor „... ich wollte... ein Kind, eine Familie... (beruflich)... Säuglingsschwester... Und was ich noch gerne geworden wäre, ist Polizistin..."

▶ **Zusammenfassung**
1. Die Beziehungen seien für die Patientin das A und O und aus Angst vor einer Begegnung riskierte sie sogar ihr Leben.
2. Sie bezeichnet ihre Beziehung zu einer Freundin als das einzige, wofür sie noch lebe.
3. Die Beziehungen in der Familie schildert sie als misslungen oder destruktiv. Sie fühlte sich von der Mutter abgestoßen, vor ihrem Vater hatte sie Angst, ihre drogenabhängigen Schwestern sind entweder rücksichtslos oder lassen alle Bemühungen der Patientin, ihnen zu helfen, ins Leere laufen.

11.2.8 Das Gespräch der jungen Frau mit einem Psychiater

Nachdem der Psychiater der jungen Frau den Zweck des Interviews bekanntgab leitete er die **1. gemeinsame Handlung** mit der Frage ein „Können Sie mir jetzt sagen, was überhaupt dazu geführt hat, dass Sie im Krankenhaus gelandet sind, was die Umstände waren?" In dieser Handlung beschreibt die Patientin mit fast fünfhundert Worten die Situation, in der sie ihre Suizidabsicht entwickelte, mehrere Anläufe zur Suizidhandlung nahm, die Glasscherben schluckte, von ihrem Vorgesetzten die schlechte Nachricht vernahm, dass sie sich eine neue Stelle suchen müsse und dann schließlich mit ihrer Freundin ins Krankenhaus ging. Der Psychiater erkundigte sich dann, ob es wirklich ihre Absicht war zu sterben und nach weiteren Erklärungen der Patientin fasste er diese zusammen als Hin-und-Her, eine Zerrissenheit. Die junge Frau bietet dann ein Ziel ihres Suizidversuch an als „...Mitleid... das man will", „...vielleicht war das..., weil ich sehen wollte, ob noch irgendjemand da ist, der...für mich irgendwie...ob mich noch jemand gerne hat." Dieser Aussage bewegt die Patientin sehr, was der Psychiater auch anmerkt. Sie widmen sich dann der Frage, ob jemand die junge Frau gern habe, in der Familie, ihre beste Freundin und ob die Patientin darüber mit jemandem sprechen konnte, wie sie litt. Die Patientin zeigte sich ihren Eltern gegenüber ablehnend und meint: „Ich hätte ihre Liebe als Kind gebraucht und jetzt brauche ich sie nicht mehr". So habe sie ihre frühere Suizidversuche und -gedanken den Eltern nicht anvertraut. Auch die Folgen ihres Schneidens versuchte sie immer zu kaschieren. Der Psychiater versucht die Widersprüchlichkeiten der jungen Frau zu thematisieren – sie suche Mitleid und Liebe, wolle sich aber nicht mitteilen, was sie bejaht. Sie meint, dass es niemanden gibt, der für sie positive Gefühle empfindet und dass dies bereits seit ihrer Kindheit so sei. Infolgedessen hasste sie sich und vor etwa fünf Jahren schnitt sich die Haut auf ihrem Oberarm und ihren Beinen ab. Sie schämte sich vor anderen Leuten dermaßen, dass sie nicht alleine aus dem Hause gehen konnte. Sie dachte, dass andere Leute viel besser seien als sie. Die junge Frau fühlte sich auch von ihren Eltern vergessen, weil diese sich mit ihren Schwestern beschäftigen mussten, da diese drogenabhängig wurden.

Die **2. gemeinsame Handlung** leitet der Psychiater mit der Beobachtung ein, die Patientin atme immer sehr stark ein. Sie meint, es könnte wegen der Aufregung sein, aber sie wisse nicht was sie aufregt.

In der **3. gemeinsamen Handlung** greift der Psychiater das Thema der Überforderung der Eltern durch die Drogenabhängigkeit der Schwestern wieder auf. Sie kommen dann auf den Vater der Patientin zu sprechen und die junge Frau beschreibt ihre Ängste vor ihm, wie er früher trank, die Mutter schlug und die Mutter sich suizidieren wollte.

Die **4. gemeinsame Handlung** öffnet der Psychiater mit seinen Überlegungen zur Situation der Familie der Patientin und die Stellung der jungen Frau in dieser Konstellation. Er machte darauf aufmerksam, dass die Patientin die einzige war, die sich für die Verbesserung der Familiensituation einsetzte. Die junge Frau offenbarte, dass ihr Suizidversuch eigentlich als Antwort auf diese hoffnungslose Familiensituation zu verstehen ist. Der Psychiater versucht ihr anschließend zu helfen, ihre Gefühle zu beschreiben, was sie auch treffend tut.

Die **5. gemeinsame Handlung** beginnt der Psychiater mit der Frage, ob die junge Frau je im Leben jemanden erlebte, „der könne ihnen mehr Wärme geben oder mehr Verständnis?" Sie berichtet dann von ihrer besten Freundin, von der sie sich verraten fühlte. Der Psychiater möchte dann die junge Frau mit dem Widerspruch konfrontieren, dass sie auf der einen Seite das Gefühl habe, alle anderen seien besser als sie, und auf der anderen Seite sie trotz ihrer erst neunzehn Jahre bereits schon einiges erreichte. Sie zeigt sich jedoch skeptisch, dass sie ihre Lebens- und Berufsziele erreichen könnte. Dies sei, weil sie sich nicht konzentrieren könne und sie beschreibt, wie sie durch ihre selbstabwertenden Gedanken und Ängste ihre Handlungen nicht ihren Wünschen und Fähigkeiten entsprechend ausführen könne. Der Psychiater fordert sie dann auf, sich dies zu überlegen und etwas dagegen zu unternehmen.

In der **6. gemeinsamen Handlung** knüpft der Psychiater an die Information an, die junge Frau hätte viel Verständnis bei der jungen Mutter gefunden, die ihre Freundin wurde. Die Patientin beschreibt dann ihre Beziehung und wie diese zu Stande kam und sich entwickelte. Sie kommen dann auf die Kinder der jungen Mutter zu sprechen, und wie sich die Patientin von den Kindern angenommen und geliebt fühle und die Beziehung zu Kindern eigentlich ihre einzige Freude im Leben sei.

Die Frage des Psychiaters „Wie geht es nun weiter?" leitet die **7. gemeinsame Handlung** ein. Die Patientin berichtet von ihren Bedenken, wieder zurück nach Hause zu gehen, weil sich dort ihre Schwestern aufhalten und der Patientin das Leben schwermachen.

Die berufliche Zukunft der Patientin möchte der Psychiater in der **8. gemeinsamen Handlung** klären. Sie schildert ihre Berufs- bzw. Ausbildungsoptionen, aber zeigt sich sehr zurückhaltend und möchte die nötigen Schritte nur zögernd in Angriff nehmen.

In der letzten, der **9. gemeinsamen Handlung,** diskutieren sie eine psychotherapeutische Behandlung der Patientin, zu der sie der Psychiater motivieren möchte.

▶ **Zusammenfassung**
1. In der 1. gemeinsamen Handlung, in der sie sich auf die Gesprächsaufgabe einigen, erzählt die Patientin über ihre Suizidabsicht, ihre Anläufe zur Suizidhandlung, wie sie die Glasscherben schluckte, ihre Kündigung entgegennahm und mit ihrer Freundin ins Krankenhaus ging. Als sie dann mit ihrer Suizidabsicht konfrontiert wird, zeigt sie sich sehr bewegt und meint, dass sie eigentlich prüfen wollte, ob sie noch jemand gerne habe. Sie spricht von ihrer Enttäuschung über ihre Eltern, die sie jetzt ablehne, wie sie sich seit fünf Jahren schneide, und niemanden habe, dem sie positive Gefühle entgegenbringen könnte. Sie schäme sich, fühle sich vergessen und minderwertig. In der 2. gemeinsamen Handlung diskutieren sie das hyperventilationsartige Atmen der Patientin, das sie in Aufregung zeige. In der 3. gemeinsamen Handlung spricht die Patientin von ihrem Vater und ihren Ängsten vor ihm.
2. In der 4. gemeinsamen Handlung äußert sie ihre Einsicht, dass ihr Suizidversuch eigentlich als Antwort auf die hoffnungslose Familiensituation zu verstehen ist. Das Anerkennungslob des Psychiaters in der 5. gemeinsamen Handlung kann sie nicht annehmen, da sie nach ihrer Meinung den beruflichen Erfolg ihrer Ängste wegen nicht erreichen kann. Sie kann sich aber in der 6. gemeinsamen Handlung auf ihre positive Beziehung zu einer Mutter und ihren Kindern besinnen, von denen sie sich geliebt fühle. In der 7. gemeinsamen Handlung kommt sie auf ihre Zukunft zu sprechen, der sie sehr skeptisch gegenüberstehe. Sie habe Bedenken, nach Hause zu gehen und dort die Konflikte mit ihren Schwestern wiederaufzunehmen, und sie ist wenig motiviert, die erforderlichen Schritte für ihre Berufsausbildung in Angriff zu nehmen (8. gemeinsame Handlung). In der letzten 9. gemeinsamen Handlung versucht sie der Psychiater für eine Psychotherapie zu gewinnen.

11.2.9 Das Video-Selbstkonfrontationsinterview

Nach dem Sichten des **1. Abschnittes** meint die junge Frau, es sei dumm, weil ihre Stimme „so idiotisch" klänge. Zudem „...kamen die Bilder meiner Tat wieder in mir hoch". Zum **2. Abschnitt ergänzt** die Patientin, dass ihre Mutter meinte, sie könne aus der Wohnung ausziehen, wenn sie die Prüfung bestanden habe, was bei der jungen Frau nicht gut ankam „sie wollte mich also regelrecht hinauswerfen". Sie äußert auch noch den Gedanken, den sie im Interview nicht aussprach: „Mir kam in den Sinn, dass die Menschen immer sagten, dass meine Familie nicht normal sei. Sie sagten immer, dass ich noch die einzige sei, die normal ist. Das sagte meine Freundin. Mein derzeitiger Freund sagte dies auch. Man sagte auch, dass wir nicht normal seien, weil meine Eltern getrennte Schlafzimmer seit... sechzehn oder siebzehn Jahre (haben)... Sie wollten sich auch zu dieser Zeit scheiden lassen. Dies geschah aber nicht, weil meine kleine Schwester sowohl Mutter als auch Vater sehr gerne hatte. Aber nun hält sie dann nichts mehr zurück... Der Vater will deswegen auch nicht, dass ich gehe. Denn ich halte noch die ganze Familie zusammen. Er hat Angst, dass wenn ich gehe, sie (die Mutter) vielleicht auch geht". Als der Forschungsassistent erwähnte, dass es der jungen Frau nahe ging, was sie sagte, meinte sie: „Es ging mir näher als ich erwartet hatte. Ich hatte einfach nicht gedacht, dass es mich so mitnimmt, weil es mir eigentlich heute gut ging".

Im **3. Abschnitt** möchte der Forschungsassistent die negativen Gefühle der Patientin klären, ob es nun Scham oder Angst wäre. Sie bejaht die Angstgefühle und meint, dass diese heute wesentlich schwächer seien, weil sie sich nicht mehr beobachtet fühle. Sie konnte dies selber erarbeiten: „Ich ging einmal an einem Mittag in die Stadt, weil ich nichts zu Mittag aß. Als ich dann in der Stadt war, wurde ich wie angetrieben von etwas. Ich ging alleine ein Kleidungsstück kaufen. Ich hätte nie gedacht, dass ich das kann. Nun ist das Einkaufen in der Stadt für mich kein Problem mehr. Vielleicht ist es auch Einbildung, dass die Menschen mich anschauen. Es ist wahrscheinlich in Wirklichkeit gar nicht so". Die Patientin ergänzt noch einige Informationen zu ihrer Selbstverletzung. Sie habe sich einmal mit der Schere geschnitten, als sie etwa sechs oder sieben Jahre alt war. Aber: „Etwa vor zwei Jahren hat es dann richtig angefangen. Jedes Mal, wenn ich alleine zu Hause war und es mir schlecht ging, habe ich mich geschnitten. Es geschah auch immer, wenn die ältere Schwester zu Besuch war zu Hause". Anschließend ergänzt die junge Frau weitere Informationen zu ihren Schwestern, deren Drogenkarrieren, und beschreibt ihre Beziehung zu ihnen.

Im **4. Abschnitt** greift der Forschungsassistent die Frage des Psychiaters über das starke Einatmen der jungen Frau auf. Seit einem Jahr habe sie das „...etwa dreimal im Monat einen Tag lang". Am Anfang hatte sie es nur ein bis zwei Tage. „Aber nun kommt es immer länger". Sie beklagt auch, wie schwer es ihr falle, über ihre Gefühle zu sprechen: „Ich kann meine Gefühle auch nicht richtig ausdrücken, weil ich nie richtig darüber sprechen konnte. Man hat mir auch immer gesagt, dass ich mit den Menschen sprechen soll, und dass ich nicht immer alles nur in mich hineinessen soll. Man kann einfach nicht über Gefühle sprechen. Das geht einfach nicht".

Im **5. Abschnitt** erinnert sich die junge Frau an etwas, was ihr im Interview nicht in den Sinn kam: „Mir kommt nun in den Sinn, warum ich meinen Vater so hasse. Das ist genau wegen dieser Sache. Meine Mutter sprach immer schlecht von ihm. Daher hasste ich ihn auch die ganze Zeit lang. Sie sagte mir immer, dass sie ihn hassen würde. Das ist wahrscheinlich auch der Grund, warum alles so gelaufen ist". Sie erwähnt auch etwas aus ihrer Kindheit, was sie im Interview verschwieg: „Meine Mutter schlug uns früher mit einem Kabel sehr heftig auf den Rücken. Aber ich konnte ihr immer verzeihen, weil ich sie sehr liebte. Ich war nie böse auf sie". Die Mutter schlug sie „...wahrscheinlich wegen dem Streit, den sie mit dem Vater hatte. Wenn ich sie heute darauf anspreche antwortet sie mir, dass es ihr leidtue, dass sie aber irgendwie die Wut, die sie auf den Vater hatte, abbauen musste". Angesprochen auf ihre Beziehung zur Mutter erzählt die junge Frau weiter: „...Jedes Mal, wenn ich von der Schule nach Hause kam, wollte ich ihr von den Geschehnissen des Tages erzählen. Aber sie konnte nie zuhören. Auch noch heute, wenn ich ihr etwas erzählen will, ist sie einfach nie zu Hause. Sie hatte einfach nie Zeit. Ich weiß, dass ich immer das Gefühl habe, dass ich meine Mutter brauche. Aber ich weiß auch, dass ich auf der anderen Seite selbstständig sein muss. Aber dennoch brauche ich jemanden zum Reden". Sie beklagt nicht nur, dass die Mutter keine Zeit für sie habe, sondern, dass sie sie auch zum Lügen dränge: „Sie ist auch noch mit dem Vater verheiratet und hat nebenbei einen Freund. Daher will sie auch noch von mir, dass ich den Vater anlüge. Ich soll ihm immer sagen, dass sie mit einer Freundin ausgegangen sei".

Mit ihrem Vater will die junge Frau allerdings nicht sprechen: „Als ich noch ein Kind war, war er nie zu Hause. Daher denke ich nun, dass ich ihn nicht mehr brauche. Als Kind hätte ich ihn gebraucht. Die Zeit ist einfach vorbei". Sie bietet noch eine Ergänzung zum Interview an, die ihren Vater betrifft „...(er) will vielleicht wieder ein Vater für mich sein. Er verschaffte mir auch die Lehrstelle. Ich arbeitete am gleichen Ort wie er es tut. Aber ich brauche ihn eigentlich dafür nicht. Ich will gar nicht, dass er etwas für mich macht".

Im **6. Abschnitt** ordnet die junge Frau ihren Suizidversuch nach ihrem Verständnis ein

> „Dass ich das machte und nun hier landete hat mir bewiesen, dass ich dennoch etwas erreichen kann und nicht in allem versage. Ich sendete einfach auf diese Art einen Hilferuf. Ich wollte wieder auf die andere Seite kommen. Ich wollte wieder einen Sinn in meinem Leben sehen. Und dadurch, dass ich hier (in der psychiatrischen Klinik) gelandet bin denke ich, dass ich wieder auf dem Weg zur Besserung bin".

Im **7. Abschnitt** bietet die Patientin auf Anfrage des Forschungsassistenten weitere Informationen an, wie es sie verletzte, als ihr Vorgesetzter sie anwies, die Aufgabe nochmals auszuführen, wenn er nicht zufrieden war, wie sie sich ungerecht behandelt fühlte, wie er sie weniger als die anderen lobte, obwohl sie auch etwas konnte, was er nicht schaffte, wie ein Fax zu verschicken und wie sie von ihrer Freundin nach den misslungenen Prüfungen keine Aufmunterung bekam.

Im **8. Abschnitt** äußert sich die Patientin zu ihren Ängsten und wie sie dadurch in ihrem Handeln eingeschränkt wird: „Das kann schon sein (dass ich mir im Wege stehe). Aber ich weiß einfach nicht, wie man das überwinden kann. Man hat einfach schon Angst, wenn man eine neue Aufgabe erhält, diese auszuführen".

Im **9. Abschnitt** erkundigt sich der Forschungsassistent nach den Details der Ängste der jungen Frau, alleine aus dem Hause zu gehen. Sie meinte, dass sie das Problem immer irgendwie lösen konnte: „Ich hatte zu dieser Zeit auch eine gute Freundin. Ich konnte ihr immer sagen, wenn sie mir etwas aus der Stadt bringen sollte... Es ist einfach mehr so wie ein Kleben an den anderen Schülern, die mir vielleicht helfen können um etwas zu erreichen... Es sind einfach die Menschen, die dann jeweils etwas für mich erledigen". Sie meinte, dass es so war, weil sie „...einfach zu wenig Selbstwertgefühl (hatte). Ich konnte einfach nicht alleine sagen, dass ich nun das oder das wolle. Das machte die Freundin wütend. Das ist auch der Grund, warum ich mit ihr Streit hatte". In diesem Abschnitt erwähnt die junge Frau auch, dass sie zu Hause ihre Muttersprache, also eine Fremdsprache spräche, und daher Probleme mit der deutschen Aussprache hatte, wofür sie in der Schule ausgelacht wurde.

Im **10. Abschnitt** erkundigt sich der Forschungsassistent nach den Details der Suizidhandlungen und die junge Frau erzählt von ihrem Versuch zu ertrinken, sich zu schneiden und schließlich Glasscherben zu essen, wie sie dann mit ihrem Vorgesetzten sprach und danach zur Freundin ging. Sie berichtet weiterhin von der Krise, die sie erlebte, als sie im Krankenhaus war und ihre Mutter ihr mitteilte, dass ihre Schwester wieder in der Wohnung sei. Die Patientin wurde hier vom Gefühl, „ich habe kein Zuhause" überwältigt.

Im **11. Abschnitt** versuchte die junge Frau den Eindruck zu zerstreuen, sie kümmere sich zu wenig um ihre Zukunft, bzw. eine Anschlussstelle, die sie zur Fortsetzung der Schule braucht. Sie meint, noch keine Zeit dafür gehabt zu haben, da sie nach dem Suizidversuch direkt im Krankenhaus war.

▶ **Zusammenfassung**
1. Im Selbstkonfrontations-Interview ergänzt die junge Frau ihre Angaben zum Gespräch, äußert neue Einsichten und beschreibt Gefühle und Gedanken, die sie im Gespräch hatte, dort aber nicht aussprach.
2. Im 1. Abschnitt formuliert sie wieder ihre negative Sichtweise sich selbst gegenüber und teilt mit, wie sie alles durch das Erzählen wiedererlebte. Im 2. Abschnitt spricht sie von ihrer Befürchtung, ihre Mutter wünscht, sie würde aus der gemeinsamen Wohnung ausziehen. Sie erzählt anschließend mehr über die Entwicklung in der Familie und der Beziehung der Eltern zueinander. Sie meint, sie hielte die ganze Familie zusammen. Im 3. Abschnitt spricht die Patientin von ihren Ängsten und wie sie sie überwinden konnte, als sie beschloss, allein in der Stadt einzukaufen. Im 4. Abschnitt erzählt die Patientin mehr über ihre Atmungsprobleme und verbindet dies mit ihrem Unvermögen über Gefühle zu sprechen. Im 5. Abschnitt ergänzt sie die Ausführungen zu ihren Gefühlen ihren Eltern gegenüber. Sie meint, sie hasse den Vater, weil die Mutter ihr viel von ihrem eigenen Hass auf den Mann erzählte. Zudem schlug sie ihre Mutter schmerzhaft mit einem Elektrokabel auf den Rücken. Sie erinnert sich, dass die Mutter nicht die Zeit aufbrachte ihr zuzuhören, was sie sehr kränkte.

3. Im 6. Abschnitt teilt die Patientin ihre Sichtweise ihres Suizids mit. Sie erachte diesen als Erfolg, weil sie in die Psychiatrie kam und sich eine Besserung versprechen kann. Sie wolle wieder einen Sinn in ihrem Leben sehen. Im 7. Abschnitt erzählt sie, wie es sie kränkt, wenn der Vorgesetzter mit ihrer Leistung unzufrieden ist. Im 8. Abschnitt offenbart sie, dass sie ihren Ängsten hilflos gegenübersteht und nicht wisse, wie sie das ändern könnte. Sie erzählt, wie sie ihre Bekanntschaften und Freundschaften so pflegte, dass die anderen für sie erledigten, was sie sich nicht zutraute. Im 10. Abschnitt teilt sie ihre Befürchtung mit, sie habe kein Zuhause, denn ihre Schwestern ziehen wieder in der elterlichen Wohnung ein.

Fall 10   12

12.1 Suizidgeschichte: Frau Aebi: Wenn die Seele um Hilfe schreit

Kornelia Helfmann

Als er sich umdreht und aus ihrem Zimmer läuft, weiß sie: diesmal ist es definitiv. Er hat Schluss gemacht, völlig emotionslos, gleichgültig, kalt. Sie werden nie mehr zusammen kommen. Das letzte Jahr war ein ständiges Hin und Her in ihrer Beziehung, er hat ihr mehrmals gesagt, er wolle sie nicht mehr, doch dann ist er immer wieder aufgekreuzt und hat sie durcheinander gebracht, mit ihren Gefühlen jongliert. Ist mir ihr ins Bett gegangen, hat am nächsten Morgen gesagt, alles sei aus, hat sie dann doch wieder angerufen, ihr Komplimente gemacht, und sie ist wieder weich geworden, ist immer wieder auf ihn reingefallen. Er hat eine sehr charmante Art, er weiß genau, was er tun muss, um sie rumzukriegen. Viel musste er allerdings nie dafür tun, sie wollte ihn, nur ihn. Dass sie immer wieder miteinander schliefen, obwohl alles doch angeblich aus war, das war für sie immer ein Zeichen der Hoffnung gewesen. Er hat ihr immer wieder diese Hoffnung gemacht, aber jetzt ist endgültig Schluss, dabei weiß er doch genau, dass sie durchdrehen wird, dass die Welt für sie zusammenbricht, wenn er sie verlässt, wieso tut er ihr das an, wieso ist er so kalt, wieso trampelt er so auf ihren Gefühlen herum? Wie soll sie jetzt leben, ohne ihn?

Das große Haus ist leer, sie ist alleine. Ihre Eltern sind ausgegangen, in ein Restaurant, nie sind sie da, wenn sie sie braucht. Draußen wird es dunkel. Sie hört, wie unten die Eingangstür zufällt, hört seine Schritte auf dem Kiesweg, wie er durch den Garten auf die Straße geht, er läuft schnell, dann startet er den Motor seines Autos und fährt mit quietschenden Reifen davon.

Sie fängt an zu schreien. Nein, nein, nein. Rauft sich die Haare, tigert wie wahnsinnig geworden durch ihr Zimmer. Nein, nein, nein. Tränen laufen ihr übers Gesicht, und sie kann nicht aufhören zu schreien, immer wieder. Nein, nein, nein.

Sie hat ihm heute Abend anvertraut, dass sein bester Freund versucht hat, sie zu vergewaltigen. Das hatte sie sehr viel Überwindung gekostet. Er wusste, dass sie schon als Kind fast vergewaltigt worden wäre, und später, als sie fünfzehn war, erneut. Aber seinem besten Freund Lukas hat sie vertraut, und nie hätte sie gedacht, dass er ihr Vertrauen so missbrauchen könnte. Es war übrigens nicht das erste Mal, dass er es versucht hat. Sie hätte niemals zu ihm ins Auto steigen und sich von ihm nach Hause bringen lassen sollen, nach dieser Party bei ihrem Freund, als er nicht mehr fahren wollte, zu viel Alkohol. Sie hatte auch ein paar Drinks zu viel intus und es fuhr keine Straßenbahn mehr, sie war froh, dass Lukas ihr das Angebot machte, aber sie hätte nein sagen sollen, es war ihre Schuld, dass er so zudringlich wurde, so sind die Männer eben, wenn sich eine Gelegenheit bietet, greifen sie zu. Auch beim zweiten Mal war es ihre Schuld, sie war mit diesem Lukas alleine in seiner Wohnung, und dann kam noch ein Freund von ihm, und sie schütteten ihr wahrscheinlich irgendwelche Drogen in ihre Cola, und als sie fast weggetreten war, hielt Lukas sie fest und dessen Freund fing an, sie auszuziehen. Erst, als sie anfing, heftig zu weinen, hörten sie auf. Es hätte wirklich schlimm ausgehen können für sie. Wieso war sie auch so dumm und hat ihm vertraut, obwohl er es doch schon einmal versucht hatte? Und heute hat sie das alles ihrem Freund erzählt. Hat erwartet, dass er Lukas ordentlich die Meinung bläst, doch stattdessen hat er sie nur gefragt, wieso sie ihm das alles erzählt und dass sie sich nicht mehr bei ihm melden soll. Dabei hätte er das doch seinem besten Freund sagen sollen und nicht ihr. Sie hat immer gedacht, er sei anders als die Männer, die sie bis jetzt kennengelernt hat. Also hat auch er ihr Vertrauen missbraucht.

Der Schmerz in ihrer Seele ist unerträglich. Sie schlägt mehrmals ihren Kopf an die Wand, und es tut überhaupt nicht weh, der Schmerz in ihrer Seele ist stärker, und sie schreit weiter. Nein, nein, nein. Die Schreie erträgt sie fast nicht, aber sie kann einfach nicht damit aufhören.

Über ihrem Schreibtisch hängen Fotos von ihr. Ihr Lieblingsfoto ist von ihrer Mutter aufgenommen worden, als sie das erste Mal als Model gearbeitet hat, drei Jahre ist das jetzt her. Kurz vorher war sie mit ihrer Mutter in dem größten und schicksten Modegeschäft in der Stadt gewesen, gut betuchte Frauen kauften dort ein, und die Chefin fragte sie, ob sie Interesse habe, die neueste Kollektion vorzuführen, auf einer Modenschau. Ausgerechnet sie. Sie fühlte sich enorm geschmeichelt und sagte sofort ja, ihre Mutter hatte auch nichts dagegen. Und danach wurde sie immer wieder als Model eingesetzt. So lernte sie auch ihren Freund kennen. Er saß mit seiner Mutter im Publikum, und sie merkte sofort, dass er sie nicht aus den Augen ließ, während sie über den Laufsteg lief und ein Kleid nach dem anderen vorführte. An diesem Abend gab sie sich noch mehr Mühe als sonst. Immer wieder begegneten sich ihre Blicke. Er wartete beim Eingang auf sie, als die Modenschau fertig war, er sagte, er sei fasziniert von ihr, sie sei sehr schön, tolle Figur, und dann diese dunklen Augen und die schönen langen, blonden

Haare. Er lud sie in eine Bar ein, und es war klar, dass sie Ja sagte. Unterhalten konnten sie sich kaum, dafür war die Musik viel zu laut, doch er fraß sie mit seinen Augen förmlich auf, und anschließend trafen sie sich fast jeden Abend. Es gefiel ihm nicht nur, dass sie gut aussah, sondern auch, dass sie sich sprachlich gut ausdrücken konnte, Humor hatte, auch angriffslustig und manchmal provozierend war. Bevor sie das erste Mal miteinander schliefen, erzählte sie ihm von den beiden Fast-Vergewaltigungen, obwohl sie sich furchtbar dafür schämte, aber er sollte wissen, dass es für sie vielleicht nicht einfach werden würde, Sex mit ihm zu haben, nachdem, was sie erlebt hatte. Vielleicht war er dann deshalb so rücksichtsvoll. Sie war ihm dankbar dafür, und deshalb kann sie jetzt nicht verstehen, wieso er den brutalen Übergriff seines besten Freundes nicht ernst nahm und ihr erneut Schuldgefühle machte, sie so demütigte. Sie einfach wegschob. Und sie hatte gedacht, mit ihm könne sie über alles reden.

Sie zerreißt das Foto und trampelt darauf herum. Klettert dann auf ihren Schreibtisch, reißt alle Fotos von der Wand und wirft sie auf den Boden. Jetzt kann sie endlich aufhören zu schreien, und Tränen hat sie auch keine mehr. Ihr Blick fällt auf die Schachtel Schmerztabletten, die neben ihr auf dem Tisch liegt. Sie nimmt die Tabletten seit einigen Tagen, weil sie Probleme mit den Weisheitszähnen hat. Und wenn sie gegen Zahnschmerzen helfen, dann helfen sie vielleicht auch gegen den Schmerz, der in ihrer Seele tobt. Ein so heftiger Schmerz, der sie verzweifelt, machtlos und halb ohnmächtig werden lässt. Sie löst einige Tabletten aus der Folie und schluckt sie, wirft sich dann auf den Boden und weint. Sie muss noch mehr Tabletten schlucken, aber ihr Mund ist zu trocken. Sie läuft aus ihrem Zimmer, hört ihren Atem in dem stillen Haus, ihr Ohrensausen und fast wäre sie hingefallen, im Haus ist es stockdunkel. Gespenstisch dunkel. Ihre Eltern werden noch lange nicht zurück kommen. Wenn sie ausgehen, und sie gehen oft aus, dann kommen sie immer sehr spät nach Hause. Der Mann, den sie Vater nennt, also der Mann, mit dem ihre Mutter verheiratet ist, feiert gerne. Er ist nicht ihr richtiger Vater. Als sie noch ein Kind war, hat er sie oft geschlagen, einmal so heftig, dass sie eine Platzwunde an der Stirn hatte, die eigentlich hätte genäht werden müssen, aber er wollte nicht, dass sie ins Krankenhaus geht. Er hatte wohl Angst, dass sie sagt, was passiert ist, der Feigling. Und ihre Mutter ließ es geschehen, vor lauter Angst, dass sie von ihm verlassen wird, ihr war ja schon mal ein Mann davongelaufen. Aber wenn er nicht da ist, ihr Stiefvater, wenn sie alleine sind, ist sie die liebste Mutter, die sie sich vorstellen kann. Wenn sie jetzt nur da wäre! Wieso ist sie nicht da? Wieso lässt sie sie so alleine, wenn es ihr so schlecht geht?

Sie tastet nach dem Lichtschalter, das plötzliche grelle Licht blendet sie und lässt sie etwas taumeln. Sie steigt die Treppen hoch zum Bad. Im Spiegel sieht sie ihr Gesicht, verquollen, rote Augen, Rotz läuft ihr aus der Nase. Sie ekelt sich vor sich selbst. Sie öffnet den Medikamentenschrank. Die starken Tabletten, die sie nach ihrer Abtreibung letztes Jahr genommen hat, legt sie zur Seite, die wird sie nicht nehmen. Ja, sie war schwanger gewesen von diesem Menschen, der sie heute weggeworfen hat wie ein Stück Dreck, der ihren Körper benutzt und dabei vergessen hat, dass sie auch eine Seele hat, auf der er herumgetrampelt ist wie auf einem lästigen Insekt. Von der Schwangerschaft hat sie ihm damals nichts erzählt, sie wollte ihn schonen, er war gerade mitten in seinen Abschlussprüfungen und sie wollte ihn nicht damit belasten, blöd, wie sie war, immer nur denkt sie an andere und nicht an sich.

Sie räumt den ganzen Medikamentenschrank aus und fängt an, alles zu schlucken, was sie findet. Eine Tablette nach der anderen. Zwischendurch trinkt sie Wasser aus ihrem Zahnbecher. Ihr ist furchtbar heiß. Sie zieht ihre Bluse aus, sieht die Narben an ihrem Handgelenk. Vor vier Monaten hat sie sich geschnitten. Es kam so viel zusammen. Sie hatte Stress mit ihrem Freund, das ewige Hin und Her, sie hatte Stress in der Schule, ihre Noten wurden immer schlechter, sie wusste nicht, was aus ihr werden, welchen Beruf sie ergreifen sollte, ihr Freund war zu dieser Zeit im Ausland, sie vermisste ihn sehr, hatte keinen Appetit, nahm immer mehr ab, es war ganz klar eine Magersucht, am liebsten hätte sie sich aus der Welt gehungert. Alles war nur noch negativ, sie hatte keine Hoffnung mehr, auf nichts. Da fing sie an, mit der Kreditkarte ihrer Mutter einzukaufen. Kaufte Kleider, Handtaschen, Schuhe, Schmuck. Bis ihre Mutter dahinter kam. Es war ja klar, dass es bald auffliegen würde, aber irgendwie musste sie sich von ihren Problemen, ihrem Frust ablenken. Ihre Mutter war so enttäuscht, nie im Leben hätte sie ihr das zugetraut, sagte sie ihr, und sie war auch von sich enttäuscht. Sie schämte sich. Da schnitt sie sich in ihrem Zimmer mit einem scharfen Küchenmesser, tief, immer tiefer, bis das Blut spritzte, das ganze Waschbecken voller Blut. Sie spürte keinen Schmerz, keine Sekunde, der Schmerz in ihrer Seele war stärker, sie spürte auch keine Angst, nur eine tiefe Verzweiflung. Ihre Mutter kam plötzlich ins Zimmer und brachte sie auf den Notfall in der Uni-Klinik, wo man sie eine halbe Stunde mit der offenen, blutenden Wunde warten ließ, und als sie endlich dran kam, fragte der Arzt, ob er ihr helfen solle oder ob sie lieber gleich aus dem Fenster springen wolle. Das hat sie richtig erschüttert. Anschließend war sie in einer Klinik und ließ sich auf eine Therapie ein, aber als der Psychiater für längere Zeit in Urlaub ging, brach sie ab. Sie hat sich sehr für das Schneiden geschämt, weil ihr bewusst wurde, was sie ihrer Mutter fast angetan hätte. Sie ist der einzige Mensch, der sie wirklich liebt.

Danach war sie dann wieder mit ihrem Freund zusammen, ein paar Wochen, bis er sie erneut abservierte. Und sie alles Mögliche machte, um ihn zurück zu gewinnen. Sie weiß, dass sie gut aussieht, dass sie ein schönes Gesicht und einen schönen Körper hat. Oder sollte sie sagen, hatte? Denn nach der Magersucht kam die Bulimie, sie versuchte zwar, sie zu verheimlichen, aber als sie nur noch vierzig Kilo wog, wurde es schwierig. Ihr Freund meinte, mit einem Skelett gehe er nicht ins Bett, und sie versuchte, zuzunehmen, aber gegen Essen und Erbrechen war sie machtlos, sie musste es einfach tun, um sich wenigstens für kurze Zeit besser zu fühlen.

Mittlerweile hat sie sicher schon vierzig Tabletten geschluckt, vielleicht auch mehr, und das Toben in ihrer Seele beruhigt sich immer noch nicht. Sie spürt überhaupt keine Wirkung, es ist ihr nicht einmal schlecht, und so nimmt sie nächste Packung, nimmt die Tabletten aus der Folie und schluckt weiter eine nach der anderen, es ist wie eine Sucht. Irgendwann muss der Schmerz, die Verzweiflung doch nachlassen, sie setzt sich auf den

Rand der Badewanne und schluckt weiter Tabletten, trinkt Wasser, schluckt Tabletten. Mittlerweile ist mehr als eine Stunde vergangen, draußen regnet es, und als sie aufsteht und in den Spiegel sieht, bemerkt sie den Schaum um ihren Mund. Sie versucht sich vorzustellen, wie sie aussieht, wenn sie in einem Sarg liegt, aber sie sieht sich nur in einem Bett im Krankenhaus. In der Diele unten klingelt das Telefon, sie hört es wie durch Watte, als würde es am Ende der Welt klingeln, und sie fühlt sich so, als hätte sie zu viel Alkohol getrunken. Die letzte Packung Tabletten fällt ihr aus der Hand.

12.2 Suizidanalyse: eine junge Frau: ich war wie in einer Trance

Ladislav Valach

> „Er sagte, er werde sich nicht mehr melden…ich fing an zu schreien…ich sah Tabletten auf dem Tisch und fing an sie einzunehmen …ich war wie in einer Trance"

„Wie ist es dazu gekommen? Ich war in einer sehr großen Verzweiflung, in einer Machtlosigkeit, in einer Ohnmacht, in einer Trauer und in einem Alleinsein"[1]. Neben diesen Gefühlen unmittelbar vor ihrem Suizidversuch beschreibt die junge Frau, wie ihr Freund die Beziehung aufkündigte. Gleich anschließend schildert sie, dass sie bereits seit einem Jahr mit dem Freund in einem Zustand des Auseinandergehens waren, wie sie sich vor einigen Monaten absichtlich den Arm aufschnitt, wie sie unter Essstörungen und an Kaufsucht litt, die Kreditkarte der Mutter missbrauchte, Stress in der Schule hatte und nicht wusste, was sie in ihrem Leben beruflich machen sollte, und auch bereits mehrere Vergewaltigungsversuche in ihrem Leben erlebte, die sie zu bewältigen habe. Es sind also viele mittelfristige und langfristige Prozesse, die sie zu ihrer Krisensituation zählt und in denen sie mit unterschiedlichen Anliegen die Problemsituationen lösen will.

12.2.1 Langfristige und mittelfristige Anliegen und kurzfristige Handlungen

12.2.1.1 Mittelfristige („Projekte") und langfristige Anliegen

Es ist sicher die „Beziehung zu ihrem Freund", der die junge Frau in der Krise eine entscheidende Rolle zuschreibt. Es ist vor allem das letzte Jahr, in dem sie trotz seiner Aufkündigung der Beziehung immer wieder zusammen kamen und intim wurden

---

[1] *Anmerkungen*: Die Leserin, der Leser mögen bedenken, dass die Gespräche mit den Patienten und Patientinnen im lokalen Idiom, einem Schweizerdialekt, geführt wurden und von einer studentischen Schreibkraft ins Schriftdeutsch direkt bei der Transkription übertragen wurden. Es handelt sich also nicht um eine Übersetzung mit literarischen Ansprüchen. Zudem sind einige Patientinnen und Patienten nicht deutscher Muttersprache.

("Trennungsprozess", bzw. „Wiederaufnahme"). Sie berichtet auch von ihrer „Beziehung zu ihrem Körper", die sie seit langem beschäftigt. Sie erlebte ihrem Körper als wertvoll für andere, da man mehrmals in ihrem Leben versucht hatte, sich ihres Körpers mit Gewalt in sexueller Absicht zu bemächtigen und ihr die Kontrolle über ihn zu entziehen. In diesem langfristigen Prozess sind also ihre Erfahrungen mit „Vergewaltigungsversuchen" zu sehen, die sie mit sechs, fünfzehn, sechzehn und erst kürzlich machen musste. Zur langfristigen Beziehung zum eigenen Körper gehört auch die Periode der „Selbstverletzung" und der „Essstörung". In diesem Zusammenhang ist ebenfalls ein wichtiges Anliegen der Patientin, ihre „Suche nach Vertrauen" zu sehen. Ihr Vertrauen wurde missbraucht; ihrem Freund vertraute sie sehr und als er ihr Vertrauen enttäuschte, stürzte sie das in eine Krise. Wir erfahren außerdem von ihrer „Beziehung zur Mutter", die ihr dermaßen wichtig war, dass sie sich den Unterarm aufschnitt, als die Mutter herausfand, dass die junge Frau ihr Vertrauen missbraucht und ihre Kreditkarte zu übermäßigen Einkäufen benutzt hatte. Zu all diesen Erlebnissen und Anliegen gehört auch die „Essstörung" der Patientin. Sie berichtet von Magersucht und Bulimie. Sie erwähnt nicht zuletzt ihre Schule, in der sie in letzter Zeit viel Stress erlebte und ihr Anliegen Schulerfolg zu haben nicht verwirklichen konnte („Schulerfolg"), wie auch ihre Unsicherheit in ihrer „Berufswahl". Über all diesen Anliegen steht die Frage nach „Leben und Tod". Denn auch das Anliegen „zu sterben" beschäftigt die Patientin seit einiger Zeit, da sie bereits zweimal auf der Notfallstation wegen eines Suizidversuchs behandelt wurde.

12.2.1.2 Langfristige Anliegen

Es stellt sich die Frage, welche langfristigen Anliegen der jungen Frau durch die Aufkündigung und Auflösung der Liebesbeziehung derart verletzt wurden. Die Patientin erwähnt im ersten Satz „Verzweiflung, Machtlosigkeit, Ohnmacht, Trauer und Alleinsein". Solche Anliegen, die Welt und unsere Situation als von uns beeinflussbar zu erleben, sich von anderen unterstützt zu fühlen und Problemlösemöglichkeit in greifbarer Nähe zu wissen ist allen Menschen gemeinsam. Wenn man aber als Kind Situationen erlebt, in denen diese Anliegen zunichte gemacht wurden, prägt dies den Menschen nachhaltig. Dies ist bei sexuellem Missbrauch und Vergewaltigung von Kindern und Jugendlichen der Fall. Zusätzlich erleben Kinder und junge Menschen einen massiven Vertrauensmissbrauch, der sich dann im intensiven Wunsch nach „vertrauensvollen Beziehungen" niederschlägt. Die Patientin erzählt auch von ihrem Anliegen, ihren „Körper wieder adäquat in ihr Leben zu integrieren". Sie erlebte, wie ihr Körper mit Gewalt konfrontiert wurde. Zudem ist es durchaus denkbar, dass sich die junge Frau in solchen Bedrohungsmomenten gedanklich und emotional von ihrem Körper löste. Ihre Beschäftigung mit ihrem Körper ist in ihrer „Essstörung" zu sehen, ihrer Bemühung, den Freund durch „körperliche Hingabe" wieder zu gewinnen, obwohl er die Beziehung aufkündigte und schließlich auch in ihrem „Schneiden am Unterarm", nachdem sie die „Mutter enttäuschte". Ergänzend zu diesem Verständnis trägt auch das dazu bei, dass die junge Frau gelegentlich als „Modell arbeitete" und so ihren Körper, ihre äußere

Erscheinung in den Vordergrund stellte. Sie formuliert diese Anliegen auch selbst als ein „Bemühen, ihren Körper und ihre Seele gemeinsam verstanden und gewürdigt zu wissen". Von ihrem Freund sagt sie diesbezüglich „Aber, weil er so fasziniert war von meinem Körper, hat er vergessen, dass ich auch noch eine Seele habe. Meine Seele kam immer zu kurz." Auf die Frage des Arztes „Da ist das Vertrauen, das Sie ihm geschenkt haben, missbraucht worden?" antwortete sie „Ja. Missbraucht worden wie mein Körper und meine Seele. Das hat mich dann dazu geführt" (dass sie sich zu suizidieren versuchte).

Ihre „Beziehungsprobleme" verstand sie dann als „Seelenschmerz", den sie dann auf ihre Art zu stillen versuchte „Ich war einfach viel zu stark beschäftigt mit meinem Seelenschmerz. Ich wollte den einfach irgendwie überwinden. Daher habe ich einfach immer weiter gekauft und konsumiert.". Als sie schließlich ihren Unterarm aufschnitt, meinte sie, es habe ihr nicht weh getan, denn „Wenn man an zwei Orten Schmerzen hat, dann spürt man nur einen der beiden. Bei mir war der seelische Schmerz stärker". Vor ihrem zweiten Suizidversuch, als sie ein Glas an die Wand warf, sich zu Boden stürzte und schrie, beschreibt sie ihr Empfinden wie folgt: „Aber in diesem Moment ist man einfach umhüllt wie in einem Loch. Man kann einfach gar nicht herausklettern. Das geht auch nicht, wenn man es möchte. Man schreit in diesen Momenten. Aber die Seele schreit immer viel lauter. Diese übertönt das körperliche Schreien". Ihre Bemühung um die Einheit von Körper und Seele ist auch aus der Charakterisierung ihrer Behandlung durch die Ärzte nach ihrem Suizidversuch zu spüren „Man fühlt sich einfach wie ein Gegenstand, und nicht wie eine Person. Und diesem Menschen geht es schon schlecht genug. Er fühlt sich schon selber als Ware. Solche Sachen betreffen nie den Körper, solche Sachen betreffen nur immer die Seele".

12.2.1.3 Mittelfristige Anliegen „Projekte"

Die junge Frau macht in ihrem Gespräch mit dem Psychiater deutlich, dass ihre Suizidhandlung in einige mittelfristige Anliegen eingebettet war, die ihrerseits aus einem längeren Lebenszusammenhang stammen. Ihr Bemühen, ihren Seelenschmerz durch eine Medikamentenüberdosis zu bekämpfen ist integriert in einen Prozess des „sich Schädigens", vielleicht auch eines „Sterben-wollens", da sie sich vor ein paar Monaten ihren Unterarm so stark aufschnitt, dass sie als Notfall im Krankenhaus behandelt werden musste. Dieses wiederum war ein Teil des „Trennungsprozesses von ihrem Freund". Ihr Freund kündigte die Beziehung auf, meldete sich aber immer wieder oder erwiderte die Anrufe der jungen Frau, und diese setzte dann das Intimleben der beiden fort, obwohl er ihre Beziehungswünsche immer ablehnte. In diese Zeit, auch im Rahmen dieser Auseinandersetzungen und missglückter Anliegen fallen ihre „Essstörungen". Zuerst „Magersucht" mit allen ihren komplexen Zielen und Motiven, und im Anschluss „Bulimie". Vergleichbar mit diesen destruktiven Anliegen war auch die „Kaufsucht" der Patientin. Zu dieser Zeit gehört ebenfalls der „Vergewaltigungsversuch" durch einen Bekannten ihres Freundes und die Enttäuschung, welche die Patientin als „Vertrauensmissbrauch" erlebte, als ihr Freund dieser Episode keine Aufmerksamkeit schenkte.

▶ **Zusammenfassung**
1. Die Patientin schildert ihre „Beziehung zum Freund" und vor allem den langdauernden „Trennungsprozess" als entscheidende lang- und mittelfristige Anliegen für ihre Medikamentenüberdosierung.
2. Sie erlebte „Vergewaltigungsversuche", mit deren Folgen sie lange Zeit zu kämpfen hatte. Ihre „Beziehung zum eigenen Köper", „Selbstverletzungen" und „Essstörungen" wurden dadurch geprägt.
3. Auch ihre Suche nach einer „vertrauensvollen Beziehung" und das Bemühen, „ihren Körper adäquat im Leben zu integrieren" sind als wichtige langfristige Anliegen in diesem Licht zu sehen.

12.2.2 Handlungen im Suizidprojekt

Gemeinsame Handlungen: Projekt: Beziehung auflösen; Patientin (P), Freund (F), Bekannter von Freund (B):

Emotion P: Ich war in einer sehr großen Verzweiflung, in einer Machtlosigkeit, in einer Ohnmacht, in einer Trauer und in einem Alleinsein.
Kognition P: Es kam zu diesem Ereignis, weil mein Ex-Freund bei mir war.
Kognition P: Es war immer ein Hin und Her zwischen uns beiden.
Kognition P (Handlung F): Er hat relativ stark mit meinen Gefühlen jongliert.
Handlung F: Er war dann bei mir zu Hause.
Kognition F: Aber es wurde ihm dann plötzlich klar, dass er nun nichts mehr wolle von mir. Und das alles nach einem Jahr.
Handlung F: Er hat dann wieder bei mir geschlafen.
Handlung F: Am nächsten Morgen hat er dann wieder gesagt, dass er nun doch nichts von mir wolle. Das passierte ungefähr sechs Mal.
Kognition P: Ich fiel in meiner Blindheit immer wieder auf ihn herein. Er hat eine sehr charmante Art.
Kognition F: Er weiß, wie er mich überreden muss.
Kognition P: Das hat mich dann so weit gebracht, dass ich hier gelandet bin.
Handlung F: Er hat mir das gesagt, zwei Wochen nachdem wir das letzte Mal zusammen verkehrt hatten.
Kognition P (Emotion P): In diesem Moment ist für mich dann einfach eine Welt zusammengebrochen.
Emotion F: (Er sagte es) Mit Gleichgültigkeit.
Handlung F: Er hat es einfach gesagt, damit er es gesagt hat.
Emotion F: Aber was sich in mir innen abspielte, das war ihm gleichgültig.
Handlung F: Er hat mir gesagt, dass er mich nicht mehr wolle. Es sei nun für ihn alles klar geworden. Er wisse, dass er mich nun nicht mehr wolle. Er sagt einfach alles auf diese Art.

Emotion P: Das war sehr schlimm für mich.

Kognition P: Ich habe immer noch die Hoffnung gehabt, dass wir wieder zusammenkommen, da wir auch noch miteinander auskamen, auch in der Zeit, in der wir keine Beziehung mehr miteinander hatten.

Gemeinsame Handlung P, F: Wir haben noch miteinander geschlafen, ohne eine Beziehung zu haben.

Kognition P: Ich habe natürlich immer die Hoffnung gehabt, dass alles wieder gut herauskommt.

Handlung F: Er hat mir auch immer diese Hoffnungen gemacht. Es war nicht so, dass er einfach einen Schlussstrich gezogen hätte, und gesagt hätte, dass er nun nicht mehr wolle.

Gemeinsame Handlungen, Vergewaltigungsversuch; Patientin (P), Freund (F), Bekannter von Freund (B):

Kognition P: Ich bin so an diesem Menschen gehangen, da ich in meinem Leben schon drei Fast-vergewaltigungen erlebt habe. Das war mit sechs, mit fünfzehn und mit sechzehn Jahren. Kognition P: Ich habe einfach das Gefühl gehabt, dass er das nicht machen würde. Von diesem Standpunkt her gesehen, war dies natürlich ein sehr grosser Vertrauensmissbrauch. Handlung B: Vor zwei Monaten ist es zum letzten Mal fast passiert. Dieses Mal war es sein bester Freund gewesen.

Handlung P: Ich habe ihm (Ex-Freund) das erzählt gehabt.

Handlung F: Dann hat er mich gefragt, wieso ich ihm das erzähle.

Gefühl P: In solchen Momenten ist das sehr demütigend für eine Frau. Man macht sich einfach Schuldgefühle.

Kognition P: Ich bin schuld an dem... Ich hätte dies nicht machen sollen.... Dabei gibt es überhaupt nichts, an dem ich schuld sein könnte. Und das bei allen drei Malen nicht.

Handlung P: Ich habe es ihm einen Tag später gesagt gehabt. Das mit sechs und das mit 15 Jahren hat er gewusst. Das mit 15 Jahren hat er von jemandem anderen erfahren. Das mit sechs Jahren habe ich ihm selbst erzählt.

Handlung P (Kognition P): Ich habe ihm das erzählt, da ich das Gefühlt hatte, dass ich vielleicht Mühe haben könnte, mit ihm zu schlafen, nach diesen Erlebnissen.

Kognition P: Da (Sexualität) war alles normal. Einfach so, wie es in einer Beziehung sein sollte. Das ist auch der Grund, warum ich ihm so vertraut habe.

Handlung F: Und dann kommt er plötzlich und sagt, dass ich diese Geschichte nicht ihm erzählen solle...

Gefühl P: Ja (das Vertrauen, das ich ihm geschenkt haben, ist missbraucht worden). Missbraucht worden wie mein Körper und meine Seele. Das hat mich dann dazu geführt.

Handlung P: Das habe ich ihm vier Wochen später gesagt, als wir fast miteinander geschlafen hätten. Er hat bei mir übernachtet.
Gemeinsame Handlung P, F: Zwei Wochen später haben wir einmal darüber gesprochen.
Handlung F: Und da hat er mir ins Gesicht gesagt, dass er nun nicht mehr wolle.
Kognition P: Es war einfach ein Vertrauensmissbrauch.
Handlung F: …und er schiebt mich dann weg.
Handlung F: Er ist dann gegangen. Er hat gesagt, dass es besser sei, wenn ich mich nun nicht mehr bei ihm melden würde. Er werde sich auch nicht mehr melden.

Zweite Suizidhandlung; Patientin (P), Vater (V):
Kognition P: Zu diesem Zeitpunkt war es für mich einfach definitiv.
Handlung P: Zu diesem Zeitpunkt fing ich an durchzudrehen.
Kognition P: Ich war alleine in diesem grossen Haus. Wir haben ein Haus. Draussen war es dunkel. Ich war ganz alleine in diesem Haus.
Handlung P: Ich fing an herumzuschreien.
Kognition P: Da ich zum selben Zeitpunkt auch noch Probleme mit meinen Weisheitszähnen gehabt habe, lagen auf dem Tisch, auf dem ich gerade sass, einige Schmerztabletten herum.
Handlung P: Ich habe diese angesehen und gleich ergriffen. Ich habe dann sieben oder acht starke Schmerzmittel eingenommen. Dann hat es angefangen. Ich habe dann den ganzen Schrank ausgeräumt. Im Ganzen habe ich etwa 80 Tabletten eingenommen.
Gefühl P: Zu diesem Zeitpunkt ging es mir eigentlich noch gut.
Handlung P: Ich bin herumgegangen im Haus. Ich war auf einem „high". Ich war wie in einer Trance.
Handlung V: Dann kam mein Vater nach Hause. Er fand mich weinend vor. Er hat mir gesagt, dass ich mit ihm sprechen solle, wenn ich ein Problem hätte.
Handlung P: In der Zwischenzeit habe ich weiter Tabletten eingenommen. Es war wie eine Sucht. Ich schluckte einfach immer noch eine Pille und noch eine.
Handlung V: Als er dann gemerkt hatte, was ich gemacht hatte, hat er mich ins Spital gebracht. Direkt auf die Notfallstation.
Kognition P: Solche Sachen sind spontan. Solche Sachen plant man nicht im Voraus. Nein.

Erste Suizidhandlung; Patientin (P), Mutter (M):
Handlung P: … ich habe es schon einmal gemacht. Ich habe mich vor vier Monaten. geschnitten.
Kognition P: Im Großen und Ganzen (hat es mit meinem Freund zu tun gehabt) schon.
Handlung P: Ich habe meiner Mutter drei Mal die Bankkarte weggenommen und gebraucht. Ich war zu dieser Zeit in einem „Kauffrust"-Zustand.

Kognition P: Er (Ex-Freund) war damals für ein halbes Jahr weg in Übersee.
Handlung M: Sie (Mutter) hat es dann herausgefunden.
Gefühl P: Ich war traurig über mich, denn ich bin ansonsten kein Mensch, der so etwas macht.
Handlung P: Danach habe ich eine Therapie gemacht.
Handlung P: Ich war eine Woche lang in einer Klinik. Ich habe dann meine Therapie abgebrochen. Mein Therapeut war zwei Wochen in die Ferien gegangen. Wir haben uns dann einfach aus den Augen verloren.
Schmerz P-: (am Arm geschnitten). Aber ich habe es nicht gespürt in diesem Moment. Wenn man an zwei Orten Schmerzen hat, dann spürt man nur einen der beiden. Bei mir war der seelische Schmerz stärker.
Schmerz P: Ich habe es nicht gemerkt.
Kognition P: Ich habe zwar gewusst, was ich mache. Ich handelte also bewusst.
Schmerz P: Aber ich habe es nicht gemerkt. Es hat nicht einmal geschmerzt.
Kognition P: In dem Moment, in dem das Blut anfing aus meinem Arm zu spritzen, wurde ich mir meiner Tat erst richtig bewusst.
Emotion P: Aber ich hatte nicht Angst in diesem Moment. Nein. In diesem Moment war die Verzweiflung erst recht in mir.
Handlung M: Ich wurde überrascht von meiner Mutter, die an meine Zimmertür geklopft hatte, und eintreten wollte.
Gemeinsame Handlung P, M: Dann sind wir zusammen zum Notarzt gegangen.
Kognition P: Es (Blut) ist ins Lavabo getropft.
Handlung P: Ich war einfach auf meinem Zimmer und habe meinen Arm immer weiter und tiefer aufgeschnitten. Ich habe nichts gehört während der ganzen Zeit. Wenn niemand gekommen wäre, hätte ich auch noch weiter an meinem Arm herumgeschnitten. Ich habe es nicht gemerkt.
Schmerz P: Ich habe einfach nichts gespürt. Der Seelenschmerz war einfach die überwiegende Komponente.
Kognition P: Und ich denke, dass man wirklich nur mit einem grossen seelischen Schmerz sich dies antun kann. Das innere Gleichgewicht war einfach nicht mehr in der Balance.
Kognition P: Das war nicht mehr mein Freund. Er hat mich schon vor einigen Monaten verlassen. Damals war einfach ein dauerndes Hin und Her zwischen uns.
Kognition P: Ich war einfach in einem Kauffrust in diesem Moment.
Kognition P: Der Kauffrust ist eine Reaktion.
Emotion P: Also, ich habe schon Freude gehabt an dem, was ich gekauft habe.
Kognition P: Es war nicht so, dass ich einfach etwas gekauft hatte, und dann die Einkaufstasche einfach in eine Ecke gestellt hätte. Ich habe diese Kleider schon getragen und die anderen Gegenstände benutzt.
Kognition P: (Ich tat es) Einfach um mich abzulenken. Einfach nur Ablenkung.
Emotion M: Sie (Mutter) war einfach enttäuscht von mir.

Kognition M: Sie hätte dies nie von mir erwartet gehabt.
Kognition P: Und ich selbst hätte dies auch nie von mir gedacht. Ich habe nicht einmal gemerkt, was ich da tat. Ich war einfach viel zu stark beschäftigt mit meinem Seelenschmerz. Ich wollte den einfach irgendwie überwinden.
Handlung P: Daher habe ich einfach immer weiter gekauft und konsumiert. Ich wollte mich einfach möglichst ablenken, einfach abschalten. Ich wollte von all meinen Problemen wegkommen.

Zweite Suizidhandlung; Patientin (P), Freund (F):
Kognition P: Jetzt sind es dann schon bald fünf Monate.
Handlung F: Also er hat damals (vor einem Jahr) dem Ganzen ein Ende gesetzt.
Handlung P: Ich reagiere sehr spät. Ich reagiere sehr spät auf solchen Schmerz. Ich bin nach Hause gegangen, wie wenn ich auf Drogen gewesen wäre.
Kognition P: Ich habe es nicht realisiert. Erst später habe ich dann begriffen, was eigentlich vorgefallen war.
Handlung P: Ich habe dann einfach alles probiert, um ihn zurückzubekommen.
Gemeinsame Handlung P, F: Das hat dann dazu geführt, dass wir viel zusammen ins Bett gegangen sind.
Handlung F: Ja. Das war im Herbst (er/Ex-Freund) ist wieder zurückgekehrt).
Kognition P: Ja. Es war nun einfach definitiv aus.
Kognition F: Dieses Definitiv hatte er aber eigentlich schon lange gewusst. Aber ich war für ihn immer eine sehr schöne Frau. Es hat ihn auch gereizt, dass ich als Model gearbeitet habe. Körper, ... Er hat das Gefühl gehabt, dass ich jeden bekommen könnte. Aber weil er so fasziniert war von meinem Körper, hat er vergessen, dass ich auch noch eine Seele habe. Kognition P: Meine Seele kam immer zu kurz. Und ein Mensch besteht nun halt einfach nicht nur aus dem Körper.
Kognition P: Ich denke, dass man Selbstmordversuche nie verallgemeinern kann. Einige Menschen gehen in die Apotheke, um sich Medikamente zu besorgen. Diese planen alles im Voraus. Bei mir war es einfach eine Kurzschlusshandlung.
Kognition P: Ich habe einfach gewusst, dass ich wahnsinnig werde, wenn er sagt, dass alles aus ist. Ich wusste, dass ich das nicht ertragen kann.
Handlung P: Ich habe ihm auch gesagt, dass er es nicht sagen soll.
Kognition F: Aber er wollte es sagen.
Kognition P: Ich wusste, dass ich dies nicht ertragen kann, aber ich hätte nie eine solche Reaktion von mir erwartet. Diese Schmerzmittelschachtel lag einfach unmittelbar neben mir. Ich weiß nicht was passiert wäre, wenn diese nicht neben mir gelegen hätte. Ich weiß nicht, wie weit ich gegangen wäre.
Kognition P: In solchen Momenten ist man einfach alleine. Oder wenn man nicht alleine ist, dann fühlt man sich zumindest alleine.
Kognition P: Aber in diesem Moment ist man einfach umhüllt wie in einem Loch. Man kann einfach gar nicht herausklettern. Das geht auch nicht, wenn man es

möchte. Man schreit in diesen Momenten. Aber die Seele schreit immer viel lauter. Diese übertönt das körperliche schreien.

Handlung P: Ich habe das Glas gegen die Wand geworfen.

Handlung P: (Ich schrie) Einfach nur „NEIN".

Handlung P: Richtig durchgedreht... Nein. Ich habe einfach geschrien, ich habe...

Handlung P: Ich sprang in meinem Zimmer herum, lag auf dem Boden, ich habe geweint... ich weiss es auch nicht. Eigentlich nichts von Bedeutung. Ich habe einfach das Glas an die Wand geworfen und habe dann nur noch geweint.

Emotion P: Ich habe dann einfach das Gefühl gehabt, dass ich das nun einfach nicht mehr ertrage. Ich konnte mein eigenes Schreien nicht mehr ertragen, obwohl ich nicht mehr aufhören konnte mit Schreien. Es kam dann auch einmal der Zeitpunkt, an dem ich gar nicht mehr weinen konnte, weil einfach nichts mehr lief. Aber irgendwie muss man seine Emotionen freisetzen.

Erste Suizidhandlung; Patientin (P):

Emotion P: Ich habe mich in diesem Moment über mich geschämt, dass ich fähig bin so etwas zu machen, dass ich fähig bin einem Menschen, der mich so gerne hat, so etwas anzutun.

Kognition P: Auch damals war ich völlig weggetreten.

Handlung P: Ich schnitt einfach nur noch an meinem Arm herum. Ein Schnitt nach dem anderen, einer tiefer als der andere.

Emotion P: Je stärker das Blut geflossen ist, desto mehr Freude habe ich empfunden.

Kognition P: Man kann einen Selbstmordversuch nicht verallgemeinern. Jeder Mensch empfindet dies wieder anders. Das einzige, das wir alle gemeinsam haben ist, dass wir verzweifelt waren.

Zweite Suizidhandlung; Patientin (P):

Handlung P: Als ich vor dem Medikamentenschrank stand, habe ich immer nachgesehen was ich schlucke.

Kognition, Handlung P: Ich habe einfach nachgesehen was ich esse. Ich habe mich im Spital gesehen, nicht aber in einem Grab. Daher war es einfach ein Hilfeschrei.

Kognition P: Ich habe nur gewusst, dass bestimmte Schmerzmittel sehr stark sind.

Kognition P: Diese Tabletten habe ich nicht gefunden. Aber ob ich sie nicht genommen hätte, wenn ich sie gefunden hätte, kann man nicht sagen. Denn die Emotionen sind einfach sehr stark.

Kognition P: Man ist nie ganz weggetreten (Ich haben mir in diesem Moment noch überlegt, was ich zu mir nahm).

Kognition P: Aber in solchen Momenten gibt es einfach keinen Verstand mehr. Auch wenn man weiss, dass das Leben weitergeht, denkt man in einem solchen

Moment nicht mehr daran. Man hat einfach die Hoffnung verloren. Man denkt an so viele Sachen, die einen zurückhalten könnten.

Handlung P: Als ich zum Medikamentenschrank ging, habe ich mir überlegt, wie mein Leben aussieht.

Kognition P: Ich habe Stress in der Schule. Ich weiß nicht was ich einmal werden will. Einfach alles hat sich ins Negative gewendet. Das hat mir wieder den Anlauf gegeben zu dieser Tat. In einem solchen Moment ist man immer auf der Suche nach Gründen, die die Tat untermauern. Man entschuldigt sich selber in diesem Moment.

Kognition P: Wenn man in einem Loch ist, dann zieht man alles einfach nur noch mehr in den Dreck.

Nach dem zweiten Suizidversuch; Patientin (P), Freund (F), Vater (V):

Handlung F: Aber nun ist ein neues Jahr angebrochen und damit zieht er einen Schlussstrich unter die Geschehnisse des letzten Jahres.

Handlung P: Ich habe heute mit ihm telefoniert.

Kognition F: Er hat gewusst, dass ich auf der Intensivstation liege.

Handlung V: Mein Vater hat ihm aber gesagt, dass er sich nicht mehr bei mir melden solle. Kognition V: Denn er hat einen Schock gehabt als er mich gesehen hat. Und das mit seinem Beruf als Spitalmitarbeiter.

Handlung P: Ich habe ihm gesagt, dass er sich keine Schuldgefühle machen solle, weil ich nun da auf der Intensivstation liege.

Handlung F: Aber er hat mir nur erwidert, dass er nun weiter essen müsse.

Schwangerschaft; Patientin (P), Freund (F):

Kognition P: Und ich war noch schwanger von diesem Menschen.

Kognition P: Das war vor einem Jahr.

Handlung P: Ich habe es ihm nicht gesagt gehabt. Er war in seinen Abschlussprüfungen und daher habe ich gedacht…

Emotion P: Ich habe Hassgefühle. Ich weiss nicht. Aber wenn man solche Momente überlebt hat, dann wächst man daran. Man wird stark daran.

Nach dem zweiten Suizidversuch; Patientin (P):

Kognition P: Auf der Intensivstation habe ich mir gesagt, dass Liebe nie soweit führen kann. Ich habe immer alles auf mich genommen bei den Vergewaltigungen, also Fast-vergewaltigungen. Ich habe einfach immer alles auf mich genommen.

Kognition P: Wenn ein Mensch dich gerne hat, in welcher Situation auch immer du steckst, und er weiss, dass es dir wirklich schlecht geht, dann kommt dieser so schnell wie möglich. Das ist eine ganz normale humane Reaktion.

Kognition P: Ich habe gewusst, dass er zu diesem Zeitpunkt in einem Club beim Kartenspiel sass.

Kognition P: Man weiß, dass es (Medikamentenüberdosis) sich nicht lohnt. Diese Erfahrungen machen einen Menschen stark. Ich will nicht sagen, dass wenn jemand einen Suizidversuch begeht und nicht réussiert, dass er dann stark ist. Es hat mich als Person einfach stark gemacht. Es ist nicht so, dass wenn ich es wieder machen würde, dass ich dann wieder stark daran würde. Nein. Aber dieses Mal hat es mich stark gemacht. Ich kann ihm nun einfach ein NEIN ins Gesicht sagen. Vielleicht hat es dies gebraucht.

Kognition P: Es hat einfach etwas geändert. Auch spätestens, wenn man auf der Intensivstation liegt, muss man sich darüber Gedanken machen. Das ist schon so, weil man einfach um sich selber kämpfen muss.

Kognition P: Auf eine Art hat es auch geholfen. Ich habe einfach gemerkt, dass ich diesem Menschen gleichgültig bin. Ich fragte mich dann einfach nach dem Sinn der ganzen Beziehung. Ist es das wert, dass ich mich für einen Menschen in dieser Art opfere? Das hat mich stark gemacht. Ich werde für einen Mann nie mehr so weit gehen. Ich werde auch nie mehr Schuldgefühle auf mich nehmen, gleichgültig aus welchem Grund. Alles was er mir angetan hat, … dass er einfach mit mir geschlafen hat, und dass er am nächsten Morgen mir dann gesagt hat, dass nun alles vorbei sei. Und ich habe ihn dann eine Woche später wieder angerufen und habe ihm gesagt, dass er sich keine Schuldgefühle machen solle. Man nimmt einfach alles auf sich. Auch als sein bester Freund mich fast vergewaltigt hatte…

Nach dem Vergewaltigungsversuch; Patientin (P), Freund (F):

Handlung P: Am nächsten Morgen habe ich auf der Stelle für sexuell belästigte und vergewaltigte Frauen angerufen.

Handlung A: Diese haben mich gefragt, ob ich Beweise hätte.

Handlung P: Ich habe ihnen gesagt, dass ich keine Beweise hätte.

Handlung A: Da haben sie mir gesagt, dass ich mich in diesem Fall bei einem Psychologen in der Stadt melden solle.

Emotion P: In diesem Moment hat man so viele Schulgefühle. Man fühlt sich in diesem Moment einfach so gedemütigt als Frau.

Kognition P: Erst wenn man in diesem Loch einmal ganz unten am Boden gewesen ist, weiss man wie es oben aussieht.

Kognition P: Es geht nur noch hoch. Wenn man schon am Grunde des Loches ist, dann kann man nur noch hoch. Weiter hinab geht gar nicht.

Kognition P: Es hat es bestimmt gebraucht. Es sind viele Sachen zusammengekommen. Es ist eine Magersucht, es ist eine Bulimie, … Ich bin durch soviel Prozesse gegangen in diesem letzten Jahr. Und nun werden all diese Themen endlich aufgetischt. Ich habe all dies immer verdrängt und nie darüber gesprochen. Es war für mich einfach ein Tabu. Das mit dem besten Freund habe ich zum ersten Mal hier jemandem erzählt.

Kognition P: Wenn man etwas nicht immer verdrängt, dann kann es gar nie so weit kommen. Wenn man immer über etwas spricht… Nur gestaute Emotionen bringen einen Menschen zu einer solchen Tat. Ich hätte dies auch nie gemacht, wenn meine beste Freundin an meiner Seite gewesen wäre. Ich war einfach alleine.

Erfahrungen mit den Ärzten nach den Suizidversuchen; Patientin (P), Arzt (A):
Handlung P (Handlung Ärzte): Was ich ihnen sagen kann ist, dass so wie die Ärzte im Spital mir gegenüber aufgetreten sind, dass das absolut schrecklich ist. Einfach nur schrecklich.
Nach dem ersten Suizidversuch:
Handlung Arzt: Am Anfang hat mich mein Arzt eine halbe Stunde mit einer offenen Ader sitzen gelassen auf der Notfallstation.
Kognition P: Es ist mir auch klar, dass andere Fälle Priorität haben, aber gleich so lange…
Handlung Arzt: Als er mich gesehen hat fragte er mich: „soll ich Ihnen helfen, oder wollen Sie gleich zum Fenster hinausspringen?"
Handlung P: Ja. Ich habe ihn einfach nur angesehen und habe ihm gesagt, dass man mit solchen Sachen nicht spasst. Und was macht man dann damit? Man hat wieder Schuldgefühle. Gerade für diese Menschen ist es wichtig, dass man für sie da ist. Solche Sachen sind Hilferufe, die man ganz klar ernst nehmen muss. Ich weiss wie es ist. Mich hat man nicht ernst genommen.
Handlung P: Ich kam dann in eine Klinik.
Nach dem zweiten Suizidversuch:
Kognition P: Letztes Mal war ein Psychiater anwesend.
Kognition P: Sie war gut, aber trotzdem hätte ich sie umbringen können.
Kognition P: Sie haben mir Kohle gegeben, denn ich hatte die Tabletten schon viel zu lange in mir gehabt. Man hat auch nicht genau gewusst, was ich genommen hatte.
Handlung P: Also habe ich die Kohle eingenommen. Ich habe dann einfach nur noch erbrochen. Dazu habe ich noch sechs oder sieben Infusionen gehabt.
Handlung Arzt: Sie hat mir dann gesagt, dass ich nun mit ihr sprechen solle.
Handlung P: Ich konnte ihr aber nur erwidern, dass es mir im Moment so schlecht gehe und ich die ganze Zeit nur immer erbrechen müsse. Dann habe ich mich trotzdem aufgemacht. Aber auf dem Weg zu ihr musste ich erbrechen. Auch noch während dem Gespräch mit ihr habe ich erbrochen.
Handlung Arzt: Dann hat sie mir gesagt, dass ich offenbar Erfahrung mit erbrechen habe.
Handlung P: Aber ich habe ihr dann geantwortet, dass ich das nicht habe.
Kognition P: Aber in Wirklichkeit habe ich schon Bulimie.
Emotion P: Das hat mir gut getan, denn ich habe immer alles abgestritten. Aber die Art und Weise… Man geht einfach mit einer solchen Kühle mit all dem um.

Man fühlt sich einfach wie ein Gegenstand, und nicht wie eine Person. Und diesem Menschen geht es schon schlecht genug. Er fühlt sich schon selber als Ware. Solche Sachen betreffen nie den Körper, solche Sachen betreffen nur immer die Seele.

Kognition P: Dann kommt einfach ein Arzt und sagt was wir haben, nüchtern und sachlich. Aber das haben wir auch schon längst herausgefunden. Man sollte einfach ein bisschen feiner mit den Patienten umgehen. Ich meine damit nicht, dass der Arzt den Patienten umarmen muss. Aber man sollte doch diese Anonymität ein bisschen abschaffen. Das ist einfach in dieser Situation so schlimm. Gerade für jemanden, der sich wirklich umbringen wollte und sein Ziel nicht erreichte, ist das schon Demut genug. Für mich waren das einfach Hilferufe.

Aufenthalt in der Klinik zum gegenwärtigen Interview:

Emotion P: Ich bin so froh, dass ich hierhergekommen bin. Denn hier hat man dies alles auch ernst genommen. Deshalb geht es mir besser.

Kognition P: Ich bin hier auch um Menschen herum, die ähnliches erlebt haben. Und mit diesen Menschen kannst Du darüber sprechen. Das hat mich auch zum Sprechen animiert. ◄

Zusammenfassung

1. Die Patientin erzählt zuerst von ihren Handlungen innerhalb der lang- und mittelfristigen Anliegen, welche die Beziehungsauflösung zum Gegenstand haben.
2. Sie schildert dann Handlungen des gegenwärtigen Suizidversuchs, des ersten Suizidversuchs, anschließend geht sie zurück zum letzten Suizidversuch, danach erzählt sie vom ersten Suizidversuch und kommt wieder auf die Handlungen des letzten Suizidversuchs zu sprechen.
3. Die Patientin erzählt ebenfalls von ihren Handlungen und Begegnungen mit ihrem Vater und ihrem Ex-Freund nach dem gegenwärtigen Suizidversuch und spricht dann die Zeit ihrer Schwangerschaft und der Abtreibung an.
4. Sie kommt zurück zur Gegenwart und beschreibt dort den Vergewaltigungsversuch durch den guten Freund ihres Ex-Freundes.

12.2.3 Probleme der Handlungsorganisation

In der Zielordnung der jungen Frau ist etwas geschehen, sodass die Patientin sich wiederholt in einen lebensbedrohlichen Zustand gebracht hat und sogar hätte sterben können. Wie konnte diese junge Frau, die über eine Reihe wichtiger Ziele berichtet, die sie anstrebte, um ihrem Leben eine bessere Qualität zu geben und für deren Verwirklichung sie leben müsse, ihrem Leben ein Ende setzen wollen? Sie wollte Erfolg in der Schule haben, eine liebevolle und vertrauensvolle Partnerbeziehung leben, respektiert werden, ernstgenommen werden, in ihrer persönlichen Identität wahrgenommen werden, bewundert werden, in ihrem Inneren verstanden werden, nicht alleine sein, negative Erlebnisse nicht verdrängen, ohne Schuldgefühle leben, stark sein, sich nicht für jemanden opfern, bei den Vergewaltigungsversuchen, für die sie die Verantwortung übernahm und die Schuld auf sich nahm, diese wieder aufzugeben, einen Beruf wählen, Hoffnung haben, nicht zurückgehalten werden, mit Verstand agieren, wenn sie sich in einer Krise befindet, Hilfe erhalten, sich durch Einkaufen und Konsumieren von ihren Problemen ablenken und von ihnen wegkommen, den Seelenschmerz überwinden, die Mutter nicht enttäuschen, ihr inneres Gleichgewicht in Balance haben und vieles andere mehr – denn hinter jedem lang- und mittelfristigen Anliegen, genauso wie hinter jeder Handlung stehen Ziele, wie oben ausgeführt. Es kann kompliziert erscheinen, all diese Ziele in einer konstruktiven Ordnung zueinander zu halten. Aber was auch immer geschieht, sollen die lebenserhaltenden Ziele nicht missachtet werden. Wie können andere Ziele die oberste Priorität erhalten und das Ziel der existenz- und lebenssichernden Handlungen in Vergessenheit geraten, oder sogar durch destruktive Handlungen ersetzt werden? Wir können diese Verschiebung in der Zielordnung und der Handlungsorganisationsordnung zu unterschiedlichen Zeitpunkten im Leben der jungen Frau beobachten. Sie wurde Opfer von Vergewaltigungsversuchen und übernahm dafür die Verantwortung, indem sie sich schuldig fühlte, wahrscheinlich um die Respekt- und Vertrauensordnung in der Beziehung zu Erwachsenen aufrechtzuerhalten. Sie engagierte sich in einer Partnerbeziehung, die ihr zum obersten Ziel wurde, der sie auch ihr Leben unterordnete. Sie wollte Hilfe erhalten und weil sie dies nicht kommunizieren konnte, unternahm sie Handlungen, die offensichtlich gegen Regeln und Normen verstießen, um auf ihren Notstand hinzuweisen. Sie selbst bezeichnete ihren Suizidversuch als Hilfeschrei. Sie zeigte ein gestörtes Essverhalten und Kaufsucht, für die sie die Kreditkarte der Mutter entwendete. Sie schnitt sich ernsthaft an ihrem Unterarm und einige Monate später nahm sie eine Medikamentenüberdosis. Auch die Suizidhandlung selbst kam in einer Reihe von problematischen Zusammenbrüchen der Handlungsordnung zustande. Die Patientin erzählt, wie sie zu Hause nur schreien konnte, ein Glas an die Wand warf, weinte, bis es nicht mehr ging, um anschließend die Medikamentenüberdosis einzunehmen. Wenn wir uns vergegenwärtigen, dass sie beim ersten Vergewaltigungsversuch erst 6 Jahre alt war, können wir uns die Reaktionen des kleinen Mädchens vorstellen, in dessen Gefühls- und Gedankenzustand sich die Patientin befand. Damit ist sowohl ihre damalige Art, um Hilfe zu suchen verbunden, wie auch die Unterordnung des Lebens unter andere Anliegen.

▶ **Zusammenfassung**
1. Die Patientin berichtet über eine große Anzahl von Zielen und Anliegen, die an das Leben gebunden sind. Dennoch gerät ihr die Zielordnung durcheinander, sodass sie das oberste, „zu leben" anderen Anliegen unterordnet.

2. Sie lässt vermuten, dass ihr durch ihre Vergewaltigungserfahrungen einige Ziele, wie „in einer vertrauensvollen Beziehung leben" wichtiger wurden als ihr Leben.
3. Ihre Erfahrung der existenziellen Bedrohung stammt aus der Zeit, in der sie ihre diesbezüglichen kommunikativen Fertigkeiten noch nicht entwickeln konnte, sodass sie auch später in Krisen, die sie als existenziell bedrohlich erlebte, mit dem Kommunikationsrepertoire von damals mit dem „sich krank machen und zeigen" Hilfe suchte. Sie litt unter Essstörungen, verletzte sich selbst, nahm eine Medikamentenüberdosis und sprach von ihrem Kaufzwang.
4. Die Einnahme der Medikamentenüberdosis fand in einem Zustand der veränderten Handlungsordnung statt, die sich aus dem Kommunikationsrepertoire des kleinen Kindes speiste.

12.2.4 Bewusst vorbereitet oder spontan vorgenommen?

Die Frage der Probleme der Handlungsorganisation ist bei dieser jungen Frau eng verbunden mit der Frage, ob ihre Suizidhandlung bewusst vorbereitet war oder spontan zu Stande kam. Während der Zuhörer den Ausgang der Krise der Patientin mehr als ahnt, schien er für die Patientin unklar zu sein, bis sie auf dem Tisch die Schmerzmedikamente sah. Allerdings versicherte die Patientin, dass ihr zwar die Idee, die Überdosis zu nehmen erst angesichts der Tabletten aufkam, dass sie aber genau darauf achtete, was sie einnahm, denn sie sah sich „im Krankenhaus, aber nicht im Grab". Obwohl sie ihre Tat als spontan und ungeplant bezeichnete, würden wir sie dennoch als eine zielgerichtete Handlung bezeichnen. Eine solche Handlung ist nicht durch Vorausplanen gekennzeichnet. Bei einer Handlung sprechen wir von „Plan", um die kognitiven Prozesse hinter den Handlungsschritten zu bezeichnen. Als die Patientin die Schmerzmittel auf dem Tisch sah, holte sie ihr Suizidprojekt, also einen mittelfristigen zielgerichteten Prozess (ausgelöst durch eine Wahrnehmung; ein Prozess, der als „Bottom-Up"-Steuerung „von unten nach oben" bezeichnet wird) hervor und führte dann die Suizidhandlung aus. Ihre Suizidhandlung wurde also „Bottom-Up"-„von unten nach oben" angebahnt, aber „Top-Down", „von oben nach unten" gesteuert. Wie intensiv und aktiv das Suizidprojekt der Patientin ist, wird durch die Tatsache belegt, dass sie bereits vor einigen Monaten wegen eines Suizidversuchs auf der Notfallstation behandelt wurde. Zudem finden sich in ihrer Biografie Erlebnisse, mit denen sie viele persönlich relevante Ziele verbindet und die in der Suizidforschung mit Suizid und Suizidversuchen in Zusammenhang gebracht werden. Wir können hier von einer Suizidlaufbahn sprechen.

▶ **Zusammenfassung**
1. Die Patientin bezeichnet ihre Medikamentenüberdosiseinnahme als Kurzschlusshandlung wahrscheinlich aus der Wahrnehmung, dass ihr

Denken, Fühlen und Handeln nicht nach ihren gegenwärtigen Regeln und Gewohnheiten abliefen.
2. Dennoch war ihre Suizidhandlung eine bewusste, von einem Ziel gesteuerte Handlung, wenn auch das Vorhandensein der Medikamente ihr half, ihr „Suizidprojekt" hervorzuholen.

12.2.5 Probleme der Handlungsüberwachungsprozesse

Wie funktionierte das Bewusstsein, die Aufmerksamkeit, das emotionale System und das Schmerzempfinden, allesamt Handlungsüberwachungsprozesse, während der Suizidhandlung der Patientin? Die junge Frau beschreibt ihr Empfinden, als sie sich in einer akuten Krise befand, ein Glas gegen die Wand warf, sich auf dem Boden wälzte, weinte und schrie, wie folgt „Aber in diesem Moment ist man einfach umhüllt wie in einem Loch. Man kann einfach gar nicht herausklettern. Das geht auch nicht, wenn man es möchte." Diese Beobachtung kann man auch so verstehen, dass die junge Frau ihr Tun zwar wahrnahm, aber nicht als Handlung spiegelte, die sie gegebenenfalls korrigieren könnte. Sie berichtete von einer komplexen Situation, als sie sich in dieser Situation wahrnahm „Ich habe einfach gewusst, dass ich wahnsinnig werde, wenn er sagt, dass alles aus ist. Ich wusste, dass ich das nicht ertragen kann. Ich habe ihm auch gesagt, dass er es nicht sagen soll. Aber er wollte es sagen… Ich wusste, dass ich dies nicht ertragen kann, aber ich hätte nie eine solche Reaktion von mir erwartet." Ihre Bewusstseinslage im Moment der Suizidhandlung beschreibt die junge Frau wie folgt „… (es lagen) auf dem Tisch, auf dem ich gerade sass, einige Schmerzmittel herum. Ich habe diese angesehen und gleich ergriffen. Ich habe dann sieben oder acht starke Schmerzmittel eingenommen. Dann hat es angefangen. Ich habe dann den ganzen Schrank ausgeräumt. Im Ganzen habe ich etwa 80 Tabletten eingenommen…Ich war auf einem „high". Ich war wie in einer Trance." Bei der ersten Suizidhandlung, als sie sich schnitt, sei sie zudem „völlig weggetreten" gewesen. Dies sind eindeutig Probleme des kognitiven Handlungsmonitorings. Die Suizidforschung zeigt, dass suizidale Personen eher über diese Fertigkeit „wegzutreten" verfügen als andere.

Beim emotionalen Monitoring geht es darum, adäquate Gefühle zu entwickeln und sie auch zu spüren. Konflikthafte Gefühlslagen sind oft destruktiv, wenn sie nicht im Sinne höherer Ziele gelöst werden können. Ihre Gefühlslage beschreibt die junge Frau als Schreien der Seele „Aber in diesem Moment ist man einfach umhüllt wie in einem Loch…Man schreit in diesen Momenten. Aber die Seele schreit immer viel lauter. Diese übertönt das körperliche Schreien." „Ich habe dann einfach das Gefühl gehabt, dass ich das nun einfach nicht mehr ertrage. Ich konnte mein eigenes Schreien nicht mehr ertragen, obwohl ich nicht mehr aufhören konnte mit Schreien. Es kam dann auch einmal der Zeitpunkt, an dem ich gar nicht mehr weinen konnte, weil einfach nichts mehr lief. Aber irgendwie muss man seine Emotionen freisetzen." Die Gefühle der Patientin diktierten ihr eine Reihe von irrationalen Handlungen, was darauf hinweist, dass sie nicht fähig war, diese Gefühle entsprechend ihrer Zielhierarchie bewusst in adäquate Handlungen umzusetzen, selbst wenn das unmittelbare Ausleben eines unerträglichen Gefühls zweckmäßig erscheint. Auch bei der ersten Suizidhandlung spielten die Monitoringsysteme des Bewusstseins und der Gefühle der Patientin eine Rolle im Aufbau irrationaler Handlungen, die aber kein unkontrolliertes „Abreagieren" mehr waren. Sie berichtete, dass ihr „sich schneiden" mit dem „Verlassen werden durch ihren Freund" eng verknüpft war „Ich habe mich vor vier Monaten geschnitten. Im Großen und Ganzen (hat es mit meinem Freund zu tun gehabt)… Ich habe meiner Mutter (…) die Bankkarte weggenommen und gebraucht. Ich war zu dieser Zeit in einem „Kauf-Frust" Zustand. Sie (die Mutter) hat es dann herausgefunden. Ich war traurig über mich, denn ich bin ansonsten kein Mensch, der so etwas macht." Ihr emotionales Monitoring schildert die Patientin als nicht adäquat im Hinblick auf die Konsequenzen ihrer Handlung (sich schneiden am Unterarm) „…ich hatte nicht Angst in diesem Moment. Nein. In diesem Moment war die Verzweiflung erst recht in mir."

Die junge Frau ist sich sehr bewusst, dass ihre Erinnerungen an ihre Vergewaltigungsversuche und die damit verbundene Gefühle bei ihren gegenwärtigen Suizidversuchen eine Rolle spielen. Das Gefühl des Vertrauensmissbrauchs, das sie mehrmals in der Vergangenheit erlebte und das eine sehr bedrohliche Situation spiegelte, drängt sich immer wieder in einer Situation auf, die sie als Vertrauensbruch deutet und die dadurch zu einer existenziellen Bedrohung wird: „Ich bin so an diesem Menschen gegangen, da ich in meinem Leben schon drei Fast-Vergewaltigungen erlebt habe. Das war mit sechs, mit fünfzehn und mit sechzehn Jahren… Ich habe einfach das Gefühl gehabt, dass er das nicht machen würde. Von diesem Standpunkt her gesehen war dies natürlich ein sehr großer Vertrauensmissbrauch." Dies ist aber eine Störung oder eine Malfunktion des emotionalen Monitoringsystems, das der Person eine nicht adäquate Einschätzung der gegenwärtigen Situation liefert, denn eine Trennung ist zwar bedauernswert, aber keine existenzielle Bedrohung.

Das Schmerzempfinden, als drittes Monitoringsystem spielte eine Rolle beim ersten Suizidversuch der Patientin, als sie sich am Unterarm schnitt „Es hat nicht einmal geschmerzt." Dies zeugt von einer Störung eines Monitoringsystems.

Die Patientin beschreibt das fehlerhafte Zusammenspielen der Monitoringsysteme, als sie sich lebensgefährlich am Unterarm schnitt. Sie meint, sie habe es nicht gespürt. Dies würde auf das „nicht Spüren der Schmerzen" hinweisen. Aber sie fühlt, dass das Bewusstwerden aus dem Zusammenspiel mehrerer Systeme entsteht. „…Ich habe es nicht gemerkt…Ich habe zwar gewusst, was ich mache. Ich handelte also bewusst…Aber ich habe es nicht gemerkt…In dem Moment, in dem das Blut anfing aus meinem Arm zu spritzen, wurde ich mir meiner Tat erst richtig bewusst." Eine Wahrnehmung wird erst dann in richtigen bewussten Inhalten mit einer Bedeutung erschlossen, wenn sie mit adäquaten Gefühlen verbunden ist. Die junge Frau schildert das Zusammenwirken von Gefühlen und Schmerzen, zwei anderen Monitoringsystemen. Sie meint „Wenn man an zwei Orten Schmerzen hat, dann spürt man nur einen der beiden. Bei mir war der seelische Schmerz (ihr Gefühl) stärker (als die Schnittwunde am Unterarm)."

Dies bedeutet, dass das fehlerhafte Monitoring eine suizidale Handlung nicht nur ermöglicht, begünstigt und zu ihr beiträgt, sondern an ihrer Entstehung und Durchführung erheblich beteiligt ist.

> **Zusammenfassung**
> 1. Die junge Frau beschreibt Probleme in allen drei Monitoringsystemen im Zusammenhang mit ihren Suizidversuchen: Bewusstsein, Emotion, und Schmerzempfinden.
> 2. Sie sei bei ihrem ersten Suizidversuch wie weggetreten. Beim zweiten Suizidversuch sei sie wie in einem Trancezustand.
> 3. Die Probleme des Emotionsmonitorings können wir uns am besten aus ihrer Verwechslung der Gefühlserinnerungen mit der Spiegelung der gegenwärtigen Situation erschließen.
> 4. Als sich die Patientin schnitt und keine Schmerzen spürte, da sie mehr unter ihren seelischen Schmerzen litt, beschreibt sie ihre Probleme im Schmerzmonitoring.

12.2.6 Probleme der Handlungsenergetisierung

Die Probleme des emotionalen Handlungsmonitorings sind eng verknüpft mit den Problemen der Handlungsenergetisierung. Die nicht adäquate emotionale Spiegelung führt zu einer nicht adäquaten Handlungsenergetisierung. Am deutlichsten drückt die junge Frau dies in der Beschreibung ihres Tuns unmittelbar vor dem Einnehmen der Überdosis aus „Ich habe das Glas gegen die Wand geworfen. (Ich schrie) Einfach nur „NEIN"…Richtig durchgedreht…

Ich sprang in meinem Zimmer herum, lag auf dem Boden, ich habe geweint…" Hier wurden irrationale und destruktive Handlungsabläufe energetisiert. Anschließend kam es zum Suizidhandlungsschritt „…Es lagen auf dem Tisch Schmerzmittel…Ich habe diese angesehen und gleich ergriffen…" Die junge Frau schildert auch, wie sie Energien aufwendet, um mit ihren Gefühlszuständen fertigzuwerden, sodass sie ihre anderen Monitoringssysteme beeinträchtigt „Ich habe nicht einmal gemerkt, was ich da tat. Ich war einfach viel zu stark beschäftigt mit meinem Seelenschmerz. Ich wollte den einfach irgendwie überwinden. Daher habe ich einfach immer weiter gekauft und konsumiert. Ich wollte mich einfach möglichst ablenken, einfach abschalten. Ich wollte von all meinen Problemen wegkommen."

> **Zusammenfassung**
> 1. Die Patientin erzählt, wie sie kurz vor ihrer Suizidhandlung irrationale und destruktive Handlungsabläufe energetisierte, wie im Zimmer herumspringen und ein Glas an die Wand werfen.

2. Sie verwendete ihre Energien auf die Überwindung des Seelenschmerzes und führte ihre Suizidhandlung und weitere destruktive Handlungen unterschwellig aus und konnte andere lebensrettenden Handlungsalternativen nicht energetisieren.

12.2.7 Suizid und das interaktive und gemeinsame Handeln

Die Suizidgeschichten dieser jungen Frau zeigen, dass sie sich nicht aus einer missglückten Beziehung zur Welt an sich suizidieren wollte, sondern, dass konkrete Beziehungen zu anderen Menschen entscheidend waren. Dies sind zunächst Beziehungen zu und Begegnungen mit anonym gebliebenen Personen, die sie zu vergewaltigen versuchten. Anschließend und sehr nachhaltig litt die Patientin unter der Aufkündigung der Beziehung durch ihren Partner. Zudem wurde sie von einem Freund ihres Partners sexuell belästigt, der sie zu vergewaltigen versuchte. Als sie dies dann ihrem Partner berichtete, nahm er dies mit einer Gleichgültigkeit auf, die sie als massiven Vertrauensmissbrauch empfand. Von ihrem Vater berichtete sie, dass er ihr empfahl mit ihm zu sprechen, wenn sie Probleme habe. Zu diesem Zeitpunkt befand sich die Patientin bereits in einem Zustand der „Trance", in dem sie auch die Überdosis einnahm. Erst am Ende der Sitzung verrät die junge Frau, dass der Stiefvater sie brutal schlug. Die Beziehung zu ihrer Mutter erwähnt die junge Frau in einem komplexeren Handlungszusammenhang. Als ihr Partner sie das erste Mal verließ und ins Ausland abreiste, litt die Patientin nach ihren Angaben unter einem Seelenschmerz, den sie zu bewältigen versuchte, indem sie sich durch einen Kaufrausch ablenkte. Dazu nahm sie die Kreditkarte ihrer Mutter. Wollte sie damit ihre Mutter bestrafen, dass sie das Kind schlecht vor Vergewaltigungsversuchen schützte? Wie wichtig der Patientin diese Beziehung war zeigt sich aus ihrer Reaktion. Als herauskam, dass die Patientin die Kreditkarte der Mutter missbrauchte, war die junge Frau von sich selber enttäuscht und schnitt sich an dem Unterarm, bis die Mutter sie in ihrem Zimmer fand und zur Notfallbehandlung führte. So könnten die Beziehungen der Patientin zu anderen Leuten in ihrer Umgebung als die entscheidenden Prozesse in ihrem Suizid betrachtet werden.

▶ **Zusammenfassung**
1. Auch diese Patientin schildert ihre Suizidhandlung aus einem Beziehungszusammenhang mit anderen Personen.
2. Es sind vor allem die abgebrochene Beziehung zu ihrem Ex-Freund und seine Gleichgültigkeit zum Vergewaltigungsversuch der Patientin durch seinen Bekannten.
3. Die Vergewaltigungsversuche, welche die Patientin in ihrer Kindheit erlebte, prägen ihre Krisenbewältigungsstrategie sehr nachhaltig.
4. Auch die Beziehungen zum Vater und Mutter werden von der Patientin mit ihrer Suizidhandlung verknüpft. Der Stiefvater schlug sie brutal und

die Beziehung zur Mutter schien der Patientin unsicher. Die Patientin wollte sie auf der einen Seite durch den Kreditkartenmissbrauch bestrafen und als sich die Mutter enttäuscht zeigte, antwortete die Patientin mit selbstverletzendem Handeln.

12.2.8 Das Gespräch der jungen Frau mit einem Psychiater

Wie gestaltet die junge Frau zusammen mit dem Psychiater das Gespräch, die Erzählung der Geschichte ihrer Suizidversuche? In der **1. gemeinsamen Handlung** bittet der Psychiater die Patientin um die Darstellung, wie es dazu kam, dass sie eine Überdosis an Tabletten nahm und bietet damit die Aufgabe der gemeinsamen Handlung an. Die Patientin übernimmt diese Aufgabe („Wie ist es dazu gekommen?") und macht sie auch zu ihrem Ziel. Sie beschreibt ihren damaligen Gefühlszustand, wie es durch die Aufkündigung der Beziehung durch ihren Freund und ihr erfolgloses Bemühen, diese Beziehung aufrechtzuerhalten dazu kam, wie für sie eine Welt zusammenbrach. Sie arbeiten dann im Detail aus, wie der Ex-Freund seinen Abbruch der Beziehung formulierte, welche Gefühle er ausstrahlte, was dies in der Patientin auslöste und bedeutete. Sie begründet ihre tiefe Abhängigkeit von ihm durch ihre Erlebnisse der Vergewaltigungsversuche in der Vergangenheit. Dabei spielte der Vergewaltigungsversuch durch den Freund ihres Ex-Freundes und wie der Ex-Freund nichts davon wissen wollte eine besondere Rolle. Dieses Erlebnis empfand die junge Frau als massiven Vertrauensmissbrauch und -bruch.

In der **2. gemeinsamen Handlung** möchte der Psychiater die Erlebnisse der jungen Frau unmittelbar vor der Suizidhandlung aufarbeiten („…was ist in Ihnen vorgegangen bis zum Zeitpunkt, an dem Sie die Überdosis an Tabletten eingenommen haben"), nachdem sie die Suizidvoraussetzungen in der ersten gemeinsamen Handlung diskutierten. Sie erzählt, wie sie anfing „durchzudrehen", nachdem der Freund gegangen sei, die Überdosis nahm und dann von ihrem Vater auf die Notfallstation gebracht wurde. Auf die Frage des Psychiaters, wie man auf den Gedanken des Suizids kommt, berichtet sie, dass solche Handlungen spontan seien und sie auch bei ihrem ersten Suizidversuch so vorgegangen sei. Als ihr Freund sie damals das erste Mal verließ, flüchtete sie sich in Essstörungen und einen Kaufrausch mit der Kreditkarte der Mutter. Als die Mutter dies erfuhr, schnitt sich die junge Frau den Unterarm auf. Die Patientin beschreibt dann detailliert, wie es zu diesem Suizidversuch kam, was sie alles erlebte und wie sie sich fühlte. Der Psychiater stellt einige Fragen, um den Zeitablauf und die Zusammenhänge der inneren und äußeren Ereignisse zu verstehen.

In der **3. kurzen gemeinsamen Handlung** beschäftigen sie sich mit einigen technischen Problemen der Aufnahme.

Die gemeinsame Aufgabe der **4. gemeinsamen Handlung** war, die Ereignisse und Erlebnisse in der Zeit zwischen der ersten Aufkündigung der Beziehung durch den

Freund vor fast fünf Monaten, dem ersten und dem zweiten Suizidversuch der Patientin zu klären.

Die **5. gemeinsame Handlung** widmet sich der Frage des Bewusstseins während eines Suizidversuchs. Die Patientin schildert, wie sie ihrer seelischen Schmerzen wegen die körperlichen beim Schneiden nicht spürte, wie sie sich wie in einem Loch befand, aus dem sie nicht herauskommen konnte und wie sie sich bei der zweiten Suizidhandlung, wie „durchgedreht" erlebte, sich zwar dafür hasste, aber nicht stoppen konnte und wie sie dann die auf dem Tisch liegenden Schmerztabletten ohne viel zu überlegen einnahm.

In der **6. gemeinsamen Handlung** gehen sie den Gemeinsamkeiten beider Suizidversuche nach. Die junge Frau meinte, dass sie beim ersten Suizidversuch aus Scham und beim zweiten aus Ablehnung und Vertrauensmissbrauch verzweifelt war, was dann entscheidend für ihre Tat war.

Wie weit die Vorstellung des tödlichen Ausgangs bei der Überdosierung eine Rolle spielte, ist die Frage, welcher der Psychiater in der **7. gemeinsamen Handlung** nachgehen möchte. „Ich habe mich im Spital gesehen, nicht aber in einem Grab" meinte darauf die junge Frau. Dennoch schränkte sie ein „Aber in solchen Momenten gibt es einfach keinen Verstand mehr."

In der **8. gemeinsamen Handlung** erkundigt sich der Psychiater nach der Beziehung zwischen der Patientin und ihren Freund. Wie sie bereits zur Zeit des ersten Suizidversuchs zu Ende war und wie sie gegenwärtig miteinander umgehen. Dabei vertraut die junge Frau dem Psychiater an, dass sie von ihrem Freund vor einem Jahr schwanger war, was sie ihm aber nicht verriet, da er in seinen Abschlussprüfungen stand.

Mit der Frage „Wie ist es Ihnen heute zu Mute, wenn Sie an ihn denken?" leitet der Psychiater die **9. gemeinsame Handlung** ein, in der sie sich den Befindlichkeiten und den Überlegungen der Patientin zu der Beziehung zu ihrem Freund widmen. Hier schildert die junge Frau, wie sie sich langsam von ihren Schuldgefühlen befreit, die sie bei den Vergewaltigungsversuchen, bei dem Zusammenbruch der Beziehung, bei ihrem destruktiven Auseinandersetzen mit den daraus entstandenen Gefühlen empfand. Sie spürt dies als eine Erstarkung. Es ist ihr auch klar geworden, dass sie über ihre Gefühle und Probleme sprechen müsse und dass sie alleine war.

In der **10. gemeinsamen Handlung** leitet der Psychiater den Abschluss des Gesprächs ein, und die Patientin nutzt die offene Frage nach weiteren wichtigen Themen, um ihre Erlebnisse bei der Behandlung im Spital zu schildern. Sie bezeichnete diese als schrecklich. Zum einen musste sie mit ihrer Wunde nach dem ersten Suizidversuch lange warten und zum anderen fühlte sie sich durch zynische Fragen abgewertet. Nach dem zweiten Suizidversuch fühlte sie sich zwar durch die schonungslose Bloßlegung ihrer Essstörungen durch die Psychiaterin gekränkt, empfand diese dann aber als sehr hilfreich, weil sie anschließend darüber sprechen konnte. Gegenwärtig fühlt sich die Patientin ernst genommen und äußert ihre Zufriedenheit mit der ärztlichen Behandlung.

▶ **Zusammenfassung**
1. In den ersten sieben gemeinsamen Handlungen beschäftigen sich Psychiater und Patientin mit den Suizidhandlungen und in den letzten dreien mit der gegenwärtigen Situation. In der 1. beschreibt die Patientin ihren Gefühlszustand, die Aufkündigung der Beziehung durch ihren Freund und ihr Bemühen, sie aufrechtzuerhalten. Sie begründet ihre Abhängigkeit von ihm durch ihre Erlebnisse der Vergewaltigungsversuche und schildert seinen Vertrauensmissbrauch. In der 2. beschreibt sie ihren Zustand als „Durchdrehen" und die Einnahme der Medikamentenüberdosis als „automatisch". Auch ihre erste Suizidhandlung beschreibt sie als „automatisch", als sie sich am Unterarm schnitt, wie sie Essstörungen erlebte und auch als sie sich in einen Kaufrausch steigerte. In der 4. beschäftigen sie sich mit den Ereignissen der fünf Monate zwischen der ersten und der zweiten Suizidhandlung. In der 5. arbeiten sie den Bewusstseinszustand der Patientin während der Suizidversuche heraus. Im ersten spürte die Patientin ihre körperlichen Schmerzen der Seelenschmerzen wegen nicht, im zweiten erlebte sie sich wie in einer Trance. In der 6. bezeichnet die Patientin ihre Gefühle beim ersten Suizidversuch als Scham, beim zweiten als Verzweiflung durch einen Vertrauensmissbrauch. Die Todesfolge der Suizidhandlungen beschäftigt sie in der 7. gemeinsamen Handlung.
2. In der 8. gemeinsamen Handlung erkunden sie die gegenwärtige Beziehung der Patientin zu ihrem Ex-Freund, wobei sie auch ihre frühere Schwangerschaft und die Abtreibung anspricht. Sie beschäftigen sich auch in der 9. gemeinsamen Handlung mit dieser Beziehung, und die Patientin spricht von ihrer Befreiung von ihren Schuldgefühlen und ihrer Erstarkung. In der 10. gemeinsamen Handlung beklagt die Patientin ihre Behandlung im Krankenhaus, wo man ihr zynisch und schonungslos entgegengetreten sei.

12.2.9 Das Selbstkonfrontations-Interview

Was dachte und fühlte die junge Frau als sie über ihre Suizidversuche, die Vergewaltigungsversuche und ihre Essstörung erzählte? Das gemeinsame Sichten der Videoaufnahmen des Interviews kann hier einige zusätzliche Informationen bringen. Im **1. Abschnitt** berichtet die Patientin, dass sie ihre Geschichte bereits mehrmals erzählte und sie daher nicht mehr so intensiv erlebe, aber es dennoch immer noch weh tue „Es hat mich geschmerzt, aber dennoch habe ich es aus einer gewissen Distanz betrachtet. Es geht nicht mehr so nah." Im **2. Abschnitt** klärt sie ihre Befindlichkeit während des Gesprächs und findet eine gewisse Diskrepanz in der Art, wie sie sich gibt „Mir fällt auf, dass ich die Sache kälter erzähle, als es für mich eigentlich gewesen ist." Im **3.**

12.2 Suizidanalyse: eine junge Frau: ich war wie in einer Trance

Abschnitt ergänzt die junge Frau eine Information über die Vergewaltigungsversuche, die sie im Gespräch nicht offenbarte „Es waren Versuche. Aber es war immer haarscharf davor. Es hat in allen drei Fällen fast nichts mehr gefehlt. Mit sechs Jahren war es anstelle des Gliedes mit der Hand. Das hat er absichtlich so gemacht, dass ich keine Beweise habe, dass man es nicht nachvollziehen kann." Sie berichtet dann über ihre Offenheit im Gespräch „Ich habe hier alles sehr spontan und offen erzählt. Ich habe nicht überlegt. Ich habe einfach gesagt was man mich gefragt hat. Es war keine Blockade da in meinem Kopf." und meint, dass es immer noch eine Überwindung brauche, denn es sei eine Demütigung für eine Frau darüber zu erzählen. Zudem habe sie immer noch Schamgefühle und Schuldgefühle „Denn ich bin nun erst gerade in der Phase, in der ich meine Schuldgefühle abbaue." Sie erwähnt auch, was sie im Gespräch nicht berichtete, dass sie in der Kindheit geschlagen wurde. Auf Nachfrage bestätigte die Patientin, dass sie sich während des Gesprächs mit ihrem Gesprächspartner wohl fühlte. Im **4. Abschnitt** ergänzt die junge Frau einige Angaben zu ihrem Suizidversuch mit Medikamentenüberdosis „Nach einer Stunde hatte ich Schaum vor dem Mund und ich spürte die Wirkung der Medikamente." „Es hatte etwa die gleichen Auswirkungen, wie wenn ich Alkohol getrunken hätte. Ich war einfach wie betrunken." In **5. Abschnitt** klärt die Patientin einige Zeitangaben zu ihrer Geschichte, die der Forschungsassistent akustisch nicht richtig verstand. Im **6. Abschnitt** beklagt die junge Frau, dass sie bereits müde und überdrüssig sei über ihre Krise wiederholt zu erzählen. Im **7. Abschnitt** zeigt sich die Patientin durch die Bemerkung des Forschungsassistent herausgefordert, sie berichte unberührt über ihre Erlebnisse „Unberührt – Ich erzähle diese Geschichte schon seit einer Woche jeden Tag einmal. Es geht nicht darum, dass es mich nicht berühren würde. Man wird einfach müde. Ich möchte einfach endlich einmal abschalten. Das blockiert mich – Nein. Ich mag einfach nicht mehr." Auch im **8. Abschnitt** zeigt sich die Patientin missverstanden und drängt darauf, zum nächsten Abschnitt überzugehen. Im **9. Abschnitt** ergänzt die junge Frau, warum sie ihren Ex-Freund während des Spitalaufenthalts anrief „Ich war einfach so wütend… Ich habe ihn angerufen, weil ich einmal ein Gespräch mit ihm führen wollte. Ich wollte ihm einmal ganz klar sagen, wie der Hase läuft." Im **10. Abschnitt** gibt die junge Frau eine weitere Information preis, die sie im Gespräch verschwiegen hatte: „Ich habe auch mit meinem Stiefvater schlechte Erfahrungen gemacht. Er hat mich viel geschlagen als ich noch ein Kind war. Ich musste auch einmal fast nähen gehen, so fest hat er mich geschlagen. Da habe ich einfach eine Phobie vor Männern bekommen."

Sie erzählt dann weitere Details über den Vergewaltigungsversuch, die sie im Gespräch nicht erwähnte „Sie (sind) zu zweit (ge)kommen und noch Drogen ins Glas schütte(lte)n… Man hat einfach gar keine Chance. Vor allem wenn sie zu zweit sind. Der eine zieht dich einfach aus, und der andere hält dich fest. Ich war einfach vollgepumpt mit diesen Drogen… Es ist einfach extrem demütigend… Mein Leben war nicht aus Zucker… Ich habe einfach geschwiegen." Sie meint dann, dass das wiederholte Erzählen es ihr ermöglicht alles zuzulassen und darüber zu berichten „Ich hätte dies alles einfach gar nie erzählen können. Oder ich hätte einfach alles sehr verharmlost. Ich hätte einfach nur gesagt, dass sie mich angefasst haben. Aber nun geht es langsam. Ich bin mir nun auch bewusst, dass ich einfach absolut nichts dafür kann." Im **11. Abschnitt** äußert die Patientin eine Beobachtung, die sie gleich zu einer Überlegung über ihre eigene Person führt „Ich finde es einfach erstaunlich, wie ich all dies präsentiere. Obwohl alles sehr schlimm gewesen ist, bringe ich es nun doch immer mit Humor. Ich frage mich einfach, woher ich diesen Optimismus habe." Sie fügt noch dazu „Ich bin stolz, dass ich das sagen kann." Zum Schluss spricht die Patientin noch ihre Essstörung an, die bei Weitem noch nicht überwunden ist „Das (die Essstörung) habe ich nun schon seit einem Jahr. Ich habe es immer versteckt. Wenn ich erbrechen ging, habe ich immer vorher gespült. Oder es war meine Blase voll. Oder es war mir sonst einfach schlecht. Ich habe einfach unendlich viele Ausreden gehabt. Ich habe es nicht zugegeben. Ich habe aber eigentlich nicht die anderen angelogen, sondern mich selber…Als ich noch 40 kg gewogen hatte, da habe ich wirklich langsam Angst bekommen. Aber man kommt auch einmal aus diesem Teufelskreis. Es ist einfach sehr schwierig."

▶ **Zusammenfassung**
1. Im **1. Abschnitt** meint die Patientin, sie erlebe ihre Geschichte nicht mehr so intensiv, aber es täte dennoch immer noch weh. Im **2. Abschnitt** findet sie eine gewisse Diskrepanz zwischen dem, wie sie es erlebte und wie sie sich gibt. Im **3. Abschnitt** ergänzt die junge Frau Informationen über die Vergewaltigungsversuche. Sie meint, sie war zwar sehr offen, aber es brauche immer noch eine Überwindung, denn es sei eine Demütigung für eine Frau darüber zu sprechen. Sie erwähnt auch, dass sie in ihrer Kindheit geschlagen wurde. Mit ihrem Gesprächspartner fühlte sie sich wohl. Im **4. Abschnitt** ergänzt die junge Frau zur Medikamentenüberdosis, wie sie die Wirkung der Medikamente spürte." In **5. Abschnitt** muss die Patientin einige Zeitangaben zu ihrer Geschichte klären, die der Forschungsassistent akustisch nicht richtig verstanden hatte, und sie fühlt sich anscheinend nicht mehr wohl.
2. Im **6. Abschnitt** beklagt sie, dass sie bereits müde und überdrüssig sei, immer wieder von ihrer Krise zu erzählen, im **7. Abschnitt** zeigt sie sich herausgefordert, und möchte endlich einmal abschalten, im **8. Abschnitt** fühlt sie sich missverstanden und drängt darauf, zum nächsten Abschnitt überzugehen. Im **9. Abschnitt** begründet sie ihren Anruf des Ex-Freundes während des Spitalaufenthalts.
3. Im **10. Abschnitt** erzählt sie, wie sie von ihrem Stiefvater geschlagen wurde und wie man sie zu zweit vergewaltigen wollte. Sie würdigt den Einfluss des Gesprächs und des Selbstkonfrontations-Interviews, weil sie dies alles vorher nicht so erzählen konnte. Im **11. Abschnitt** äußert die Patientin Anerkennung dafür, wie sie alles präsentiere und Stolz darüber, alles so gesagt zu haben. So kann sie auch über ihre immer noch andauernde Essstörung sprechen.

Fall 11

13.1 Suizidgeschichte: Herr Bindermann: Es hat mir niemand geglaubt, sonst wäre es nicht so weit gekommen

Kornelia Helfmann

Irgendwo in diesem Schrank müssen doch noch die Psychopharmaka sein, die mir damals verschrieben wurden, doch ich kann sie nicht finden, kann mich aber auch nicht daran erinnern, sie weggeworfen zu haben. Oder vielleicht doch? Sie haben ja sowieso nichts genützt, damit wollten sie mich nur abstempeln, als Psychopath. Sie sollten gegen meine Spannungszustände helfen, aber dass die körperliche Ursachen haben, und zwar ausschließlich, das hat mir keiner der Ärzte je geglaubt. Ich hatte mal Probleme mit dem Rücken, aber dann habe ich meine Rückenmuskulatur aufgebaut, dann war es gut. Mein Rücken sei in Ordnung, haben die Ärzte gesagt, meine Blutwerte auch, sie könnten sich deshalb nicht erklären, woher die Schmerzen im Schulter-Nacken-Bereich kämen. Aber jetzt wäre es gut, wenn ich auch die Psychopharmaka noch nehmen würde, weil ich glaube, dass ein Aspirin und eine Tablette gegen die Schmerzen nicht reichen, ich muss mehr nehmen und schauen, was passiert.

Nichts. Wenn ich in den Spiegel schaue, erschrecke ich über meinen Anblick. Weiß wie die Kacheln hier im Badezimmer, dunkle Ränder unter den Augen und die Haare ungekämmt und verfilzt. Ich schäme mich vor mir selbst. Gestern Abend habe ich es nicht mehr geschafft, zu duschen, so kaputt war ich, und jetzt stinke ich. Wäre ich gestern nur nicht zum Snowboarden gegangen, dann wäre ich jetzt nicht so sterbensmüde und hätte die vorwurfsvollen Blicke meiner Eltern nicht ertragen müssen: ja, ja, dich vergnügen, das kannst du, aber die Konsequenzen tragen und am nächsten Morgen aufstehen und in die Schule gehen, das bringst du wieder mal nicht fertig. Aber ich kann doch nicht immer nur lernen und schlafen, das geht doch nicht, das hält kein Mensch aus, wieso verstehen sie das nicht? Und dass meine Freunde mich nach dem Snowboarden überredet haben, nicht gleich nach Hause zu gehen und mit ihnen noch ein wenig Breakdance zu machen, das habe ich genossen, aber es war blöd, deswegen bin ich jetzt so müde. Ich habe meinen Körper überfordert. Das Snowboarden hat mir ganz gut getan, es entspannt meinen Rücken, aber insgesamt war alles zu viel. Ich hätte es wissen müssen.

Ich muss jetzt doch noch den Medikamentenschrank meiner Eltern durchsuchen, obwohl das verboten ist, keine Ahnung wieso, aber die Dinger müssen doch irgendwo sein. Ah, hier sind sie. Neben den Kopfschmerztabletten meiner Mutter. Ich hatte die damals längere Zeit genommen, als die Ärzte behaupteten, meine Krankheit habe psychische Ursachen. Aber geholfen haben sie nicht, ganz einfach, weil es körperliche Ursachen sind, und weil die Ärzte, diese Besserwisser, alle unfähig waren und mir ihre Meinung aufdrücken wollten. Ich habe sie dann einfach abgesetzt. Es sind nur noch 15 Tabletten drin, dabei sollte die Packung noch voll sein, wahrscheinlich hat meine Mutter davon genommen, sie leidet unter Schlafstörungen. Das ist bestimmt, weil sie sich solche Sorgen um mich macht. Ich bin schuld, wenn es ihr schlecht geht. Ich bin an allem schuld.

Wie ruhig es ist in der Wohnung. Wenn ich nur hätte aufstehen können heute Morgen. Mich anziehen und frühstücken, aus dem Haus gehen und so tun, als ginge ich in die Schule, und als meine Eltern zur Arbeit gegangen waren, wieder ins Haus schleichen und mich ins Bett legen. Aber es ging einfach nicht. Diese Müdigkeit. So schlimm war es schon lange nicht mehr. Und jetzt hat alles sowieso keinen Sinn mehr. Meine Eltern haben gesagt, so könne es nicht weitergehen. Ich werde meine Ziele nie erreichen. Ich frage mich, welchen Sinn mein Leben da noch haben soll.

Die Tabletten, die ich bis jetzt genommen haben, wirken nicht, es ist, als hätte ich sie nicht geschluckt. Ich habe so viele negative Gedanken. Der schlimmste ist, dass alles umsonst war, all die Mühe, die ich mir gegeben habe, beruflich habe ich keine Chance mehr, weil ich das Gymnasium niemals schaffen werde in diesem körperlichen Zustand, und wenn ich das Gymnasium nicht schaffe, kann ich auch nicht studieren, dann bliebe nur noch eine körperliche Arbeit, und die schaffe ich auch nicht. Es hat doch alles keinen Sinn mehr, weil ich kein Ziel mehr habe.

Ich werde jetzt zu jedem negativen Gedanken zwei weitere Tabletten schlucken. Neben den Psychopharmaka noch die Tabletten gegen die Schmerzen und Aspirin. Wenn ich zwei Tabletten geschluckt habe, warte ich ab, was passiert, ich muss ja nicht alle schlucken, aber die Schmerzen sollen weggehen. Damit ich mich endlich etwas entspannen und schlafen kann. Ich bin zu spät ins Bett gekommen gestern Abend, und das habe ich jetzt davon.

Dass ich meine Eltern so enttäuscht habe, ist auch ein ganz schlimmer Gedanke. Ich bin jetzt 24 ½ Jahre alt und habe noch nichts erreicht, wohne immer noch bei ihnen und liege ihnen finanziell auf der Tasche. Auf der einen Seite verstehe ich, wenn sie sagen, so könne es nicht weitergehen, auf der anderen Seite können sie sich einfach nicht vorstellen, wie es ist, diese Schmerzen zu haben. Die neue Matratze hat geholfen, meine alte war zu hart und die neue ist sehr weich, das hat wirklich etwas geholfen, aber sobald ich mich körperlich etwas verausgabe, streikt mein Körper, ich mag nicht mehr dagegen ankämpfen. Es gelingt mir nicht mehr, mich nachts so zu erholen, dass ich am nächsten Tag fit und schmerzfrei bin und in die Schule gehen kann.

Ich nehme jetzt zwei weitere Tabletten. Es sind jetzt dreieinhalb Jahre, dass ich diesen Kampf habe mit meinem Körper. Damals ist alles zusammen gekommen. Meine Freundin hatte mich verlassen, ich hatte drei Monate heftigen Liebeskummer, dazu kam das Pfeiffersche Drüsenfieber, dann bekam ich Probleme mit den Weisheitszähnen, die diese schlimmen Verspannungen in den Schultern und im Rücken-Nacken-Bereich auslösten, wie ich glaubte. Die besserten aber auch nicht, als die Zähne gezogen waren, und dann stellte sich vor einem halben Jahr heraus, dass sie von einer Allergie kommen. Ich bin gegen alle Öle allergisch. Und gegen Zitrusfrüchte, Cayennepfeffer und Curry. Ich muss eine strikte Diät einhalten, aber das perfide sind die versteckten Öle in einigen Lebensmitteln, und manche enthalten auch Auszüge von Zitrusfrüchten, Zitronensäure zum Beispiel. Wenn ich die esse, ohne zu wissen, dass da diese schädlichen Stoffe drin sind, liege ich zwei Tage flach, es ist wie eine ganz starke Grippe mit Krämpfen und Schweißausbrüchen. Aber es ist ja egal, die Zähne sind raus, ich halte so gut wie möglich Diät, und doch bessert sich mein Körperzustand nicht. Wahrscheinlich bin ich doch ein Psychopath. Ein Versager bin ich sowieso. Die Ärzte hatten recht, und meine Eltern, die lange Zeit zu mir hielten, glauben nicht mehr an mich. So kann es nicht weitergehen, haben sie gesagt. Aber wie es weitergehen kann, sagt mir kein Mensch.

Ich glaube auch nicht mehr an mich. Bei der Berufsmatura habe ich mich noch durchgebissen, die habe ich geschafft, obwohl es wahnsinnig anstrengend war, heute weiß ich nicht mehr, wie ich das alles geschafft habe, die Lehre vorher habe ich ja auch geschafft, da hatte ich noch diese Motivation, den Ehrgeiz, ich wollte allen zeigen, zu was ich fähig bin, aber ich wollte unbedingt noch Zahnmedizin studieren, mir meinen Traum erfüllen. Das kann ich jetzt vergessen, ich schaffe ja nicht mal die Schule, geschweige denn ein Studium. Und das Privatgymnasium kostet viel Geld, das meine Eltern zahlen, es kostet auch, wenn ich nicht hingehe. Es ist nicht so, dass ich nicht will, ich kann einfach nicht, und meine Noten sind schlecht geworden. Sie haben mir gesagt, dass ich das Semester nicht bestehe und weitermachen könne ich nicht, sie wollen mich nicht mehr zulassen. Meine Zukunft ist mir damit genommen worden. Und auch wenn ich das Semester bestehen würde, wäre ich Mitte dreißig, bis ich endlich Geld verdienen würde.

Ich kann mir auch abschminken, bei diesen Aussichten eine Freundin zu kriegen. Aber jetzt ist das sowieso vorbei. Aus mir wird nie etwas werden. Ich habe einen schwachen Körper und einen schwachen Geist. Ich bin heute nicht nur körperlich extrem müde, sondern auch geistig. Es ist eine Depression, glaube ich. Weil meine Zukunftspläne weg sind, weil sie mir keine Chance mehr geben. Es ist so, wie mir vorgeworfen wurde: ich bin nicht lebensfähig. Ein Psychopath, ein Versager.

Ich weiß nicht, warum diese Tabletten nicht wirken, ich habe jetzt schon insgesamt 16 Stück genommen. Dabei nehme ich ja schon lange keine Medikamente mehr, sie sollten deshalb schnell wirken, mein Körper ist doch nicht mehr an Medikamente gewöhnt. Es wäre nicht schlimm, wenn ich dann nie mehr aufstehen müsste, es wäre mir egal.

Ich muss mir schnell einen Pullover anziehen, ich friere. Die Sonne scheint in mein Zimmer. Neben dem Bett hängt ein Poster von diesem amerikanischen Snowboarder, Shaun Palmer, so wie der möchte ich auch gerne sein. Der ist nicht nur wahnsinnig gut, ein echter Draufgänger, er macht auch, was er will, er schert sich nicht um die Meinung der Leute. Nicht so wie ich. Über mich wird nur bestimmt. Ich hätte mein Zimmer gerne anders eingerichtet, weil, da steht immer noch das Bett, das ich als Schuljunge schon hatte, und der Schreibtisch ist eigentlich zu klein für mich. Aber ich bin von meinen Eltern abhängig, wenn sie Nein sagen, kann ich nichts machen. Ich habe auch schon überlegt, nebenbei zu jobben und etwas eigenes Geld zu verdienen, aber mein Körper macht da nicht mit. Es ist zum Verzweifeln. Ein Teufelskreis.

Ich setze mich auf den Rand der Badewanne, damit ich mein Gesicht nicht länger im Spiegel ansehen muss. Ich sehe aus wie ein Geist. Es glaubt mir einfach niemand, dass meine Schmerzen von der schlechten Verfassung kommen und nicht umgekehrt, sie schieben es einfach auf meine Psyche, das ist ja auch einfacher. Wie soll ich mich mit den Schmerzen konzentrieren können und eine gute Leistung erbringen? Von mir wird Unmögliches erwartet. Ich kann diese Erwartungen nicht erfüllen. Wahrscheinlich bin ich doch ein depressiver Mensch, wie mir gesagt wurde, aber wieso haben die Psychopharmaka dann nicht geholfen? Meine letzten Reserven habe ich mobilisiert, sie sind komplett aufgebraucht. Eigentlich wollte ich eine Pause einlegen, um meinen Körper zu regenerieren, aber meine Eltern waren dagegen. So kann ich nie beschwerdefrei werden, wenn ich meinem Körper zu viel zumute. Mit dem Snowboarden und dem Breakdance wollte ich mir etwas gönnen, ich hätte es besser sein lassen.

Wenn ich die Augen schließe und an meine Zukunft denke, sehe ich nur eine schwarze Wand. Ich nehme zwei weitere Tabletten, obwohl ich das eigentlich gar nicht will. Aber diese schwarze Wand deprimiert mich. Ich hatte immer einen starken Willen, aber ich habe ihn komplett verloren. Die körperliche Müdigkeit und kein Ziel mehr für die Zukunft, weil mir die genommen wurde, das ist jetzt zusammen gekommen und nimmt mir jede Hoffnung. Ich mag mich nicht mehr rechtfertigen für etwas, wofür ich nichts kann. Ich bin ja eher eine scheue Person und kann mich nicht durchsetzen, obwohl ich immer einen starken Willen hatte, sonst hätte ich auch nicht überlebt, weil ich eine Frühgeburt war. Aber dieser starke Wille hat mir immer geholfen, doch wenn jemand anderer Meinung ist als ich, dann zweifle ich gleich an mir, also nicht immer, aber wenn mein körperlicher Zustand so schlecht ist, dann habe ich kein Schutzschild mehr, dann kann ich mich nicht mehr wehren. Und obwohl ich gerne unter Menschen bin und ihre Gesellschaft genieße, weil mir das Lebensfreude gibt, weil ich dann auch fröhlich sein kann, ziehe ich mich sofort zurück, wenn es Streit gibt, das ertrage ich fast nicht, weil es sowieso sinnlos ist, diese Streiterei, meistens geht es ja nur um Nebensächliches, man könnte es auch sein lassen.

Diese Müdigkeit, am besten lege ich mich ins Bett. Ich weiß nicht, wie viele Tabletten ich jetzt schon geschluckt habe, vielleicht dreißig, vielleicht auch mehr. Zum Glück waren alle Tabletten weiß, grüne oder rote hätte ich nicht schlucken können, da hätte ich Angst bekommen. Eine Wirkung spüre ich immer noch nicht, mir ist nicht mal schlecht, aber es wäre mir egal, wenn ich einschlafen und nicht mehr aufstehen würde. Das wäre die beste Lösung.

13.2 Suizidanalyse: Junger Mann "Ich sah da keinen Sinn mehr, in diesem Zustand weiterzuleben."

Ladislav Valach

Der junge Mann, 24 Jahre alt, erzählt, dass er vor ein paar Tagen viele Tabletten schluckte und ins Koma fiel. Er wachte dann auf der Intensivstation auf.

13.2.1 Langfristige und mittelfristige Anliegen und kurzfristige Handlungen

13.2.1.1 Mittelfristige und langfristige Anliegen des Patienten

Auf die Frage, was der Grund dafür sei, dass er im Spital ist, schildert der Patient kurz seine Suizidhandlung und die Gründe für diese Tat. Neben den Begebenheiten während der Tage um seine Medikamentenüberdosierung herum beschreibt er eine Reihe langfristiger und vor allem mittelfristiger Anliegen oder Projekte, die er als relevant für seine Suizidhandlung betrachtet. Seit mehr als drei Jahren macht er sich Sorgen um seine *„körperliche Fitness"*, berichtet von seiner *„Allergie"* (Ölprodukte, Zitrusfrüchte, Cayenne-Pfeffer, Curry) und der entsprechenden *„Diät"*, die er seit über einem halben Jahr einhält, die ihn seit etwa einem halben Jahr plage, von seinem *„Liebeskummer"*, unter dem er drei Monate lang nach der Beendigung seiner Beziehung litt, von seinem *„Pfeifferschen Drüsenfieber"*, einer Krankheit, die er nach zwei Wochen überwunden hatte, von seinen *„Schmerzen im Nackenbereich"*, von seinen *„Problemen mit der Rückenmuskulatur"*, die er vor dreieinhalb Jahren aufbauen musste, seiner *„medikamentösen Behandlung"* der Verspannungs-(schmerzen), die er vor zweieinhalb Jahren, nach der Berufsmatur (eine Lehre mit Matur) absetzte, seinen *„Arztbesuchen"*, *„Chiropraktiker-behandlung"*, *„Zahnärztliche Behandlung"* (ließ seine Weisheitszähne ziehen, in der Überzeugung, dass er so seine Schmerzen mildern könnte), seiner *„Physiotherapie"*, seiner *„sportlichen Aktivität"*, dem Hobby *„Breakdance"*, auf das er seine Nackenprobleme zurückführt, seiner *„Berufsausbildung"* (Abschlussprüfung in der Gewerbeschule im Fach Maschinenzeichner, Berufsmatur, Gymnasium (im dritten von acht Semestern), er möchte später Zahnmedizin studieren). Zudem machte er sich Sorgen um seinen *„Schlaf"* – im Glauben, seine Schmerzen könnten von seiner harten Matratze stammen, wechselte er diese.

Er erzählt auch von seiner „*Beziehung zu Eltern*". Diese finanzieren ihm seine Ausbildung an einem Privatgymnasium, und als sie ihn wieder zu Hause im Bett anstatt in der Schule fanden, meinten sie, dass es so keinen Sinn habe und es so nicht weitergehen könne. Der Patient spricht von einer „*Zwickmühle-Situation*". Einerseits fühlt er sich abhängig, da er die Unterstützung der Eltern annimmt, obwohl er es nicht möchte, andererseits sei er nicht imstande das Geld selber zu verdienen, da er sich schwach und krank fühle. Dasselbe Gefühl offenbart er auch hinsichtlich seiner Zukunft. Einerseits fühle er sich nicht imstande weiter zu studieren, andererseits sei er zu schwach, um körperlich zu arbeiten. Dadurch verlor er sein „*Selbstvertrauen*" und seine Überzeugung, dass er seine Ziele erreichen könnte.

Sein wichtigstes Anliegen war „*…, dass ich nun eine Pause mache um meinen Körper zu regenerieren, damit ich herausfinden kann, was es mit all meinen Verspannungen und Schmerzen im Nacken-, Schulter- und Rückenbereich auf sich hat. Ich will all diese Schmerzen beheben. Denn nur so ist es möglich, in der Schule weiterzumachen und diese richtig abzuschließen. Und auch dann später im Studium, wo die Hürde dann noch einmal höher gesetzt ist, dass ich auch dort bestehen kann.*" („*Körper regenerieren*").

Das wichtigste, alles übergreifende Anliegen „*zu leben*" oder „*am Leben zu bleiben*" sieht der Patient nur als Hintergrund für das erfolgreiche Erreichen seiner Projekte „*Ausbildung*", „*Fitness*", bzw. „*Schmerzfreiheit*", die er als Voraussetzung für ersteres versteht. Wenn dies nicht möglich ist, kann er aus dem Leben scheiden. Das Vorwärtskommen, die erreichte Fitness und Schmerzfreiheit sind die Elemente seines „*Sinns*". Zudem müssen auch seine Eltern bestätigen, ob sie in seinem Tun Sinn erkennen oder nicht. Die „*Zukunft zu sehen*" bedeutet für diesen jungen Mann, die Voraussetzungen zum Erreichen seiner Ziele zu erfüllen. Ein weiteres Anliegen, das sich erst während der Auseinandersetzung mit seinen Problemen offenbart, war, „*sich verstanden zu fühlen*", was derzeit nicht der Fall war. Weder die Ärzte, noch die Eltern ließen in ihm das Gefühl entstehen, dass sie ihn verstehen, ganz im Gegenteil.

Alle diese mittelfristigen und langfristigen Anliegen bezieht der junge Mann in die Beschreibung des konkreten Ablaufs seiner Suizidhandlung ein. Er nennt jeweils einen Gedanken oder Handlungsschritt, zu dem er jedoch, wenn auch an anderer Stelle des Gesprächs, viele Hintergrundgedanken äußert, von den man annehmen kann, dass sie auch bei der Suizidhandlung in der ein oder anderen Form vorhanden und dadurch wirksam waren.

▶ **Zusammenfassung**
1. Der Patient schildert zusammen mit seinem Suizidversuch auch eine Reihe langfristiger und mittelfristiger Anliegen, in die er seine Tat eingebettet sah. Zu den langfristigen Prozessen gehören vor allem seine Anstrengungen für seine „körperliche Fitness", „Gesundheit" sowie „Ausbildung".
2. Zu den langfristigen Anliegen wird sicher auch seine Beziehung zu den Eltern gehören, die er aber gegenwärtig nur im Zusammenhang

mit dem bisher unerreichten Wunsch nach finanzieller Unabhängigkeit thematisiert. Er beklagt sein Verlust von Selbstvertrauen zwar erst durch die mangelnde körperliche Fitness, dies könnte aber auch eines seiner langfristigen Themen sein.

3. Die mittelfristigen Ziele sieht er in der „Überwindung des Liebeskummers", „sportlicher Aktivität", „Breakdance", „Auseinandersetzung mit Nahrungsmittelallergien", Einhaltung der entsprechenden „Diät", „Heilung des Pfeifferschen Drüsenfiebers", „Bewältigung von Schmerzen im Nackenbereich", „Beseitigung von Problemen mit der Rückenmuskulatur", durch „Rückenmuskulaturaufbau", „medikamentöser Behandlung" der Verspannungs-(schmerzen), „Arztbesuchen", „Chiropraktikerbehandlung", „Zahnärztliche Behandlung", sowie „Physiotherapie".

13.2.1.2 Kurzfristige Handlungen

Suizidhandlung: Patient (P)

Kognition P: Ich war einfach in einer so schlechten Verfassung,

Allergien:
Kognition P: Manchmal vermutet man gar nicht, was alles in diesen Produkten ist.
Kognition P: Ich hatte vielleicht auch eine gewisse Einbildung, dass in diesen Produkten nichts dergleichen drin ist.
Kognition P (von Handlung P): Ich kaufte mir zum Beispiel einen Berliner und habe gar nicht daran gedacht, dass da etwas Schädliches enthalten sein könnte.
Kognition P: Ich habe gewusst, dass ich auf Öl allergisch bin.
Kognition P: Ich hätte aber nicht daran gedacht, dass am Berliner noch Öl ist. Daher habe ich dann auch nichts vermutet.
Kognition P: Es ging mir nach dem Essen schlecht.
Kognition P: Dann habe ich das Gefühl gehabt, dass ich nicht motiviert sei um zu arbeiten, dass ich zu spät ins Bett gegangen sei.
Kognition P. Ich habe mir einfach all solche Sachen ausgedacht, dabei war es wieder ein allergischer Zustand.
Kognition P: Ich konnte mich dann bei der Arbeit auch nicht richtig konzentrieren.
Kognition P (vom Handlungsschritt P): Ich musste immer meine Position wechseln, weil alles so verspannt war.
Handlung P: Ich bin dann nachher nach Hause ins Bett gegangen.
Handlung P: Ich konnte gar nichts anderes machen.

Wirbelsäulenprobleme:
Kognition P (von Handlung P): Ich hatte noch Übungen von der Physiotherapie.

Handlungen P: Ich habe auch noch Breakdance gemacht.
Handlung P: Da habe ich immer auf dem Kopf gedreht.
Kognition P Da hat es mir noch eine Zeit lang die Wirbelsäule zusammengestaucht.
Handlung P: Dann konnte ich mich nicht mehr strecken.
Handlung P C: Ich ging dann zum Chiropraktiker (C).
Handlung C P: Der hat mir dann wieder die Wirbelsäule gestreckt.
Handlung C P: Sie haben mir dann gesagt, dass meine Rückenmuskulatur nicht in Ordnung sei.
Kognition P: Ich hatte das Gefühl, dass dies alles von diesem Sport kam, dass dieser mich geschädigt hat.
Handlung P: Ich habe dann wieder meine Rückenmuskulatur aufgebaut. Das war etwa vor dreieinhalb Jahren.
Kognition P: Die Wirbelsäule war dann auch wieder gut.

Nackenschmerzen:
Kognition P: Ich hatte dann auch immer wieder Schmerzen im Nackenbereich.
Kognition P: Ich habe dann gedacht, dass dieser wohl vom Breakdance geschädigt worden war.

Gesamtsicht:
Kognition P: Aber zusätzlich war auch noch diese Allergie und die Beschwerden mit den Zähnen.
Kognition P: Ich denke, dass alle diese drei Sachen zusammen für den Körper zu viel waren.

Verspannungen:
Handlungsschritt P: Medikamente gegen die Verspannungen habe ich etwa vor zweieinhalb Jahren abgesetzt, also nach der Berufsmatur.
Handlung P: Denn ich habe zu Hause die Matratze gewechselt. Ich habe nun zu Hause eine weiche Matratze.
Kognition P: Daher haben die Verspannungen etwas abgenommen.
Kognition P: Ich hatte dann das Gefühl, dass es wieder ohne geht.
Kognition P: Ich dachte einfach, dass Medikamente schlucken auch nicht gerade gesund sei.
Handlung P-: Ich habe eigentlich in der letzten Zeit gar keine Medikamente eingenommen. Also in den letzten zwei Jahren habe ich eigentlich gar keine Medikamente eingenommen.
Kognition P: weil ich immer in den letzten dreieinhalb Jahren nie eine Zukunft gesehen habe.
Kognition P: Ich war einfach körperlich total übermüdet.
Handlung P: Einerseits war ich am Sonntag snowboarden.

13.2 Suizidanalyse: Junger Mann "Ich sah da keinen Sinn mehr ... 293

Kognition P: Da hat es mich wahrscheinlich wieder irgendwie erwischt.
Kognition P: Ich war einfach wieder sehr müde und verspannt am Montag.
Handlung P: Ich konnte einfach nicht aufstehen am Morgen.
Kognition P: Ich habe mich einfach total müde gefühlt.
Kognition P: Ich wurde dann auch depressiv.
Kognition P: Ich habe mir Gedanken gemacht über meine Zukunft.
Kognition P: Mir wurde einfach bewusst, dass in meinem körperlichen Zustand ich weder etwas arbeiten, noch eine geistige Leistung erbringen kann.
Kognition P: Wenn ich die Schule aufgeben müsste, müsste ich auf eine körperliche Arbeit umsatteln. Aber dies wäre ja in meinem körperlichen Zustand noch unmöglicher. Das wäre ja noch schlimmer. Ich fühle mich ja schon so körperlich schlimm. Und was will man denn sonst machen? Da bleibt nicht mehr viel übrig.
Kognition P: (Ich habe) mir auch Vorwürfe gemacht: (dass ich) einfach schwach sei, dass ich ein Psychopath sei. Das haben mir nämlich die Ärzte am Anfang gesagt.
Kognition P: Denn ich habe immer daran geglaubt, dass es nicht an mir liege. Und jetzt stellte sich heraus, dass es dennoch so war, dass keine anderen Gründe vorliegen.
Kognition P: Es ist einfach eine Verzweiflung. Es ist nicht, dass ich nicht mehr leben möchte. Ich möchte alles so gut machen, ich möchte die Ziele, die ich mir gesteckt habe, erreichen. Aber mein Körper macht einfach nicht mit. Das schmerzt mich, das beschäftigt mich.
Kognition P: Ich habe einfach das Selbstvertrauen zu mir selber verloren, zu dem was ich mir vorgenommen hatte. Ich musste einfach den Kampf gegen meinen eigenen Körper aufgeben. Ja.
Kognition P: Ich habe gesagt, dass ich nun noch zwei Stunden lang zu Hause bleibe, und
Kognition P: dass ich dann in die Schule gehen werde.
Kognition P: Ich hatte das eigentlich wirklich vorgehabt.
Kognition P: Ich sah da keinen Sinn mehr, in diesem Zustand weiterzuleben.
Kognition E: Aber dann haben meine Eltern (E) gemerkt, dass ich wieder nicht in die Schule gehe.
Handlungsschritt E P: Dann haben sie gesagt, dass es so keinen Sinn hat,
Handlungsschritt E P: und dass es so nicht weitergehen könne.
Kognition P: Ich habe auch das gleiche Gefühl gehabt.
Kognition P: Es gehe nicht, dass ich immer total müde bin, und
Kognition P: dass ich deswegen nicht in die Schule gehe.
Kognition P: Ich habe einfach dann das Gefühl gehabt, dass es so wirklich keinen Sinn mehr hat.

Vorwürfe: (Verantwortungsübernahme)
Kognition P: Sicherlich habe ich mir auch Vorwürfe gemacht.
Kognition P: Denn ich hatte das Gefühl, dass ich diese Allergie nun im Griff hätte.
Kognition P: Auch die von den Zähnen ausgelösten Verspannungen haben sich gebessert, denn ich habe sie vor einem halben Jahr ziehen lassen.
Kognition P: Dann habe ich schon nach den Zähnen viel erhofft.
Kognition P: Es hat mir aber nicht das gebracht, was ich wirklich erwartet hatte.
Kognition P: Es hat mir stark geholfen, aber dieser schmerzlose Zustand wurde einfach nicht erreicht.
Kognition P: Ich habe mir erhofft, dass, wenn ich auch die Allergie in den Griff bekomme, dass ich dann 100 % schmerzfrei sein werde.
Kognition P: Ich habe einfach gemeint, dass es mir gut geht, wenn ich auf diese Produkte verzichte.
Kognition P: Aber dem war nicht so.
Kognition P: Denn ich habe zu dieser Zeit noch Vitamintabletten eingenommen, die ein Produkt enthalten, nämlich Zitronensäure, das ich nicht gut vertrage.
Kognition P: Weil ich ja körperlich nicht so gut beieinander war, habe ich täglich meine Vitamine eingenommen, damit es mir besser gehe, damit meine Verspannungen gelöst würden.
Kognition P: Aber meine Verspannungen blieben bestehen.
Kognition P: Ich dachte einfach, da ich nun nichts mehr für mich Schlimmes zu mir nehme und die Zähne gezogen seien, dass es nur noch an mir liegen könne.
Kognition P: Ich dachte nun, dass ich einfach schwach sei, dass ich ein Psychopath sei.
Kognition P: Das haben mir nämlich die Ärzte am Anfang gesagt.
Kognition P: Ich habe einfach gedacht, dass ich nun wirklich so bin, wie sie sich dies vorgestellt hatten.
Kognition P: Denn an den Zähnen und an der Allergie kann es ja nicht mehr liegen.
Kognition P: Ich dachte, dass ich einfach einen schwachen Körper hätte, und dass daher, wenn ich müde bin, einfach all diese Reaktionen ausgelöst würden.
Kognition P: Ich fand daher, dass all dies nicht mehr einen großen Sinn hat.
Kognition P: Denn ich habe immer daran geglaubt, dass es nicht an mir liege.
Kognition P: Und jetzt stellte es sich heraus, dass es dennoch so war, dass keine anderen Gründe vorliegen.
Kognition P: Einfach, dass ich körperlich nicht so fit bin wie ein normaler Mensch.
Kognition P: Dass ich nicht fünf Tage lang meine Aufgaben machen kann, und dass ich nicht dann noch am Wochenende Sport machen kann.
Kognition P: Das hört man ja nicht gerne (dass gemütsmäßig, dass geistig etwas nicht stimmt).
Kognition P: Ich höre einfach nicht gerne, wenn man mir sagt, dass ich nicht lebensfähig bin.
Kognition P: Ich glaube, dass es nicht so ist. Ich glaube auch, dass dies nicht der Grund ist.

Kognition P: Man könnte sagen, dass es sich nun bestätigt hat.
Kognition P: Aber es ist nicht einfach eine Bestätigung. Es ist einfach eine Verzweiflung.
Kognition P: Es ist nicht, dass ich nicht mehr leben möchte.
Kognition P: Ich möchte alles so gut machen, ich möchte die Ziele, die ich mir gesteckt habe, erreichen.
Kognition P: Aber mein Körper macht einfach nicht mit.
Kognition P: Das schmerzt mich, das beschäftigt mich.
Kognition P: Ich habe mir überlegt was ich nun machen soll.
Kognition P: Ich wollte in die Schule gehen, habe mich aber so schwach gefühlt.
Kognition P: Da habe ich einfach gedacht, dass ich nun einmal eine Entspannungstablette einnehme.
Handlung P: Ich habe auch noch ein Aspirin genommen um mich wieder aufzubauen.
Kognition P: Ich hoffte, dass es mir dann wieder besser ginge.
Kognition P: Ich habe aber dann gedacht, dass mit Tabletten alleine es auch nicht getan sei.
Handlungsschritt P: Dann habe ich daher zu viele Tabletten geschluckt
Kognition P: Ich habe mir dann gesagt, dass ich nun mehr nehme und ich sehen werde, was passieren wird.
Kognition P: Und wenn ich dann nicht mehr aufstehe, dann ist es nicht weiter schlimm.
Kognition P: Es war mir einfach egal, was passieren wird.
Kognition P: Wenn mir jemand gesagt hätte, dass ich die Schule für eine Zeit lang nicht mehr besuchen müsse und mich voll meiner Gesundheit widmen könne, dann wäre es nie so weit gekommen.
Kognition P: Ich stand im Badezimmer und habe mir überlegt, ob ich noch mehr Tabletten einnehmen soll oder nicht.
Kognition P: Ich habe mir einfach all die Sorgen der letzten dreieinhalb Jahre durch den Kopf gehen lassen.
Kognition P: Einfach die Tatsache, dass nie etwas gebessert hat, ging mir nicht aus dem Kopf.
Kognition P: Jedes Mal, wenn mir wieder ein schlimmer Gedanke durch den Kopf ging,
Handlungsschritt P: habe ich wieder zwei Tabletten mehr zu mir genommen.
Kognition P: Ich habe einfach nur darauf gewartet, dass mir etwas Schlechtes in den Sinn kommt.
Kognition P: Ich musste mich regelrecht darauf konzentrieren, dass ich noch schlechte Gedanken hatte.
Kognition P: Ich musste mich einfach an meine schlechten Zeiten erinnern.
Kognition P: Zum Rechtfertigen, dass ich wirklich diese Tabletten hinunterschlucke.

Kognition P: Denn mir fehlte schon der Mut.

Kognition P: Ich wollte dies eigentlich gar nicht.

Kognition P: Ja. Einfach immer neue schlechte Gedanken.

Kognition P: Ich musste mich wirklich bemühen, damit ich immer neue schlechte Gedanken hatte.

Kognition P: Aber diese gingen mir schon oft durch den Kopf.

Kognition P: Und daher fiel es mir auch nicht so schwer, mich daran zu erinnern.

Kognition P: Ich fand einfach, dass es sich so lohne.

Kognition P: … dies sicherlich 20 min dauerte, ja sogar eine halbe Stunde.

Kognition P: da war niemand dort (im Haus).

Kognition P: es hat sich bestätigt, dass mich niemand versteht. Weder die Eltern noch die Ärzte,

Kognition P: (hat mich) aufgeregt, dass die Menschen über mich bestimmen

Kognition P: hat mich einfach sehr aufgeregt, dass die Menschen über mich denken, dass ich dies einfach nicht will, dass ich einfach ein Psychopath bin.

Kognition P: Genau an diese Meinung, die die Menschen mir aufzwingen wollten, begann ich zu glauben in diesem Moment. Ich begann zu denken, dass ich es wahrscheinlich dennoch sein werde.

Kognition P: Ich war einfach nachdenklich.

Kognition P: Ich habe mir einfach die Konsequenzen überlegt

Kognition P: und habe gehofft, dass diese nicht so schlimm sein werden.

Kognition P: Ich habe mich einfach nach jeder Tablette gefragt, ob ich noch mehr nehmen soll.

Kognition P: Aber die Gedanken, die ich hatte, dass man mir nicht mehr glauben wird –

Kognition P: Ich dachte einfach, dass ich so diesem ganzen Schmerz entgehen könnte.

Kognition P: Ich habe schon darauf geschaut, was für Tabletten ich einnehme.

Kognition P: Ich habe zwei Aspirin gehabt und 15 Tabletten von einem Medikament und 20 Entspannungstabletten für die Rückenmuskulatur.

Kognition P: Ich habe gedacht, dass dies nicht so starke Tabletten sind, und dass ich daher eine größere Menge einnehmen muss.

Kognition P: Wenn ich einfach einschlafen könnte, wäre dies in Ordnung gewesen für mich.

Kognition P: Aber wenn nicht, dann hätte ich es nicht gewollt.

Kognition P: Es waren weiße Tabletten, die nicht so schlimm zum Schlucken waren.

Kognition P: Wären es jetzt rote oder grüne Tabletten gewesen, dann hätte ich sie nicht schlucken können. Ich habe mich gefürchtet davor.

Kognition P: Plötzlich hatte ich das Gefühl, dass es genug sind.

Kognition P: Ich dachte dann, dass ich nun ins Bett ginge.

Kognition P: Aber ich hatte dann das Gefühl, dass es mir dann schlecht würde, und dass ich erbrechen müsse, und dass ich dann auf eine ganz grausame Art sterben würde.
Kognition P: Auf das habe ich eigentlich gewartet.
Kognition P: Ich habe natürlich nicht darauf gehofft.
Kognition P: Es kam ja dann auch alles ganz anders.
Handlungsschritt P: Ich bin dann im Bett eingeschlafen und
Kognition P: Da war ich doch froh.
Kognition P: Ich habe es mir einfach anders vorgestellt.
Kognition P: Ich dachte, dass wenn man Tabletten zu sich nimmt, man sich immer sukzessive schlechter fühlt.
Kognition P: Aber es wurde mir gar nicht schlecht und daher habe ich gedacht, dass ich noch mehr einnehmen müsse.
Kognition P: Aber auch als ich alle eingenommen hatte, auch dann war es mir nicht schlecht.
Kognition P: Ich dachte dann, dass dies alles so oder so nichts nützt.
Kognition P: Ich sagte mir, dass es vielleicht so besser ist.
Handlungsschritt P: Ich ging auf jeden Fall dann ins Bett,
Kognition P: nicht, weil es mir schlecht war, nein, weil ich mich einfach müde fühlte.
Erleben P: Aber anscheinend haben sie dennoch gewirkt. Ja, so ist es gewesen.
Handlungsschritt P: Ich bin einfach aufs Bett liegen gegangen.
Kognition P: Ich hatte das Gefühl, dass es mir gut geht.
Handlungsschritt andere P: und bin ins Koma gefallen; ins Koma gefallen, wie man mir gesagt hat.
Handlung andere (Eltern, Notfalldienst) P: Dann landete ich auf der Intensivstation.
Kognition P: Und einfach plötzlich war ich auf der Intensivstation.
Kognition P: Da habe ich noch alles gewusst (was passiert war).
Kognition P: Als ich aufwachte habe ich gemerkt, dass dies mit den Tabletten doch nicht funktioniert hat und dass ich nun hier im Spital bin.
Kognition P: Ich habe mich auch sofort an meine Tat erinnert.
Kognition P: Ich habe dann gedacht, dass es dennoch nicht geklappt hat.
Kognition P: Ich war überrascht. Ich habe sogar gedacht, ob ich nun im Himmel sei, da alles so weiss war.
Kognition P: Gefreut (dass ich noch hier bin) habe ich mich nicht unbedingt, es hat mir aber auch nichts ausgemacht.
Neben dieser Beschreibung der äußeren und inneren Abläufe seiner Suizidhandlung äußert sich der junge Mann auch zu seiner Gegenwart. Zum Teil sind es Einschätzungen seiner Situation, zum anderen eine Fortsetzung seiner Anliegen, die auch in seiner Suizidhandlung eine große Rolle spielen.
Gegenwart:

Kognition P: „Ich bin nun schon froh, dass ich nicht gestorben bin.
Nun habe ich wieder gewisse Zukunftshoffnungen, die ich mir geschaffen habe.
Denn anscheinend kann ich das Semester unterbrechen, um mich auf meine körperlichen Schmerzen zu konzentrieren."

Kognition P: „Das wollte ich eigentlich schon seit geraumer Zeit. Schon nach der Berufsmatur wollte ich dies. Aber dadurch, dass ich ein besseres Bett bekommen hatte, und es mir ein bisschen besser gegangen ist, habe ich wieder Hoffnung geschöpft und ich habe mir gesagt, dass es vielleicht auch so gehen wird. Aber ich habe nun einfach bemerkt, dass es so doch nicht geht."

Handlung Eltern: „Und nun haben sie gesagt, dass ich einmal ein Semester auslassen kann, um mich voll und ganz auf meine körperliche Verfassung zu konzentrieren".

Kognition P: „Ich bin nun sehr froh. Das ist genau das, was ich immer gewollt hatte. Das war auch der Auslöser dafür, dass ich an diesem Morgen nicht mehr weiterleben wollte. Ich wusste einfach, dass ich diese Chance nicht mehr bekommen werde. Wenn mir an diesem Morgen jemand gesagt hätte, dass ich die Schule für eine Zeit lang nicht mehr besuchen müsse und mich voll meiner Gesundheit widmen könne, dann wäre es nie so weit gekommen. Ich hätte einfach gesagt, dass ich das machen werde. Ich hätte zu diesem Zeitpunkt wieder eine Zukunft gesehen."

Der Umgang mit der nächsten Krise:
Kognition P: „Ich werde einfach nun versuchen mich selber mehr durchzusetzen. Ich werde einfach sagen, dass ich es so und so haben will, und nicht anders. Ich will einfach nicht abhängig sein von anderen Menschen, die eine unrichtige Auffassung von mir haben. Denn ich bin überzeugt von mir, dass ich es schaffen kann, wenn ich die richtige körperliche Verfassung habe. Ich werde einfach selber zum Telefon greifen, und sagen, dass ich nun eine Woche nicht mehr kommen werde, da ich meinen Körper zuerst auskurieren müsse. Ich muss einfach selber durchgreifen."

Kognition P: „Heute kann ich wieder nach Hause gehen. Es sind vor allem meine Eltern, die mir nun diese neue Chance gegeben haben. Sie haben mich vorher wahrscheinlich wirklich nicht verstanden, obschon ich gedacht habe, dass sie mich verstehen würden. Sie haben wohl einfach gedacht, dass ich es nicht machen will. Die Ärzte haben einfach das Gefühl gehabt, dass mir nichts fehlt. Aber es fehlt mir doch etwas und zwar einfach meine gute Verfassung."

Rückenverspannungsbehandlung:
Kognition P: „(Bald) habe ich den ersten Termin bei einem Spezialisten für Rückenverspannungen. Ich hoffe nun doch sehr, dass er etwas von seinem Fach versteht. Ich bezweifle nicht, dass er fachlich auf der Höhe ist. Aber ich hoffe einfach, dass er mich versteht, dass er auf mich eingehen kann und mich

verstehen kann. Dass er einfach etwas herausfinden kann, damit es mir dann wieder besser geht. Dass es nicht von heute auf morgen geht habe ich verstanden. Dass es vielleicht ein halbes Jahr dauert oder mehr kann auch sein. Aber wenn meine Leiden dadurch verschwinden, dann sehe ich gar keine Probleme."

Kognition P: „Den (Arzt) kenne ich noch nicht. Aber ich verspreche mir wieder sehr viel. Natürlich mache ich mir nicht sehr viel Hoffnung, da ich weiß, dass es sehr schwierig ist, meine Leiden zu heilen. Das habe ich in den letzten drei Jahren gesehen. Da hat es auch keiner geschafft. Ich bin schon skeptisch. Aber ich gehe nun einfach einmal zu ihm. Und wenn er nichts herausfinden kann, dann gehe ich einfach zum nächsten."

Der psychosomatische Status der Schmerzen und die Schwierigkeiten des Patienten:

Kognition P: „ Dass man mir einfach glaubt, dass meine Schmerzen nicht von meiner schlechten Verfassung kommen, sondern dass meine schlechte Verfassung von meinen Schmerzen kommt. Das ist der springende Punkt. Die Schmerzen machen mich einfach müde. Und dann komme ich erst in einen Zustand, in dem ich es nicht mehr so rosig sehe, weil ich einfach müde bin und chronisch Schmerzen habe. Die vorherigen Ärzte haben einfach gefunden, dass ich nicht zufrieden sei mit meinem Leben, und dass sich daraus körperliche Schmerzen entwickeln würden und ich daher ein Psychopath sei. Dabei ist es gerade umgekehrt."

Kognition P: „Wenn man einmal diese Schmerzen hat, dann verspannt man sich innerlich und die Verspannungen gehen erst recht nicht weg. Das führt chronische Schmerzen mit sich. Unter diesen Schmerzen fällt es dann auch schwer, sich zu konzentrieren. Die Schmerzen sind immer da und gehen nicht mehr weg. Und wenn man sich dann nicht mehr konzentrieren kann wegen den Schmerzen, dann kann man nicht mehr lernen und dann kann es bergab gehen. Das habe ich gewusst. Es ist dann auch bergab gegangen. Das war mir auch bewusst. Aber es hat mir einfach der Mut gefehlt, um ewig dagegen ankämpfen zu können. Aber es wäre nicht so schlimm gewesen, wenn ich noch geglaubt hätte, dass es noch gut werden würde. Aber ich habe am Schluss auch nicht mehr daran geglaubt. Solange ich an mich glaube, kann ich noch gegen die Schmerzen ankämpfen. Aber wenn ich nicht mehr an mich glaube, dann lasse ich mich fallen und lande in einer Depression."

Kognition P: „Ich bin der festen Meinung, dass es bei mir keine psychischen Hintergründe gibt. Aber wenn dann andere mir sagen, dass es dennoch so ist, dann will ich es nicht akzeptieren. Wenn aber nun jemand sagt, dass es z. B. 50 % sind, dann kann ich es akzeptieren."

Kognition P: „Wenn es nur ein Anteil ist, dann macht es mir überhaupt nichts aus. Auch wenn es schlussendlich darauf herauskommt, dass ich ein depressiver

Mensch von Haus aus bin, dann akzeptiere ich das. Wenn sie mir helfen können, dann ist mir jedes Mittel recht."

Handlung Ärzte: „Sie haben mir auch schon mal Psychopharmaka verschrieben."

Handlung P: „Ich habe die damals eingenommen über längere Zeit."

Kognition P: „Aber es hat sich damals nichts geändert. Aber dann habe ich gesehen, dass dies wohl nicht der Grund ist. Ich bin nicht abgeneigt, mich vom Psychiater behandeln zu lassen. Aber es muss etwas nützen, sonst kann ich mir das sparen. Ich habe einfach ein bisschen Angst, dass mich dann die Menschen auf das hin abstempeln."

Kognition P: „Dazu möchte ich noch sagen, dass ich interessiert wäre, auch mit anderen Menschen mit gleichen Rückenschmerzen sprechen zu können.

Vielleicht könnte man auch noch so andere Wege für die Heilung finden. Denn ich kenne auch niemand, der nun gerade im Speziellen an dieser Krankheit leidet." ◄

▶ **Zusammenfassung**
1. Der Patient beschreibt die Handlungen seines Suizidversuchs und stellt viele Überlegungen zu seiner Vergangenheit und seiner Zukunft an.
2. In seiner Erzählung gibt ihm die Suizidhandlung einen Rahmen zur Darstellung weiterer Ereignisse. Er spricht von seinen Allergien, Wirbelsäulenproblemen, Nackenschmerzen, Verspannungen, von seinen trüben Aussichten „weil ich immer in den letzten dreieinhalb Jahren nie eine Zukunft gesehen habe", seiner völligen körperlichen Übermüdung, seinen depressiven Zuständen, und Selbstzweifeln „Ich habe mir auch Vorwürfe gemacht, ich sei schwach, ein Psychopath".
3. Der Patient schildert seine Suizidüberlegung, seinen Kontakt mit den Eltern, die Tabletteneinnahme danach und sein Aufwachen auf der Intensivstation.
4. Er äußert auch Gedanken zur Gegenwart und seinem Umgang mit der nächsten Krise, Pläne zur Rückenverspannungsbehandlung und seine Auseinandersetzung mit dem Thema des psychosomatischen Status dieser Schmerzen.

13.2.2 Probleme der Handlungsorganisation

Es scheint zunächst eine gewisse Plausibilität zu besitzen, dass der junge Mann aus der Verzweiflung über seine schlechte Verfassung und sogar Schmerzen sein übergeordnetes Ziel „zu leben" infrage stellte und bei ihrer Bekämpfung das Risiko auf sich nahm, nicht mehr aufzuwachen. Die kurzfristige Erleichterung von Schmerzen durch die Aufgabe des existenziellen Zieles „zu leben" ist eine sehr häufige und fatale Problematik in der Handlungsorganisation beim Suizid: die Zielhierarchie wird fehlerhaft wahrgenommen und umgesetzt. Diese setzt weitere Denk- und Handlungsfehler voraus, wie die Trennung der Person, die lebt, und einer anderen, die Schmerzen empfindet und der Vorgänge der Schmerzensbeseitigung und des Empfindens der Schmerzfreiheit (die Einheit der Handlungsorganisation von verschiedenen Handlungssystemen wird nicht respektiert). Zudem erfordert dies die Überzeugung, dass alle Handlungsmöglichkeiten zur Schmerzlinderung ausgeschöpft sind, und der Tod die einzige übriggebliebene Option darstellt. Der junge Mann schildert den Übergang vom Bemühen die Schmerzen zu lindern (beim gleichzeitigen Nicht-Antasten des Lebens) zur Beendigung des Lebens (von einem kurzfristigen Ziel zum Einbeziehen eines langfristigen Anliegens). Beim näheren Hinsehen zeigen sich jedoch weitere Probleme der Handlungsorganisation. Der junge Mann stellte sich eine Situation her, die er nicht lösen konnte. Einerseits stellte er sich unter Druck mit seinem Schulbesuch, den zu unterbrechen oder sogar zu ändern er nicht wagte, andererseits wollte er sein sportliches Freizeitleben nicht aufgeben und meinte, wenn er nicht beides machen könne, sei er kein vollwertiger Mensch. Die sich daraus ergebenden körperlichen Beschwerden hinderten ihn jedoch daran, den Unterricht wahrzunehmen. Es ist so, als ob er die Schmerzen bräuchte, um sich vom Schulbesuch frei zu nehmen. Auch hier ist die Organisation von unterschiedlichen Handlungsprojekten nicht im Einklang miteinander. Unser Alltagsdenken würde nahelegen, dass man andere Projekte diesem Ziel „zu lernen" unterordnen könnte, wenn einem das Studium sehr wichtig ist. Dies vor allem, wenn der Freizeitsport einen nicht nur zeitlich, sondern auch kräftemäßig überfordert. Zudem scheint der junge Mann aus diesen sportlichen Tätigkeiten keine Erfolgsgefühle für sein Studium zu gewinnen. Dies wäre auch eine Aufgabe der optimalen Organisation von mehreren Projekten. Der Patient beklagt sich zudem, dass man ihn nicht verstehe, bzw. er sich nicht verstanden fühlte, weder von den Ärzten noch von seinen Eltern. Es könnte vermutet werden, dass er seine Begegnungen mit den Ärzten und mit seinen Eltern nicht im Sinne seiner Projekte und seiner Ziele zu organisieren versteht. Die Eltern erfüllen seinen Wunsch, das Gymnasium zu unterbrechen, erst nachdem er sich zu suizidieren versuchte. Anscheinend konnte er die Ernsthaftigkeit seines Anliegens nicht deutlich und glaubhaft kommunizieren. Die Probleme bei der Handlungsorganisation zeigten sich auch in der Suizidhandlung selbst. Der junge Mann beschreibt, wie die Absicht, zu sterben, nicht genügend ausgeprägt war, um eine Überdosis Medikamente zu nehmen und wie er sich durch das bildliche Hervorrufen seiner Schwierigkeiten motivierte, weitere Tabletten zu nehmen. Auch hier wird aus einem kurzfristigen Ärgernis, auch wenn die Beschwerden und seine Auseinandersetzung mit ihnen mehrere Jahre dauerten, ein langfristiges Anliegen, „zu leben" infrage gestellt. Anstatt die wenig ausgeprägte Absicht, zu sterben, dazu zu nutzen, diese Absicht zu überdenken, versucht der Patient sie mit dem Ärger über sein Unvermögen, optimal zu funktionieren, zu überwinden: „Jedes Mal, wenn mir wieder ein schlimmer Gedanke durch den Kopf ging, habe ich wieder zwei Tabletten mehr zu mir genommen. Ich habe einfach nur darauf gewartet, dass mir etwas Schlechtes in den Sinn kommt."

▶ **Zusammenfassung**
1. Die Probleme der Handlungsordnung zeigen sich bei diesem Patienten in mehrfacher Hinsicht. Es ist zunächst der Gedanke, zur Schmerzfreiheit durch den Tod zu kommen. Dieser Gedanke entstammt der Unfähigkeit, das Anliegen „zu Leben" als allen anderen übergeordnet zu sehen, sowie aus Teilung sich selbst in eine Person, die Schmerzen habe und sterben müsse und eine andere, die dann die gewonnene Schmerzfreiheit genießen kann.
2. Der junge Mann entwirft sich eine Situation als unlösbar, da er die Ziele der Berufsausbildung und seines Freizeitsports nicht zueinander in einer Hierarchie ordnen kann.
3. Der Patient beklagt sich zudem, dass er weder von den Ärzten noch von seinen Eltern verstanden wird. Dies entsteht meistens, wenn man seine Begegnungen nicht im Sinne seiner Projekte und seiner Ziele zu organisieren versteht. Erst durch seinen Suizidversuch konnte er seinen Wunsch, das Gymnasium zu unterbrechen erfolgreich kommunizieren.
4. Die Probleme der Handlungsordnung zeigt er auch in der eigentlichen Überdosiseinnahme. Seine Absicht zu sterben, ein langfristiges Anliegen aufzugeben, war nicht motivierend genug, sodass er sich vor jeder nächsten Tablette durch ein Misserfolgs- oder Problembild, durch kurzfristige Zustände, zusätzlich motivieren musste.

13.2.3 Bewusst vorbereitet oder spontan vorgenommen?

Der Patient schildert, wie sich seine Suizidabsicht aus seiner Verzweiflung, sein Leiden und seine Unfähigkeit seinen Zielen näherzukommen langsam über Jahre entwickelte. Zuerst, weil er unter Schmerzen litt, dann weil er keine Zukunft sehen konnte und dann schließlich, weil er sich nicht verstanden fühlte. Kurz vor seinem Suizidversuch meinte er, er wolle nur ein paar Stunden in Bett bleiben, dann wurde daraus die Einsicht, so kann mein Leben nicht weitergehen und als er dies auch von den enttäuschten Eltern, die ihn in der Schule glaubten und ihn im Bett vorfanden, gesagt bekam, griff er zu der Tablettenüberdosis. So kann man sein Suizidanliegen zur bewussten Vorbereitung des Suizids zählen, die ablehnende Aussage der Eltern wiederum als Ansporn zur spontanen Handlung. Auch seine Art, die Tablettenüberdosis einzunehmen setzt sich aus diesen beiden unterschiedlichen Steuerungsvorgängen zusammen. Er wollte sterben und die Tabletten einnehmen, aber er musste sich vor jeder einzelnen Tablette ein Schreckensbild in Erinnerung rufen, um sich so zu einer „spontanen" Einnahme jeder weiteren Tablette zu bewegen.

13.2 Suizidanalyse: Junger Mann "Ich sah da keinen Sinn mehr ...

▶ **Zusammenfassung** Die Umstellung von einem lebenserhaltenden Projekt zu einem Suizidprojekt wird von diesem Patienten als „sowohl als auch" Steuerung geschildert. Er überlegte sich die Suizidhandlung, aber fühlte sich dazu noch von seinen Eltern bestätigt. Er wollte die Tablettenüberdosis einnehmen, musste sich aber vor der Einnahme jeder einzelnen Tablette zusätzlich durch emotionale Bilder motivieren.

13.2.4 Probleme der Handlungsüberwachungsprozesse

Wie funktionierten das Bewusstsein bzw. die Aufmerksamkeit, die Emotion und das Schmerzempfinden des jungen Mannes im Zusammenhang mit den Suizidprozessen? Was als erstes auffällt ist, wie sich der Patient durch das bewusste Hervorrufen, bzw. Erinnern von schlechten Gedanken und Erfahrungen zur Einnahme weiterer Tabletten bei seiner Überdosierung motiviert. Das Monitoring der momentanen Situation, in der er sich befand führte ihn nicht zur Fortsetzung der Handlung, in der er engagiert war – Überdosis Tabletten zu schlucken – sodass er sich mit negativen Gefühlserinnerungen und negativen zukünftigen Gefühlen helfen musste, um weiterzumachen „Denn mir fehlte schon der Mut. Ich wollte dies eigentlich gar nicht". Dies könnte auch eine tiefere Bedeutung besitzen, weil es darauf hinweist, wie der junge Mann mit eigenen Konflikten umgeht. Er wollte eigentlich nicht sterben, aber er zwang sich dazu. Vielleicht könnte man weiter vermuten er wollte nicht studieren, aber er zwang sich dazu. Die starken Verspannungen und die daraus resultierenden Schmerzen würden das nahelegen. Man könnte sich dies so vorstellen: der junge Mann nahm die Information nicht wahr, „das Gymnasium ist nichts für mich" und bemühte sich weiter. Er nahm auch nicht die emotionale Rückmeldung nicht war, „das Lernen behagt mir nicht, ich fühle mich nicht wohl, ich mag es nicht" und besuchte die Schule weiter. Schließlich meldeten sich die Schmerzen „dieser Weg tut mir weh", aber der Patient wollte dies nicht wahrnehmen und änderte seine Projekte nicht. Eigentlich sind Monitoringprozesse – vereinfacht gesagt – dazu da, dass man aus ihnen Handlungskonsequenzen ziehen kann. Nur in Ausnahmefällen, wie z. B., wenn das eigene oder das Leben der nächsten bedroht wird, kann man diese Monitoringprozesse „ausschalten". Alltägliche Prozesse können jedoch nicht zu existenziell bedrohlichen Prozessen stilisiert werden. Dies ist eine konventionelle Weisheit und die subjektive Sichtweise kann davon abweichen. Es ist jedoch in Erinnerung zu rufen, dass Handlungsprozesse, wie auch viele andere Prozesse in ihrer Bestimmung nicht nur aus subjektiver Sicht zu lesen sind, sondern auch ihre soziale Bedeutung berücksichtigt werden muss. Der Wissenschaftler muss alle diese Betrachtungsweisen integrieren und das Geschehen auf systematische Weise darstellen. Über die Monitoringprobleme des Patienten geben auch seine Aussagen im Selbstkonfrontations-Interview Aufschluss. Gefragt, seine Gedanken und Gefühlen während des Gesprächs zu beschreiben, meint er: „ich weiß nicht so genau, wie ich die Gefühle beschreiben soll".

▸ **Zusammenfassung**
1. Der Patient schildert, wie er sein Monitoring bei der Tablettenüberdosierung ausschaltete. Er meint, es fehlte ihm der Mut dazu und eigentlich wollte er nicht sterben, daher holte er sich schlechte Gedanken, um die Tat fortzusetzen.
2. Das aktuelle emotionale Monitoring wurde durch Gefühlserinnerung und durch prospektive Gefühle (gefühlsmäßige Vorwegnahme zukünftiger Probleme) ersetzt.

13.2.5 Probleme der Handlungsenergetisierung

Der Patient schildert nicht, wie er sich durch die Bilder, er sei Zahnarzt, er könne seinen Wunschberuf ausüben und alle Annehmlichkeiten eines Lebens als Zahnarzt genießen, zum Lernen motivierte und sich entsprechende Energie verschaffte. Er erzählt auch nicht, dass die Gedanken an den Freizeitsport Energie für seinen Alltag lieferten. Er schildert jedoch sehr detailliert, wie er bei der Überdosierung die nötige Energie zur Erreichung eines ungewollten Zieles aus den Erinnerungsbildern schöpfte, die ihm seine Leidenszeit vor Augen hielten. Die Energie zum Lernen konnte er nicht generieren. Neben den Schmerzen beklagte der Patient vor allem Erschöpfung, Schwäche, Energiemangel etc. Die emotionale Kraft seiner Ziele war zu schwach, um seine Projekte adäquat zu energetisieren. Er glaubte vor allem an die Energie seiner Fitness, die er sich zu erarbeiten bemühte, sprach aber nicht über die mögliche Handlungsenergetisierung durch seine Gefühle.

▸ **Zusammenfassung**
1. Eng mit dem Problem des emotionalen Monitorings des Patienten ist auch das Problem der Energetisierung verbunden.
2. Der Patient beklagt seine mangelnde Energie.
3. Er schöpft seine Energie zum Lernen und für sein Alltagsleben weder aus seinen Freizeitaktivitäten noch aus der Freude an dem zukünftigen Beruf.
4. Er ist nur von der physischen Energie seiner Fitness überzeugt, die er aber nicht erreichen kann.
5. Zur selbstdestruktiven Handlung kann er sich dagegen durch Gefühlserinnerungen und Zukunftsängste energetisieren.

13.2.6 Suizid und das interaktive und gemeinsame Handeln

Der junge Mann sprach ausführlich über sein eigenes Bemühen, mit seinen gesundheitlichen Problemen fertigzuwerden und als er glaubte, an seine Grenzen gestoßen zu sein, überdosierte er. In seiner Erzählung finden sich aber auch mehrere Hinweise darauf, wie wichtig ihm das gemeinsame Handeln war und wie entscheidend dies sogar in seiner Suizidhandlung mitspielte. Er berichtete von seinem Liebeskummer nach einer beendeten Beziehung, den er zu seinen den Suizidversuch motivierenden Problemen zählte. Er fühlte sich von Ärzten und seinen Eltern nicht verstanden. Die Ärzte fanden wenig oder keine körperlichen Probleme, mit denen sie seine Schmerzen erklären konnten. Von seinen Eltern sprach der junge Mann nicht viel, aber als sie ihn im Bett fanden, obwohl er in der Schule sein sollte, und meinten das mache keinen Sinn, übernahm der Patient diese Deutung und schritt zum Suizidversuch. Als sie dann danach einwilligten, er könne das Gymnasium unterbrechen, sich erholen und dann mit ihrer finanziellen Unterstützung weitermachen, fühlte sich der Patient am Ziel seiner Wünsche, die er anscheinend nicht mit anderen Mitteln durchsetzen konnte. Der junge Mann formulierte diese Problematik auch, als er seine Lehre aus dem Geschehen um seinen Suizidversuch herum zog. Er meinte: *„Ich werde einfach nun versuchen mich selber mehr durchzusetzen. Ich werde einfach sagen, dass ich es so und so haben will, und nicht anders."* Das gemeinsame Handeln und dessen Rolle in seinem Leben spricht der Patient auch in anderen Aussagen an. Das Erreichen seiner Selbstständigkeit ist ein langfristiges Anliegen von ihm: *„Ich will einfach nicht abhängig sein von anderen Menschen, die eine unrichtige Auffassung von mir haben."* Zudem sei ihm sehr wichtig, dass die anderen ihn nicht anzweifeln und sogar stigmatisieren könnten, was im Falle seines Akzeptierens, er habe psychologische Probleme, mit denen er sich auseinandersetzen sollte, geschehen könnte. Schließlich bekennt er sich auch zu der Würdigung von gemeinsamen Handlungen und meinte: *„..., dass (er) interessiert wäre auch mit anderen Menschen mit gleichen Rückenschmerzen sprechen zu können".*

▶ **Zusammenfassung**
1. Der junge Mann verbindet seine Suizidhandlung zwar mit dem Bemühen, seine Schmerzen zu bewältigen, deutet aber auf viele gemeinsame Handlung mit anderen hin, die er für seine Handlung als wichtig erachtet.
2. Er musste seinen Liebeskummer bewältigen und fühlte sich von Eltern und Ärzten unverstanden. Unmittelbar vor seinem Suizidversuch vernahm er die Enttäuschung seiner Eltern über ihn.
3. Der Patient gibt an, sein wichtiges Anliegen sei, selbstständig und von anderen Menschen unabhängig zu sein.

13.2.7 Das Gespräch des jungen Mannes mit einem Psychiater

Die verschiedenen Psychiater absolvierten oft unterschiedliche psychotherapeutische Ausbildungen und zeichnen sich auch durch unterschiedliche Philosophien und Strategien der Beziehungsgestaltung und Gesprächsführung aus. Dies muss nicht unbedingt zu unterschiedlichen Daten führen, die sie im Gespräch erheben, aber die Darstellung der Geschichte des Gegenübers prägt dies in jedem Fall.

Die 1. gemeinsame Handlung des Psychiaters und des jungen Mannes leitet der Psychiater mit der Formulierung der gemeinsamen Aufgabe ein und sucht nach weiteren Spezifizierungen der Angaben des Patienten. Er interessiere sich dafür, mehr über den jungen Mann zu erfahren und spezifisch: *„Was ist der Grund dafür, dass Sie nun im Spital sind?"* Der Patient greift dies auf und beschreibt in wenigen Angaben, was geschah. Er war in schlechter Verfassung, habe in dreieinhalb Jahren keine Zukunft gesehen, sah keinen Sinn, in diesem Zustand weiterzuleben, habe viele Tabletten geschluckt und sei ins Koma gefallen. Die gemeinsame Handlung wird dann in Frage-Antwort-Sequenzen gestaltet. Wieso sei der Patient in schlechter Verfassung? – er bekam eine Allergie – wie äußert sich die Allergie? – seit wann habe er die Allergie? – wie häufig sind die Fieberanfälle? Aus den vielen Angaben, die der junge Mann auf die Frage nach seiner schlechten Verfassung machte, greift der Psychiater die Allergie auf und sondiert nach weiteren Details. Dies allerdings, weil der Patient die Allergie als Erklärung für seine vielen Probleme hält. In der **2. gemeinsamen Handlung** klären sie den Bildungsweg und die Bildungs- und Berufsziele des Patienten, da es den Psychiater verwundert, dass der Patient trotz seines Alters – vierundzwanzig – eine Mittelschule besuche. In der **3. gemeinsamen Handlung** möchte der Psychiater das Gespräch wieder zurück auf den Tag des Suizidversuchs lenken, fragt aber, ob dies der erste Suizidversuch gewesen sei. Der Patient bejaht dies mit einem kurzen Satz und beschreibt wieder seine vielen Beschwerden, die ihn plagten und ärgerten. Der Psychiater will dann wissen, ob der Patient Medikamente bekam und lenkt das Gespräch immer wieder auf die Medikamente zurück, obwohl der Patient lieber über seine Auseinandersetzung mit seinen Problemen sprechen will. Dies sei sicher von Bedeutung, denn der Patient versucht sich durch Überdosierung von Medikamenten zu suizidieren. In **der 4. gemeinsamen Handlung** bittet der Psychiater den Patienten, den kritischen Tag zu schildern. Der Patient beschreibt seinen Zustand mit Müdigkeit und Verspannung. Für sein psychisches Befinden benutzt er den Begriff Depression. Auch hier geht der Psychiater nach den Regeln seiner Profession vor: wie äußerte sich die Depression? Welche Gedanken? Welche Gefühle? Die Antwort: *„Ich habe einfach das Selbstvertrauen zu mir selber verloren"*, spiegelt der Psychiater geschickt zurück als: *„Sie haben das Selbstvertrauen aufgegeben..."*, um den jungen Mann aus seiner Opferhaltung zum Handelnden zu umorientieren. Der Psychiater doppelt dann mit der Frage nach, ob sich der Patient auch Vorwürfe gemacht habe. Dieser schilderte dann ausführlich wieder seine Beschwerden und seine Auseinandersetzung mit ihnen, und schließlich auch seine Verzweiflung, weil nichts half. Diese verschlimmerte sich, als er die Meinung vernahm, er habe nicht mit körperlichen, sondern eher mit psychischen Problemen zu kämpfen. Die **5. gemeinsame Handlung** leitet der Psychiater mit der Beobachtung ein, der Patient sei sehr bewegt, wenn er über diese Verzweiflung berichte. Der Patient spezifiziert dann seine Ängste und Befürchtungen, er sei nicht fit wie ein normaler Mensch, er sei nicht lebensfähig, sein Körper mache nicht mit. In diesem Zustand der Gefühlsaktualisierung wie am Suizidtag lenkt der Psychiater wieder die Aufmerksamkeit des Patienten auf die Suizidhandlung. Die Angabe des Patienten, er hätte die Überdosis genommen, weil er sich zu schwach fühlte, versucht der Psychiater detaillierter zu erfragen, was der junge Mann auch beantwortet. Zudem will er wissen, wie lange dies dauerte und ob der Patient alleine war. Hier bot sich das Thema einer anderen Option als Suizid an, was der Patient jedoch verneint, denn er fühlte sich von niemandem verstanden. Der Psychiater fragt noch nach weiteren Merkmalen der Suizidhandlung, ob der Patient aufgeregt oder ruhig war, ob die Handlung automatisch ablief oder er sie steuern konnte und ein Umkehren noch möglich gewesen wäre. In der **6. gemeinsamen Handlung** stellt der Patient die Zeit dar, als er aufhörte die Tabletten zu nehmen und wie er ins Koma fiel und im Spital aufwachte. Danach, in der **7. gemeinsamen Handlung,** leitet der Psychiater die Aufmerksamkeit des jungen Mannes zur Gegenwart. Der Patient zeigt sich sehr zufrieden, denn er erreichte, was er wollte. Er kann jetzt ein Semester in der Schule auslassen und sich seinen Problemen widmen, was ihm vor dem Suizidversuch nicht zugestanden worden wäre. Der Psychiater möchte mit dem Patienten die Möglichkeit diskutieren, in der nächsten Krise Kontakt mit anderen Menschen aufzunehmen, was der Patient jedoch nicht aufgreift. Er habe zwar einen Termin mit einem Rückenspezialisten und er hoffe, dass dieser ihn versteht.

Der Psychiater vergegenwärtigt dem Patienten sein wichtiges Thema „verstanden zu werden" (**8. gemeinsame Handlung**). Der Patient engt dieses Thema darauf ein, wieweit seine Probleme körperliche oder psychische Ursachen haben. Der Psychiater klärt den jungen Mann auf, dass es sich um einen Kreis handeln könnte und diese beiden so zusammenhängen.

In der **9. gemeinsamen Handlung (Schlussabschnitt)** versucht der Psychiater den Patienten für seine Empfehlungen zu gewinnen. Der Patient möge einerseits mit einem Rheumatologen zusammenarbeiten, aber auf der anderen Seite auch psychotherapeutische Hilfe beanspruchen. Der Psychiater bietet dafür dem jungen Mann konkrete Hilfe an.

▶ **Zusammenfassung**
1. In der 1. gemeinsamen Handlung etablieren der Psychiater und der Patient ihre gemeinsame Aufgabe im Gespräch. Der Patient erzählt von seinem Suizidversuch, wie er sich dreieinhalb Jahre schlecht fühlte und führt seinen schlechten Zustand auf eine Allergie zurück, die sie ausführlich erkunden. In der 2. gemeinsamen Handlung diskutieren sie den Bildungsweg des Patienten. In der 3. gemeinsamen Handlung beschreibt der junge Mann wieder seine Beschwerden und seine Suizidhandlung, und der Psychiater erkundigt sich nach den Medikamenten, die der Patient einnahm. Auch in der 4. gemeinsamen Handlung beschäftigen sie sich mit dem kritischen Tag des Suizidversuchs und der Psychiater versucht, den Patienten von einer Opferhaltung zur Verantwortungsübernahme zu bewegen.
2. In der 5. gemeinsamen Handlung greift der Psychiater die gegenwärtigen Gefühle des Patienten auf, und dieser offenbart, dass er nicht fit wie

ein normaler Mensch sei: nicht lebensfähig, sein Körper mache nicht mit. Der Patient beklagt, dass er sich nicht verstanden fühle. In der 6. gemeinsamen Handlung erzählt der Patient von der Zeit nach der Medikamenteneinnahme und seiner Zeit auf der Intensivstation.

3. In der 7. gemeinsamen Handlung sprechen sie über Gegenwart. Der Patient sei zufrieden, weil er seine Ziele erreichte (Gymnasiumunterbrechung). In der 8. gemeinsamen Handlung greifen sie das Thema auf, wieweit seine Probleme körperliche oder psychische Ursachen haben. In der 9. gemeinsamen Handlung diskutieren sie psychotherapeutische Hilfe für den Patienten.

13.2.8 Das Selbstkonfrontations-Interview

Gefragt, was der junge Mann während des Gesprächs dachte oder fühlte, erzählt er im **1. Abschnitt,** dass er bemüht war, sich kurz zu fassen, war sehr konzentriert um sich zu erinnern, was er damals fühlte, außerdem angespannt. Wir wissen aus seinem Interview, dass angespannt sein seine Grundeinstellung darstellt. Im **2. Abschnitt** wiederholt er die Beschreibung seiner körperlichen Symptome, betont, wie schlimm sie seien und dass dies jede Vorstellungskraft der Menschen übersteige. Zudem sei er im Interview bemüht, sich nicht in zu viele Details zu verstricken, damit es nicht zu kompliziert werde. Der junge Mann gibt **im 3. Abschnitt** an, dass er traurig war, als er von seinen Problemen nach dem Verzehr eines Berliners erzählte. Vor allem aber: „denn *ich hatte das Gefühl, dass doch ich derjenige bin, der nicht fit ist, dass es einfach ich bin, der nichts leisten mag. Dass ich einfach der Schuldige bin.*" Im **4. Abschnitt** ergänzt er seine Angaben aus dem Gespräch, dass er anfangs letzten Semesters viermal eine Zwei (schlecht (6 ist sehr gut, 1 ist sehr schlecht)) bekam und ihm nicht gelang, sie auszugleichen. Zudem betont er, wie er gegen seinen Körper ankämpfen musste, sich quälte und dennoch keine körperliche Leistung erbringen konnte. Das Gymnasium zu unterbrechen, um sich zu erholen erlaubten seine Eltern nicht. Der junge Mann konnte nicht über Gefühle sprechen, als er diese schwierige Situation schilderte. Immer wieder von dem Interviewer nach seinen Gefühlen befragt (was haben sie gedacht und gefühlt?), zeigt sich der Patient hilflos: „*Ich weiß nicht so genau, wie ich die Gefühle beschreiben soll.*" **(5. Abschnitt).** Er schildert wieder die Situation, in der er damals war, mit welchen Problemen er sich auseinandersetzen musste, über sein inneres Erleben sagt er hingegen nur: „*Ich hatte einfach unheimlich großen Willen und biss mich überall durch.*" Den kritischen Montag beschreibt er nochmals: „*Die Hoffnungen, dass etwas ändern könnte, waren am letzten Montag einfach nicht mehr da. ... Der Körperzustand bessert sich nicht, und eine Chance bekomme ich auch nicht. Ich fragte mich einfach noch nach dem Sinn des Lebens. ... Ich schaute mich selber als Versager an, denn ich konnte mich einfach nicht mehr so durchbeißen, wie ich es damals an der Berufsmatur gekonnt habe.*"

Der junge Mann wiederholt auch im **6. Abschnitt** seine Überzeugung, dass seine körperliche Verfassung ihn in seiner Leistung behinderte. Der schlechte körperliche Zustand käme vom Breakdance, der Allergie und seinen Zähnen. Er wolle dies mit großer Willensanstrengung ausgleichen. Im **7. Abschnitt** ergänzt der junge Mann seine Suizidgeschichte mit der Information, dass er in den letzten zwei bis drei Wochen wusste, dass seine Noten nicht ausreichen würden, um das dritte Semester abzuschließen. So fühlte er sich weniger motiviert, aber wollte weiterhin die Schule besuchen, um viel aufzunehmen. Er meinte aber, dass er sich übers Wochenende erholen und entspannen müsse, was ihm am besten beim Snowboarden gelang. Zudem besuchte er Freunde, ließ sich zum Breakdance überreden und ging am Sonntag sehr spät ins Bett. Er wusste, dass ihn diese Aktivitäten belasten und zusetzen würden, aber er wollte sich etwas gönnen, um seine Arbeitsmoral zu steigern. Er konnte jedoch nicht einschlafen und fühlte sich am Montag sehr müde: *"dies alles einfach einmal zu viel wurde."* Er fasste nochmals seine Situation unmittelbar vor seinem Suizid zusammen: *"Dann kam auch noch dazu, dass die Eltern schwierig waren an diesem Morgen. Da hat es mir einfach abgelöscht. Die Müdigkeit, die Verspannungen, die Zukunft, die schon im Vornherein klar war, dass es nicht reichen wird und dass ich nicht wiederholen dürfe…"* Der junge Mann fasste nochmals seine Gedanken zusammen. Er meinte, dass er die Schmerzen mit seinem Willen überwinden konnte, wenn er eine Zukunft, die Schule und das Studium, vor Augen hatte. Jetzt wurde ihm aber, seiner Meinung nach, die Zukunft weggenommen: *„…da war einfach plötzlich auf der einen Waagschale nichts mehr und die Waage kippte auf eine Seite an diesem Morgen. Und dann ist es einfach losgegangen."* Der junge Mann beschäftigt sich weiterhin im **8. Abschnitt** mehr mit seinem Suizid und weniger mit den Gedanken und Gefühlen, die er im Interview hatte. Er ist dennoch zu der Meinung gekommen: *„(es gibt) zwei verschiedene Arten von Müdigkeit. Es gibt eine Müdigkeit, wenn man keine Zukunft mehr hat – dann wird man müde. Oder man kann müde werden aus körperlichen Gründen. Vorher bin ich immer müde geworden aus körperlichen Gründen. Ich habe immer ein Ziel vor Augen gehabt. An diesem Montag war ich auch körperlich müde gewesen. Aber dazu ist noch gekommen, dass ich kein Ziel vor Augen hatte. Da habe ich mich noch zusätzlich… Es war einfach nun nicht mehr nur eine körperliche, sondern auch eine psychische Müdigkeit."* Er realisiert, dass es ein neuer Gedanke ist, den er im Interview noch nicht so bewusst besaß: *„Ich habe aber erst jetzt begriffen, was eigentlich der wirkliche Grund dafür gewesen war. Ich sehe ein, dass nicht nur die körperliche Müdigkeit dazu geführt hat, dass ich in eine depressive Phase gerutscht bin an diesem Morgen. Nein, es war vor allem das Fehlen eines Zieles, das mich soweit trieb. Diese Ziellosigkeit hat mir einfach zu schaffen gemacht. Dies war der Auslöser, dass ich diese Tabletten zu mir genommen habe." „Aber erst nun, in diesem Moment, ist mir in den Sinn gekommen, was eigentlich wirklich passiert ist."* Im **9. Abschnitt** versucht der Patient die Hypothese zu klären, die er aus einem Gespräch mit einem Arzt mitnahm er sei ein Psychopath: *„… als ich in der Depression war am Montag morgen habe ich mir immer wieder gesagt, dass ich kein Psychopath bin. Nun haben die Ärzte zwar eine Bestätigung ihrer Theorien, aber ich weiß, dass es nicht so ist* *wie sie sich die Sache bei mir vorstellen. Ich weiß, dass der Auslöser meiner Depression die körperlichen Schmerzen waren."* Er berichtet auch, wie er sich durch diese Unterstellung angegriffen fühle: *„es ärgert mich einfach, wenn ich mich dauernd gegenüber anderen Personen rechtfertigen muss."* Er äußert einen Zwiespalt, den auf der einen Seite: *„… es ist mir wichtig, dass man mich verstünde und dass man mir glaubt, was ich erzähle. Wie es die anderen Menschen interpretieren, das kann mir egal sein."* Und auf der anderen betont er: *„Ich brauche eigentlich niemanden, der mich versteht. Ich möchte einfach schlussendlich die Bestätigung haben, dass ich recht gehabt habe."* In diesem Abschnitt formuliert der junge Mann auch seine Sichtweise, in der die Einheit, sich selber als Handelnden und gleichzeitig als Fokus seiner Handlung zu sehen auseinanderbricht, wie dies bei vielen suizidalen Menschen der Fall ist. Wir formulierten dies als Handlungsproblem. Der Patient führt aus: *"Auch wenn ich nun an dieser Überdosis Tabletten gestorben wäre, dann hätten alle gesagt, dass die Ursache meines Ablebens doch psychisch bedingt war. Da hätte auch die ganze Welt daran geglaubt, dass ich ein Psychopath gewesen wäre. Ich selber hätte aber immer noch an mich geglaubt, auch wenn ich nun vielleicht nicht mehr hier wäre, sondern im Himmel. Ich würde einfach über alle lachen. Denn ich wäre überzeugt, dass es so ist, wie ich es empfinde, und nicht so, wie es nun für jedermann den Anschein hat. Denn es wäre alles nicht so weit gekommen, wenn die Menschen mir einmal geglaubt hätten."* Der junge Mann sieht sich nicht als ein Leben, das er gestalten kann, sondern als jemand, der sich mit seinem starken Willen durchsetzen müsse: *„Ich habe mich nun auch einfach drei Jahre lang durchgesetzt. Mit diesem Vorfall vom Montag hat sich auch gezeigt, dass ich es nicht gekonnt habe mich umzubringen. Darüber bin ich sehr froh. Da hat man gesehen, dass ich dennoch ein starker Mensch bin. Das ist nicht das erste Mal, dass ich hätte sterben sollen. Bei der Geburt wäre dies der Fall gewesen, wenn es normal abgegangen wäre. Ich hätte nicht überlebt, denn ich war eine Frühgeburt. Schon damals hatte ich wohl einen gewissen Willen gehabt zum Überleben. Das habe ich auch erreicht."*

Im **10. Abschnitt** formuliert der junge Mann einen Gedanken, der ihm wichtig ist, in seinem Leben eine führende Rolle spielt und sogar in seinem Suizid eine entscheidende Größe darstellte: *„Solange ich ein Ziel habe, dann kann man alle negativen Einflüsse der Umwelt einstecken. Das geht den meisten Personen ja so. Aber wenn man kein Ziel mehr hat, dann hat man kein Schutzschild mehr."* Auf die Frage, mit welchen Gefühlen der Patient es erlebte über den Ausdruck „Psychopath" zu sprechen meint er: *„Es ist mir eigentlich egal, ob mir jemand sagt, dass ich ein Psychopath bin. Nein es ist mir eigentlich nicht egal. Aber wenn ich einen fitten Körper habe, dann kann mir dies jemand sagen, und es berührt mich nicht."* Der Patient gibt mehrmals zu verstehen, dass er ein einsamer Kämpfer sei, der zwar gerne mit anderen verkehrt aber sich mit seinem starken Willen selber durchsetzen kann: *„Ich habe mich schon mein ganzes Leben lang durchgebissen."* Auch im Interview verneint er die Option, vor dem Suizid mit anderen zu sprechen. Der Psychiater fragt: *„Während Sie im Badezimmer standen, ging Ihnen da nicht durch den Kopf, dass Sie noch mit jemandem Kontakt aufnehmen könnten, weil es Ihnen so schlecht geht?* Antwortet der junge Mann: *„Nein. Denn es* *hat sich bestätigt, dass mich niemand versteht."* Im Selbstkonfrontations-Interview **(11. Abschnitt)** meint er jedoch: *„Wenn jemand gekommen wäre und mir gesagt hätte, dass er nun mein Problem mit mir besprechen wolle, dass er es wirklich ergründen will, dann hätte dies vieles gerettet."* Auf die Frage, wie es dem Patienten jetzt gehe, antwortet er *„Im Moment ist alles so verspannt."* Dies scheint ein Befinden zu sein, das ihn andauernd begleitet. Er meint doch: *„Ich habe mich schon mein ganzes Leben lang durchgebissen."* Im **12. Abschnitt** geht der Patient doch näher auf sein Gefühlsbefinden ein: *„Es ist die Hoffnungslosigkeit, die mich hilflos macht. Mir wird einfach das Ziel weggenommen und ich werde nicht verstanden. Das was man (er) sagt, das glaubt niemand."* Die Opferhaltung, in der er sich fühlte verdeutlicht er noch: *„Wenn man jemanden vernichten will, dann muss man ihn körperlich schwach machen. Wenn er körperlich schwach ist, dann wird er dann auch geistig schwach. Und dann kann man ihn vernichten."* Im **13. Abschnitt,** in dem er den Teil des Interviews über die letzten Momente vor der Überdosierung anschaute sagt er: *„Es war einfach in diesem Moment eine Art Gratwanderung. Ich fragte mich einfach immer, ob ich nun dies machen soll oder nicht. Durch dieses Missverstanden werden einerseits und andererseits durch die Ziellosigkeit konnte ich auf diese Seite abrutschen. Das ging mir dann immer durch den Kopf. Es hätte mich einfach jemand von der anderen Seite her stützen müssen. Das wäre das Ziel gewesen. Wenn mich jemand verstanden hätte, dann wäre ich nicht den Berg hinabgeflogen. Das hat mir sicherlich gefehlt."* Diesem gedanklichen Hin-und-Her folgten dann konkrete Gefühle bei der Suizidhandlung: *„Ich habe schon Angst gehabt. Aber diese Angst vor dem Sterben erschien mir wie ein Ausweg. Es erschien mir zu diesem Zeitpunkt einfach als beste Lösung. Ich kann es immer wieder sagen. Ich hatte einfach kein Ziel mehr gehabt und ich wurde von niemandem verstanden."*

Im **14. Abschnitt** gibt der junge Mann eine Überlegung frei, die er anscheinend auch im Interview im Kopf hatte, obwohl er sich gegen die Hypothese der psychischen Probleme als Grundübel seiner Schwierigkeiten wehrte: *„Aber wenn sich nun herausstellen würde, dass die Grundlage wirklich ein seelisches Problem ist, dann wäre mir dies egal. Denn das kann man besser heilen. Ein körperlicher Defekt, der bleibt mir einfach erhalten. Aber ein seelischer Defekt, den kann man heilen und dann rollt wieder alles an. Dann ist alles wieder in Butter."* Im **15. Abschnitt** bekräftigt er jedoch seine ursprüngliche Haltung und bezeichnet diese Gedanken als ihm aufgezwungen: *„Wenn meine Körperverfassung gut ist, dann habe ich ein Schutzschild. Dann kann ich gar nicht in eine Depression fallen. Von außen ließ ich mir einfach eine Meinung aufzwingen, die ich gar nicht akzeptiere."* **Im 16. Anschnitt** antwortet der junge Mann auf die Frage, wie er sich in diesem Gespräch fühlte: *„Es war ein gutes Gespräch. Ich habe nicht das Gefühl gehabt, dass er mich nicht verstehen würde."* Im **17. Abschnitt** meint er nur kurz: *„Ich bin einfach froh, wenn mir jemand die Schmerzen nehmen kann. Ob der Grund nun seelisch oder körperlich bedingt ist, ist mir gleichgültig."* Auch im **18. Abschnitt** äußert er seine Wünsche knapp und fokussiert: *„Ich möchte einfach noch meine dauernden Verspannungen loswerden."*

▶ **Zusammenfassung**

1. Der Patient wiederholt einige seiner Angaben aus dem Gespräch, ergänzt sie mit neuen Informationen, bietet Einblicke in sein inneres Erleben während der kritischen Zeit des Suizidversuchs, wie auch während des Gesprächs an und äußert neue Einsichten in die Zusammenhänge seines Suizidversuchs. Im 1. Abschnitt meint er, er wäre konzentriert während des Gesprächs gewesen, und bemüht, sich an alles zu erinnern. Er war zudem auch verspannt. Im 2. Abschnitt beschreibt er seine körperlichen Symptome mit der Absicht, sich kurz zu fassen. Im 3. Abschnitt erinnert er sich seiner Traurigkeit, als er über seine Erfahrungen sprach, wie auch von den Selbstzweifeln, er könnte der Schuldige hinter seinen Problemen sein. Im 4. Abschnitt teilte er eine wichtige neue Information mit, dass er ungenügende Noten erhielt, und das Semester nicht abschließen kann. Die Eltern erlauben ihm jedoch nicht, das Gymnasium zu unterbrechen. Im 5. Abschnitt äußert er sich zu seiner Gefühlssituation. Er habe einen starken Willen, fühlte sich jedoch hoffnungslos und betrachte sich als Versager. Dies thematisiert er auch im 6. Abschnitt. Seine Misserfolge kämen von seiner schlechten körperlichen Verfassung, aber er kann diese mit seinem starken Willen ausgleichen. Im 7. Abschnitt offenbart er, dass er die Information, er wäre ungenügend, vor 2–3 Wochen erhielt. Er schildert seinen Wochenendausgang vor seinem Suizidversuch, wie er am Sonntag spät und müde nach Hause kam, nicht schlafen konnte und am Montagmorgen nicht erholt aufwachte. Die Eltern verübelten ihm, dass er im Bett bleibe, anstatt in die Schule zu gehen, was er als unfreundliche Geste verstand.

2. Im 8. Abschnitt äußert er den Gedanken, dass es eine körperliche Müdigkeit gebe und eine, wenn man keine Zukunft mehr habe. Während des Selbstkonfrontations-Interviews realisiert er, dass dies sein Problem war. Es wäre das Fehlen eines Zieles, dass ihn zum Suizid bewegte. Im 9. Abschnitt erinnert er sich einer Bemerkung gehört zu haben, er sei ein Psychopath, was er mit psychischen Problemen gleichsetzt. Er bespricht dann seinen Zwiespalt zwischen der Erkenntnis, es gibt psychische Probleme, die ihn belasten und der Angst, er müsse sich als Psychopath akzeptieren. Er kann dann sein Überleben des Suizidversuchs als seine Stärke interpretieren und sich wieder Anerkennung angedeihen lassen. Er beschäftigt sich mit diesem Thema auch im 10. Abschnitt und betont, dass Ziele zu haben ihn schützen würde, dass er ein einsamer Kämpfer mit starkem Willen sei und ihn niemand verstehe.

3. Im 11. Abschnitt beschäftigt sich der Patient mit der Möglichkeit, seine Probleme mit jemandem zu besprechen und meint, er sei verspannt, weil er sich in seinem ganzen Leben durchbeißen musste. Im 12. Abschnitt schreitet er wieder den Kreis seiner Argumentation ab. Er sei hoffnungs-

los, was ihn hilflos mache, ihm wurde sein Ziel weggenommen und er wird nicht verstanden, und wenn man ihn vernichten wolle, dann müsse man ihn körperlich schwach machen.
4. Im 13. Abschnitt schildert er seinen Gedankengang während des Suizidversuchs. Er wäre hin und her gerissen. Er hätte Angst, aber der Suizid erschien ihm als die beste Lösung. Er meint, wenn man ihn verstanden hätte, wäre es nicht passiert. Im 14. Abschnitt scheint er der Hypothese von psychischen Problemen etwas Positives abzugewinnen. Körperliche Probleme seien schwieriger zu behandeln als psychische. Im 15. Abschnitt äußert er noch einmal seine Grundmaxime: körperliche Fitness schütze ihn vor psychischen Problemen.
5. Im 16. Abschnitt spricht er mit Zufriedenheit über das Gespräch, in dem er sich verstanden fühlte und äußert im 17. Abschnitt den Wunsch, man möge ihm die Schmerzen nehmen und im 18. Abschnitt dann, er möchte seine dauernden Verspannungen loswerden.

Fall 12

14.1 Suizidgeschichte: Yvonne – die den Druck nicht aushalten kann

Jaromira Kirstein

Yvonne liegt im Bett im weißen Laken, das lange schwarze Haar hebt sich gut vom weißen Kopfkissen ab und sie beobachtet, wie sich unter ihrem dünnen Handgelenk alles rot färbt. Sie fühlt sich schrecklich, richtig elend, wieder hat sie versagt, ein Nichtsnutz eben. Den inneren Schmerz, den sie meistens spürt, muss sie durch den äußeren Schmerz lindern. Die Rasierklinge liegt wie immer in der Nachttischschublade bereit. Doch diesmal wird es nicht genügen, sich nur den Bauch zu ritzen. Sie spürt eine so massive Verzweiflung, sie will nicht mehr leben. Jetzt müssen die dünne Haut und die Pulsader darunter durchgeschnitten werden. Das weiße Laken wird immer röter; der Vater klopft an die Tür und will wissen, wie es ihr geht. Also schnell das Laken zusammenrollen, alles unter dem Bettüberwurf verstecken und die Hand so verbinden, dass der Vater nichts merkt. Trotz ihrer Hast merkt sie, dass sie die Pulsader nicht ganz durchtrennt hat. Also weiterleben, niemand soll etwas merken, vor allem der Vater nicht. „Auch da versage ich…"

Yvonne studiert an der Handelsschule. Sie hat sich sehr gut auf die erste Semesterprüfung vorbereitet, allerdings hat sie am Prüfungstag total versagt: „Ich habe die schriftliche Prüfung nicht bestanden. Kann ich wiederholen?" Am nächsten Tag geht sie wieder zur Schule – trotz des schlechten Gefühls und des verbundenen, schmerzenden Handgelenks – und legt die mündliche Prüfung ab. Die läuft erstaunlicherweise ganz gut. Das hilft aber nicht, sie müsste die schriftliche Prüfung wiederholen, und das will sie auf keinen Fall. Vielleicht versucht sie nach den Ferien auf das Gymnasium zu wechseln. Bis dahin will sie nichts unternehmen.

Drei Monate später sitzt Yvonne in der psychiatrischen Notfallstation eines Krankenhauses. Es geht ihr sehr schlecht, sie fühlt nur eine Leere, sie nützt niemanden etwas, das Leben ist voller Einsamkeit, nicht mal ihre Schulkollegen rufen an, obwohl sie sie darum gebeten hat. Der Vater und der Freund raten ihr, sich professionelle Hilfe zu holen. Deshalb hat sie in der Notfallstation angerufen. Sie soll 14 Tage stationär in der Krisenintervention bleiben.

Sie erzählt, dass sie große Probleme mit dem Essen, aber auch sonst mit ihrer ganzen Geschichte, mit dem ganzen Leben hat.

Es ist nicht das erste Mal, dass es ihr so schlecht geht, eigentlich geht es ihr meistens sehr schlecht. Sie fühlt sich einsam, zu nichts fähig, geplagt von heftigem innerem Schmerz. Ihre ganze trostlose Vergangenheit defiliert immer wieder vor ihren Augen. Sie war schon mal hier. Bereits vor 3 Monaten, nach der verpatzten Semesterprüfung; sie wollte reden, das hat aber nicht geholfen, auch die Antidepressiva haben keine Wirkung gezeigt, und so versucht sie es jetzt stationär. Es ist ihr einfach alles zu viel.

Schon früher als Kind war sie in Behandlung. Bereits mit 12 Jahren war sie in der Psychiatrie. Damals wegen großer Probleme mit der Mutter. Die Probleme mit der Mutter sind geblieben, dazu kam aber noch das Problem mit dem Essen. Eigentlich sieht Yvonne gut aus, lange dunkle Haare, dunkle Augen; doch findet sie sich zu dick, und alles, was mit Essen zu tun hat, ist für sie sehr belastend. Entweder isst sie nichts, oder sie stopft alles, was um sie herum essbar ist, in sich hinein und muss dann erbrechen. Alle sagen ihr, dass sie zu mager ist, sie sieht es aber nicht so.

Die Problematik mit der Mutter ist zentral. Sie fühlt sich bedrängt, unter Druck, sie soll den Vorstellungen der Mutter entsprechen. Was will die Mutter eigentlich von ihr? Es ist ein einziges Hin und Her, was Yvonne machen soll und was nicht, jedes Mal etwas anderes.

Die Eltern sind schon lange getrennt. Sie lebt bei ihrem Vater, aber mit 12 Jahren musste sie ein Jahr bei der Mutter bleiben, weiter weg. Das war eine schreckliche Zeit. Sie war sehr viel allein, zu Hause eingesperrt, die Mutter hielt sie laufend schuldig für alles, was nicht gut war, was auch im Leben der Mutter nicht gut lief. Die Mutter hat sie oft mit einem Gürtel geschlagen. Die blutigen Striemen waren sehr schmerzhaft. Warum ist die Mutter immer wieder so wütend geworden, und hat nach einem Gürtel gegriffen und zugeschlagen? Das rot angelaufene Gesicht, die Augen zugekniffen. Yvonne hat sich jedes Mal gefragt, warum, was habe ich wieder gemacht, es tut so weh, ich bin doch bei ihr geblieben, weil ich sie lieb habe, warum nur ist sie so böse zu mir?

Yvonne ist ein Einzelkind, schon seit der Kindheit sehr einsam, aber die Zeit bei der Mutter war eine einzige Qual. Nach dem einen Jahr bei der Mutter und dem Aufenthalt im Krankenhaus kam sie zum Vater. Aber es ging ihr bei ihm auch nicht viel besser. Alles bereitete ihr Druck und Stress. Sie fühlte sich oft verzweifelt und spürte diesen „inneren Schmerz". Sie wusste nicht, wie sie das Leben meistern sollte.

Schon seit der fünften Klasse hat sie Probleme mit dem Essen und mit diesem "inneren Schmerz". Damit es im Inneren nicht so weh tut, ritzt sie mit der Rasierklinge ihren Bauch. Das passiert immer dann, wenn sie den Druck der Mutter, aber auch sonst Druck nicht aushalten kann. Die Verzweiflung sitzt ihr wie ein pickender Rabe im Nacken, und mit dem äußeren Schmerz, dem Ritzen am Bauch, lindert sie diesen Zustand. Sie sitzt am Rand der Badewanne oder liegt im Bett, in sich versunken, schaut ihren nackten Bauch an, die dünne Haut umschliesst eng die sichtbare Bauchmuskulatur, und sie wird nur vom Gedanken getrieben, sich durch das Ritzen der Bauchdecke von dem schrecklichen Druck, dem psychischen Schmerz zu befreien. Sie hält ihre Bluse mit der linken Hand hoch, nimmt die Rasierklinge aus der Schublade, legt sie links am Bauch an und zieht sie über den Bauchnabel nach rechts. Die haardünne Linie verfärbt sich langsam rot, es bilden sich einige Tropfen, und der Druck weicht. Sie wird von einer Wärme umhüllt, die sie auskostet. Sie macht ihre Augen zu, atmet aus und lässt ihren rechten Arm hängen. Sie spürt eine Art von Befreiung.

Die Mutter ruft sie jeden Tag an, will wissen wie es ihr geht, was sie macht und so weiter, sie belagert sie regelrecht und beschimpft sie. Sie hat die Mutter schon oft gebeten, nicht so häufig anzurufen. Es mache sie krank und sie verzweifle, drehe durch. Die Mutter ruft aber jeden Tag immer und immer wieder an. Yvonne bringt es nicht fertig, das Klingeln einfach zu ignorieren, da würde sie sich noch schlechter fühlen. Also heißt es aushalten, Zähne zusammenbeißen, nach dem Telefonat schnell etwas hinunterwürgen, auf die Toilette rennen und alles auskotzen.

Das Problem ist, dass das Ritzen am Bauch und das gestörte Essverhalten nichts lösen. Das ist der Grund, warum sie jetzt hier ist. Der Vater und der Freund haben zwar dazu geraten, aber sie wollte es auch. Sie merkt selbst, dass es so nicht weiter geht. Sie ist jedoch verunsichert: Sie bekommt kein Einzelzimmer, das ist sehr schlecht für sie. Sie will trotzdem die 14 Tage hierbleiben, um zur Ruhe zu kommen, den Stress abzubauen. Und vor allem hofft sie, von der Mutter in Ruhe gelassen zu werden. Diese würde sie am liebsten aus der Welt schaffen. Dieses ewige Hin und Her. Sie hat der Mutter vor drei Tagen erzählt, dass sie in die Krisenintervention des Krankenhauses gehen will und warum. Da sei die Mutter richtig ausgerastet, habe sie beschimpft und angeschrien, an was allem sie schuld sei, und was sie und alle anderen falsch machten. Sie sei einfach eine schlechte, unfähige Tochter. Gestern hat sie wieder angerufen und gesagt, dass sie das richtig mache, in die Krisenintervention zu gehen. Einmal so, dann wieder ganz anders. Wenn die Mutter mit anderen Leuten über Yvonne spricht, ist sie die tollste, schönste und intelligenteste Tochter. Ihr gegenüber äußert sie sich aber nur negativ. Das kann Yvonne nicht ertragen. Doch schafft sie es nicht, sich zu wehren. Sie will einfach in Ruhe gelassen werden und ihr Leben leben können. Aber wie man das macht, ist ihr nicht klar. Da ist noch ein Haken. Sie hat kein positives Bild von sich selbst und fühlt sich hässlich. Sie wäre gern intelligenter, möchte anders aussehen, schön sein. Sie möchte auch im Sport besser sein. Sie hat mit dem Kampfsport aufgehört, weil ihr die Kraft fehlte. Sie hat das Gefühl, nichts aushalten zu können und glaubt, ihre Kondition sei schlecht. Dabei ist sie neben dem Kampfsport auch schon Marathon gelaufen und hat mehr oder weniger exzessiv Sport getrieben.

Yvonne hat seit einem halben Jahr einen Freund. Die Beziehung läuft auch nicht so, wie sie es gerne hätte. Er hat am Anfang viel Verständnis von ihr verlangt. Er hatte vor drei Jahren eine Freundin, die ihn sehr schlecht behandelte. Nach der Trennung lernte er eine andere Frau kennen, aber er merkte, dass er die vorherige Frau immer noch sehr liebte. Unter solchen Umständen kamen Yvonne und er zusammen. Er behauptete, dass er die Trennungen zuerst verarbeiten und dass Yvonne viel Verständnis für ihn haben müsse. Das war sehr schwer für Yvonne, mit viel Leid und Qual verbunden. "Wozu bin ich eigentlich für ihn da?" Sie versuchte einen Weg zwischen seinem Problem und ihrem inneren Schmerz zu finden. Sie habe kaum etwas gegessen und viel Sport getrieben. Als er merkte, wie schlecht es ihr mit seinem Problem ging, fing er an, mehr Rücksicht auf sie zu nehmen. Also weniger von sich selbst zu reden.

Eigentlich hat es Yvonne am besten mit ihrem Vater. Das war früher nicht der Fall, sie konnte mit ihm gar nicht reden. Sie hat sich geschämt für ihre Unzulänglichkeiten, ihre Dummheit und Schwäche. Aber das ist seit einiger Zeit ganz anders, mit ihm kann sie jetzt über alles reden. Mit ihm ist sie jetzt auch sehr gerne zusammen. Aber sie kann nicht viel über ihn sagen. Er ist ruhig, kann gut zuhören. Sie fühlt sich bei ihm fast geborgen. Was Yvonne sehr gerne hat, sind schlimme „Horrorgeschichten", die ihr der Freund manchmal erzählt. Wenn sie hört, dass es noch viel Schlimmeres gibt als ihr Leid, wird sie ruhiger.

Und sie hilft auch gern anderen Menschen. Sie kann zuhören und Ratschläge geben, wenn es jemandem schlecht geht. Das belastet sie nicht. Schlimm ist die Einsamkeit, die innere Belastung und das innere „Leid". Auch wenn jemand sie lobt oder ihr etwas Positives sagt, kann sie das nicht annehmen. Sie kann das nicht glauben. Sie fühlt sich als Versagerin, als schlechter Mensch, der eigentlich keinen Sinn im Leben sieht oder hat.

14.2 Suizidanalyse: Junge Frau: „Ich konnte einfach nicht mehr. Für mich war einfach alles fertig in diesem Moment."

Ladislav Valach

Auf die Frage: „…warum es so weit gekommen ist" antwortet die junge Frau: „Das ist eine lange Geschichte". Auch stellt sie klar, dass neben ihrer Suizidhandlung nicht nur eine Reihe von anderen Umständen zu berücksichtigen sei, um ihre Tat zu verstehen, sondern dass man diese Prozesse, diese Anliegen weit zurückverfolgen müsste. Es sind also *mittelfristige und langfristige Anliegen*, die sie im Zusammenhang mit ihrer Suizidhandlung sieht. Aktuell schnitt sie sich am Bauch, um *„den innerlichen Schmerz dadurch lindern zu können… Ich wollte nicht sterben."* Sterben wollte sie jedoch vor drei Monaten, als sie „versuchte (dann) meine Pulsader aufzuschneiden."

14.2.1 Langfristige und mittelfristige Anliegen und kurzfristige Handlungen

Was ist die lange Geschichte, die zu ihrer Suizidhandlung führte? Die Patientin erzählt von ihrer *„Beziehung zu Eltern"*, die sie sehr beschäftigte und vor allem von ihrer *„Beziehung zur Mutter"*, die sie unglücklich mache. Die Eltern trennten sich, als sie zwölf Jahre alt war, sie lebte ein Jahr lang bei ihrer Mutter und ab dem Zeitpunkt lebe sie bei ihrem Vater. Zu dem Jahr mit ihrer Mutter sagte sie: *„Das war kein sehr schönes Jahr. Ich war auch sehr viel alleine zu Hause."* Die Patientin sprach auch von ihrem langfristigen Anliegen *„Verstanden werden"*, dass sie nur sehr selten bestätigt erhält. Zudem wolle sie ihre *„Unabhängigkeit"* wahren und möchte *„akzeptiert werden"*, so wie sie sei. Auch dies erlebe sie oft von ihrer Mutter als verletzt. Ihre *„Beziehung zum Vater"* empfand sie zunächst als schwierig, dann habe sich diese gebessert und inzwischen betrachte sie ihren Vater als *„eine der wenigen Personen, welche mich wirklich verstehen"*. Die junge Frau sprich dann noch von ihrer *„Essstörung"*, die sie seit einigen Jahren quält. Sie esse nicht, oder dann esse sie zu viel und erbreche anschließend. Sie *„verletze sich"* auch regelmäßig seit einiger Zeit, was ihr zwar jeweils momentane Erleichterung verschaffe, aber auch schon zu einer lebensgefährlichen Krise führte. Die Patientin verfolge ein *„Bildungsanliegen"*. Sie besuchte eine Handelsschule, die sie abbrach und wolle später ein Gymnasium absolvieren. Seit einem halben Jahr pflege sie eine *„Liebesbeziehung"*, in der sie sich sehr verstanden fühle. Ihre *„Beziehung zu sich selbst"* sei konfliktreich. Sie kann sich nicht akzeptieren und wünscht körperlich und psychisch anders zu sein. Die Patientin verfolgte auch einige *„Sportanliegen"*. Sie machte früher Kampfsport und versucht sich gegenwärtig an Krafttraining, obwohl sie sich sehr schwach fühle. Schließlich ist auch das langfristige Anliegen *„zu leben"* der Patientin wichtig, wenn dies auch gelegentlich anderen Zielen untergeordnet wurde.

14.2.1.1 Suizidrelevante langfristige Anliegen

Die Patientin wollte vor drei Monaten sterben und versuchte sich die Pulsader auszuschneiden. Gegenwärtig suchte sie auf der Notfallpforte des Krankenhauses Hilfe, weil sich ihr Zustand des inneren Leidens, der Essstörung und der Selbstverletzung sehr zuspitzte. Sie wird zwei Wochen im Krisen-Interventionszentrum stationär behandelt.

Neben dem *„Überleben"*, der *„Essstörung"*, dem *„innere Schmerzfreiheit finden"* und auch der *„Bildungslaufbahn"* (die Patientin versuchte sich nach missglückten Semesterprüfungen zu suizidieren) nennt die junge Frau vor allem ihre langfristige *„Beziehung zur Mutter"*. Sie ist mit dieser Beziehung nicht nur unzufrieden, sondern leidet sogar sehr unter ihr. Sie fühle sich völlig hilflos der Mutter gegenüber. Auf die Frage, ob sie: *„...etwas zur Besserung der Beziehung beisteuern könnte?"* meint sie *„Nein. Ich habe wirklich schon alles versucht. Ich sprach in letzter Zeit auch mit viel Geduld mit ihr. Aber ich kann sie einfach nicht verstehen. Ich versuchte es, konnte es aber einfach nicht. Ich weiß nicht, was ich noch machen soll."* Dieser Zustand dauert schon lange und prägt die Art und Weise nachhaltig, wie die Patientin sich und die Welt sieht und fühlt. Sie sei sich dessen bewusst geworden, als sie zwölf Jahre alt war. Sie litt vor allem darunter, dass: *„meine Mutter mir immer für alles die Schuld in die Schuhe (schob). Ich musste immer für alles gerade stehen, was nicht gut lief."* Die destruktive Wirkung wurde noch durch körperliche Schmerzen und Erniedrigungsgefühle verfestigt: *„Sie schlug mich in meiner Kindheit auch sehr oft mit ihrem Gurt.".* Dies bezeichnet die Patientin sogar als den Hauptgrund ihre Selbstverletzung und der Suizidhandlungen: *„Das war dann auch der Hauptgrund für die Tat."* Dennoch wird diese Beziehung sehr intensiv gepflegt: *„Sie ruft mich einfach jeden Tag an. Ich sagte ihr auch schon, dass sie mich nicht anrufen solle. Aber sie macht es dennoch immer wieder."* Diese Gespräche belasten die junge Frau sehr: *„Es sind einfach jeweils sehr mühsame Gespräche. Sie erzählt immer wie schlecht es ihr gehen würde.".*

Es scheint, dass das langfristige Anliegen, eine *„gute Beziehung mit der Mutter"* aufzubauen – sie ist ja die primäre Bezugsperson für das Kind – nicht gelungen ist. Die Patientin leidet nicht nur darunter, sondern ordnet diesem Erfolg alle ihre vitalen oder existenziellen Anliegen unter, ihre *„Gesundheit"*, ihren *„inneren Frieden"* und sogar ihr *„Leben"*. Sie meint, durch ihre Selbstverletzungen die innere Schmerzfreiheit zu gewinnen, aber vor allem lernte sie sich zu bestrafen, da sie die körperlichen Schmerzen und Bestrafung verdient habe. Und als ihr Unabhängigkeitsprojekt, die Handelsschule, nicht von Erfolg gekrönt wurde, handelte sie so, als wäre sie des Lebens unwürdig. Dass diese Beziehung alles andere in ihrem Leben überschattet drückt sie auch in der Antwort auf die Frage aus: *„Wenn Sie nun einen Zauberstab hätten – was würden Sie zuerst aus der Welt schaffen?",* Patientin: *„Meine Mutter. Diese würde ich zuerst aus der Welt schaffen.".* Das Loslösen aus der Ursprungsfamilie und die Fertigkeit aufzubauen, Begegnungen selbst zu gestalten sind die dringendsten Aufgaben der jungen Frau in der nächsten Zukunft.

▶ **Zusammenfassung**
1. Die Patientin betätigt sich seit mehreren Jahren destruktiv (Essstörung, Selbstverletzung) und dies ist in einer Reihe von langfristigen Anliegen integriert. Am quälendsten bezeichnet sie ihre Beziehung zur Mutter. Dazu gehört ihre Beziehung zu Eltern und zum Vater.
2. Definiert durch ihre Ziele heißt es: „verstanden werden", „unabhängig sein", „akzeptiert werden". Auf sich selbst bezogen will sie vor allem „innere Schmerzfreiheit finden", ihren „inneren Frieden", „Beziehung zu sich selbst" aufbauen.
3. Auf eine konstruktive Art will sie dies über „Sport", „Ausbildung" und eine „Liebesbeziehung" erreichen. Wenn dies nicht gelingt greift sie zu rabiaten Mitteln wie „Essstörung", und „Selbstverletzung". Das „Leben" bzw. „Überleben" und „gesund zu sein" werden häufig zur Disposition gestellt.

14.2.1.2 Suizidrelevante mittelfristige Anliegen und „Projekte"

Zu den mittelfristigen Anliegen, welche die junge Frau eng mit ihren destruktiven Handlungen, dem sich „*Selbst verletzen*", verknüpft gehört die „*Bewältigung der regelmäßigen Gespräche mit der Mutter*". Den Suizidversuch vor drei Monaten sieht die Patientin als Folge ihrer missglückten „*Semesterprüfungen an der Handelsschule*". Aber auch dies ist mit großer Wahrscheinlichkeit nicht unabhängig von ihrem Hauptanliegen und den daraus entstandenen Belastungen. Denn trotz guter Vorbereitung „*Ich lernte wirklich Tag und Nacht dafür*" bestand die Patientin die Prüfungen nicht. Es wäre naheliegend anzunehmen, dass ihre Lernprozesse, ihre Fähigkeit den Stoff zu behalten und abzurufen durch ihre psychische Belastung massiv gestört wurden. Wir wissen aus der Forschung, dass es zum erfolgreichen Lernen auch eine gewisse emotionale Befindlichkeit braucht, die hier sicher nicht vorhanden war. Die junge Frau berichtet weiter von ihren „*sportlichen Interessen*", bzw., wie es ihr nicht mehr möglich war, den „*Kampfsport*" auszuüben, weil sie durch ihre Essstörung zu geschwächt war. Wenn die Verbindung ihrer Wahl der Sportart (Kampfsport) mit ihrem Lebenskampf zu trivial erscheinen könnte, so ist ihre Schwäche durch ihre Essstörung sicher ein Teil ihrer Anliegen, die eng mit den destruktiven Handlungen im Zusammenhang stehen. Als einen wichtigen Teil in der Auseinandersetzung mit ihrer Mutter bezeichnet die Patientin ihre „*Beziehung zum Freund*", den sie seit etwa einem halben Jahr kenne. Sie schätzt vor allem die Gespräche mit ihm: „*Ich wollte nur noch mit meinem Freund telefonieren und schlafen*", in denen sie über ihre Mutter sprechen kann: „*Ich sprach einfach sehr oft mit meinem Freund über all das. Mir kam dann immer in den Sinn, was meine Mutter alles falsch gemacht hatte*". Zudem riet ihr Freund professionelle Hilfe aufzusuchen, was sich wahrscheinlich als lebensrettend erwies.

▶ **Zusammenfassung**
1. Mittelfristig beschäftigt die Patientin die „Bewältigung der regelmäßigen Gespräche mit der Mutter", was sie in ihrer „Beziehung zum Freund" tat. „Ich wollte nur noch mit meinem Freund telefonieren und schlafen", „Ich sprach einfach sehr oft mit meinem Freund über all das (was die Mutter alles falsch gemacht habe)".
2. Zudem bereitete sie sich auf die „Semesterprüfungen an der Handelsschule" vor.

14.2.1.3 Suizidrelevante Handlungen

Projekt: Klinikbehandlung (Patientin (P), Freund (F):

Handlungen Patientin (P), Klinik (K), Freund (F): Anmeldung zur Essstörungsbehandlung in der Klinik

Handlung P: Ich rief einfach einmal in die Klinik an.

Gemeinsame Handlung Freund (F), Patientin (P): Dies hat mir mein Freund geraten.
Kognition P: Ich habe Probleme mit meiner Ernährung.
Kognition P: Da dachte ich einfach, dass ich nun einmal die Klinik anrufe.
Handlung P: Also habe ich dann hier angerufen.
Kognition P: Aber in diesem Moment kam dann einfach alles auf einen Schlag – meine ganze Vergangenheit, meine Geschichte von früher.
Kognition P: Es kam dann auch so weit, dass ich nun heute hier bei Ihnen sitze. Ich kam einfach mit all dem nicht mehr zurecht. Es wurde zu viel für mich.

Gemeinsame Handlungen Patientin (P), Klinik (K), Kollegen (Koll): Klinikaufenthalt
Handlung P: Ja... Ich kam ab und zu hierher um etwas zu sprechen und zu verweilen.
Emotion P: Aber dann ging es mir einmal so schlecht, dass ich auf die Notfallstation kommen musste. Das war letzte Woche der Fall.
Gemeinsame Handlung (K), (P): Nun hat man auch beschlossen, dass ich 14 Tage lang hier bleibe und mich erholen kann.
Kognition P: Hier habe ich auch Menschen die mir zuhören und die mich verstehen.
Kognition P: Ich hatte einfach keine Ruhe mehr zu Hause. Mein ganzes Umfeld war immer um mich herum.
Kognition P: Mir wurde alles zu viel.
Kognition P: Ich wollte einfach einmal Abstand zu allem haben – zu meiner Mutter, zu meinen Kollegen...
Gemeinsame Handlung (K), (P): Daher beschloss man, dass ich nun hierher kommen werde, weil das wohl das Beste für mich sei.
Kognition P: Ich war nun schon einen Tag und eine Nacht hier. Ich muss sagen, dass mir das sehr gut getan hat. Daher beschlossen wir das.
Gemeinsame Handlung (P), Kollegen (Koll): Ich sagte schon manchmal meinen Kollegen, dass sie mir nicht telefonieren sollen. Aber es hielt sich niemand daran.

Projekt: Beziehungen zu Eltern:

Gemeinsame Handlungen Patientin (P), Freund (F): Gespräche über die Probleme der Patientin
Kognition (P): Das (Hauptproblem) war wohl meine Mutter. Ich hatte in letzter Zeit sehr große Mühe mit ihr.
Kognition (P): Ich wohne bei meinem Vater. Meine Mutter wohnt in einer anderen Stadt.

Gemeinsame Handlung (P), (F): Ich sprach einfach sehr oft mit meinem Freund über all das.
Kognition (P): Mir kam dann immer in den Sinn, was meine Mutter alles falsch gemacht hatte.

Gemeinsame Handlungen Patientin (P), Mutter (M), Vater (V): Eltern trennen sich
Kognition (P): Meine Eltern sind auch getrennt. Ich lebte damals ein Jahr lang bei meiner Mutter. Das war nicht ein sehr schönes Jahr. Ich war auch sehr viel alleine zu Hause.
Kognition (P): Damals war ich zwölf Jahre alt.
Gemeinsame Handlung (P), (M): Und meine Mutter schob mir immer für alles die Schuld in die Schuhe. Ich musste immer für alles gerade stehen was nicht gut lief.
Gemeinsame Handlung (M), (P): Sie schlug mich in meiner Kindheit auch sehr oft mit ihrem Gurt.
Kognition (P): Das war dann auch der Hauptgrund für die Tat.

Handlungen Mutter (M), Patientin (P): Beziehungsgestaltung
Gemeinsame Handlung (M), (P): Ja. Sie ruft mich auch immer regelmäßig an.
Gemeinsame Handlung (M), (P): Sie will wissen wie es mir geht.
Kognition (P): Und das geht mir zu nahe.
Gemeinsame Handlung (P), (M): Ja. Ich sagte ihr auch schon, dass sie mich nicht anrufen solle. Aber sie macht es dennoch immer wieder.
Gemeinsame Handlung (M), (P): Sie ruft mich einfach jeden Tag an
Kognition (P): (das stört mich).
Kognition (P): Genau das, ja. Es sind einfach jeweils sehr mühsame Gespräche.
Gemeinsame Handlung (M), (P): Sie erzählt immer wie schlecht es ihr gehen würde.
Kognition P: (Sie ruft also nur an, weil sie sich Hilfe von mir verspricht) Ja. Das wird wohl so sein.

Projekt; Ausbildung:

Handlungen Patientin (P): Handelsschule-prüfungen
Kognition P: Ja. Ich machte mir selber zu viel Druck.
Handlungen P: Ich mache die Handelsschule – oder besser gesagt ich habe sie gemacht.
Handlungen P: Ich hatte Semesterprüfungen.
Handlungen P: Ich lernte wirklich Tag und Nacht dafür. Aber dennoch gingen die Prüfungen in die Hosen.
Kognition P: Das war ein großer Rückschlag für mich.

Handlungen Patientin (P): Schulwechsel
Kognition P: Ja, den Stress konnte ich abbauen.
Handlungen P: Aber ich besuche nun auch nicht mehr die Handelsschule. Ich habe beschlossen, dass ich dann nach den Sommerferien das Gymnasium besuchen werde.
Handlungen P: Bis dahin mache ich Ferien.

Suizidrelevantes Projekt Patientin (P): Essstörung
Kognition P: Das (Probleme) liegt schon länger zurück.
Kognition P: Aber so wie eine Krankheit ausgebrochen ist es schon erst im Winter. Mir wurde es erst zu diesem Zeitpunkt so richtig klar.
Kognition P: Mit dem Essen hatte ich schon seit der 5. Klasse Probleme gehabt.
Kognition P: Aber mein Gewicht ging lange Zeit immer ein bisschen hinauf und hinab.
Kognition P: Aber seit einiger Zeit geht das Gewicht nur noch runter und nicht mehr hoch. Handlung P: Daher habe ich dann auch mit dem Krankenhaus telefoniert.
Kognition P: Das ist einfach kein Zustand so. Ich wusste, dass das nicht mehr gut ist so, und dass man da etwas unternehmen muss.
Kognition P: Es ist schon noch komisch.
Handlung P: Ich habe hier bei der Ernährungsberatung angerufen.
Kognition P: Nun bin ich aber hier, weil ich mit meinen Problemen nicht zurecht komme. Das ist schon eine komische Situation. Daran muss ich mich zuerst noch gewöhnen.
Handlungen P: Das wechselte sich einfach ab. Entweder habe ich nichts mehr gegessen oder ich habe alles Gegessene gleich wieder erbrochen. Das bildete einfach einen Kreislauf.
Kognition P: Das war auch schon vorher immer so.
Kognition P: Aber im Winter kam einfach alles ins Rollen. Da kam einfach alles miteinander.
Kognition P: Das war eher eine negative Erfahrung.

Suizidrelevante Handlungen Patientin (P): Die letzte Krise; Klinikeintritt
Handlungen P: Es war so, dass ich immer zu Hause blieb.
Handlungen P-: Ich machte einfach gar nichts mehr.
Handlungen P-: Früher spielte ich Gitarre. Das machte ich nun nicht mehr.
Handlungen P-: Ich machte auch keinen Kampfsport mehr.
Handlungen P-: Ich machte nichts mehr.
Handlungen P: Ich ging nur noch in die Schule.
Handlungen P: Nach der Schule ging ich immer gleich wieder nach Hause und verkroch mich im Bett.
Emotion P: Ich weinte auch sehr viel.

Handlungen P: Ich kapselte mich vom Leben ab.
Kognition P: Und dann kam einmal die Zeit in der ich merkte, dass ich mit dem innerlichen Schmerz nicht umgehen konnte.
Kognition P: Ich hatte mit niemandem über all das gesprochen.
Kognition P: Ich versuchte damit umzugehen, einen Weg zu finden. Aber das klappte nicht. Handlungen P: Ich merkte dann, dass ich damit umgehen kann, wenn ich mir selber Schmerzen zufüge.
Kognition P: Es ging einfach darum, den innerlichen Schmerz dadurch lindern zu können. Das ging nur um das. Ich wollte nicht sterben.
Handlungen P: Ich schnitt mich an der Bauchdecke mit einer Rasierklinge.
Kognition P: Bis vor etwa zwei bis drei Wochen ging es mir schlecht.
Kognition P: In den letzten drei Wochen nicht mehr. Der Tornado hat sich etwas gelegt.
Emotion P: Aber zuvor war es schon der Fall, dass dieses Gefühl immer stärker wurde.
Kognition P: Aber nun geht es wieder besser. Es war immer ein hin und her.
Kognition P: Aber nun in letzter Zeit ging es mir von Tag zu Tag besser.
Kognition P: Heute geht es mir nun eigentlich gut.
Kognition P: Aber ich fühle mich hier (in der Klinik) nicht so wohl.
Kognition P: (Ich bin hier) Seit heute Nachmittag.
Kognition P: Ich fühle mich nicht so wohl. Ich habe keine Ahnung wie ich das 14 Tage lang aushalten soll. Aber es wird schon irgendwie gehen.
Kognition P: Ich habe das alleine beschlossen (dass ich hier stationär behandelt werde)
Gemeinsame Handlung P, Vater (V), Freund (F): Aber ich sprach mich zuvor noch mit meinem Freund und meinem Vater ab.
Gemeinsame Handlung P, Vater (V), Freund (F): Wir waren uns dann einig und haben gesagt, dass ich das nun machen soll.
Kognition P: So gesehen habe ich von dieser Seite her auch einen guten Rückhalt.

Handlungen der Krise (P):
Kognition P: Das hing wohl auch mit den Medikamenten zusammen, welche ich erhalten habe. Ich hatte ein Antidepressivum. Dieses zeigte bei mir einfach keine Wirkung.
Kognition P: Das war schon sehr deprimierend für mich.
Kognition P: Da war auch noch die ganze Geschichte mit meiner Mutter.
Kognition P: Dazu war ich auch noch unzufrieden mit mir. Ich merkte einfach, dass mein Körper gar keine Kraft (auf der sportlichen Ebene) mehr hatte.
Handlung P: Ich habe mit Kampfsport schon vor langer Zeit aufgehört.
Handlungen P: Ich habe nun wieder mit Krafttraining angefangen.
Handlung P: Ich musste dies nun aber in letzter Zeit auch sein lassen, weil es nicht ging.

Emotion P: (Es ist mir alles verleidet)
Kognition P: Ich wollte im Augenblick nichts mehr machen.
Kognition P: Ich hatte gar keine Interessen mehr.
Handlungen P, Freund (F): Das einzige was ich noch gemacht hatte, war mit dem Freund zu telefonieren.
Handlungen P: Ich wollte nicht in den Ausgang gehen, wollte nichts mehr essen… ich wollte einfach nichts mehr.
Handlungen P, Freund (F): Ich wollte nur noch mit meinem Freund telefonieren und schlafen. Das war alles was ich noch wollte.
Kognition P: Das half mir sehr fest.

Suizidgedanken Patientin (P):
Kognition P: Ja, (ich hatte auch den Gedanken mir etwas anzutun als es mir so schlecht ging). Das ist schon der Fall.
Handlung P-: Aber… Ich machte es dann doch nicht.
Kognition P: Ich stellte mir schon vor wie es sein muss, wenn man von einer Brücke springt. Kognition P: Ich denke, dass sich jeder Mensch einmal darüber Gedanken macht.
Handlung P-: Aber ich ließ es dann dabei bewenden.

Suizidhandlung Patientin (P):
Handlung P: Doch, doch. (ich habe schon einen Suizidversuch gemacht). Aber das liegt nun schon einige Zeit zurück.
Kognition P: Das war etwa vor drei Monaten.
Kognition P: Der Auslöser waren meine Semesterprüfungen… Diese waren der Auslöser für diese Tat.
Handlungen P: Ich lernte wirklich Tag und Nacht für diese Prüfung.
Kognition P: Es war auch noch in der Weihnachtszeit.
Handlung P-: Ich machte nicht einmal richtig Ferien.
Handlungen P: Ich lernte nur immer die ganze Zeit.
Handlungen P: Und dann gingen die Prüfungen in die Hose. Jedes einzelne Fach war ungenügend.
Kognition P: Das war einfach zu viel für mich.
Kognition P: Ich konnte einfach wirklich nicht mehr.
Handlung P: Ja… Ich lag am Abend alleine im Bett.
Gemeinsame Handlung P, F: An diesem Abend telefonierte ich auch noch mit meinem Freund.
Kognition P: Ich konnte einfach nicht mehr.
Kognition P: Für mich war einfach alles fertig in diesem Moment.
Handlung P: Ich versuchte dann meine Pulsader aufzuschneiden.
Kognition P: Aber das klappte nicht so gut.
Kognition P: Es blutete zwar sehr stark, aber die Ader war nicht durchtrennt.

Nach der Suizidhandlung Patientin (P):

Kognition P: Ich hatte dann am nächsten Tag noch meine letzte Semesterprüfung.

Handlung P: Zu meinem Erstaunen schrieb ich eine relativ gute Prüfung.

Schmerz P: Das Handgelenk schmerzte zwar.

Kognition P: Aber ich wusste, dass ich selbst daran schuld bin.

Kognition P: Daher war ich auch bereit zu leiden.

Handlung P: Ja, Ich habe das selber zu Hause verbunden.

Handlung P: Das habe ich ganz alleine gemacht.

Handlung P: Ich weiß noch, dass ich die Bettwäsche wechseln musste. Es war einfach alles voller Blut. Das machte ich alles noch an diesem Abend.

Kognition P: Es ist einfach schwierig… Ich überlegte mir in letzter Zeit oft, wie und warum es so weit kommen konnte.

Schmerz P: Wenn ich mich daran zurück erinnere, dann schmerzt mich das – das Schneiden tut mir auch noch im Nachhinein weh.

Kognition P: Ich glaube, dass es zu diesem Zeitpunkt einfach so kommen musste.

Gegenwart, Klinikaufenthalt, Patientin (P):

Kognition P: Nein, (es hat bei mir nichts verändert), das ist eigentlich nicht der Fall.

Kognition P: Der Schnitt selber änderte nichts in meinem Leben. Aber alles andere hat sich verändert. Ich denke ganz anders. Ich habe gelernt positiv zu denken…

Kognition P: Ja, das (die Therapie) ist sicherlich ein wichtiger Faktor dieses Prozesses.

Kognition P: Ich habe keine Erwartungen (an den Klinikaufenthalt).

Kognition P: Aber ich hoffe einfach, dass wenn ich nach 14 Tagen aus der Klinik kommen werde, dass ich … – nicht, dass ich ein anderer Mensch bin. Das erwarte ich nicht. Aber dass ich vielleicht ruhiger bin.

Kognition P: Ich möchte einfach ein bisschen reifer sein, alles ein bisschen anders sehen können. Das sind die Sachen, die ich erwarte.

Kognition P: Aber ich erwarte dies alles nicht von der Klinik. Das erwarte ich von mir.

Kognition P: Der Klinikaufenthalt könnte mir dabei helfen, das könnte schon der Fall sein. Man muss es einfach nur zulassen.

Kognition P: Ich bin nicht so überzeugt von der ganzen Sache.

Kognition P: Aber ich weiß nun einfach, dass ich da durch muss.

Kognition P: Ich habe zum Glück auch ein gutes Umfeld (Vater, Freund, Kolleginnen), das zu mir schaut. Das wird schon irgendwie gehen…

Beziehung zu Mutter (Patientin (P), Mutter (M)):

Kognition P: (Wenn ich nun einen Zauberstab hätte – ich würde zuerst meine Mutter aus der Welt schaffen) Diese würde ich zuerst aus der Welt schaffen.

Kognition P: Ja, (das belastet mich sehr). Das kann man schon so sagen.

Kognition P: Das hängt einfach mit ihrer Art zusammen.
Gemeinsame Handlung P, M: Ich erzählte ihr, dass ich in die Klinik gehen müsse.
Gemeinsame Handlung P, M: Ich erklärte ihr was es ist und warum ich dorthin gehen würde. Aber sie schrie mich am Telefon an und rastete völlig aus. Alle waren einfach an allem schuld – nur sie war an nichts schuldig.
Gemeinsame Handlung M, P: Zwei Tage später rief sie mich dann wieder an und sagte mir, dass ich alles sehr gut machen würde, dass die Klinik das Beste für mich sei und dass sie es auch nicht hätte besser machen können.
Kognition P: Dieses ewige Hin und Her macht mich einfach kaputt. Das ist alles richtig ermüdend.
Kognition P: Sie (Mutter) müsste mich nun einfach einmal ein bisschen alleine lassen.
Kognition P: Ich brauche einfach etwas Ruhe. Sie sollte mich einmal so leben lassen wie ich es möchte.
Kognition P: Sie sollte meine Entscheidungen akzeptieren, auch wenn sie anders darüber denkt. Sie sollte einfach akzeptieren, dass ich ein eigenes Leben führe.
Kognition P: Sonst würde ich nichts verändern.
Kognition P: Nein, ich habe nicht das Gefühl, dass ich auch etwas zur Besserung der Beziehung beisteuern könnten.
Handlungen P: Ich habe wirklich schon alles versucht.
Handlungen P, M: Ich sprach in letzter Zeit auch mit viel Geduld mit ihr.
Kognition P: Aber ich kann sie einfach nicht verstehen.
Handlungen P: Ich versuchte es, konnte es aber einfach nicht. Ich weiß nicht, was ich noch machen soll.
Kognition P: Ich habe auch Mühe damit, dass ich für sie die perfekte Tochter bin.
Handlungen M: Wenn sie jemanden trifft, dann heißt es immer, dass ich das und das machen würde, dass ich nur das und das essen würde, usw.
Kognition P: Das ist schon schön und gut, wenn sie so über mich spricht. Aber so super intelligent bin ich auch wieder nicht.
Kognition P: Ich habe einfach Mühe damit, dass sie aus mir eine andere Person macht, als ich wirklich bin.

Sich selbst akzeptieren Patientin (P):
Kognition P: Ich möchte ganz anders sein, als ich nun bin. Aber ich denke, dass jeder Mensch anders sein möchte als er wirklich ist. Ich möchte intelligenter sein, anders aussehen,… Ich weiß nicht. Aber da hat ja auch jedermann so seine Vorstellungen.
Beziehung zum Freund (F), Patientin (P):
Kognition P: Das Verhältnis mit meinem Freund und sein Verständnis hilft mir sehr viel. Diese beiden Sachen helfen mir sehr stark.
Kognition P: Ich bin erst ein halbes Jahr mit ihm zusammen.

Gemeinsame Handlungen P, F: Wir haben nun gerade eine rechte Krise zusammen durchgemacht.
Handlungen F: Vor drei Jahren hat er eine Freundin gehabt, die ihn schlecht behandelt hat. Handlungen F: Dann kam er in eine andere Beziehung.
Kognition F: Aber in dieser merkte er einfach, dass er diese Frau nicht liebt.
Handlung F: Und dann kam er mit mir zusammen.
Kognition F: Dann merkte er, dass er seine erste Beziehung noch verarbeiten muss.
Kognition P: Das erfordert einfach sehr viel Geduld von meiner Seite her.
Handlungen P: Ich kann ihm auch Zeit lassen.
Kognition P: Aber das war nicht einfach für mich. Ich musste einen Weg finden, der erträglich war für mich.
Handlungen P: Daraus ergaben sich dann verschiedene Sachen. Ich aß nichts mehr, ich machte sehr viel Sport…
Handlungen F: als er gemerkt hatte, wie schwer es für mich war, da versuchte er es erträglicher für mich zu gestalten.
Kognition F: Er merkte einfach was er mir alles angetan hatte.
Kognition P: Von diesem Punkt an ging es dann auch besser. Es ist auch erträglich im Augenblick.

Selbstständigkeit; Patientin (P):
Kognition P. Es ist einfach erschreckend, dass man nicht mehr alleine zurechtkommt, dass man auf Hilfe angewiesen ist.
Kognition P: Ich bin ein Mensch, der immer alles alleine auf die Beine stellen will.
Kognition P: Und nun hier muss ich mir helfen lassen.
Kognition P: Ich gebe mir auch Mühe dabei.
Kognition P: Aber ich komme nicht so ganz zurecht damit. Ich habe Mühe damit. Das merke ich schon.
Kognition P: Ich finde es eigentlich schade, dass jeder Mensch für sich lebt und mit den anderen Mitmenschen keinen Kontakt hat.
Kognition P: Aber ich merke das einfach bei mir, dass ich alles alleine meistern will.
Kognition P: Das ist schon einfach nicht der Sinn. Ich muss mir nun helfen lassen.
Kognition P: Dieses Abhängigkeitsgefühl ist einfach komisch für mich. Ich bin nicht gerne abhängig.
Kognition P: Ich helfe gerne meinen Mitmenschen.
Handlungen P: Ich habe immer zugehört und versucht, Ratschläge zu geben.
Handlungen P, andere: Das war auch der Fall, wenn es mir schlecht gegangen ist. Es ist noch komisch… Es waren sehr oft ältere Menschen, die zu mir kamen.
Kognition P: Ich versuchte mir dann immer jeweils vorzustellen, wie ich in ihrer Situation und in ihrem Alter reagieren würde.
Handlungen P: Anhand dieser Überlegungen erteilte ich dann diesen Menschen Ratschläge.

Verstanden werden; Patientin (P):
Kognition P: Das alles war auch eine wichtige Erfahrung für mich.
Handlungen andere, P: Wenn die Menschen mir zuhörten, versuchten sie sich auch immer in meine Rolle hineinzuversetzen. Aber es gelang ihnen fast nie.
Kognition P: Ich merkte einfach, dass es nur sehr wenige Menschen gibt, welche mich verstehen können. Ich erlebte das auf jeden Fall so.
Kognition P: Das war schon der Fall (ich fühlten mich dann auch alleine gelassen als ich merkte, dass niemand mich verstehen kann).
Handlung P-: Aber ich habe auch nicht versucht... Mit meinem Vater konnte ich am Anfang gar nicht sprechen.
Gemeinsame Handlungen P, Vater (V): Nun konnte ich ihm aber alles erzählen und ihm sagen, wie ich alles erlebt habe. In letzter Zeit sprach ich sehr viel mit meinem Vater.
Kognition P: Ich merkte auch, dass er eine der wenigen Personen ist, welche mich wirklich verstehen. Das tat mir dann auch sehr gut.

Krise mit zwölf Jahren; Patientin (P):
Handlungen P: Ich musste auch schon früher einmal ein solches Tief überwinden.
Kognition P: Aber ich glaube, dass ich es damals gar nicht so richtig realisiert habe. Ich verdrängte es einfach zu dieser Zeit.
Kognition P: Das war mit elf oder zwölf Jahren.

Gegenwart
Kognition P: Aber es ist nun das erste Mal, dass es so schlimme Auswirkungen zeigte, dass ich hierher kommen musste.
Gemeinsame Handlung F, P: Mein Freund sagte einfach, dass es besser für alle sei, wenn ich nun hierher gehen würde.
Kognition P: Und im Moment geht es mir auch wirklich sehr gut. Ich sehe auch wieder ein bisschen Zukunft. Das ist schon sehr wichtig für mich. ◄

▶ **Zusammenfassung**
1. Die Patientin beschreibt Handlungen und handlungsrelevante Gedanken, die sie im Rahmen ihrer mittelfristigen Projekte unternahm und die sie in engem Zusammenhang mit ihrem Suizidversuch und ihrem selbstschädigenden Handeln sieht. Sie spricht über ihre Klinikbehandlung, wie sie sich zur Behandlung ihrer Essstörung in der Klinik anmeldete, ihrem Klinikaufenthalt, um anschließend auf ihre Handlungen in der Beziehung zu ihren Eltern zu sprechen zu kommen. Dabei seien auch ihre Gespräche mit ihrem Freund sehr wichtig.
2. Sie erzählt, wie sich ihre Eltern trennten, als sie 12 Jahre alt war, spricht von ihrer Ausbildung, ihren missglückten Prüfungen und dem angestrebten Schulwechsel.

3. Die Patientin äußert sich über ihre Essstörung, über ihre letzten Krisen, den Klinikeintritt, ihre Suizidgedanken, ihre Suizidhandlung und die Zeit nach der Suizidhandlung.
4. Als sie dann von ihrer Gegenwart spricht, kommt sie wieder auf ihre Beziehung zu Mutter zu sprechen, die sie sehr belastet, sowie auf ihre eigenen Anliegen wie „sich selbst zu akzeptieren", „selbständig zu sein", „verstanden zu werden".

14.2.2 Probleme der Handlungsorganisation

Die junge Frau ist gegenwärtig in stationärer Behandlung, um sich mit ihrer Essstörung und ihren Selbstverletzungen auseinanderzusetzen. Sie versuchte sich vor drei Monaten zu suizidieren, nachdem sie ihre Semesterprüfungen nicht bestand. Diese suizidale Handlung, ihre Essstörung und ihre Selbstverletzungen sieht sie in einem größeren Zusammenhang und zudem eng miteinander verknüpft. Wie kommt es, dass sie ihre alles übergreifende Ziele der Lebenserhaltung und Schmerzvermeidung aufgibt, um andere, üblicherweise diesen Anliegen untergeordnete Ziele, zu erreichen? Aus ihrer Erzählung geht hervor, dass sie sich zu der Zeit, als sie ihre Semesterprüfungen nicht bestand und sich suizidieren wollte, bereits in einer Krisenphase befand, die sie in ihren Handlungen stark beeinträchtigte und dadurch auch ihre Ordnung in der Zielhierarchie durcheinanderbrachte. So erlebte sie das Aufgeben des Lebens als Folge der missglückten Prüfung als begründet. Selbstverständlich geschah dies nicht in einer logischen Schlussfolgerung, sondern indem sie feststellte, dass sie nicht mehr konnte. Das Studium, die Prüfungen sah sie als letzte Möglichkeit, sich in ihrem Leben einzubringen, nachdem sie über alle anderen Bereiche ihre Hoheit aufgab, bzw. aufgeben musste. Diese Art, eigene Ziele so zu ordnen stellt ein Handlungsproblem dar. Die enge Verknüpfung von erfolgreichen Prüfungen und ihrem Leben war in das langfristige Anliegen der jungen Frau eingebettet, in dem sie sich nicht erfolgreich in ihre Beziehung zu ihren Eltern und vor allem zu ihrer Mutter einbringen konnte. Sie opferte das Ziel der Schmerzfreiheit dem Anliegen, die Beziehung zu Mutter zu verbessern. Auch dies geschah nicht als eine explizite Mittel-Zweck-Beziehung, sondern die Patientin beschreibt dies als: „sie habe eine Anspannung in den Begegnungen mit der Mutter entwickelt, die sich durch das Schneiden an der Bauchdecke kurzfristig abschwächen ließ". Mittel- und längerfristig versuchte die Patientin diese Schwierigkeiten durch Manipulieren der Nahrungsaufnahme zu regeln. Sie aß manchmal sehr wenig und dann wieder zu viel, was sie mit Erbrechen korrigierte. Alle diese existenziellen Ziele, wie Leben-erhalten, Schmerzenvermeiden, sich gesund ernähren, sich wohl fühlen, gab die junge Frau für andere Ziele auf, die sich auch zu existenziellen Zielen zuspitzten, wie das Ordnen der Beziehung zur Mutter oder die Schulprüfungen zu bestehen. Sie lässt durchblicken, dass auch andere Ziele unerreicht blieben, wie sich verstanden und sich akzeptiert fühlen, was sie dann mit dem „sich ablehnen", „sich schinden", „ihren Körper harsch zu behandeln" zu korrigieren versuchte. Bereits aus diesen Ausführungen ist ersichtlich, dass nicht nur die Handlungsorganisation, sondern auch die Handlungsüberwachungsprozesse desorganisiert waren, wie das Durcheinander der Planungsgedanken, Emotionen und Schmerzen nahelegt.

▶ **Zusammenfassung**
1. In einer längeren Krisenphase verwechselte die Patientin ihre momentane Befindlichkeit nach missglückten Prüfungen (ich konnte nicht mehr) mit einer Lebensmüdigkeit. Zudem sah sie ihre Prüfungen als die letzte Möglichkeit sich in ihrem Leben einzubringen, und verknüpfte den Prüfungserfolg mit ihrem Leben. Auch das Ziel der Schmerzfreiheit opferte sie dem Anliegen, die Folgen der Kontakte zu ihrer Mutter zu bewältigen.
2. Sie schildert, wie sie in einer Handlungsregulation (eine Anspannung durch das Schneiden an der Bauchdecke kurzfristig abzuschwächen) andere langfristige und höhergestellte Ziele aufgab, wie Gesundheit und Leben zu bewahren. Zudem versuchte sie dies auch durch das Manipulieren der Nahrungsaufnahme zu regeln (Essstörung). Neben den Problemen in der Zielhierarchie wird auch das Verwechseln der handlungsregulativen Vorgänge mit zielsetzenden Steuerungsvorgängen des Handelns offensichtlich.

14.2.3 Bewusst vorbereitet oder spontan vorgenommen?

Aus der Erzählung der Patientin ist ersichtlich, dass sie ihre Annäherung an das Sterben oder ihr Absicht zu sterben unterschiedlich ausstattet und dabei das Überlegte und das Spontane auf einer anderen Art eingesetzt werden. Bei ihrem Suizidversuch vor 3 Monaten meinte sie nach einer missglückten Prüfung in der Schule, sie könne nicht mehr, und versuchte sich das Leben zu nehmen. Obwohl sie schon seit Jahren auf einem destruktiven Weg war (Essstörung, Selbstverletzung), kam ihr der Gedanke sich zu töten erst kurzfristig in den Sinn und sie wusste, was sie tat. Die Umstellung von einem lebensorientierten zu einem destruktiven Anliegen geschah bewusst und zielgerichtet, wie auch das Aufschneiden der Pulsadern. In anderen Fällen, in denen sie sich schneidet, um den inneren Druck zu beenden ist dies das primäre Ziel und Sterben ist nur eine Nebenwirkung. Sie will also nicht ihr Leben beenden, sondern nur den Druck. Dies ist eine Art Sterben durch Selbstregulation, während es sich bei ihrem Suizidversuch um angesteuertes Sterben handelte. Vielleicht kann man das Sterben als hingenommene Folge der Selbstregulation, als eine bottom-up-Umstellung von einem lebensbejahenden Anliegen zum destruktiven Anliegen bezeichnen.

▶ **Zusammenfassung** Die Patientin berichtet von zwei Arten der Suizidversuchen. In einem Falle wollte sie sterben, als sie ihre Prüfungen nicht schaffte, und in anderen Fällen nähme sie das Sterben als unbeabsichtigte Folge ihrer Selbstverletzung in Kauf.

14.2.4 Probleme der Handlungsüberwachungsprozesse

Die Vorstellung, „ich bestand die Semesterprüfungen nicht und muss daher aus dem Leben scheiden" spiegelt ganz offensichtlich die reale Situation eines jungen Menschen nicht adäquat wider. Ebenfalls zeigt die Unmöglichkeit das emotionale Befinden als emotionales Befinden zu erleben und dies daher in Schmerzen zu konkretisieren, wie dies oft bei Selbstverletzungen der Fall ist, eine Desorganisation des Selbstüberwachungsprozesse auf. Auch umgekehrt, dass man emotionale Prozesse durch Schmerzen abbauen muss und nicht durch die Zuwendung zu kognitiv-emotionalen Prozessen, weist auf eine Problematik der Selbst- und Handlungsüberwachungssysteme hin. In diesem Zusammenhang lässt sich auch verstehen, dass, ebenso wie gewisse Emotionen nicht in ihrer Qualität, sondern nur in ihrer intensiven Wirkung zugelassen und durch Schmerzerleben beeinflusst werden können, auch gewisse Gedanken derartig bedrohlich sein können, dass sie nicht zugelassen werden und in anderen selbstdestruktiven Intentionen verwirklicht werden. Ebenfalls lassen die unbefriedigenden Begegnungen der jungen Frau mit ihrer Mutter, deren Erleben sie durch das Experimentieren mit der Nahrungsaufnahme zu verarbeiten versucht, auf ein Versagen der Selbst- und Handlungsüberwachungssysteme schließen. Selbstverständlich ist dies aus dem Entwicklungsstand dieser Systeme zu erklären, denn die Probleme in der Beziehung zu Mutter reichen sehr weit zurück, auch wenn die suizidale Handlung erst im frühen Erwachsenenalter erfolgte.

▶ **Zusammenfassung** Da die Patientin ihr emotionales Leben durch Schmerzen zu regeln versucht, werden ihre Probleme des Handlungsmonitorings offensichtlich. Zudem ist ihr gegenwärtiges Erleben der Gefühle in den Gesprächen mit ihrer Mutter mit Gefühlserinnerungen aus der Zeit ersetzt, als sie hilflos war und ihre Mutter sie außerdem noch schmerzhaft bestrafte. So ist vor allem das Monitoring durch Emotionen und Schmerzen problematisch. Ihr Monitoring durch Bewusstsein kann insofern tangiert sein, als sie nicht imstande ist, auf eine ihrem Alter entsprechenden Problemlöse- und Bewältigungsstrategie zu kommen.

14.2.5 Probleme der Handlungsenergetisierung

Eine der Aussagen der jungen Frau zu ihrem Befinden in der suizidalen Krise betraf ihre Handlungsenergetisierung und deren Probleme. Sie meinte nicht nur, sie konnte nicht mehr, sondern stellte auch bereits einige Zeit vorher fest, dass sie keine Kraft mehr habe, ihren Kampfsport nicht mehr ausüben und auch im Alltagsleben nichts mehr unternehmen konnte. Sie meinte nicht, dass sie keinen Sinn mehr im Leben sah, sondern dass sie nicht mehr konnte, es war zu viel für sie: *„Das war einfach zu viel für mich. Ich konnte einfach wirklich nicht mehr".* Auch hier zeigt sich, dass die Patientin ihre Alltagsprobleme weder im Bereich des Problemlösens, noch im emotionalen Erleben angehen konnte, sondern diese völlig als Energiemangel durchschlugen. Sie wurden nicht in ihren kognitiv-emotionalen Qualitäten erlebt, sondern als Unfähigkeit wahrgenommen, die zum Handeln benötigte Energie bereitzustellen.

> **Zusammenfassung**
> 1. Die Energetisierungsproblematik scheint für die destruktiven Handlungen in der Krise der Patientin sehr relevant zu sein (ich konnte einfach wirklich nicht mehr).
> 2. Sie fühlte sich auch in ihrem Alltag sehr geschwächt (gab den Kampfsport auf konnte nichts mehr unternehmen).

14.2.6 Suizid und das interaktive und gemeinsame Handeln

Als die junge Frau von ihrer suizidalen Krise und ihren selbstschädigenden Handlungen erzählt, bettet sie diese in einige Beziehungen zu anderen Menschen ein. Sie versuchte sich zwar ihre Pulsader aufzuschneiden, nachdem sie bei der Semesterprüfung erfolglos war, aber dies war nur die letzte in einer Reihe von Belastungen. Während die junge Frau das Lernen für und auch das Absolvieren der Prüfungen Einzelhandlungen waren, bezeichnete die Patientin ihre Beziehung zu Mutter als Hauptproblem ihres Lebens. Die Patientin beschreibt das Jahr, das sie als Zwölfjährige bei der Mutter verbrachte als sehr unglücklich. Später, als sie beim Vater lebte rief die Mutter sie täglich an und belastete die Patientin mit eigenen Problemen, was das junge Mädchen überforderte. Auch die Beziehung mit ihrem Vater erlebte sie zuerst als schwierig. Gegenwärtig sei ihr Vater aber die einzige Person, die sie wirklich verstehe. Es war die Beziehung zu der Mutter, die sie mit ihrer Essstörung, ihren selbstschädigenden Handlungen, wie auch mit ihrem Suizidversuch nach den missglückten Prüfungen verbindet. Die Beziehung zu ihrem Freund scheint eine zwiespältige Rolle zu spielen. Sie kennen sich seit einem halben Jahr. Er brachte einige unverarbeitete Beziehungskrisen in die neue Beziehung zu der Patientin mit. Die junge Frau meinte, sie könnte ihm helfen, das verstehen und ihm den nötigen Raum lassen. Allerdings musste sie mit dieser Belastung selbst fertigwerden, was sie in ihrer Essstörung auch tat. Als er erkannte, was er ihr antat, änderte sich vieles und sie erlebte seine Zuwendung als hilfreich. Vielleicht war diese Belastung auch das, was sie mit ihrer Mutter erlebte – und analog wünschte sie sich, die Mutter würde auch erkennen, was sie der Patientin alles angetan habe. Die Patientin konnte sich ihrem Freund ausführlich über ihr Leiden an ihrer Mutter anvertrauen und ihre Telefonate drehten sich um solche Erlebnisse. Die Patientin meint zwar, dass ihr das half, man könnte aber auch vermuten, dass sie dadurch diese Schmerzen wachhielt. Sie telefonierte mit ihm unmittelbar vor ihrem Suizidversuch und das Gespräch hielt sie nicht von ihrem Vorhaben ab. Später empfahl ihr der Freund den Klinikeintritt, was ihr möglicherweise das Leben rettete.

▶ **Zusammenfassung**
1. Die Patientin bezeichnet ihre Beziehung zu Mutter als das Hauptproblem ihres Lebens.
2. Ihre Beziehung zum Vater war zuerst schwierig, aber gegenwärtig fühle sie sich von ihm sehr gut verstanden.
3. Ihre Beziehung zum Freund war am Anfang eine schwere Belastung für sie, jetzt aber erlebe sie seine Zuwendung als hilfreich.

14.2.7 Das Gespräch der jungen Frau mit der Psychiaterin

Die junge Psychiaterin nimmt aktiv an der Geschichte der Patientin teil und versucht, vieles, das ihr zunächst unklar schien genauer in Erfahrung zu bringen. In der 1. **gemeinsamen Handlung** definiert sie die gemeinsame Aufgabe, zu klären „… warum es so weit gekommen ist, dass Sie nun hier bei uns (in der Klinik) sind?". Die Patientin nimmt diese Aufgabe an und erzählt von ihren Problemen, dem Eintrittsprozess und ihren Wünschen. Als sie dann nach dem Hauptproblem ihres Lebens gefragt wurde, schildert sie in der 2. **gemeinsamen Handlung** ihre schwierige Beziehung zur Mutter. Was sie alles falsch machte, wie die Mutter sie mit ihrem Gurt schlug, wie sie ihr immer für alles die Schuld in die Schuhe schob, wie die Patientin mit zwölf ein unglückliches Jahr mit ihr verbrachte, bis sie zum Vater zog und wie die Mutter sie jeden Tag anrufe und ihr erzähle, wie schlecht es ihr ginge. Die 3. **gemeinsame Handlung** leitet die Psychiaterin mit der Frage ein, ob sie auch sonst von anderer Seite in letzter Zeit unter Druck stand. Die Patientin spricht kurz von ihrem Schul- bzw. Prüfungsproblemen und ihrem Schulwechsel. Die beiden klären dann, in der 4. **gemeinsamen Handlung,** die Vorgeschichte der letzten Krise der Patientin von einigen Wochen ab. Die Patientin schildert, wie sie schon in der fünften Klasse Essprobleme hatte und wie sich diese so zuspitzten, dass sie sich vor ein paar Wochen zur Klinikbehandlung anmeldete. Die 5. **gemeinsame Handlung** widmen die beiden Frauen auf Ersuchen der Psychiaterin der Veränderung der Patientin seit der letzten Krise vor etwa einem Monat. Die Patientin äußert ihr Unbehagen, dass sie kein Einzelzimmer in der Klinik habe. In 6. **gemeinsamen Handlung** erarbeiten die Patientin und die Psychiaterin die Einzelheiten des „mir ist es schlecht gegangen" der Patientin. Sie erzählt, wie sie nichts mehr tun und auch nicht essen konnte – nur mit ihrem Freund telefonieren und schlafen, wie sie mit dem innerlichen Schmerz nicht anders umgehen konnte, als sich zu schneiden, wie sie mit sich selber unzufrieden war und ihr „...Körper gar keine Kraft mehr hatte". Ihre Suizidhandlung vor drei Monaten sowie ihre Suizidgedanken schildert die junge Frau in der **7. gemeinsamen Handlung.** Die Psychiaterin hilft diese Suiziderzählung zu entwickeln: „Hatten Sie auch den Gedanken sich etwas anzutun als es Ihnen so schlecht ging?" „Machten Sie sich auch schon konkret Vorstellungen wie es sein würde? Oder war das eher ein Wunsch, einfach an einem Morgen nicht mehr aufstehen zu müssen?" „Sie haben also noch nie einen Suizidversuch gemacht?" „Wie lange liegt das schon zurück?" „Können Sie mir sagen was da der Auslöser gewesen war?". Und als die Patientin innehält: „Ich konnte einfach wirklich nicht mehr." Fragt die Psychiaterin: „Und dann...?", worauf die Patientin schildert, wie sie sich die Pulsader aufzuschneiden versuchte. Die Zeit unmittelbar nach dem Suizidversuch klären die beiden Frauen in der **8. gemeinsamen Handlung.** Ob sich seitdem etwas verändert habe diskutieren sie in der **9. gemeinsamen Handlung.** Die Patientin erwartet von sich, dass sie in der Behandlung reifer und ruhiger werde. Die **10. gemeinsame Handlung** entwickelt sich, als die Psychiaterin nach dem Hauptproblem der Patientin fragt. Diese meint, dass die Mutter sie am meisten belaste, die Patientin völlig hilflos sei und die Beziehung nicht verbessern könne, da sie alles schon ausprobiert habe. Die Mutter möge sie akzeptieren, so wie sie wirklich sei. Dies leitet die Psychiaterin zur Frage: „Akzeptieren Sie sich so, wie sie sind?", was die zwei Frauen sehr kurz in der **11. gemeinsamen Handlung** besprechen, denn die Patientin meint „Das sage ich nun lieber nicht. Ich möchte ganz anders sein, als ich nun bin." und schweigt. Die Psychiaterin versucht mit der **12. gemeinsamen Handlung** das Gespräch zu beleben und fragt nach dem Schmerz, den die Patientin beschrieb und was diesen Schmerz lindern kann. Die Patientin meint, der Freund helfe ihr sehr und sie versuchen die Beziehung der Patientin zu ihrem Freund näher zu erkunden. Die Patientin konstatiert mit einiger Überraschung, dass sie dennoch in der Klinik gelandet sei. Für sie ist das: „...erschreckend, dass (sie) nicht alleine zurechtkomme..." und sie erörtern die Problematik des „sich abhängig Fühlens" und der Selbstständigkeit in der **13. gemeinsamen Handlung.** Daraus entwickeln sie das Thema, wie sich die Patientin zu anderen Menschen in Beziehung setzt in der **14. gemeinsamen Handlung.** Für sie ist das „verstehen können" das Wichtigste, und sie bezeichnet ihren Vater als einen der wenigen Menschen, die sie wirklich verstehen. In der **15. gemeinsamen Handlung** besprechen sie die Problemeinsichten der Patientin. Sie meint, die habe sie mit zwölf noch nicht gehabt, in der letzten Krise wurde es ihr bewusst und jetzt sehe sie „...wieder ein bisschen Zukunft". Das Gespräch schließen die beiden Frauen in der **16. gemeinsamen Handlung** ab.

▶ **Zusammenfassung**
1. In der 1. gemeinsamen Handlung einigen sie sich auf die gemeinsame Aufgabe, die Patientin schildert ihre Probleme und erzählt in der 2.

gemeinsamen Handlung von ihrer schwierigen Beziehung zur Mutter. In der 3. gemeinsamen Handlung spricht sie auch von ihren Schulproblemen.
2. In der 4. gemeinsamen Handlung beschreibt die Patientin die Vorgeschichte ihrer letzten Krise, als sie sich zur Klinikbehandlung meldete, und wie sie seit mehreren Jahren mit ihrer Essstörung kämpfe. In der 5. gemeinsamen Handlung sprechen sie über die erreichten Veränderungen.
3. In der 6. gemeinsamen Handlung schildert die Patientin ihr inneres Erleben der Krisen und ihrer destruktiven Handlungen. Die Suizidhandlung beschreibt sie in der 7. gemeinsamen Handlung.
4. In der 8. gemeinsamen Handlung sprechen sie die Zeit nach der Suizidhandlung an und die Erwartungen der Patientin von der Behandlung (9. gemeinsame Handlung). In der 10. gemeinsamen Handlung äußert sich die Patientin dazu, wie sich die Mutter verändern müsste und in der 11. gemeinsamen Handlung erzählt sie, wie sie sich zu verändern wünsche.
5. In der 12. gemeinsamen Handlung sprechen sie über die Schmerzen der Patientin und die damit verbundenen Gefühle und Gedanken und diskutieren in der 13. gemeinsamen Handlung die Art der Patientin, sich in Beziehung zu anderen zu setzen. In der 14. gemeinsamen Handlung drückt die Patientin aus, wie wichtig ihr das Verstehen und Verstandenwerden sei und offenbart in der 15. gemeinsamen Handlung, wie sich ihr Verständnis ihrer Probleme über Jahre entwickelte.

14.2.8 Das Selbstkonfrontations-Interview

Im **1. Abschnitt** äußert sich die junge Frau zu ihrem Empfinden, sich selbst im Video zu beobachten. Sie meint: „Es ist sehr interessant zu schauen, wie man auf dem Band aussieht." Auf die Frage, ob es so schlimm sei, wie sie erwartet habe, sagte sie kurz „Ja". Sie widmet sich gleich der Beobachtung ihrer Gesprächspartnerin. Sie formuliert auch einen sehr wichtigen Gedanken, den wir auch in unseren Überlegungen vertreten: „Ich denke auch, dass es noch wichtig wäre, dass man die Vorgeschichte des Patienten kennt. Man sollte sich einfach einmal einen Tag oder einen halben Tag lang mit dem Patienten zusammen setzen, und seiner Lebenslauferzählung zuhören. Das ist wohl eine Wunschvorstellung. Aber ich finde, dass man schon ein bisschen mehr auf die Patienten eingehen sollte."

Bereits im **2. Abschnitt** der Selbstkonfrontation gewinnt die junge Frau eine wichtige Selbsterkenntnis aus ihrer Beobachtung: „Es war noch interessant mir zuzuschauen, wie ich die ganze Zeit an meinen Kleidern herumzupfte. Das bekam ich gar nicht mit. Das war mir zu diesem Zeitpunkt gar nicht bewusst. Es ist schon sehr interessant zu schauen, was man so macht, wenn man von bestimmten Sachen spricht." Sie sprach dabei von ihrer Mutter.

Die Patientin beklagte auch in den ersten Abschnitten der Selbstkonfrontation, dass die Ärztin sich sehr neutral verhalte, was der Patientin nicht erlaube, aus sich herauszukommen. Sie meinte, die Ärztin sei zu scheu, was die Patientin selbst auch sei. Jetzt aber, im **3. Abschnitt** bemerkt sie: „Es ist eine sehr interessante Stelle. Als ich begonnen habe von (meiner Krise vor ein paar Wochen) zu sprechen, zog sie mit. Man merkt einfach, dass sie auch mit ins Gespräch einstieg."

Auch im **4. Abschnitt** der Selbstkonfrontation macht sich die Patientin den Zusammenhang von ihrer Erzählung und ihrem nicht-verbalen Verhalten bewusst: „Es ist schon komisch, wenn man sich auf Band all das erzählen hört. Dann waren da auch wieder die Reaktionen von mir... Als ich zum Beispiel erzählt habe, wo ich mich geschnitten hatte, da habe ich so eine Handbewegung gemacht – eine schützende Bewegung oder so in etwa... Und da war noch gerade am Ende der Sequenz. Ich weiß nicht mehr, was ich gerade an dieser Stelle erzählt habe. Aber da machte ich etwas mit den Haaren. Das ist komisch. In meinen Augen stellt das einfach ein Ablenkungsmanöver dar."

Im **5. Abschnitt** erklärt die junge Frau, dass sie sich Gedanken machte, ob sie über ihren Suizidversuch sprechen solle: „Ich überlegte mir, ob es richtig gewesen ist, dass ich es gesagt habe... Ich meine damit das letzte, das ich gesagt habe – der Selbstmord."

Auch im **6. Abschnitt** widmet die Patientin die Aufmerksamkeit ihrer Gesprächspartnerin: „Ich fand, dass sie sehr schockiert aussah als wir über den Selbstmord gesprochen haben. Sie war einfach sehr bleich in diesem Abschnitt." Die Patientin findet ihre Gesprächspartnerin im **7. Abschnitt** wieder distanziert: „Man merkt, dass wieder eine gewisse Distanz von beiden Seiten her aufgebaut wird. Das empfinde ich so." Zudem betont sie, dass sie nicht nur keinen Kontakt zu ihrer Mutter wünsche, sondern dass sie auch: „...kein Verständnis von ihr brauche." Sie bestätigt auch die entsprechenden Fragen: „Gerade so krass ist Ihr Wunsch? Patientin: Ja, gerade so krass. Frage: Sie wollen sie also ausradiert haben? Patientin: Ja." Nachdem die schwierigsten Sachverhalte angesprochen bzw. gesagt wurden, findet die junge Frau das Gespräch im **8. Abschnitt** entspannter, aber auch vielleicht weniger relevant für sie: „Von diesem Zeitpunkt an war es einfach wie ein Gespräch in einem Restaurant." Nach der Sichtung des **9. Abschnitts** ergänzt die Patientin eine Information, wie sie damals mit zwölf von der Mutter zum Vater kam, was sich dramatischer abspielte, als man es nach dem Gespräch vermuten würde: „Meine Mutter setzte mich auf die Straße... Sie war einfach nicht damit einverstanden, dass ich manchmal beim Vater war. Da sagte sie mir... Nein, sie sagte mir nichts. Sie nahm einfach meine Sachen und warf sie zum Fenster hinaus. Da ging ich dann halt zu meinem Vater." Im **10. und letzten Abschnitt** fügt die junge Frau keine neuen Informationen oder Beobachtungen hinzu.

▶ **Zusammenfassung**

1. Die Patientin beobachtet sich (2. Abschnitt) und ihre Gesprächspartnerin (3. Abschnitt) sehr genau und entdeckt vieles, was ihr während des Gesprächs nicht aufgefallen war. Sie findet es vor allem wichtig, dass sie

ihre Lebensgeschichte erzählen konnte (1. Abschnitt). Im 4. Abschnitt setzt sie ihre Aussagen mit ihrem manifesten Handeln in Beziehung.
2. Im 5. Abschnitt erzählt sie von ihrer Hemmung, über ihren Suizid zu sprechen und merkt ihrer Gesprächspartnerin deren Entsetzen im 6. Abschnitt an.
3. Im 7. Abschnitt spürt sie, dass ihre Gesprächspartnerin ihre Einstellung zur Mutter nicht würdigt und bemerkt im 8. Abschnitt eine Abkühlung der Beziehung zu einem entspannten, aber einem beliebigen Gespräch. Sie ergänzt noch, dass die Ereignisse, die dem Umzug zum Vater vorausgingen, sich viel heftiger abspielten, als sie es im Gespräch mit der Psychiaterin darstellte.

Teil III
Abschluss

Suizidprävention 15

In dem vorliegenden Buch haben wir Menschen kennengelernt, die so verzweifelt waren, dass sie bereit waren, auf das Wichtigste – ihr Leben – zu verzichten, um anderen subjektiv empfundenen Bedrohungen und Problemen zu entrinnen. Dies hat auch uns erschüttert. Daraus hat sich unser Anliegen ergeben: wir wollen wagen, zu formulieren, wie wir einem suizidalen Menschen, bzw. einem Menschen nach einem Suizidversuch begegnen und zum lebensorientierten Handeln verhelfen können.

Im Einführungskapitel haben wir einige Vorstellungen ausformuliert, wie ein Suizid und Suizidversuch verstanden werden können. Mit diesen Konzepten konnten wir das Suizidgeschehen der jeweiligen Personen in einer bestimmten Ordnung beschreiben und eine Reihe von Handlungsproblemen identifizieren. Diese Vorstellungen zeigen Konsequenzen für die Begegnung und Behandlung der suizidalen Menschen auf. Es ist zunächst einmal die Auffassung des Suizids als Handlung. Es ist nicht etwas mit der Person geschehen, sondern die Person tat dies selber, aus welchen Gründen und mit welcher Klarheit des Bewusstseins auch immer. Dies ist wichtig für die weitere Behandlung des suizidalen Menschen zu etablieren, denn es ist das Ziel der Behandlung, andere Handlungsoptionen zu entwickeln und sie für kritische Momente bereit zu halten. Das Wichtigste aber ist, den Menschen in seiner Zielorientierung, seiner Intentionalität zu einem gemeinsamen Projekt der Lebenssicherung zu gewinnen und nicht einem duldsamen und passiven Patienten in der Behandlung zu begegnen. Zudem schildern die Menschen nach einem Suizidversuch, wie andere mittelfristige und langfristige Prozesse und Anliegen zu ihrer Suizidhandlung gehören. Es ist hier nicht die Frage, ob diese die Ursache für die Suizidhandlung darstellen, sondern es geht zuerst nur darum, dass die Suizidhandlung innerhalb dieser Anliegen vorgenommen wurde. Die Patienten sind überzeugt, dass wir ihre Suizidhandlung nicht verstehen können, wenn wir nicht wissen, wie diese in anderen umfassenden Prozessen und Anliegen eingebettet ist. Um dieser Darstellung ausreichend Raum zu bieten, ist es wichtig den Menschen nach einem Suizidversuch zu unterstützen, seine Geschichte und seine Erzählung dieser Prozesse zu formulieren. Es geht aber nicht nur um das Erzählen, Formulieren, die Bewusstwerdung und das Wiedererleben der Gefühle, die hinter den einzelnen Sachverhalten stecken, sondern auch darum, gehört zu werden. Es wurde in den Erzählungen der Menschen nach einem Suizidversuch wiederholt deutlich, dass sie gehört werden möchten, Aufmerksamkeit, Zuwendung, Anerkennung erhalten und schließlich auch ernst genommen werden wollen. Für einige wurde dies sogar zum entscheidenden Grund ihrer Suizidhandlung. Eine weitere suizidpräventive Funktion des Gesprächs über die eigene Suizidhandlung liegt in dem Wiedererleben des formulierten und ausgesprochenen Suizidprozesses. Viele von uns können sich an ihre Überraschung erinnern, wie sie das Aussprechen bestimmter Erinnerungen bewegte. So können die Patientinnen und Patienten den ganzen Suizidprozess nach solchen schwierigen Momenten im Gespräch prüfen und das Aussprechen schwieriger Sachverhalte (auf sich) wirken lassen.

Diesem Zweck dient (auch) das videounterstützte Selbstkonfrontations-Interview, das dem Erzähler hilft, die Gedanken, Gefühle und Befindlichkeiten zu formulieren, die im Gespräch nicht zur Sprache kamen. Zudem verhilft diese wiederholte Zuwendung zur Geschichte, zur Erzählung und dem Erzählen des suizidalen Menschen, die Bedeutung der Patientinnen und Patienten und ihres Handelns zu unterstreichen. Aus ihren Erzählungen wissen wir, dass das gemeinsame Handeln mit anderen, die Beziehungen, Bindungen und das langfristige Zusammensein den engen Rahmen jeder Suizidhandlung und jedes Suizidversuchs darstellen. Es ist daher wichtig, suizidalen Menschen ein gemeinsames lebensorientiertes „Projekt" anzubieten. Eine Unterstützung des Weiterlebens ohne Suizid wird sich allerdings nicht in einer Begegnung, einem Gespräch über die Suizidhandlung und ihre Vorgeschichte erschöpfen, sondern sie muss diese mittel- und langfristige Gemeinsamkeit in welcher Form auch immer für längere Zeit beinhalten. Dies ist der Kern jeder Psychotherapie.

In der Analyse der einzelnen Fällen zeigten wir, welche Handlungsprobleme die Suizidhandlungen und Suizidversuche enthalten, die in einer Suizidpräventionsintervention beachtet werden müssen. Die Probleme der Handlungsorganisation beinhalten Probleme der Hierarchie von langfristigen und mittelfristigen Anliegen, Projekten und Zielen. Diese Gedanken- und Handlungszusammenhänge sind oft in einem Gespräch zugänglich oder können, sofern nicht bewusst, zugänglich gemacht werden. Es gibt viele Psychotherapie- und Beratungstechniken und Methoden, die sich mit solchen Prozessen beschäftigen und mit denen eine Veränderung auf diesem Weg erarbeitet werden kann. Die Probleme der Handlungsordnung in der Hierarchie von Steuerung, Kontrolle und Regulation können zwar auch mit den suizidalen Personen besprochen werden, müssen darüber hinaus aber geduldig eingeübt werden. Denn Regulationsprozesse treten auf, verlaufen und wirken in der Regel fast automatisch. Die Handlungssteuerung kann sich zwar sehr bewusst anfühlen, aber wenn sie im Sinne von konflikthaften Projektzielen stattfindet, hilft dies nur wenig. Wir kennen die Einsicht, dass wir den Eindruck haben, uns immer wieder in ähnlichen Situationen zu befinden. Wir müssen uns auch den Prozessen widmen, die diese Handlungshierarchie stören. Wir wissen, dass viele gute mittel- und langfristigen Absichten in einer kurzfristigen Handlung nicht bestehen, denn Handlungen folgen nicht immer einer Vorausplanung. Davon zeugen Gewohnheiten, Konflikte und viele der angesprochenen Probleme im Suizidhandeln. Manchmal zeigen Problemlösungsaufgaben, die in der Psychotherapie nur selten verwendet werden (z. B., Turm von Hanoi), wie sich Menschen beim Problemlösen verhalten und vor allem was sie tun, denken und fühlen, wenn sie die Aufgabe überfordert. Auch dort können wir den Problemen der Handlungsordnung nachspüren. Therapeutisch geht es meistens nicht darum, eine rational bessere Lösungsstrategie zu erlernen, sondern die optimale Handlungsordnung wiederherzustellen. Wir diskutierten die Prozesse der top-down und bottom-up Steuerung der Umstellung von lebensbejahenden zu suizidalen Projekten. Es sind vor allem die bottom-up Prozesse, die nach Angaben suizidaler Menschen wie automatisch ablaufen und die man daher mit den entsprechenden Techniken der Verhaltensänderung, Impulssteuerung, -kontrolle und -regulation wie auch der Veränderung der automatischen Reaktionen angehen muss.

Ein besonderes Kapitel ist die Behandlung der Probleme mit den Prozessen des Handlungsmonitorings. Diese Probleme stellen auch in vielen anderen Psychotherapieansätzen und -methoden den Gegenstand der Behandlungstechniken dar. Dissoziative Zustände, Probleme der emotionalen Prozesse und des Schmerzerlebens bieten eine breite Problembasis für die Psychotherapie. All diese Prozesse werden auch bei suizidalen Menschen angetroffen und müssen gelöst werden. Den einfachsten Zugang bieten Achtsamkeitsübungen für jedes Erleben. Dissoziative Zustände zeigen sich oft als klare Indikatoren für Suizidalität. Unsere besondere Aufmerksamkeit erfordern die traumatischen Erlebnisse, die sich als emotionale Bedrohung zeigen, die dann sehr oft im suizidalen Handeln mündet. Viele Übungen, das emotionale Erleben nicht nur wahrzunehmen, wie in den Achtsamkeitsübungen angestrebt, sondern auch differenziert zu versprachlichen und nicht ins Schmerzerleben abzuschieben können hier verwendet werden. Die Behandlung der Posttraumatischen Stressstörung wird nicht nur zur Auseinandersetzung mit den vergangenen traumatischen Erlebnissen, sondern auch mit den suizidalen Zielen (van Bentum et al., 2017) eingesetzt.

Auch den Energetisierungsprozessen muss Aufmerksamkeit gewidmet werden, obwohl diese sehr oft im Zusammenhang mit der Fokussierung auf das emotionale Erleben behandelt werden. Die Behandlungsmethoden der depressiven Zustände sind für diese Probleme sehr gut geeignet.

Das interaktive und gemeinsame Handeln wird auf mehrere Arten berücksichtigt. Zum einen findet die Suizidprävention in einem gemeinsamen Projekt mit den Therapeuten statt. Zum anderen muss die Art und Weise, wie sich der suizidale Mensch in Beziehung setzt aufgearbeitet werden. Es ist daher wichtig, dass die Suizidpräventionsbehandlung nicht als ein Satz unterschiedlicher Techniken gesehen wird, sondern als gemeinsames Anliegen und Unternehmen von der suizidalen Person und der Psychotherapeutin gestaltet wird. Schließlich sind auch alle relevanten Bindungs- und Beziehungstraumata aufzulösen. Wir wiesen darauf hin, dass vor allem das Lernen, den

Unterschied zwischen einer Gefühlserinnerung und einer situationsadäquaten Spiegelung zu erkennen, wichtig ist.

Im Anschluss sind die Handlungen, Handlungsschritte, gedankliche Prozesse und Regulationsvorgänge im Kontext der bedrohlichen Situation als Strategien, die eine Fortsetzung der lebensbejahenden Projekte ermöglichen, zu erarbeiten. In der Suizidliteratur werden diese oft als „Sicherheitsnetz" diskutiert. Sie müssen eingeübt werden. Ein gutes Vorgehen ist es, wenn die Patientinnen und Patienten dies anhand der Videoaufzeichnung der Erzählung über das Suizidgeschehen tun. Sie können an der Stelle, an der eine andere Handlungsoption zu einem lebensbejahenden Handlungsverlauf führen würde, ihre neue Handlungsalternative benennen. Die Vorstellung der Implementations-Intentionen entspricht diesem Vorgang sehr gut. Mit der Video-Unterstützung wird die Implementations-Intention spezifischer und daher auch erfolgreicher.

Zuletzt ist auch dem Projektcharakter des gemeinsamen lebensbejahenden Anliegens der Patienten und der Therapeuten in einer geeigneten Form über mehrere Monate Rechnung zu tragen. Die Kontakte können in wiederholten Sitzungen, in telefonischen oder schriftlichen Kontakten gepflegt werden. Schon ein regelmäßiges briefliches „sich in Erinnerung rufen" kann bereits suizidpräventiv wirksam sein.

Die ASSIP-Intervention (Gysin-Maillart & Michel, 2013) enthält viele dieser Ingredienzen, wenn auch in gekürzter Form. Es handelt sich um eine Kurzintervention bei Menschen nach einem Suizidversuch, die in einer allgemeinen Abteilung des Krankenhauses behandelt werden. In einem narrativen Interview werden die Patienten/innen gebeten, ihre Suizidversuch-Geschichten ausführlich zu erzählen. Die Psychotherapeutin hilft ihnen, den Fluss der Geschichte im Gang zu halten und stört die Patienten nicht mit Fragen nach Details, die für die Spitaldokumentation relevant sein könnten, die die Patienten selbst aber nicht als Teil ihrer Geschichte sehen. Die Patienten werden nicht in ihren Aussagen angezweifelt oder als Person abgewertet, sondern sie werden unterstützt und aufgewertet. Da ihre Darstellung akzeptiert wird, werden sie auch nicht nach Erklärungen und Rechtfertigungen gefragt. Die Patienten werden ermutigt, ihre Geschichte zu entfalten. Ihre aufkommenden Gefühle werden anerkannt und zurückgemeldet. Die Psychotherapeutin muss auch die Frage, wie die Patientin gesehen werden will, beantworten können und der Patientin zur Wahrnehmung im Sinne ihrer Ziele verhelfen. Es gibt viele hilfreiche Abhandlungen darüber, wie man ein offenes, ermutigendes und wertschätzendes Interview gestalten kann.

Dieses Gespräch wird aufgenommen und anschließend den Patienten in kurzen Abschnitten gezeigt (Video-Selbstkonfrontations-Interview). Die Patienten werden gebeten, Gedanken, Gefühle und Empfindungen zur Zeit des Gesprächs zu verbalisieren. Zusätzlich wird jede neue Information oder Bemerkung gewürdigt. Die Patienten sollen genügend Zeit haben, die Videoaufnahme wirken zu lassen, ohne sich unter Rechtfertigungsdruck zu fühlen. Während der Sichtung des Videos geschieht vieles. Die Patienten werden mit ihrer Suizidgeschichte in einer neuen Situation konfrontiert.

Sie werden bei der Konfrontation weniger von ihren starken Gefühlen der Suizidsituation bedrängt, als es noch im Gespräch der Fall war, und sie sind nicht mehr unter ihrem meist selbstgesetzten Druck, ihre Geschichte so zu präsentieren, dass sie keine Ablehnung seitens des Gegenübers hervorrufen. Durch ihr Beobachten können die Patienten auch die Sichtweise von anderen Menschen, wenn auch nur zum Teil, übernehmen und sich mit den Augen eines Beobachters betrachten. Sie hören ihre Suizidgeschichte erzählt von einer Person auf der Videoaufnahme. Sie sehen auch das gemeinsame Handeln der Psychotherapeutin und des Patienten in dieser erzählten Geschichte. Durch die Verbalisierung von Gedanken und Gefühlen, die nicht im Gespräch ausgesprochen wurden, erkennen die Patienten auch die inneren Zusammenhänge ihrer Suizidhandlung besser. Zum Schluss wird die Wirkung zusätzlich dadurch verstärkt, dass Handlungen und Gedanken, denen wir unsere Aufmerksamkeit zuwenden, revidiert werden, und dies meistens im Sinne unserer übergreifenden Werte und Ziele. Wir wollen uns vor Augen halten, dass zur Zeit des Gesprächs und des Video-Selbstkonfrontations-Interviews keiner der Patienten sterben wollte, wie das noch in der Suizidsituation der Fall war. Die übergreifenden Ziele und Werte sind daher schon in diesem Moment lebensbejahend. Hinzu kommt, dass die ausführliche Zuwendung zu den Patienten, zu allem was sie sagten, und die genaue Dokumentation ihrer Geschichte eine große Wertschätzung darstellen. Dies führt zu einer Veränderung im Handeln und Denken der suizidalen Patienten und trägt sicher zu der suizidpräventiven Wirkung des ASSIP-Verfahren entscheidend bei.

Nach der Video-Selbstkonfrontation kann zur Planung der lebensrettenden Maßnahmen übergangen werden: welche alternativen Handlungsmöglichkeiten sehen die Patienten in Problemsituationen, und zwar nicht erst dann, wenn sie zu Medikamenten oder einer Waffe greifen? Diese können dann anhand der Videoaufnahmen des Gesprächs genau lokalisiert werden. Dadurch werden sie zu Implementations-Intentionen, die wesentlich mehr Aussicht haben, zur Anwendung zu kommen, als eine nicht spezifizierte Absicht. Es ist wichtig, diese Taktiken und Strategien schriftlich festzuhalten, sodass die Patientinnen sie schnell zur Hand haben, wenn sie diese benötigen.

Anschließend soll sich die Psychotherapeutin regelmäßig auf die vereinbarte Art bei den Patienten melden, um ihre Teilnahme am gemeinsamen Projekt der Lebenssicherung zu bestätigen. Dies kann durch einen Brief, eine Nachricht, oder einen Anruf erfolgen. Dies hat zum Ziel, das abgemachte gemeinsame Anliegen, am lebenserhaltenden Projekt zu arbeiten, in Erinnerung zu rufen.

Für die hier beschriebene Handlungsanalyse des Suizidvorgehens und das kurz dargestellte Suizidpräventionsverfahren ASSIP ist zu hoffen, dass sie als hilfreiche Alternative zum üblichen Verständnis und zur Behandlung der suizidalen Menschen gesehen werden. Es ist eine Alternative zur Entmündigung der Patienten einerseits und dem Fatalismus eines „man kann Menschen nicht daran hindern, wenn sie wirklich sterben wollen" anderseits.

▶ **Zusammenfassung**
1. Für die Suizidprävention ist es wichtig, den suizidalen Menschen als einen intentional Handelnden, und den Suizidversuch als eine Handlung zu sehen.
2. Es ist zudem wichtig, einen Menschen nach einem Suizidversuch seine suizidale Geschichte ungehindert erzählen zu lassen.
3. Im Selbstkonfrontations-Interview gewinnen wir nicht nur zusätzliche Informationen über das Erleben der Suizidgeschichte, sondern leisten auch einen wichtigen Beitrag zur Suizidprävention.
4. Für die Suizidprävention ist es im Weiteren wichtig, mit der suizidalen Person ein gemeinsames lebensorientiertes Projekt einzuleiten, das über eine einzelne kurze Begegnung hinausgeht.
5. Die Probleme der Handlungsordnung, Steuerung, Monitoring und Energetisierung müssen angegangen werden.
6. Lebenserhaltende Handlungsalternativen als Sicherheitsnetz müssen erarbeitet, und entsprechende Implementierungs-Intention aufgebaut werden.
7. Das ASSIP vereint diese Schritte zu einer erfolgreichen Suizidprävention.

Literatur

Aeschi working group. http://www.aeschiconference.unibe.ch/.

Bundesamt für Statistik. https://www.bfs.admin.ch/bfs/de/home/statistiken/nachhaltige-entwicklung/monet/alle-nach-themen/lebensbedingungen/suizidrate.html.

Franklin, J. C., Ribeiro, J. D., Fox, K. R., Bentley, K. H., Kleiman, E. M., Huang, X., Musacchio, K. M., Jaroszewski, A. C., Chang, B. P., & Nock, M. K. (2017). Risk factors for suicidal thoughts and behaviors: A meta-analysis of 50 years of research. *Psychological Bulletin, 143*(2), 187–232. https://doi.org/10.1037/bul0000084

Gysin-Maillart, A., & Michel, K. (2013). *Kurztherapie nach Suizidversuch. ASSIP – Attempted Suicide Short Intervention Program*. Huber. https://www.assip.ch/.

Kalbermatten, U., & Valach, L. (2020). *Psychologische Handlungstheorie in angewandter Forschung und Praxis: Gerontologie, Gesundheitspsychologie, Berufsberatung und Suizidprävention*. Springer.

Michel. K., & Valach, L. (2002). Suicide as goal-directed action. In K. van Heeringen (Ed.), *Understanding suicidal behaviour: The suicidal process approach to research and treatment* (pp. 230–254). Wiley.

Michel, K., & Valach, L. (2011). The narrative interview with the suicidal patient. In K. Michel & D. A. Jobes (Hrsg.), *Building a therapeutic alliance with the suicidal patient* (S. 63–80). American Psychological Association.

Michel, K., Maltsberger, J. T., Jobes, D. A., Leenaars, A. A., Orbach, I., Stadler, K., Dey, P., Young, R. A., & Valach, L. (2002). Discovering the truth in attempted suicide. *American Journal of Psychotherapy, 56*(3), 424–437.

Michel, K., Dey, P., Stadler, K., & Valach, L. (2004). Therapist sensitivity towards emotional life-career issues and the working alliance with suicide attempters. *Archives of Suicide Research, 8*, 203–213.

Michel, K., Valach, L., & Gysin-Maillart, A. (2017). A novel therapy for people who attempt suicide and why we need new models of suicide. *International Journal of Environmental Research and Public Health, 14*(3), 243 https://doi.org/10.3390/ijerph14030243 – 1 March 2017.

Peter, C., & Tuch, A. (2019). *Suizidgedanken und Suizidversuche in der Schweizer Bevölkerung* (Obsan Bulletin 7/2019). Schweizerisches Gesundheitsobservatorium.

Popadiuk, N. E., Young, R. A., & Valach, L. (2008). Clinician perspectives on the therapeutic use of the self-confrontation procedure with suicidal clients. *Journal of Mental Health Counseling, 30*(1), 13–30.

Reisch, T., Seifritz, E., Esposito, F., Wiest, R., Valach, L., & Michel, K. (2010). An fMRI study on mental pain and suicidal behavior. *Journal of Affective Disorders, 126*(1–2), 321–325.

Valach, L. (2018). Secondary suicide prevention as neuro-rehabilitation. *Journal of Psychiatry and Psychiatric Disorder, 2*(1), 12–22. https://doi.org/10.26502/jppd.2572-519X0036.

Valach, L. (2020). A non-cartesian view of suicide and suicide prevention intervention. *Journal of Psychosocial Rehabilitation & Mental Health.* https://doi.org/10.1007/s40737-020-00161-0.

Valach, L., & Young, R. A. (2015). Suicide and counseling for suicidality. In R. A. Young, J. F. Domene, & L. Valach, (Eds.), *Counseling and action. Toward life-enhancing work, relationship, and identity* (pp. 295–313). Springer.

Valach, L., & Young, R. A. (2018). No feeling during repeated suicide attempt: A qualitative study. *Journal of Psychiatry, 21*, 460. https://doi.org/10.4172/2378-5756.1000460

Valach, L., Michel, K., Dey, P., & Young, R. A. (2002a). Self-confrontation interview with suicide attempters. *Counselling Psychology Quarterly, 15*(1), 1–22.

Valach, L., Young, R. A., & Lynam, M. J. (2002b). *Action theory. A primer for applied research in the social sciences.* Praeger.

Valach, L., Michel, K., Young, R. A., & Dey, P. (2002c). Stories of attempted suicide: Suicide career, suicide project, and suicide action. In L. Valach, R. A. Young, & M. J. Lynam. (2002). *Action theory. A primer for applied research in the social sciences* (pp. 153–171). Praeger.

Valach, L., Michel, K., Young, R. A., & Dey, P. (2006a). Suicide attempts as social goal-directed systems of joint careers, projects and actions. *Suicide and Life-Threatening Behavior, 36*(6), 651–660.

Valach, L., Michel, K., Young, R. A., & Dey, P. (2006b). Linking life and suicide related goal-directed systems. *Journal of Mental Health Counseling, 28*(4), 353–372.

Valach, L., Michel, K., & Young, R. A. (2007). Whom do suicide attempters talk to after their suicide attempt? In J. R. Rogers (Ed.) *Science and practice in suicidology: Promotion, collaboration and understanding. Suicide 2006: Proceeding of the 39th Annual Conference of the American Association of Suicidology* (pp. 214–223). American Association of Suicidology.

Valach, L., Young, R. A., & Michel, K. (2011). Understanding suicide as an action. In K. Michel & D. A. Jobes (Hrsg.), *Building a therapeutic alliance with the suicidal patient* (S. 129–148). American Psychological Association.

Valach, L., Michel, K., & Young, R. A. (2016). Suicide as a distorted goal-directed process: Wanting to die, killing, and being killed. *The Journal of Nervous and Mental Disease, 204*(11), 812–819.

Valach, L., Michel, K., & Young, R. A. (2018). Self-reports of corrective experiences by suicide attempters in a video self-confrontation. *Journal of Psychiatry Studies, 1*, 101.

van Bentum, J. S., Sijbrandij, M., Huibers, M. J. H., Huisman, A., Arntz, A., Holmes, E. A., & Kerkhof, A. J. F. M. (2017). Treatment of intrusive suicidal imagery using Eye Movements. *International Journal of Environmental Research and Public Health, 14*, 714. https://doi.org/10.3390/ijerph14070714.

Ventrice, D., Valach, L., Reisch, T., & Michel, K. (2010). Suicide attempters' memory traces of exposure to suicidal behavior. A qualitative pilot study. *Crisis, 31*(2), 93–99.

Young, R. A., & Valach, L. (2002). The self-confrontation interview in suicide research, intervention, and prevention. *Lifenotes, 7*(1), 12–14.

Young, R. A., Valach, L., & Domene, J. (2005). Qualitative action-project methodology. In B. E. Haverkamp, S. L. Morrow, & J. G. Ponterotto (Eds.), Knowledge in context: Qualitative methods in counseling psychology research. *Journal of Counseling Psychology a special issue, 52*(2), 215–223.

Young, R. A., Domene, J. F., & Valach, L. (2015). *Counseling and action. Toward life-enhancing work, relationship, and identity.* Springer.

Made in United States
Orlando, FL
05 September 2025